Python财务数据分析

阎虎勤　谢佳莉　著

中国财经出版传媒集团
中国财政经济出版社

图书在版编目（CIP）数据

Python财务数据分析 / 阎虎勤，谢佳莉著. --北京：中国财政经济出版社，2022.1
ISBN 978-7-5223-0789-3

Ⅰ.①P… Ⅱ.①阎… ②谢… Ⅲ.①软件工具-程序设计-应用-财务管理-高等学校-教材 Ⅳ.①F275

中国版本图书馆CIP数据核字（2021）第189490号

组稿编辑：周桂元　　责任校对：胡永立
责任编辑：周桂元　　责任印制：张　健
封面设计：卜建辰

Python财务数据分析
Python Caiwu Shuju Fenxi

中国财政经济出版社出版
URL：http：//www.cfeph.cn
E-mail：cfeph@cfeph.cn

社址：北京市海淀区阜成路甲28号　邮政编码：100142
营销中心电话：88190406　北京财经书店电话：64033436　84041336
北京富生印刷厂印刷　各地新华书店经销
成品尺寸：185mm×260mm　16开　21.5印张　537 000字
2022年1月第1版　2022年1月北京第1次印刷
定价：56.00元
ISBN 978-7-5223-0789-3
（图书出现印装问题，本社负责调换）
本社质量投诉电话：010-88190744

前　言

2021年春季学期，Python财务数据分析课成为我院选修课人数最多的一门课，令人颇为感动。2020级会计、审计、税务三个专业总共100名研究生，选修这门课的同学达到77人，说明同学们学习Python知识的积极性都很高。现在这个学期的课程已经结束，一个学期下来，同学们普遍反映都很好。

自2016年我第一次给研究生讲这门课，到2021年，已经连续讲了六年，讲义也修改了六次。六年期间，我负责讲课，谢佳莉老师作为远程教育技术人员提供技术支持，协助我上课，并丰富和完善了讲义中有关Python语言的内容，对于最后完善课程讲义帮助很大。在指导学生方面，每次上课之前，谢佳莉老师都会辅导学生安装Anaconda3和Python3运行环境，并且在上课期间管理课题经费资助学生论文投稿，对同学们课程论文的发表给予了具体的帮助。2021年7—8月，学院"一带一路"中心编撰年鉴，谢老师指导学生通过财政部、商务部、教育部、发改委等部委网站开展与"一带一路"有关的数据搜索整理工作，顺利完成任务。不论是给学生上课，还是准备这本书，我们一起合作，感觉很愉快。

回想2020年春季学期，由于受COVID-19新型冠状肺炎病毒疫情的影响，全国的大中小学都无法按期开学。但是，我院Python财务数据分析课却并未受到太大影响。由于选择网络直播，在线学习，老师和同学一起努力，上课效果比预期好很多。

在线授课，网络条件准备包括两个方面：一是视频直播教学平台的准备，二是Python系统课程教学环境的准备。两个方面都涉及教师端和学生端的视频软件安装以及教学环境准备。谢佳莉老师与远程教育处技术人员陈俊毅老师一起，通过测试和技术比较，最后选择了好视通视频会议系统作为网络直播的直播平台。这个系统的好处是班级设定比较自由，相对安全性较高，功能简单实用，符合网络直播需要。

2月25日，研究生处张冯老师给我发来36名选课同学名单，并帮我选择了2019级会计专业硕士廖恒坚同学作为课代表。25—28日，在谢佳莉、陈俊毅两位老师的技术支持下，通过课代表建立 Python 课程学生群，发放学生端软件，并指导学生安装视频直播教学平台学生端软件。

2 月 29 日上午 8：30，我与所有同学开始集体测试了视频直播教学平台的直播系统。通过测试，同学们一致反映：声音清晰、画面明亮，语音问答和视频窗口文字问答畅通，教师端和学生端都没有任何问题，达到直播条件。

2 月 29 日至 3 月 1 日，我花费了 3 天时间，指导同学们安装 Python3.7 系统的运行平台 Anaconda3 和 Python3.7 的函数库以及运行环境。这个过程比预想的要麻烦一些，主要是需要做三项工作：第一，指导学生正确下载 Anaconda3 运行平台软件并安装；第二，指导学生在 Anaconda3 下为 Python3.7 系统运行建立运行环境，安装函数库组件；第三，指导学生安装并能够使用 Jupyter Notebook 编辑运行环境。由于实际上网要求指导的学生有 70 多人，加之不少同学希望旁听课程，也要求安装系统，工作量很大。

学生端 Python3.7 系统环境的安装遇到了不少困难。第一，同学们的电脑环境五花八门。同学们的电脑处理器有 32 位、64 位两种；操作系统有微软 Windows 和苹果 Mac。即使 Windows 操作系统，也有 Windows7、Windows8、Windows10 等不同系统。所以，同学们在安装时遇到了各种意想不到的问题。第二，同学们自己测试的时间都不一致，有些同学凌晨一两点钟还在安装系统，不断发微信过来询问出现的问题。第三，有些地区网络条件不好，同学们在家，程序边下载、边安装，时断时续，问题百出。对于同学们遇到的问题，虽然各不相同，但我都是通过微信、电话耐心指导。对于一时无法解决的问题，我也是一边自己测试，一边指导。到 3 月 2 日正式上课之前，同学们的系统安装问题基本解决，终于具备了上课的条件。

3 月 2 日上午正式上课之后，直播过程中最主要的问题就是如何能够使同学们有身临其境的感觉。解决这个问题的办法，主要是让同学们在自己的电脑上就能够操作讲课程序。在讲课之前，我就把上课要讲的内容包括电子讲义和运行程序发给大家，同学们在听课时，完全可以在自己的电脑上一边听课、一边操作，并边听课边与老师解说对比，上完课也可以重复操作。这就相当于同学们把实验室搬回了家，非常方便。同学们遇到的问题，通过微信、语音、短信等手段都可以随时与老师交流，效果很好。

2020 年，这门课虽然是网课，但是，对我来说，教学的要求一点也没有降低。

Python 财务数据分析课的重点在于要求教师能够引导学生把 Python 计算机语言方法与同学们所学的会计、审计、税务、金融知识结合起来，实现应用的目的。简单来说，这不是一门语言课，而是一门技术方法课，学以致用是这门课的主要特色。

这一目标实现起来难度很大，要有合适的应用场景。我上课时，一般从三个步骤来实现这一教学目的：第一，选择实证性较强的学术论文作为本节课的范文，要求学生在学习了本节课的 Python 程序方法之后，通过模拟和还原，能够写出类似的论文。第二，在上课时，每节课专注于一种应用类型，通过引导同学们学习数学模型、Python 程序方法、参看输入数据和输出结果、配合图形显示，能够从原理和操作方法上掌握所学的程序和方法，并且能够举一反三，在变换场景后也知道如何使用。第三，课后作业，要求同学们通过论文写作，选择适合课堂所讲解模型和程序解决的问题作为研究目标，自己搜集数据，只要依据模型原理，把所讲程序稍作改动或者修改，就可以通过导入数据、运行程序，得到预期的输出结果，最后根据结果分析，完成论文写作。

这几年，同学们毕业求职或考取博士，许多单位、许多专业都要求学生掌握一定的 Python 编程技巧。选课的同学也都知道这一点，所以，学习自觉性都很强。我在上课时，也非常注重学生实际应用技能的培养，所以，感觉同学们的进步都很大。

为了鼓励同学们学习的积极性，我和谢佳莉老师还从我们的课题经费里面拿出了 5 万元来资助同学们把作业论文作为学习成果向一些开源期刊投稿，其中，2019 级研究生有 30 篇论文被收录，2020 级研究生有 18 篇论文被收录，我自己也有 1 篇论文被国际期刊收录。所以，Python 语言对于我们进行实证论文写作还是很有帮助的。

2021 年春季学期，由于我国防控疫情取得良好效果，2020 级的同学们也都按时入学并集中上课。我院于 3 月 2 日开学，我继续讲授这门课，谢佳莉老师也继续担任助教，帮助我完善教学过程。这个学期，我基本沿用了 2020 年网课的教学方法，并鼓励同学们把每次作业都当成一篇论文来写，除了 Python 程序应用要求提高之外，对学生论文在文章结构、排版、错别字等方面都严格要求，一个学期下来，可以看到，同学们每次作业的质量都在不断提高。这真是一个不错的成绩。

最后，我要感谢我的学生们：同学们渴望知识的眼神，就是老师最大的动力。

阎虎勤

2021 年 8 月 5 日于厦门国家会计学院

目 录

第一章
Anaconda 平台 Python 运行环境

Python 是一种跨平台的计算机程序设计语言，是一种高层次的结合了解释性、编译性、互动性的面向对象的脚本语言。Python 由荷兰人吉多·范罗范姆（Guido van Rossum）1989 年首次设计产生。由于 Python 的简洁性、易读性以及可扩展性，已经成为最受欢迎的程序设计语言之一。

Python 是一种跨平台的编程语言，它可运行在所有主流的操作系统中。只要在计算机上安装了 Python，则能够在任何操作系统中运行所编写的 Python 程序。然而，在不同的操作系统中，安装 Python 的方法都存在差异。从本节开始，学生需要开着计算机，跟着本书的安装节奏来建立 Python 的编程环境。

第一节　Python 财务数据分析方法

Python 是一门计算机语言。学习 Python 语言是为了应用。财务数据分析是 Python 语言在经济、会计、审计、税务、金融等分析领域的应用。

从 20 世纪 80 年代到 21 世纪 20 年代，40 年来计算机语言翻新之快，从事软件行业的人最为清楚。今天，当初从事软件开发的许多人都已经被软件行业淘汰了。例如，本科生的高等数学、高等代数、概率统计等课程，40 年前的教材与 40 年后今天的教材虽有变化但基本内容变化并不太大，而数学系的学生上数学分析课，一套《吉米多维奇数学分析习题集解》，终身受用。但是，计算机课程就不一样了，语言课如 Fortran 语言、Basic 语言、Pascal 语言、Cobol 语言、C 语言、4gl 语言、NewEra 语言、Delphi 语言、Java 语言、Python 语言，可以列出长长的一串名字。所以，年轻的程序员随着年龄增大，最后多数都走上了管理岗位，远离了编程工作。这是淘汰率最高的一个行业。

计算机课程的学习也是一样。一门课，老师从头讲到尾，变量、数组、指针、关键字、赋值语句、循环语句，一个学期讲完，学生仍然不会编制程序。特别是对于财经类专业，很少有学生最后能够自由地使用计算机语言编制软件。所以，大多数时候对于教师来说，就是教了、过了；对于学生来说，就是学了、忘了。

那么，如何解决这些问题呢？答案是学以致用。要把计算机语言当成自己能够控制的一门工具。例如，一个多功能计算器，上面功能非常多，有些中学生可以自如地使用计算器计算各种三角函数值和特殊函数值，这当然很好。但是，如果你仅仅能够熟练地使用计算器来计算加、减、乘、除、乘方、开方等几个基本运算，也可以解决工作中的大多数问题，也不错。使用 Excel 的人几乎都有类似的体会。

所以，我们对于 Python 语言的学习也一样，就是要把它用起来。在应用中，让 Python 来帮助我们解决各种各样的问题。即使我们能够使用 Python 来解决有限的几个问题，今后凡是遇到这些问题就知道用 Python 去解决，那就很好了。或许，就是 Python 的这几个有限的用法，就能够帮助我们解决工作中的很多问题呢！

虽然计算机语言翻新的速度很快，但是其编程逻辑变化却并不大。所以，当新的语言出现以后，学习的难度会变小。尽管如此，毕竟是一门新语言，学起来也还是有些费时费力。夸父追日，永远要追下去。再说，即使是同一门语言几十年不变，等过一段时间，你把熟悉的语句忘记了，也很普遍。但是，如果把自己会用的几个功能不忘记，常用常熟，就有办法运用它来解决问题。

对于 Python 语言的学习，我们将以对于经济和财务数据的分析作为应用的重点。

Python 财务数据分析，就是以 Python 语言作为工具，来解决财务数据分析中希望解决的问题。因为财务数据分析中的问题千变万化，要想都解决，几乎是不可能的。但是，如果就财务分析中的几类典型问题，提出适合解决的典型数学模型，编制合适的 Python 程序，把问题、模型、程序结合起来，举一反三，必将起到事半功倍之效。

2020 年春季学期，厦门国家会计学院 2019 级会计、审计、税务三个专业的硕士研究生在通过远程在线模式学习 Python 财务数据分析课程时，按照课程设置，一个学期共 10 次课，每次课后，同学们都根据要求，撰写一篇实证论文作为作业，效果很好。具体做法是：要求同学们根据本节课程所讲授的问题类型，选择自己感兴趣的研究主题，上网查找数据；参考课程上所介绍的数学模型方法，建立自己所要解决问题的模型框架，作为自己的分析模型；利用课程上所介绍的 Python 程序，编制自己的程序，并将所查找到的数据整理后导入程序，然后运行程序，输出结果；分析所得到的结果，撰写一篇课程论文，作为本次课程的作业，在下次上课之前交上来。在总共 10 次课程的小组作业中，通过老师批改作业，给出修改意见，同学们修改后，向汉斯开源期刊库投稿，有 30 篇论文被接收并登载出来。

这实际上就是实证论文的写作过程，即通过引言、文献、模型、数据、结果、分析等过程完成论文写作，最后加上小结和摘要。这些论文都很好地应用了课堂所讲授的方法，同学们也都有创造性的发挥。

这些论文在网站 https：//www. hanspub. org/都可以查阅到，都可以作为学习本课程的重要参考资料，其方法完全可以借鉴。所以，本课程不是单纯的语言课，而是 Python 语言在财务数据分析方面的应用课程。同学们只要勤奋学习，并加以应用，学会撰写实证分析文章的方法，必将为今后的学习和工作帮助很大。

安装 Python 环境的过程以及今后学习的过程，也就是同学们独立解决问题的过程。

相信经过这样的锻炼，今后遇到问题，同学们自己都可以解决。

第二节 Anaconda3 的 Python 运行环境

Python 系统的运行环境对于 Python 程序的运行起着关键性的作用。一般而言，软件程序都存在程序编辑、编译、运行等三个关键环节。早期的 Python 运行环境需要分别完成这三个步骤。Anaconda 是一个具有综合性功能的 Python 管理平台，编辑和执行浑然一体，最大特点是：程序编辑结合 Jupyter Notebook 编辑模式，与笔记本编辑过程一样，类似于日常编辑文本文件；程序的编译与执行合二为一，只要按下“执行（Run）”键，或者“Shift + Enter”键，就可以完成执行过程，立即运行程序；WEB 方式也非常方便，运行结果既可以显示在页面，也可以保存，具有简单方便的特点。

Anaconda 适合各类操作系统，最为典型的是 Windows 和 MacOS。Windows7、Windows8、Windows10 等版本和 MacOS 下安装，有许多细节上的不同。2020 年 2 月开始的那个春季学期，厦门国家会计学院专业会计、审计、税务硕士近 70 名同学在抗击新型冠状肺炎病毒（COVID－19）期间，一律在各自的家里通过远程模式上课，在《Python 财务数据分析》课程上，同学们在自己的电脑上安装系统，遇到了各种各样的问题。在答疑过程中，我们感觉到系统的安装对于同学们上好这门课非常重要。以往都是学校机房在同一种环境下安装，快速高效。但是，面对每个同学不同的电脑和操作系统，问题真是五花八门。对这些问题的解决，老师和学生都有深切体会。所以，本章中，对于 Anaconda3 在 Windows 和 MacOS 环境下安装时的细微区别，我们也会给出说明。

1. Anaconda3 程序下载

Anaconda 是一个开源的 Python 发行版本，其中包含了 Python、Conda 等 180 多个科学工具包，本书主要基于 Anaconda 平台来对 Python 进行了解与深入学习。

假设一台电脑的系统为 64 位（64－bit），操作系统为 Windows7 以上版本，那么，就在网站 https：//www. anaconda. com/download/下，下载适合自己需要的 Anaconda 版本安装程序。

适合 Windows 环境下 Python 3. 7 version 的安装软件有两个：

64－Bit Graphical Installer（462 MB）

32－Bit Graphical Installer（410 MB）

建议使用计算机系统处理器类型为 64 位的操作系统。

以 64 位操作系统为例，选择：64－Bit Graphical Installer（462 MB）。

下载软件：Anaconda3－2019. 10－Windows－x86_ 64。

如果电脑环境为 32 位，则符合 64 位的软件就不能安装。

如果电脑环境不足，则下载低版本软件较为适当。

值得注意的是，Anaconda 会不断地推出新的版本，第一次安装时，可以下载一个新版本。因为 Anaconda 平台版本一直都在修改，所以，每年下载地址也不一样，版本也有所不同。例如，截至本书完稿时，适合 Windows 环境下支持到最新的版本为 Python 3.8 版本，该版本的安装软件有以下两个：

64 - Bit Graphical Installer（457 MB）

32 - Bit Graphical Installer（403 MB）

由于本书后续内容将介绍人工神经网络函数，不少人工神经网络 Python 程序对于 Windows 系统的要求为 64 位操作系统。所以，建议大家使用 64 位软件。

2. Anaconda3 软件安装

安装前，先在 Windows 下面为自己建立一个标准用户，本讲义用户名为：hhh。这一点并非必须。

如何在 Windows 操作系统中建立另一个用户？可通过控制面板，选择用户账户和家庭安全中的“添加或删除用户账户”，选择“创建一个新账户”，对操作系统进行新用户的建立。创建好之后，登录用户：hhh，则之后安装程序就在该用户之下。

如果系统有多个用户名，一般会安装在登录所用的用户名下。

许多用户习惯于使用管理员用户名登录，实际上，也可以在管理员账户下安装程序。

单独建立账户，主要是为了区别管理员账户。如果不使用管理员账户，但在安装过程中可能会用到管理员密码，因为下载程序需要管理员权限。所以，尽管使用非管理员账户，但管理员密码可能是需要的。

新用户创建完成之后，我们就可以开始安装 Anaconda 平台。

下面在目录 D:\Anaconda3 下安装 Anaconda3 平台软件，主要是为了加以区别。

如果不加区别，系统在安装过程中会自动创建目录 C:\Program\Anaconda3。

重装系统时，可以先清除该目录下面的文件，将目录清空再进行安装操作。

因为程序是安装在 C 盘上，所以，如果之前没有安装过，则下面的安装过程就是第一次产生程序所在文件目录。如果之前已经安装过，则 C 盘上相同目录将被覆盖。

运行软件：Anaconda3 - 2019.10 - Windows - x86_ 64。

路径：运行→ Welcome to Anaconda3 2019.10（64 - bit）Setup→Next→I Agree→All Users（required admin privileges）→Next→修改安装目录为 D:\Anaconda3→Next→勾选 Register Anaconda as the System Python 3.7→Install→Next→Next→Finish。

上面操作中，如果不修改安装目录为 D:\Anaconda3，则安装程序会自动指定 C 盘目录 C:\Program\Anaconda3。这里要注意一点，由于程序需要至少 2.7GB 存储空间，如果 D 盘容量不足，也可考虑在其他盘符进行安装。

安装完成之后，Anaconda3 主要运行程序就被解压到目录 D:\Anaconda3 下。

安装完成之后，Anaconda3 的运行环境为目录 C:\Users\hhh。

安装有 360 管理软件的电脑，安装过程中由于要修改部分 C 盘文件，360 软件会提示是否允许修改本次操作，一般都选择允许。

假设软件运行程序指定目录为：C:\Users\hhh\Python37Lecture。

将运行程序，以目录 Python37Lecture 形式，按照整体目录，拷贝到运行目录 C:\Users\hhh 下面。今后，凡是有新的 Python 软件程序需要运行，就拷贝到该目录下。这一目录与用户安装时所在的用户登录账户目录是一致的；不同登录账户则必须拷贝到相应的用户账户下。

在这里，就可以看到拷贝在目录 C:\Users\hhh\Python37Lecture 下的 Python 程序。一般来说，Jupyter Notebook 会自动以浏览器形式打开该用户目录。

3. 从 Anaconda3 平台上进入 Python 开发运行环境

如果选择路径：开始→所有程序→Anaconda3（64 - bit）。

之后，就会看到选项 Anaconda Navigator（Anaconda3）等。

至此，Anaconda3 平台软件就算安装好了。

如果选择路径：开始→所有程序→Anaconda3（32 - bit）→Anaconda Navigator（Anaconda3）→Environments→base（root）→Open with Jupyter Navigator→进入 WEB 运行环境。

如果选择路径：开始→所有程序→Anaconda3（64 - bit）→Jupyter Notebook（Anaconda3）→进入 WEB 运行环境。

Jupyter Notebook 环境是一个 WEB 环境，这就是今后的工作环境。

在 Jupyter Notebook 下，就可以编辑和编译并运行 Python 程序了。

这里建立的运行环境，在 Anaconda 平台上，属于 base（root）根目录。

如果到此为止，不再考虑之后的内容，对于完成 Python 的开发和运行，也没问题。

在这里，选择 Python37Lecture 目录下的 Python 程序，就可以运行了。

按键“Run”或“Shift + Return”，就可以执行一个独立运行程序了。

4. Mac 电脑上 Anaconda 平台的安装

对于 Mac 电脑上 Anaconda 平台的安装，与以上介绍有所不同，主要是在安装 Anaconda3 之前，要独立安装一次 Python 程序，然后下载并安装 Anaconda3 平台。

在安装 Python 程序之前，先对 Mac 电脑上是否有自带 Python 环境进行检查。

如果 Mac 中存在自带的 Python2.7 系统，默认安装的是 Python2.7 版本，则不需要再到 Python 官网下载最新 Python 版本，只需要采用自带 Python 版本相对应的 Python2.7 系统即可。与Python2.7 系统对应的，是下载并且安装 Anaconda 2.7 即可。如果 MacOS 操作系统自带 Python2.7 系统，但有问题，则可下载适合 Python 2.7 version 的程序。

如果 Mac 电脑中没有自带 Python 版本，或者版本较低例如 Python2.7，用户希望安装较高版本来完成各种高级任务，那么可以重新安装 Python 版本。

安装 Python3.7 版本。访问 Python 官网（https://www.python.org/），选择程序 Mac OS X，根据适合自己 Mac 系统版本选择合适的版本文件下载。在本书中，作者选择了较为稳定的 Python3.7.4 64 - bit 版本：MacOS 64 - bit installer。下载成功后，返回终端，进行安装 Python3。安装成功后，输入 Python3，查看 Mac 上是否已有安装成功的 Python，终端位置查看通过 launchpad。查看完成后，可通过输入 exit（），或者 quit（），即可退出终端中的 Python 环境 。

Python3. 7 版本应该对应着下载并且安装 Anaconda 3. 7 平台。下载平台程序 Anaconda3. 7 的官网地址是 https：//www. anaconda. com。安装好之后，在 launchpad 上查到的版本信息为 Python3. 7. 4 和 Anaconda3. 7。如果 MacOS 操作系统电脑已经安装了 Python3. 7 系统，则可以下载适合 Python 3. 7 version 的程序 64 – Bit Graphical Installer（654 MB）。在这里，我们选择 64 – Bit Graphical Installer，根据安装过程中所提示的信息完成安装，安装完成后通过启动平台选择“Anaconda – Navigator”启动 Anaconda 平台。

5. Python 程序的 Jupyter Notebook 开发和运行环境

通过开始菜单栏，在所有程序中找到 Anaconda3（64 – bit），选择 Jupyter Notebook。在 Jupyter Notebook 下，就可以编辑和编译并运行 Python 程序了。

在浏览器中 Jupyter 页面中，单击选择 New 进行创建 Python 脚本文件，选择 Python3 完成 Python 的编写。

新建的 Python 脚本文件，将默认保存到 C:\Users\hhh 目录下。用户可通过 Jupyter Notebook 完成 Python 的编辑和编译工作。

在本课程中，教师会给学生发放软件程序包，学生们可以打开现有程序，直接在 Jupyter Notebook 下面修改程序，或者开发程序。因为 Jupyter Notebook 下程序的编辑、编译、执行，被融为一体，操作起来非常方便。

一般来说，我们建议同学们先运行和修改现成程序，慢慢适应之后，再开发新程序。一旦程序可以编辑运行，就证明 Python 语言编程所需要的环境和开发软件已经正确安装和设置了。

值得一提的是，用 Python 语言编写的源代码文件，其文件名后缀是“. py”或“. ipynb”。“. py”是标准的 Python 源代码文件；“. ipynb”是使用 Jupyter Notebook 来编写 Python 程序时的文件，二者之间可以在 Jupyter 下的 File → Download as → Python（. py）来将“. ipynb”转化为“. py”。

第三节 Python3. 7 库函数安装

1. 在 Anaconda3 平台上建立 Python37 运行环境

如果希望 Python3. 7 程序将来能在 Anaconda3 平台的某个特定环境例如 Python37 下面运行，则可以在目录 D:\Anaconda3\envs 下面为 Python3. 7 建立 Python37 运行环境。该环境与 base（root）环境类似，但属于 Python37 专有。

这可以通过 Anaconda3 平台下的目录配置、程序安装进行。

在 Anaconda3 平台下面，可以采用 conda 或 pip 命令来安装程序。

命令 conda 是专为 Anaconda 安排的安装命令，而 pip 是 Python 的安装命令。

```
(base) C:\Users\hhh>d:
(base) D:\>cd Anaconda3
(base) D:\Anaconda3>cd envs
(base) D:\Anaconda3\envs>conda create -n Python37 Python=3.7
(base) D:\Anaconda3\envs>
```

在安装命令 conda 运行过程中，系统会经常出现：

```
Proceed ([y]/n)?
```

一般都是选“y”继续安装，直至结束。

显然，Python37 环境也就是为 Python3.7 建立的类似于 base（root）的环境。

这里的运行环境是操作系统 DOS Prompt 直接运行环境。可以用 dir 等 DOS 命令显示目录，实现目录操作。

Anaconda3 的命令运行环境目录是 D:\Anaconda3\envs，该目录下面暂时没有文件。

Python37 子目录绝对路径为 D:\Anaconda3\envs\Python37。

```
(base) D:\Anaconda3\envs>conda activate Python37
(Python37) D:\Anaconda3\envs>
```

激活了 Python37，那么 Python3.7 运行所需要的库函数就已经有了，系统就已经可以运行了。这里建立的运行环境，在 Anaconda 平台上，属于 Python37 根目录。

在 Jupyter Notebook 下，Python 开发运行环境的 Python37 具体接入操作是：

路径：开始→所有程序→Anaconda3（64-bit）→Jupyter Notebook（Python37）。

在 Jupyter Notebook 下，就可以编辑、编译并运行 Python 程序了。

至此，就可以看到拷贝在目录 Python37Lecture 下的 Python 程序，也可以运行。

如果到此为止，不再考虑之后的内容，对于完成 Python 的开发和运行，也没问题。

2. 为 Python37 设置 Python 函数库安装环境

对于 Python 库函数的安装，需要进入 Anaconda Prompt 命令行环境。

```
(base) C:\Users\hhh>d:
(base) D:\>cd Anaconda3
(base) D:\Anaconda3>cd envs
(base) D:\Anaconda3\envs>conda activate Python37
对安装命令 conda 和 pip 进行升级处理：
(Python37) D:\Anaconda3\envs>conda update -n base -c defaults conda
(Python37) D:\Anaconda3\envs>pip install --ignore-installed --upgrade pip
```

以上两个升级操作，在今后运行过程中，对于新的库函数的安装，往往也是需要的。

激活 Python37 环境之后，就可以安装相关软件库了。由于 Anaconda3 是一个随着时间不断升级的软件平台，所以，在安装过程中，程序代码有些不同，但是，主要程序及其版本基本一致。如果遇到新增库函数，可以在此种环境下安装。

Anaconda3 的指定安装命令是 conda，但是，也有些库函数要用到 pip 命令。

3. 在 Python37 环境下安装 Python 函数库

在 Anaconda3 平台下面，可以为 Python37 环境采用 conda 命令来安装函数库。

由于不少程序库函数文件较大，下载时对于网速依赖较高，所以，有些文件如果一次安装不成功，则可以多次进行。如果在应用程序测试过程中，出现提示某些库函数模块缺失时，安装方法一致。这些库函数只是一部分，遇到需要，则可以参考安装。

安装函数库的过程，实际上就是对于各个函数库构成模块结构的认识过程。我们以常见的 Python 程序为例，说明 Python 程序运行中的主要函数库。有了这些函数库做基础，今后运行 Python 程序，基本没有问题。

```
(Python37) D:\Anaconda3\envs>conda install numpy
(Python37) D:\Anaconda3\envs>conda install matplotlib
(Python37) D:\Anaconda3\envs>conda install pandas
(Python37) D:\Anaconda3\envs>conda install Cython
(Python37) D:\Anaconda3\envs>conda install opencv
(Python37) D:\Anaconda3\envs>conda install sympy
(Python37) D:\Anaconda3\envs>conda install statsmodels
(Python37) D:\Anaconda3\envs>conda install Scikit-Learn
(Python37) D:\Anaconda3\envs>conda install quandl
(Python37) D:\Anaconda3\envs>conda install ipython
(Python37) D:\Anaconda3\envs>conda install xlwt
(Python37) D:\Anaconda3\envs>conda install xlrd
(Python37) D:\Anaconda3\envs>conda install Gensim
(Python37) D:\Anaconda3\envs>conda install keras
(Python37) D:\Anaconda3\envs>conda install pyinstaller
(Python37) D:\Anaconda3\envs>conda install lxml
(Python37) D:\Anaconda3\envs>conda install html5lib
(Python37) D:\Anaconda3\envs>conda install scipy
(Python37) D:\Anaconda3\envs>conda install libpython
(Python37) D:\Anaconda3\envs>conda install theano
(Python37) D:\Anaconda3\envs>conda install parameterized
(Python37) D:\Anaconda3\envs>conda install mingw
(Python37) D:\Anaconda3\envs> conda install jupyter
(Python37) D:\Anaconda3\envs>pip install SKLearn
```

```
(Python37) D:\Anaconda3\envs>pip install svm
(Python37) D:\Anaconda3\envs>pip install networkx
(Python37) D:\Anaconda3\envs>pip install pandas-compat
(Python37) D:\Anaconda3\envs>pip install processing
```

这些函数库，在安装过程中，会有具体版本、子函数库等方面提示。需要注意：
第一，遇到需要“Proceed ([y]/n)? y”提问，输入“y”，表示继续安装。
第二，出现提示“done”，表示库函数安装成功。

4. 希望在 Python37 环境下运行 Python 程序

如果选择路径：开始→所有程序→Anaconda3（32-bit）→Anaconda Navigator（Anaconda3）→Environments→Python37→Open with Jupyter Navigator→进入 WEB 运行环境。

Anaconda3 的 Anaconda Navigator 可以为 Python37 进行导航。在 Environments 下，选择 Python37，进入 Python37 环境，就可以编辑和运行 Python 程序了。

如果选择路径：开始→所有程序→Anaconda3（32-bit）→Python37（Anaconda3）→Jupter Notebook 功能，也可以直接进入 Jupter Notebook 运行环境下进行操作。

第四节 Python 临时库模块

Python 语言临时函数库模块安装是经常发生的事情，对于具体应用，有与之相适应的库函数模块。例如，因为与词云（word cloud）相关的 4 个库函数 bs4、wordcloud、jieba、collections 在已有环境中并不存在，为了今后编程方便，需要提前安装。

1. 平时操作使用 base（root）环境

安装步骤：开始→程序→Anaconda3→Anaconda Prompt（Anaconda3）。

```
(base) C:\Users\hhh>pip install bs4
(base) C:\Users\hhh>pip install wordcloud
(base) C:\Users\hhh>pip install jieba
(base) C:\Users\hhh>pip install collections
```

由于 base（root）环境与 Python37（Anaconda）环境之间并不相同，所以，要配置各自的运行环境。当然，这两个环境是二选一，有一个就可以了。

2. 平时操作使用 Python37（Anaconda3）环境

安装步骤：开始→程序→Anaconda3→Anaconda Prompt（Anaconda3）。

```
(base) C:\Users\hhh>d:
(base) D:\ >cd Anaconda3
(base) D:\Anaconda3>cd envs
(base) D:\Anaconda3\envs>conda activate Python37
(Python37) D:\Anaconda3\envs>pip install bs4
(Python37) D:\Anaconda3\envs>pip install wordcloud
(Python37) D:\Anaconda3\envs>pip install jieba
(Python37) D:\Anaconda3\envs>pip install collections
```

这里，bs4 提供了网页搜索函数库，wordcloud 提供了西文词云处理函数库，jieba 提供了中文词云处理函数库，collections 提供了频度数组排序库。

实际上，为简便起见，许多用户直接使用 base（root）环境，如果是这样，那么，以上关于 Python37（Anaconda3）环境的配置是可以省略的。对于 Python37（Anaconda3）环境的建立，利于同学们对于 Python 运行环境和库函数的认识，也是很有意义的。

3. Jupyter Nootbook 运行问题

Jupyter Nootbook 是 Anoconda3 的缺省环境。当 Anaconda3 安装完成之后，Jupyter Nootbook（Anaconda3）也就安装好了，这个环境与导航环境下的 base（root）一致。路径为：开始→所有程序→Anaconda3（64 - bit）→Jupyter Notebook（Anaconda3）。

如果用户还建立了 Python37 运行环境，那么，运行路径为：开始→所有程序→Anaconda3（64 - bit）→Jupyter Notebook（Python37）。

但是，有时候由于浏览器的某些问题，在系统调用 Jupyter Notebook 时，会存在无法打开浏览器的情况，或者有时候能够打开而有时候又打不开的情况。

当在 Anaconda3 的 base（root）环境下 Jupyter Notebook（Anaconda3）启动提示无法打开 Jupyter Notebook，或者当在 Anaconda3 的 Python37 环境下 Jupyter Notebook（Python37）启动提示无法打开 Jupyter Notebook，对这两种环境来说，不仅两种环境下所提示的三种浏览器打开路径不同，而且两种环境下的各个浏览器打开路径都不同。遇到这两种情况，可以直接将屏幕提示中的提示域名或者路径拷贝到浏览器地址栏，那么，每种情况下的每个路径都应该能够打开浏览器。

如果系统正常，只要把指定路径粘贴到相关文件夹或者浏览器启动框下，就可以正常打开浏览器，因而就可以正常使用 Jupyter Notebook 编辑器。

4. Python 程序的其他运行环境

除了 Anaconda 和 Jupyter 是 Python 较为流行的运行环境之外，PythonWin 也提供了 Python 的运行环境，在 PythonWin 运行环境下，也可以独立运行 Python 程序，包括 Numpy、Scipy、Matplotlib 等库函数的运行。

PythonWin 是一个非常有用的 Python 编辑开发工具。PythonWin 要选取的版本要与 Python 程序的版本一致。下载完成之后，安装程序。对于 PythonWin 环境下 Python 程序的安装和运行，可以参考相关说明。早期的 Python 运行环境，采用 PythonWin 的较多，由于每次将编辑、运行分开，调试程序较为麻烦，所以现在都转向使用 Jupter Notebook 运行环境了。

有不少其他环境都可以编辑、或者运行 Python 程序，这里不再讨论。

Python 程序运行环境在安装程序时，对于 Windows 系统，一般要求有 Windows 7 以上运行环境。所以，在安装程序时，最好先运行 Windows Update 程序，升级系统补丁，配置好 Windows 运行环境。

Python 是一个开源程序语言，不仅不同的程序模块具有相对独立的功能，而且各个程序模块具有相对独立的开发路径和环境。所以，在应用 Python 程序时，需要经常下载和安装各种程序模块，特别是运行环境库函数，以便完成不同程序功能。所以，如果系统提示某个模块不存在，那就是要求安装该程序模块。如果遇到需要安装的软件包，可以按照以上介绍的 conda 和 pip 命令及其环境，随时安装。

Python 运行环境在安装程序时，对于 Windows 是否 32 - bits 或 64 - bits 有严格要求。所以，在安装程序之前，需要先检查自己的电脑运行环境，然后，选择合适的安装软件。一般来说，32 - bit 的 Windows 环境下，Python 函数库都是适用的。但是，有些程序库运行需要 64 - bit，例如人工智能函数库 keras，theano，tensorflow 等。现在，电脑硬件系统大多数都是 64 位，所以，对于新电脑，一般直接选择 64 位就可以了。

Python 官网地址为 https：//www. python. org/downloads/，可以选择适当程序，进行下载。进入目录后，会看到 Download the latest version for Windows。该网站提供两种版本 Python 程序，分别代表了 Python 2 和 Python 3 两个系列软件。两种系列版本在开发环境上有许多不同。我们选择 python3 系列程序。由于我们推荐使用的 Anaconda3 环境下直接安装了 Python3 系列程序函数库，所以，并不需要再来 Python 官网下载程序，而是在 conda 安装过程中由 Anaconda3 去自动收集程序包（Collecting Package）并安装，这样，省了不少事。

一般可以下载最新版本的 Python 程序，在下载之后，安装过程与之前介绍程序安装过程类似。安装完成之后，系统目录下有 Python 系统所需要的基本文件目录：Lib、libs、Scripts，等。安装完 Python 后，就可以进入 Python 编辑器。进入命令编辑状态，就可以编辑程序。在编辑或者命令状态，都可以进行测试运行。

第二章

Matplotlib 图表绘制

Pyhton 是一种易读、易维护、易学的解释型语言，拥有大量的用户。它的应用范围十分广泛，包括 Web 和 Internet 开发、科学计算和统计、教育、软件开发和后端开发等。在本书所介绍的财务数据分析领域中，首先会被人想到的是 MATLAB。

MATLAB 是一种功能较为强大的商用数学软件，其配合有精美图形的统计分析功能非常独特，专业性极强，对于初学者来说，无法在短期内立马上手使用。而 Python 除了 MATLAB 的一些专业性很强的工具箱还无法被替代之外，MATLAB 的大部分常用功能都可以在 Python 中找到相应的扩展库。在 Python 中，丰富的函数扩展库，可以轻易带领初学者完成高级任务。

图形处理在 Python 语言的学习和应用过程中非常重要。可视化图表处理很流行。

第一，因为图形的程序与执行结果之间的关系具有非常直观的视觉效果，参照程序行看图形、参照图形反观程序，都非常直观，具有易于观察、易于验证的特点。

第二，在现代社会各行业，图形展示在工作报告和论文写作中会起到直观说明条件和结果的作用，文字配合图示，很容易说明问题。

第三，财务数据分析中，对于财务数据的回归分析，一般通过回归的可决系数以及平均误差来表现拟合效果，但要直观地观看拟合效果，绘制拟合函数与原始样本点之间的对比图形，更能够清晰地反映问题。

一般来说，计算机语言都能够提供图形功能。但是，相对来说，Python 语言对于数学函数及其图形的展示具有更加灵活方便的特点，远远超过其他语言。例如，在学习高等数学的时候，学生对于各类数学函数的认识，往往要借助于图形，但是，对于许多函数，特别是对于多元函数来说，要绘制出函数图形，难度很大。Python 的 Matplotlib 功能可以较为容易地解决函数绘图问题，可以绘制出精美的平面图、立体图。

网站 https：//matplotlib. org/gallery/index. html 提供了大量常见图形的图例，这些图形的背后都附有 Python 程序，既可以作为学习时的参考，也可以作为不同图例函数的程序样本。我们将通过一些典型图形的分析和学习，掌握 Matplotlib 方法。

第一节 Python 语言基础

Python 语言是我们开展财务数据分析的工具。正确使用这一语言工具，有助于我们今后的工作。虽然语言不是我们介绍的重点，但作为入门，需要做一些基本介绍。

1. Python 语言中的变量

在程序设计语言中，变量和常量通常用于赋值、变换、数据计算。所谓常量，就是不变的量，在代码中明确给出数值；而变量就是具有变化状态的量。由于 Python 中没有使用语法来强制定义常量，所以，定义常量和变量之间并没有本质区别。

Python 语言定义变量与其他语言并无太大区别，不过，大小写被严格区分。

在 Python 中，每个变量在使用之前都必须被赋值，只有被赋值的变量才会被创建。

一般使用“ = ”进行赋值，“ = ”的左边为变量名，“ = ”的右边为变量的值。

变量被定义之后，就可以直接被使用了。

对于全局变量来说，他的生命周期是在整个程序执行期间有效。一般来说，不包含在函数中或者定义在主程序中的变量都是全局变量。由于 Python 程序是从前往后逐行执行，所以，定义在最前面的变量会被当成全局变量执行。

对于局部变量来说，它的生命周期只在当前作用域中有效，一旦作用域不存在了，那它的生命周期也就结束了。例如，定义在一段函数程序中的变量，一般来说都是局部变量，在函数之外就失去作用。

在一段函数中，全局变量与局部变量之间的过渡，依照函数的定义来分配。

变量名的命名规则为：可由字母、数字、下划线（_）组成，但是不可由数字打头；变量名也不能是 Python 关键字和函数名，但是可以包含关键字，例如，变量名不可以命名为 print，print 在 Python 中是输出屏幕的内置函数；变量名也不能包含空格。为了便于记忆，英语字母或者缩写都可以作为变量名。

如果定义 a = “name”，那么，在 Python 的解释器中，它做了两件事情：一是在内存中创建了一个空间，来存储字符串“name”；二是在内存中创建了一个名为 a 的变量，并把它指向了“name”。

如果又定义 b = a，则将变量 a 的值赋予变量 b，且变量 a 的值不变。

这里举的例子都是字符串变量，外面要带引号。如果是数值变量，则不带引号。

Python 的数字类型有整形、浮点型、复数型、布尔类型等。

布尔类型有两个值，一个为真（True），另一个为假（False），主要用于逻辑判断。

数组，有时候也叫列表，是一种数据项构成的有限序列，即按照一定的顺序排列而成的数据项的集合。

这些数据概念及其用法，在今后会经常用到，后面看到举例，自然也就明白了。

2. Python语言中的常量

在程序设计语言中，变量和常量通常用于赋值、变换、数据计算。所谓常量，就是不变的量，在代码中明确给出数值；而变量就是具有变化状态的量。由于Python中没有使用语法来强制定义常量，所以，定义常量和变量之间并没有本质区别。

第二节　Matplotlib图形绘制

1. Matplotlib图形绘制

Matplotlib提供了丰富的绘图库，通过引用相关绘图函数，就可以绘制精美图形。

一般来说，Python图形程序具有三个显著特点：

第一，变量设置。通过设置变量，为自变量和因变量赋值，就可以计算函数值。

第二，建立显示图框。一旦规定了图框，图形显示就会按照结构设计，被框定在这个架构之内。

第三，按照自变量、因变量赋值函数设置显示图形。

即图形显示的实质，仍然是在给定自变量的条件下，将因变量所表示的函数值以图形方式显示出来。

由于Python图形程序一般都是按照顺序执行的，所以，只要参照程序行顺序实现显示结果，就比较容易理解。

2. 一般函数图形显示

一般来说，函数的定义非常重要，定义好函数，确定函数的定义域和值域大小区间，就可以知道函数在图形中的大致分布范围。Matplotlib提供了函数显示库，很容易实现图形显示。

```
%config InlineBackend.close_figures=False
%matplotlib inline
import numpy as np
import matplotlib
import matplotlib.pyplot as plt
plt.close("all")
x=np.linspace(0,2*np.pi,20)
y=np.sin(x)
z=np.cos(x)
w=np.sin(0*x)
```

```
plt.figure(figsize = (6,3))
plt.plot(x,y,"r. - ",label = " $ sin(x) $ ",color = "red",linewidth = 1)
plt.plot(x,z,"r - - ",label = " $ cos(x) $ ",color = "green",linewidth = 1)
plt.plot(x,w,"k - - ",label = " $ zero $ ",linewidth = 1, fillstyle = "top")
plt.xlabel("x")
plt.ylabel("f(x)")
plt.title("Triangle Function")
plt.ylim( - 1.1,1.1)
plt.legend(loc = 3)
plt.show()
plt.savefig("test.png", dpi = 120)
```

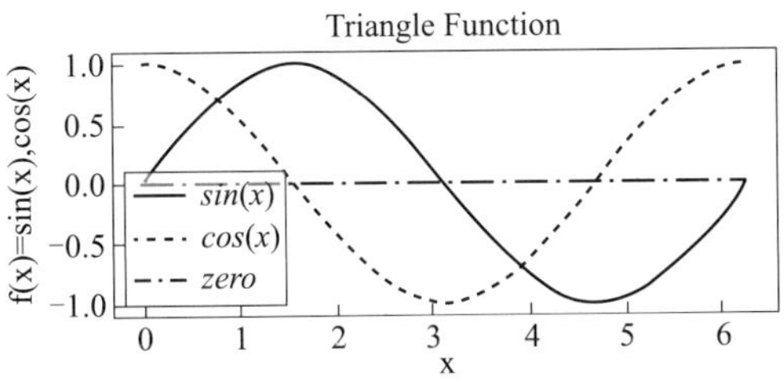

(1) plt.close ("all")，清除缓存中已有的图形，从而每次执行只显示本图。

(2) x = np.linspace (0, 2 * np.pi, 20)，函数自变量赋值，符合正弦和余弦函数周期。

(3) y = np.sin (x), z = np.cos (x), w = np.sin (0 * x)，函数因变量定义。

(4) plt.figure (figsize = (6, 3))，绘制图框，外框大小为 6 比 3。

(5) plt.plot (x, y), plt.plot (x, z), plt.plot (x, w)，按坐标取值绘制函数曲线。

(6) plt.xlabel ("x")，标记 x 轴。

(7) plt.ylabel ("f(x)")，标记 y 轴。

(8) plt.title ("Triangle Function")，标记题头。

(9) plt.ylim (- 1.1, 1.1)，绘制纵坐标上、下限。

(10) fillstyle 参数值为 full、left、right、bottom、top、none。

参数 %config InlineBackend. close_ figures = False，表示在每个单元结束时关闭所有图形，如果下个程序需要，就必须重新打开 figure ( )；假如是 True，则会保留现有图形，该图形在后续程序中会被相关程序作为 active figure 而调用处理。

参数 %matplotlib inline，表示在 notebook 中绘制的图表会自动关闭，主要是便于在后续程序中显示图形时不产生重影。

Plt. show ( )，显示图形，该例提供了一个标准图形表现流程。

图形在执行之后，如果不特别指明，一般存储在缓存，便于调用。本例中，是将图形存储在硬盘上。语句 plt. savefig (“test. png”, dpi = 120) 保存图形到当前运行程序所在的硬盘目录。使用 savefig ( ) 方法可以编写批量输出图表的程序。如果关闭了图表窗口，则无法使用 savefig ( ) 保存图像。参数 dpi = 120 表示鼠标每移动一英寸指针在屏幕上移动 120 点数，由于鼠标每移动一英寸指针在屏幕上移动一定点数，所以点数越大，保存的图像越大。

参数“k --”，是一个显示格式字符串，k 也可以是 b、g、r、c、m、y、k、w 等，表示不同颜色。这里，“ - ” 可以是 - 、 -- 、 -. 、:、1、2、3、4、5、p、 * 、h、H、+ 、D 等，表示不同线条类型。

定位语句 plt. legend（loc = 3）中，loc 表示显示 location 定位，取值有 best、upper right、upper left、lower left、lower right、right、center left、center right、lower center、upper center、center 等，它们对应了数字 0、1、2、3、4、5、6、7、8、9、10，其中 3 表示“lower left”，使用字母，必须带引号，单或双引号都可以。

3. 将图形函数当作一个变量处理

Matplotlib 绘图，一般都采取对象化图形处理方式。对象化，就是将图形当作变量来处理，即一条曲线图可以被赋值给一个变量，多条曲线可以被赋值给数组，这样，对于图形的处理就可以参照变量或者数组来处理。

这是 Matplotlib 绘图的一种基本方法。一个图形在绘制图框、图轴、曲线、坐标时，都是将图形整体看成一个处理对象。其思想与手工绘图完全一致。

```
plt.close("all")
plt.figure(figsize = (5, 2))
x = np.arange( -5, 5, 0.1)
line = plt.plot(x, x * x, label = r"y = $x^2 $", color = "red",fillstyle = "top")[0]
line.set_ alpha(0.9)
plt.xlabel("x")
plt.ylabel("y")
plt.title("Polynomial Function")
plt.legend(loc = 9)
```

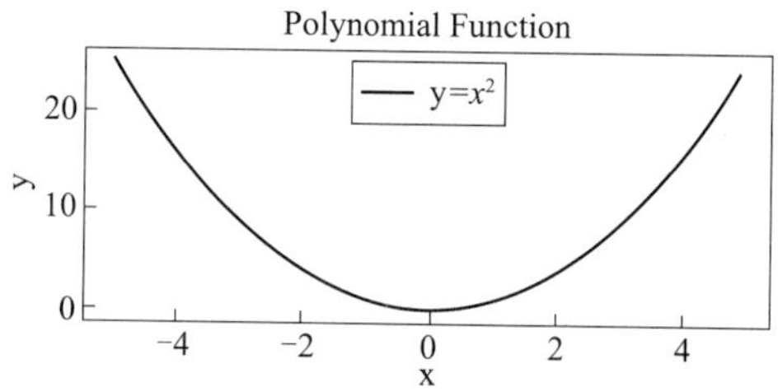

（1） line = plt.plot （x, x * x） [0]，返回一个列表，这里相当于 y = x * x。

（2） line.set_ alpha （0.9），调用 Line2D 对象的 set_*() 方法设置属性值。

（3） set_ alpha （0.9） 中，参数大小在 （0, 1） 之间，表示线条的明暗程度。

这里所定义的 line = plt. plot （x, x * x） [0]，是把 line 定义成了一个一维数组的第一个元素，在该元素对象之后，就可以追加一些属性。线条宽度虽然未明确定义，但如果 print （ line. get_ linewidth （）），则值为 1。

4. 将图形函数当作数组变量处理

为了更加清晰地观察对象化图形定义的特点，下面的例子会看得更清楚。我们将按照程序中出现的对象属性，逐一分解。

```
plt.close("all")
plt.figure(figsize = (6, 3))
x = np.arange(0, 2 * np.pi, 0.01)
plt.setp(lines, linewidth = 1, color = 'r'
lines = plt.plot(x, np.sin(x),  label = "$sin(x)$")
lines = plt.plot(x, np.cos(x),  label = "$cos(x)$")
lines = plt.plot(x, np.sin(0 * x),label = "$sin(0)$")
lines = plt.plot(x, (x - 3.14159) * (x - 3.14159), label = r"y = (x - 3.14)$^2$")
plt.title("lines = sin(x), cos(x), sin(0 * x)")
plt.xlabel("x")
plt.ylabel("f(x)")
plt.ylim(-1.1,1.1)
plt.legend(loc = 3)
plt.show()
print("对象化参数显示结果:")
alllines = plt.getp(plt.gca(), "lines")
print("alllines[0] = ", alllines[0])
print("alllines[1] = ", alllines[1])
print("alllines[2] = ", alllines[2])
print("alllines[3] = ", alllines[3])
f = plt.gcf()
print("f = plt.gcf() = ", f)
g = plt.gca()
print("g = plt.gca() = ", g)
h = plt.getp(f, "axes")[0]
print("h = plt.getp()[0] = ", h )
```

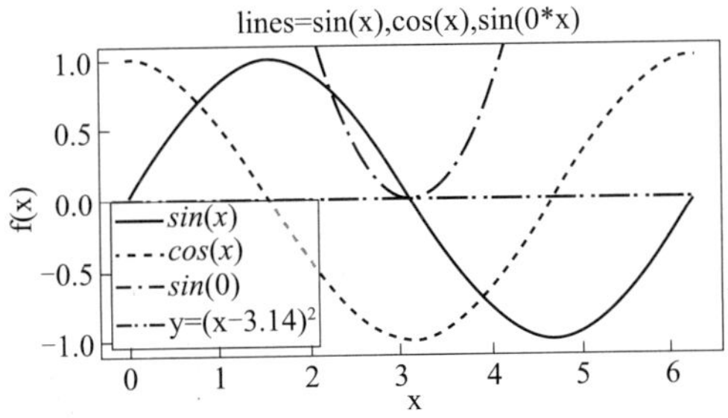


```
对象化参数显示结果:
alllines[0] = Line2D($sin(x)$)
alllines[1] = Line2D($cos(x)$)
alllines[2] = Line2D($sin(0)$)
alllines[3] = Line2D(y = (x - 3.14)$^2$)
f = plt.gcf() = Figure(432x216)
g = plt.gca() = AxesSubplot(0.125,0.125;0.775x0.755)
```

```
h =plt.getp()[0]  =AxesSubplot(0.125,0.125;0.775x0.755)
```

由于 lines 被当成了多轴对象，所以，可以应用对象化管理命令。

语句 alllines = plt. getp（plt. gca（），"lines"），表示将 4 条曲线顺序追加，作为 4 个元素保存，由于变量取值具有记忆性和顺序改变特征，所以，根据变量出现次序测试时，会发现有 4 个元素分别代表了 4 条曲线。

语句 g = plt. gca（）= AxesSubplot（0. 125，0. 125；0. 775x0. 755），表示" Get Current Axes"，获得当前的 Axes 轴对象，前一组两个数是图形起点坐标，后一组是长宽比例。

语句 h = plt. getp（）[0] = AxesSubplot（0. 125，0. 125；0. 775x0. 755），与 g 一致。在 pyplot 模块中，许多函数都是对当前的 Figure 或 Axes 对象进行处理。

语句 f = plt. gcf（）= Figure（432x216），表示" Get Current Figure"，获得当前图形的图轴示例。

语句 plt. setp（lines，linewidth = 20，color = 'r'），与其前面的 lines 语句成对使用，用以定义前面一条 lines 语句的属性。

5. 子图的简单布局

有时候，需要在一幅图框中加入多幅图形，这就需要对于子图的排列进行设计和规划。经过设计，图形才会合理分布。

```
plt.close("all")
plt.figure(figsize = (6, 4))
for idx, color in enumerate("rgbyck"):
    print( idx, 321 + idx, color)
    plt.subplot(321 + idx, facecolor = color)
plt.subplots_ adjust(left = 0.08, right = 0.98, bottom = 0.05, top = 0.9, hspace =
0.5, wspace = 0.5)
```

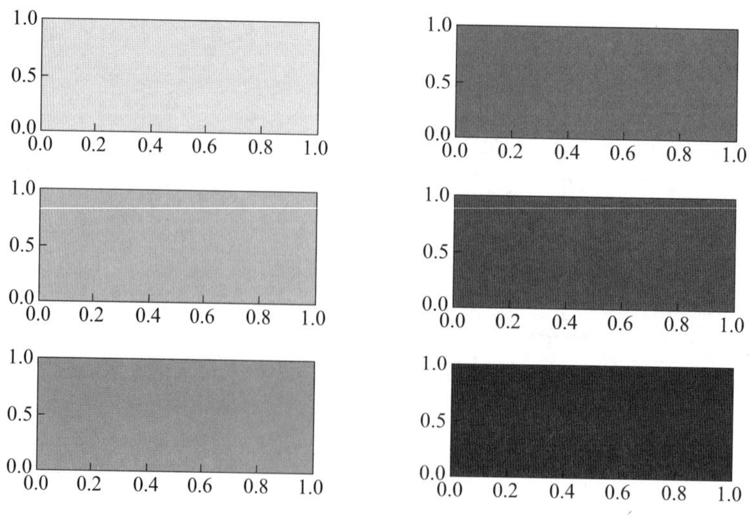

(1) enumerate ("rgbyck") 函数输出序数值 idx =012345 和实值 color =rgbyck。
(2) 循环语句中，idx 取值来控制子图排列顺序，而 color 取值用于分配子图颜色。
(3) 321 表示所有图形：3 行，2 列，第 1 个图形。
(4) 322 表示所有图形：3 行，2 列，第 2 个图形。
(5) 323 表示所有图形：3 行，2 列，第 3 个图形。
(6) 324 表示所有图形：3 行，2 列，第 4 个图形。
(7) 325 表示所有图形：3 行，2 列，第 5 个图形。
(8) 326 表示所有图形：3 行，2 列，第 6 个图形。

当变量 idx = 0，1，2，3，4，5 时，算式 321 + idx = 321，322，323，324，325，326。

语句 plt. subplots_ adjust ( )，调整各个子图之间的相对位置。其中，参数 hspace = 0. 5 表示左右间距；而参数 wspace =0. 5 表示上下间距。

这里使用了 for 循环语句，for 循环结构会遍历所给出的满足条件的所有情况。

6. 子图的结构化布局

在一个大图框中，既要摆放若干个子图框，又要在每个子图框中填充不同的图形，处理过程看似复杂，其实与处理一个图框类似。

```
plt.close("all")
fig =plt.figure(figsize = (7,5))
ax1 =plt.subplot2grid((3,3), (0,0), colspan =2)
ax2 =plt.subplot2grid((3,3), (0,2), rowspan =2)
ax3 =plt.subplot2grid((3,3), (1,0), rowspan =2)
ax4 =plt.subplot2grid((3,3), (2,1), colspan =2)
ax5 =plt.subplot2grid((3,3), (1,1));
x =np.linspace(0,2 * np.pi,100)
print("图形结构、子图序号、子图坐标:")
for idx, ax  in enumerate(fig.axes,1):
    print( fig, idx, ax)
    ax.plot(x, np.sin(idx * x), color = "blue",linewidth =0.5)
    ax.plot(x, np.sin(0 * x), color = "blue",linewidth =0.5)
    ax.text(3.0, 0.5, "sin({}x)".format(idx),ha = "center", va = "center", fon-
    tsize =10)
plt.subplots_ adjust(left =0.08, right =0.98, bottom =0.05, top =0.9, hspace =
0.4, wspace =0.3)
```

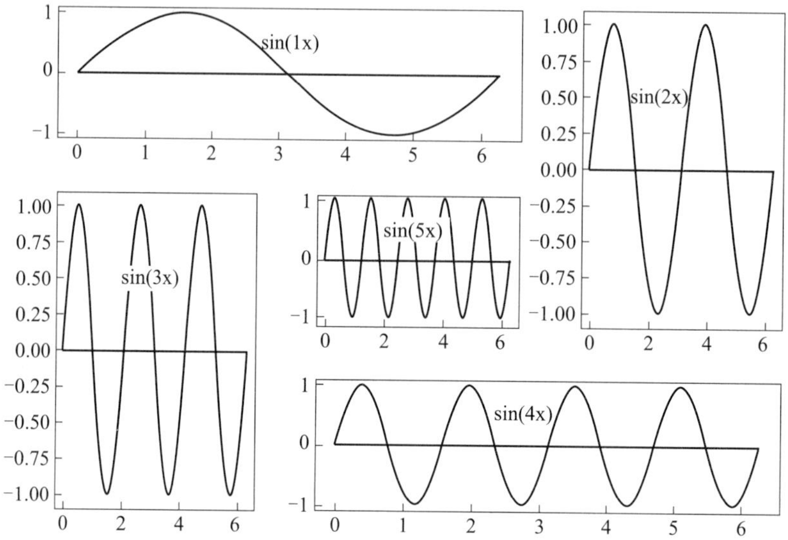


```
图形结构、子图序号、子图坐标:
Figure (504x360) 1 AxesSubplot (0.125000, 0.657941; 0.501471x0.222059)
Figure (504x360) 2 AxesSubplot (0.672059, 0.391471; 0.227941x0.488529)
Figure (504x360) 3 AxesSubplot (0.125000, 0.125000; 0.227941x0.488529)
Figure (504x360) 4 AxesSubplot (0.398529, 0.125000; 0.501471x0.222059)
Figure (504x360) 5 AxesSubplot (0.398529, 0.391471; 0.227941x0.222059)
```

该程序实际上是按照3行、3列数组排列的。具体排列为：(0, 0) (0, 1) (0, 2); (1, 0) (1, 1) (1, 2); (2, 0) (2, 1) (2, 2)。但是，9个子块只排列了5个子图，具体分配办法就是利用图轴变量。例如，ax3 = ((3, 3), (1, 0), rowspan = 2)，表示起点坐标 (1, 0)，扩展2行。

语句 for idx, ax in enumerate (fig. axes, 1)，表示 idx 的序数从1开始。

变量 idx = 1, 2, 3, 4, 5；变量 ax = ax1, ax2, ax3, ax4, ax5。

语句 ax. text (3.0, 0.5, " sin ({}x)" . format (idx))，显示函数标记。

7. 利用图轴数组绘制图形

对于比较规整的图形，可采用循环语句，配合数组运算，非常方便绘图。

```
plt.close("all")
fig, axes = plt.subplots(2, 3, figsize = (8, 4))
x = np.linspace(0, 2 * np.pi, 100)
for i in range(2):
    for j in range(3):
        plt.sca(axes[i,j])
        axes[i,j].plot(x, np.sin(0 * x), color = "red",label = "", linewidth = 0.5)
        axes[i,j].plot(x, np.sin((i + 1) * (j + 1) * x), color = "blue",linewidth = 1)
```

```
axes[i,j].legend(loc = "best")
axes[i,j].text (3.0, 0.5, "sin ({}x)".format ((i + 1) * (j + 1)),ha =
"center", va = "center")
```

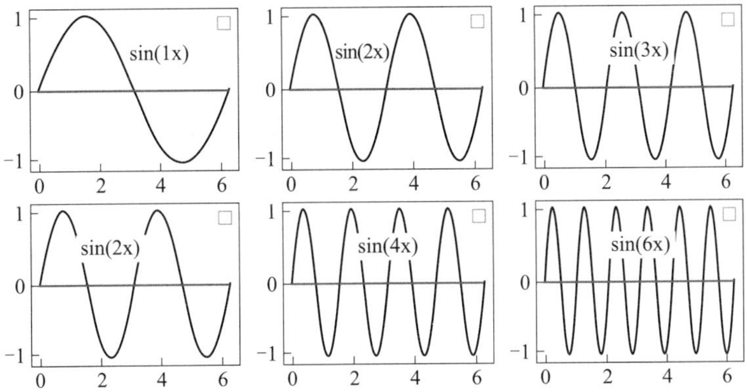

语句 plt. sca (axes [i, j]), 调用子图图轴资源, 并将目前图轴设置为指定图轴。在该程序中, 数组 (i, j) 的用法非常简便, 图形的处理也较为规律。对象化图形处理是较为常见的图形处理方式, 特别是图轴处理, 使用起来非常方便。

8. 图形空间

Matplotlib 图形库包含了许多绘制图形时所需要的选择参数, 这些参数通过命令 matplotlib. rc_ params () 就可以列出来。

```
import numpy as np
import matplotlib
import matplotlib.pyplot as plt
from matplotlib import style
print( style.available)
matplotlib.rcParams.update( matplotlib.rc_ params() )
plt.close("all")
style.use("ggplot")
x = np.linspace(0, 2 * np.pi, 1000)
y = np.sin(x)
z = np.cos(x)
w = np.sin(0 * x)
plt.figure(figsize = (8,3))
plt.plot(x,y,label = "$ f(x) = sin(x) $",color = "red",linewidth = 1)
plt.plot(x,z,label = "$ f(x) = cos(x) $",color = "green",linewidth = 1)
plt.plot(x,w,label = "$ f(x) = sin(0x) $",color = "blue",linewidth = 0.3)
plt.ylim(-1.1,1.1)
plt.legend(loc = 9)
```

```
plt.show()
```

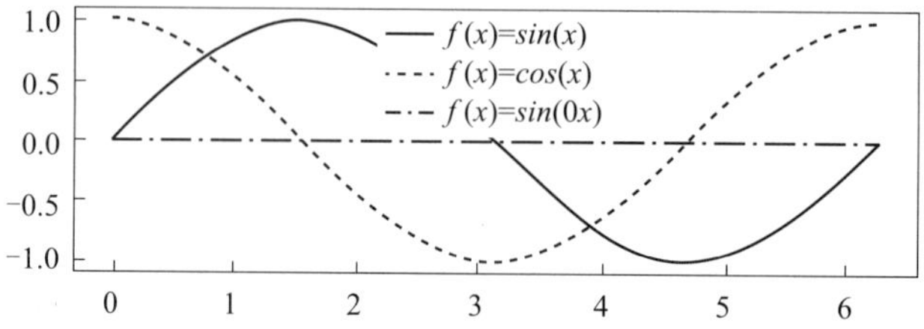

（1）print（style.available），显示［'bmh'，'ggplot'，'seaborn - bright'，…］等图形形式。

（2）style.use("ggplot")，突出了图形类型 ggplot。

（3）matplotlib.rcParams.update（matplotlib.rc_ params（）），升级更新参数，之前参数被更新。

（4）rcParams，图形动漫功能被引导出来，移动鼠标显示坐标，图形走笔主要依赖于坐标之间的夹角。

参数 matplotlib. rc_ params（），从当前默认的 matplotlib 的 rc 文件中返回一个 matplotlib. RcParams 例程参数。一些常见参数都可以显示出来。

参数 matplotlib. rcParams 定义了图形上的点、线、面显示的颜色、形状等信息，不同的参数具有不同的显示效果。如果参数有重叠，则按照参数出现的顺序逐层显示。

缩写 ggplot 表示 Grammar of Graphics，将绘图从数学空间映射到图形空间。语句 style. use("ggplot")不去定义具体的图形（如直方图，散点图），而是定义各种底层组件（如线条、方块）来合成复杂的图形。

第三节　函数图形技巧

函数图形的绘制，最主要的是定义域和值域的范围。Matplotlib 在绘制图形时，一般是根据定义域的大小来自动计算值域的大小，从而确定图形的坐标轴刻度。

1. 反函数图形绘制与表示

反函数图形绘制，最主要的是自变量与因变量的变换关系。

```
plt.close("all")
plt.figure(figsize = (6, 2))
x = linspace(0, 5, 10)
y = x ** 2
subplot(1,2,1)
plot(x, y, 'ro -')
plt.xlabel("x")
```

```
plt.ylabel(r"y = $x^2$")
plt.title("y = f(x)")
subplot(1,2,2)
plot(y, x, 'g*-')
plt.xlabel("x")
plt.ylabel(r"y = $sqrt(x)$")
plt.title(r"y = $f^-(x)$")
plt.subplots_adjust(left=0.08, right=0.98, bottom=0.05, top=0.9, hspace=2, wspace=0.8)
show()
```

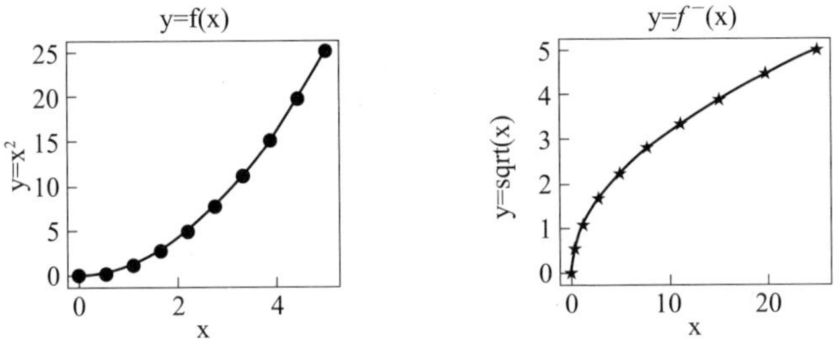

(1) 该图是分体图，子图依靠 subplot (1, 2, 1) 和 subplot (1, 2, 2) 进行定义。

(2) subplot () 决定了之后的程序行绘制的图形都在这个子图中。

(3) 两个子图互为反函数，坐标轴反置；但是，在表示时，坐标轴都按照正常 x，y 坐标系来表示。

(4) x = linspace (0, 5, 10)，表示 x 的定义域为 (0, 5)，并且均匀取 10 个点。

该图其实就是函数与其反函数之间的关系。因为坐标轴习惯上是 (x, y) 坐标，这里采用 (y, x) 变量绘制图形，采用 (x, y) 坐标显示图形，所以得到对称图。

2. 图形之间的嵌套

两个图形嵌套在一起，实质上还是两个图形，所不同的是，二者之间的相对位置有所改变，从而形成互相嵌套的视角效果。

```
plt.close("all")
from pylab import *
import matplotlib.pyplot as plt
x = linspace(0, 5, 10)
y = x ** 2
fig = plt.figure(figsize = (5, 3))
axes1 = fig.add_axes([0.1, 0.1, 1, 0.8])
axes2 = fig.add_axes([0.25, 0.45, 0.4, 0.3])
axes1.plot(x, y, "ro-",label = r"y = $x^2$")
axes1.set_xlabel("x")
axes1.set_ylabel("y")
```

```
axes1.set_ title("Original Function")
axes1.legend(loc =4)
axes2.plot(y, x, "g * - ",label = r"y = sqrt(x)")
axes2.set_ xlabel("x")
axes2.set_ ylabel("y")
axes2.set_ title("Inverse Function")
axes2.legend(loc =4)
```

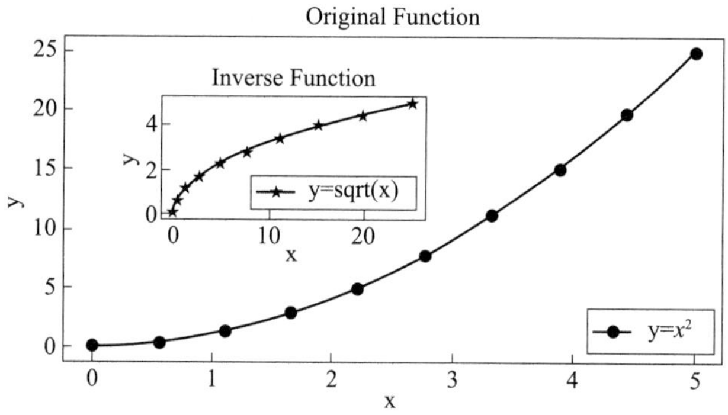

（1） axes1 = fig.add_ axes （[0.1, 0.1, 1, 0.8]），定义函数图，前两位是起点坐标，后面是图形比例。

（2） axes2 = fig.add_ axes （ [0.25, 0.45, 0.4, 0.3]），定义反函数图，相对坐标以（0, 1）作为整体大小。

（3）这里 axes2 的坐标是比例式相对坐标，而不是绝对坐标，相对坐标是相对于大的图框。

（4）图形嵌套，在这里实际上仍然是轴坐标 axes1 和 axes2 的应用，其他并无变化。

（5） loc =4，是定位标志线和符号显示位置的，不同数字位置不同。

图形嵌套，主要是要定义好图框的坐标，坐标定义好了，在各自的图轴下绘图，互无干扰，还是很方便的。

3. 同一图形的伸缩对比

图形的收缩与扩放，实际上还是两个图，各绘各的，由于两个图形的比例关系不同，所以，看起来好像同一图形的扩大或者收缩。

```
from pylab import *
import matplotlib.pyplot as plt
import matplotlib.gridspec as gridspec
plt.close("all")
x = np.linspace(-1, 1., 40)
fig = plt.figure(figsize = (6, 3))
ax1 = fig.add_ axes([0.10, 0.10, 1.0, 0.8])
ax2 = fig.add_ axes([0.78, 0.15, 0.3, 0.3])
ax1.plot(x, x ** 2, "ro - ",label = r"y = $x^2 $",lw =1, color = "red")
```

```
ax1.plot(x, x ** 3, "r * - ",label = r"y = $x^3$",lw = 1, color = "green")
ax1.set_ xlabel("x")
ax1.set_ ylabel("y")
ax1.set_ title("Original Function")
ax1.legend(loc = 9)
ax2.plot(x, x ** 2, "ro - ",label = r"y = $x^2$",lw = 1, color = "blue")
ax2.plot(x, x ** 3, "r * - ",label = r"y = $x^3$",lw = 1, color = "gray")
ax2.set_ title("Zoom Function")
ax2.legend(loc = 4)
ax2.set_ xlim( - 0.2, 0.2)
ax2.set_ ylim( - 0.005, 0.01)
ax2.set_ yticks([0, 0.005, 0.01])
ax2.set_ xticks([ - 0.1,0,0.1]);
```

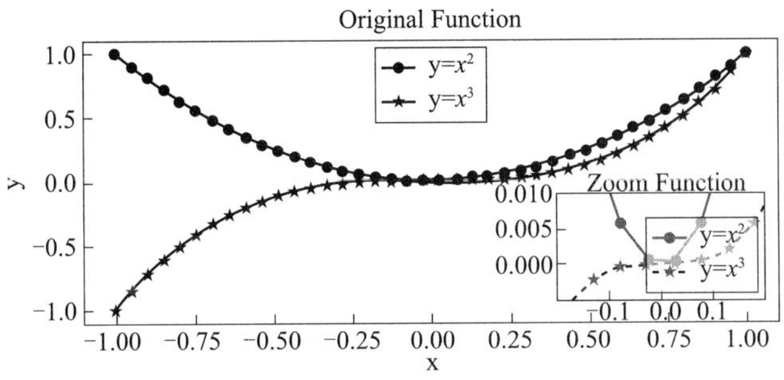

(1) 该图与前图本质上并没有太大区别，最大区别在于内图坐标体系与外图不同。

(2) 内图坐标刻度纵轴：ax2.set_ yticks ([0, 0.005, 0.01])。

(3) 内图坐标刻度横轴：ax2.set_ xticks ([- 0.1, 0, 0.1])。

(4) 内图横坐标窗口大小：ax2.set_ xlim (- 0.2, 0.2)。

(5) 内图纵坐标窗口大小：ax2.set_ ylim (- 0.005, 0.01)。

以上图形的收缩与扩放是依靠两个图轴、按照两幅图来绘制的。

4. 以插入方式实现图形的伸缩对比

如果想在一幅图中插入另外一幅图，也是可以的。

```
from pylab import *
import matplotlib.pyplot as plt
import matplotlib.gridspec as gridspec
plt.close("all")
fig, ax = plt.subplots(figsize = (6, 3))
xx = np.linspace( - 1, 1., 100)
ax.plot(xx, xx ** 2, xx, xx ** 3)
fig.tight_ layout()
inset_ ax = fig.add_ axes([0.65, 0.21, 0.3, 0.3])
```

```
inset_ ax.plot(xx, xx ** 2, xx, xx ** 3)
inset_ ax.set_ title('zoom near origin')
inset_ ax.set_ xlim(-0.2, 0.2)
inset_ ax.set_ ylim(-0.005, 0.01)
inset_ ax.set_ yticks([0, 0.005, 0.01])
inset_ ax.set_ xticks([-0.1,0,0.1]);
```

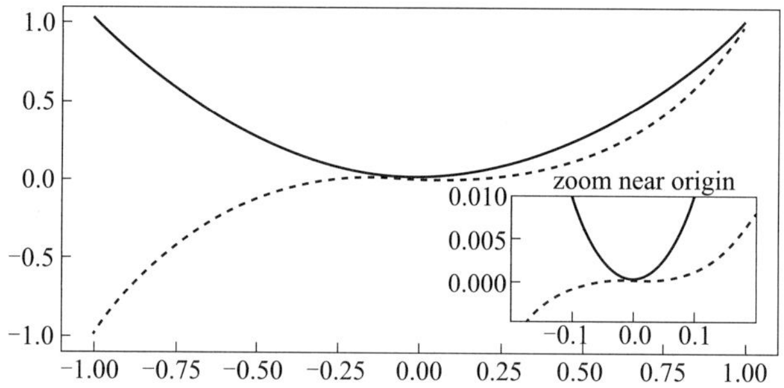

该图没有采用轴坐标定位方法，而采用了插入方法，语句 inset_ ax = fig. add_ axes ([0.65, 0.21, 0.3, 0.3])，在默认人图已知的情况下，添加小图。这种方式与定义坐标轴是一样的。

5. 常见特殊字母标识

特殊字符在数学排版中很常见，这里我们学习 Matplotlib 下的表示方法。

```
from pylab import *
import matplotlib.pyplot as plt
plt.close("all")
x = linspace(-1, 1, 50)
fig, ax = plt.subplots(figsize = (8, 2.5))
ax.plot(x, x * 0, label = r"y = 0", lw = 1, color = "green", marker = '+', markersize = 
4, markerfacecolor = "red")
ax.plot(x, x ** 2, label = r" $y = \alpha^2 $ ",lw = 1, color = "red",marker = 'o', 
markersize = 2, markerfacecolor = "green")
ax.plot(x, x ** 3, label = r" $y = \alpha^3 $ ",lw = 1, color = "blue", marker = 's', 
markersize = 2, markerfacecolor = "blue")
ax.legend(loc = "lower right")
ax.set_ xlabel(r" $ \alpha $ ")
ax.set_ ylabel('y')
ax.set_ title('Exponential Function');
show()
```

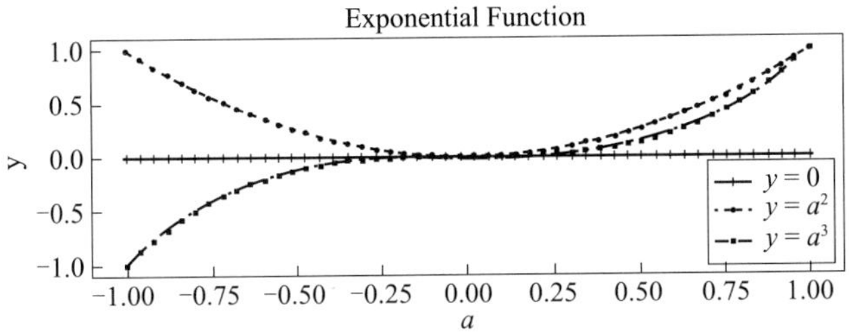

(1) 特殊字符 alpha，它的输出按照特殊定义，这类字母还有很多。

(2) alpha 实际上就是自变量 x，但是定义不同，这里仅仅是显示作用。

(3) beta、rho、sigma、delta、pi、prime，都是常见的特殊字母。

(4) linestyle，表示线条形式或者风格，该例表现了多种线条模式。

(5) markerfacecolor，表现的是标志节点的颜色，比 color 定位度低。

(6) marker，线上的标记，区别不同线图，定义类别很多，这里仅举几例。

图线上的不同符号表示，在图形上也较为常见。

绘制图形时，图轴的使用非常方便。将图轴作为数组使用，可以定义子图。

指数的刻写在绘图中非常多见，下例就是 2 次方和 3 次方的表示。

6. 函数的图形表示

使用 ax. text（）标识曲线，相当于在图形中插入标识文字。

```
from pylab import *
import matplotlib.pyplot as plt
plt.close("all")
fig, ax =plt.subplots(figsize = (6 , 3))
x =np.linspace(-1, 1., 100)
ax.plot(x, x ** 2, linewidth =1, color = "blue")
ax.plot(x, x ** 3, linewidth =1, color = "red")
ax.plot(x, x * 0, color = "black", linewidth =1)
ax.text(-0.65, 0.6, r" $y =x^2 $ ", fontsize =20, color = "blue")
ax.text(-0.65, -0.6, r" $y =x^3 $ ", fontsize =20, color = "red");
```

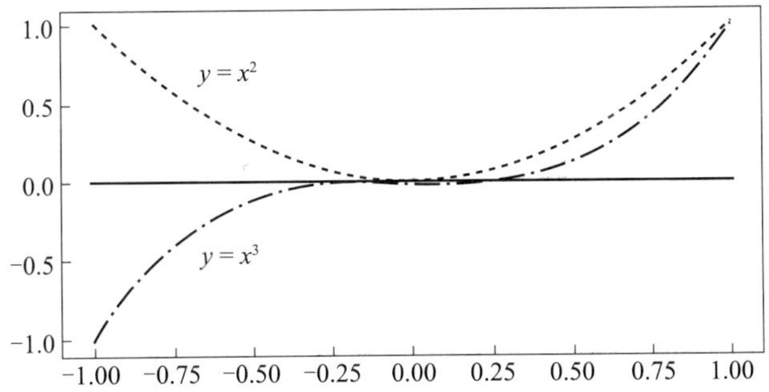

(1) ax.text (-0.65, 0.6)，按照坐标位置 (-0.65, 0.6) 显示文字。

(2) ax.text (-0.65, -0.6)，按照坐标位置 (-0.65, -0.6) 显示文字。

文本标识，往往是图形显示的一部分。

7. 特殊值刻度标识

三角函数特殊区间的标记，在三角函数的绘图过程中往往很有必要。三角函数在一个周期中特殊点的函数值取 0 或 1，如果能够标记横轴特殊点刻度，图形更为清晰。

```
from pylab import *
import matplotlib.pyplot as plt
plt.close("all")
fig, ax = plt.subplots(figsize = (7, 2))
x = linspace(0, 2 * np.pi, 100)
ax.plot(x, sin(x), lw = 1.2)
ax.set_xticks([0, np.pi/2, np.pi, (3 * np.pi)/2, 2 * np.pi])
ax.set_xticklabels([0, r'$\pi/2$', r'$\pi$', r'$3\pi/2$', r'$2\pi$'],
fontsize = 15)
yticks = [-1, 0, 1]
ax.set_yticks(yticks)
ax.set_yticklabels(["$%.1f$" % y for y in yticks], fontsize = 15)
x1 = linspace(0, 2 * np.pi, 5)
ax.plot(x1, np.sin(0 * x1), color = "b", lw = 1, ls = "-", marker = "o", markersize
= 6, markerfacecolor = "red");
```

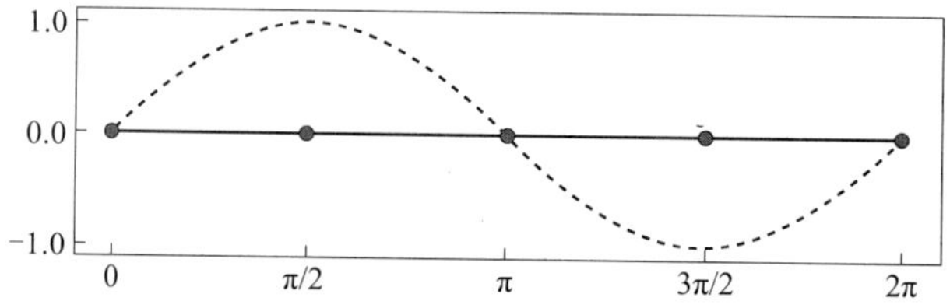

(1) 这个图形完全采用了正弦函数的一般传统标记方法。

(2) ax.set_xticks ([0, np.pi/2, np.pi, (3 * np.pi) /2, 2 * np.pi])，按照实际取值定义 5 个刻度点。

(3) ax.set_yticks (yticks)，按照变量取值定义了 3 个刻度点。

(4) ax.set_xticklabels ([0, r'$\pi/2$', r'π', r'$3\pi/2$', r'2π'], fontsize = 15)，标记 5 个刻度坐标。

(5) ax.set_yticklabels (["$%.1f$" % y for y in yticks], fontsize = 15)，标记 3 个刻度坐标。

图形上特殊值的刻度问题，实质就是特殊坐标值的刻度问题。

8. 图形背景网格化

底板网格化，就是通常绘图所使用的网格化地板纸。

```
from pylab import *
import matplotlib.pyplot as plt
x = linspace(0, 2 * np.pi, 15)
fig, axes = plt.subplots(1, 2, figsize = (6,3))
axes[0].plot(x, np.sin(x), color = "b", lw =1, ls = " - ", marker = "o", markersize =
8, markerfacecolor = "red")
axes[0].grid(True, color = "r", alpha = 0.9, linestyle = "dotted", linewidth =
0.5)
axes[0].text(4.2,  0.6, "y = sin(x)", fontsize =10, color = "blue")
axes[0].set_ xlabel("x", fontsize =12)
axes[0].set_ ylabel("y", fontsize =12)
axes[1].plot(x, np.cos(x), color = "b", lw =1, ls = " - ", marker = " * ", markersize =
8, markerfacecolor = "blue")
axes[1].grid(True, color = "b", alpha = 0.9, linestyle = "dotted", linewidth =
0.5)
axes[1].text(2.3,  0.6, "y = cos(x)", fontsize =10, color = "blue")
axes[1].set_ xlabel("x", fontsize =12)
axes[1].set_ ylabel("y", fontsize =12)
plt.subplots_ adjust(left =0.08, right =0.98, bottom =0.05, top =0.9, hspace =
0.4, wspace =0.4);
```

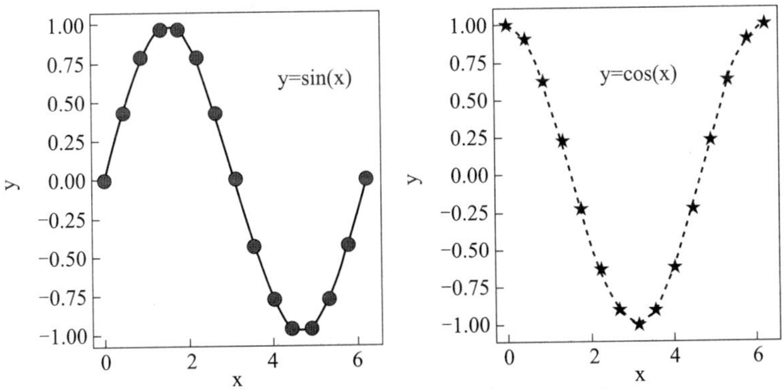

(1) axes [0] .grid (), 就是为第一个子图设置底版格式。

(2) axes [1] .grid (), 就是为第二个子图设置底版格式。

图形背景网格化在微软的绘图工具下使用非常普遍，主要是增加图形的透视度。

之前，我们介绍过 matplotlib. rcParams. update (matplotlib. rc_ params ( )), 通过 Matplotlib 的 rcParams 属性引出动漫功能，也有底版。

9. 绘制姊妹图

姊妹图，就是一幅图中有两个不同的图线，可以通过左、右两边的图轴来分别标记两个不同的图线。

```
from pylab import *
import matplotlib.pyplot as plt
plt.close("all")
x = linspace(0, 5, 100)
fig, ax1 = plt.subplots(1,1, figsize = (6,3))
ax1.plot(x, x ** 2, lw = 1, color = "blue")
ax1.set_ ylabel(r"area $ (m^2) $ ", fontsize = 14, color = "blue")
for label in ax1.get_ yticklabels():label.set_ color("blue")
ax1.grid(True, color = "b", alpha = 0.9, linestyle = "dotted", linewidth = 0.5)
ax2 = ax1.twinx()
ax2.plot(x, x ** 3, lw = 2, color = "red")
ax2.set_ ylabel(r"volume $ (m^3) $ ", fontsize = 14, color = "red")
for label in ax2.get_ yticklabels():label.set_ color("red")
```

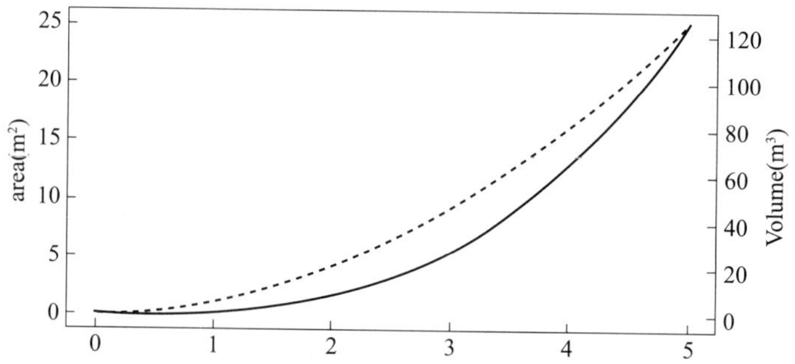

（1）一般来说，ax1，ax2，代表两个图轴，分开显示在两个图框里；但是，这里因为定义了姊妹图，所以就显示在一个图框里面。尽管如此，仍然是按照子图来定义的。

（2）ax2 = ax1.twinx ()，表示 ax2 是 ax1 的姊妹图，可以显示在一个图框。

（3）由于两个图轴显示在一个图框，所以，可以通过颜色加以区别。

（4）姊妹图的纵坐标表示原则为双边表示。

姊妹图的作用主要是为了产生对比效果。姊妹图显示，其关键环节实际上是在两个图形的纵轴显示和图形区别。由于姊妹图目的是为了显示曲线所代表的数据意义，所以，分开显示更好。

10. 绘制直角坐标系

直角坐标系在绘图时比较常见，Matplotlib 绘制起来也稍微麻烦一些。

```
from pylab import *
import matplotlib.pyplot as plt
plt.close("all")
fig, ax = plt.subplots()
ax.spines['right'].set_ visible(False)
```

```
ax.spines['top'].set_ visible(False)
ax.xaxis.set_ ticks_ position('bottom')
ax.spines['bottom'].set_ position(('data',0))
ax.yaxis.set_ ticks_ position('left')
ax.spines['left'].set_ position(('data',0))
xx = np.linspace(-1, 1., 100)
ax.plot(xx, xx ** 3);
```

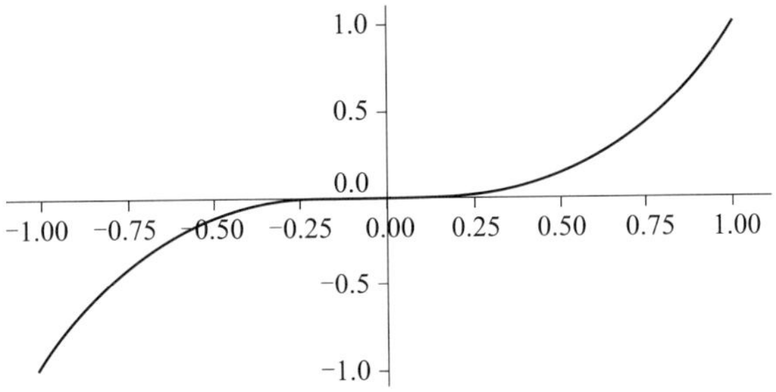

(1) set_ visible (False)，隐藏 right 和 top 边界线。

(2) sct_ position (('data', 0))，建立 x 轴上 x - 0 的坐标位置。

(3) set_ position (('data', 0))，建立 y 轴上 y = 0 的坐标位置。

对于直角坐标系在实际应用中的具体用法，还需要根据实际需要，参考相关举例来调整，并考虑其他参数。

第四节 2D 和 3D 函数图及坐标轴

一般的平面图形都是 2D 图形，而阶梯图和条形图都是常见的统计图。

1. 常见的 4 种 2D 图形

散点图、阶梯图、条形图、曲线图，都是常见的 2D 图形。

```
plt.close("all")
x = np.linspace(-1, 1., 100)
n = np.linspace(0, 5., 6)
fig, axes = plt.subplots(1, 4, figsize = (9,2))
axes[0].scatter(n, 1 + n + 0.25 * randn(len(n)))
axes[0].set_ title("scatter")
axes[1].step(n, n ** 2, lw = 2)
axes[1].set_ title("step")
axes[2].bar(n, n ** 2, align = "center", width = 0.5, alpha = 0.5)
```

```
axes[2].set_title("bar")
axes[3].fill_between(x, x**2, x**3, color="green", alpha=0.5)
axes[3].set_title("fill_between")
plt.subplots_adjust(bottom=0.05, top=0.9, hspace=0.4, wspace=0.4);
```

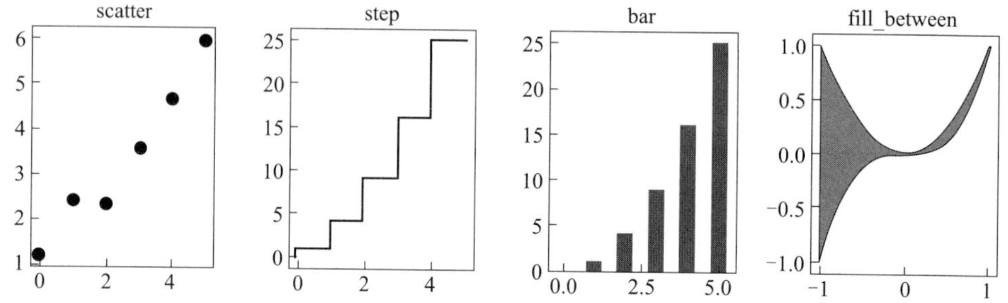

(1) axes [0] .scatter (n, 1+n+0.25*randn (len (n))), 绘制散点图。
(2) axes [1] .step (n, n**2), 绘制阶梯图。
(3) axes [2] .bar (n, n**2), 绘制条形柱状图。
(4) axes [3] .fill_between (x, x**2, x**3), 绘制夹面图。
(5) 这些图形，都是最为常见的图形。

这四种图形，在统计分析中使用较多，是典型的2D图形。

2. 圆形极点射线图

圆形极点射线图，其实就是围绕一点在旋转中连接起来的图形，由于平面在旋转，所以画出来就是一个涡轮状曲线。如果没有旋转，自然就是一条直线。

```
from pylab import *
import matplotlib.pyplot as plt
plt.close("all")
fig=plt.figure(figsize=(3,3))
ax=fig.add_axes([0.0, 0.0, .8, .8], polar=True)
t=linspace(0, 2*pi, 100)
ax.plot(t, t, color='blue', lw=2)
```

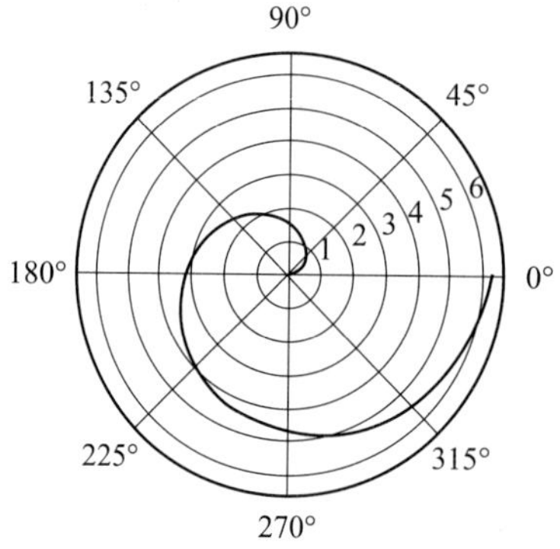

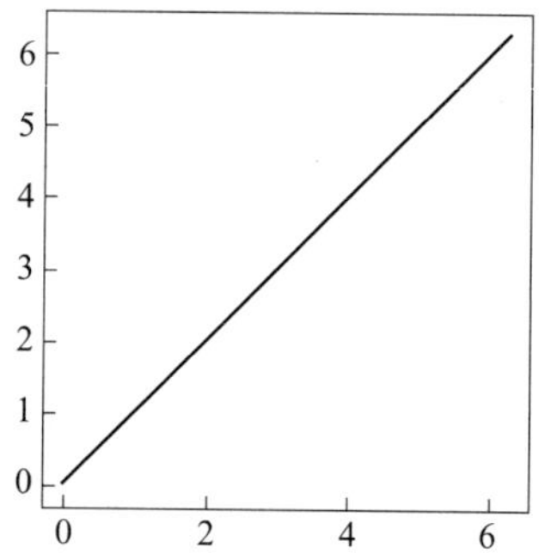

(1) ax = fig.add_ axes ([0.0, 0.0, .8, .8], polar = True), 表示绘制圆形旋转图。

(2) 由于定义了极点, polar = True, 图框自然以圆形表示, 直线被以旋转形式绘制出来。

(3) 如果 polar = False, 图框自然以直线或者对角线表示。

这种极点螺旋图实际上就是射线图的另外一种显示方式。

3. 绘制普通 3D 图形

绘制普通 3D 图形, 最重要的是表面图。

```
from pylab import *
import matplotlib.pyplot as plt
from mpl_ toolkits.mplot3d.axes3d import Axes3D
plt.close("all")
def flux_ qubit_ potential(x, y):
    return sin(x) * sin(y)
x = linspace(0, 2 * pi, 100)
y = linspace(0, 2 * pi, 100)
X,Y = meshgrid(y, x)
Z = flux_ qubit_ potential(X, Y).T
fig = plt.figure(figsize = (10, 5))
ax = fig.add_ subplot(1, 2, 1, projection = '3d')
p = ax.plot_ surface(X, Y, Z, rstride = 1, cstride = 1, cmap = cm.RdBu, linewidth =
1, antialiased = True)
cb = fig.colorbar(p, shrink = 0.8)
ax = fig.add_ subplot(1, 2, 2, projection = '3d')
p = ax.plot_ surface(X, Y, Z, rstride = 1, cstride = 1, cmap = cm.coolwarm, line-
width = 0, antialiased = False)
cb = fig.colorbar(p, shrink = 0.8)
```

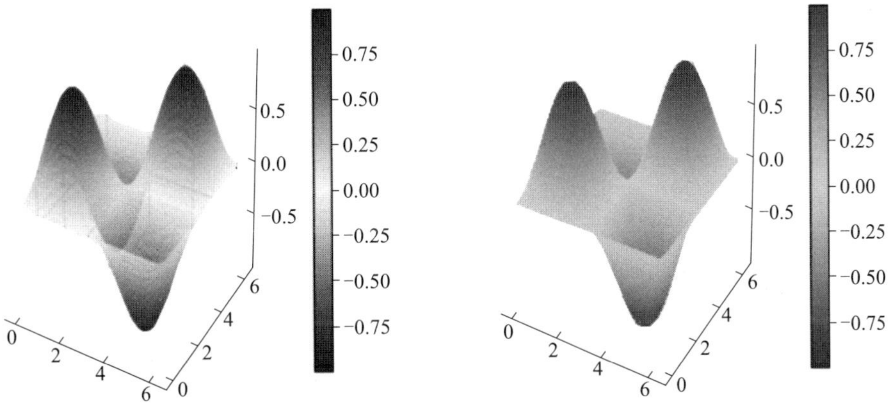

(1) projection = '3d', 这是 3D 图形的重要标志。

(2) cb = fig.colorbar (p, shrink = 0.8), 色谱条形显示, shrink = 1 相当于 ax = ax,

表示样本条缩放尺寸。

（3）p = ax.plot_ surface（X，Y，Z），绘制三维表面图形。

（4）参数 rstride = 1，cstride = 1，定义图形在 X 轴和 Y 轴方向上的粗疏度。

与二维图形一样，三维图形也可以表现为轮廓图，或者框架图。绘制 3D 图，主要依赖于命令函数属性选择。

第三章
BeautifulSoup4 网络数据搜索

第一节 数据搜索环境

网络爬虫或者数据爬虫，是大数据管理的重要应用。一般来说，常用的数据库管理都是针对关系型数据或结构化数据而言的。但是，随着互联网的大量应用，非结构化数据已经非常普遍，面对大量的非结构化数据，人们一直试图找到一种合适的方式来完成对于数据的搜集、整理、应用，例如各种搜索引擎，就提供了方便的数据搜索方式。尽管如此，面对各种各样的数据处理需求，特别是要实现具有量身定造功能的搜索服务，一般搜索引擎就不够用了。所以，不同类型的数据爬虫功能软件诞生了。

1. BeautifulSoup4 环境

Python 在网页数据抓取方面具有很大优势，BeautifulSoup 就是基于 Python 的网页爬虫工具。网站 https://www.crummy.com/software/BeautifulSoup/bs4/doc/对于 BeautifulSoup 的解释是：BeautifulSoup is a Python library for pulling data out of HTML and XML files。BeautifulSoup4 是最常见的版本，符合我们对于数据抓取的目的，本章将重点介绍。

要在 Python 系统下安装 BeautifulSoup4 软件模块，需要安装其相应的库函数。例如 conda install beautifulsoup4 或 >pip install bs4 安装命令，就可以建立 beautifulsoup4（BS4）运行环境。

软件包 lxml parser 是一个由第三方开发的 HTML 解析器，它比 Python 自己提供的 HTML 解析器功能更宽泛。安装命令是 conda install lxml 或者 pip install lxml。

除此之外，解析器 html5lib parser 是一种纯 Python 解析器，它对 HTML 的解析与 WEB 网页差不多，特别适合大量网页的情况。安装命令是以下两个命令中的任意一个：conda install html5lib 或者 pip install html5lib。

2. 超级文本直接赋值及 soup 数据搜索

我们将从一个简单的 HTML 网页开始，来介绍 BeautifulSoup 软件包是如何实现 WEB 网页信息抓取功能的。关于这部分举例，可以参考相关网站所进行的介绍。

假设，Threesister.html 是一段简单的 HTML 程序，它引用了一个关于三姐妹 Elsie、

Lacie、Tillie 的故事。

```
<html><head><title>The Dormouse's story</title></head>
<body>
<p class="title"><b>The Dormouse's story</b></p>
<p class="story">Once upon a time there were three little sisters; and their names were
<a href="http://example.com/elsie" class="sister" id="link1">Elsie</a>,
<a href="http://example.com/lacie" class="sister" id="link2">Lacie</a> and
<a href="http://example.com/tillie" class="sister" id="link3">Tillie</a>;
and they lived at the bottom of a well.</p>
<p class="story">…</p>
```

这段有关三姐妹故事的 HTML 程序，可以在 WEB 下运行，显示一段话。

```
The Dormouse's story
Once upon a time there were three little sisters; and their names were Elsie, Lacie and Tillie; and they lived at the bottom of a well.
…
```

为了在 BeautifulSoup 软件模块下实现信息抓取功能，我们需要首先将 Threesister.html 的这段 HTML 程序，赋值给一个文本变量 html_doc，今后的有关信息抓取的命令就主要针对文本变量 html_doc 来执行。

```
html_doc = """
<html><head><title>The Dormouse's story</title></head>
<body>
<p class="title"><b>The Dormouse's story</b></p>
<p class="story">Once upon a time there were three little sisters; and their names were
<a href="http://example.com/elsie" class="sister" id="link1">Elsie</a>,
<a href="http://example.com/lacie" class="sister" id="link2">Lacie</a> and
<a href="http://example.com/tillie" class="sister" id="link3">Tillie</a>;
and they lived at the bottom of a well.</p>
<p class="story">...</p>
"""
```

因为仅仅是定义了一个文本变量 html_doc，所以在执行之后，系统屏幕并没有什么反应。尽管如此，BeautifulSoup 软件已经可以处理它了。

在 BeautifulSoup 下解析变量 html_doc 所代表的 HTML 程序，需要通过命令 import

BeautifulSoup 导入程序（bs4 是其缩写），并且调用 html. parser 解析器（soup 将解析器与变量 html_ doc 联结起来）。

```
from bs4 import BeautifulSoup
soup = BeautifulSoup(html_ doc, 'html.parser')
print(soup.prettify())
```

这里，soup = BeautifulSoup（html_ doc，'html. parser'）语句将文件 html_ doc 按照'html. parser'规则解析。只有通过解析的变量，才能够被搜索。

经过 soup. prettify（）函数，原来的 HTML 文本会严格按照标签（tag）出现的顺序、一个标签占一行、不同标签不同行的要求，重新排列 HTML 文档，便于 BeautifulSoup 命令操作。具体显示结果，这里不再罗列。

使用 BeautifulSoup 命令，可以很容易地将 HTML 文档中的相关部分信息查找出来。

（1）soup.title，列出结果 <title>The Dormouse's story</title>。

（2）soup.title.name，列出结果'title'。

（3）soup.title.string，列出结果"The Dormouse's story"。

（4）soup.title.parent.name，列出结果'head'。

（5）soup.p，列出结果 <p class="title"><b>The Dormouse's story</b></p>。标签 <p>引起的第一条语句。

（6）soup.p ['class']，列出结果 ['title']。

（7）soup.a，列出结果 <a class="sister" href="http://example.com/elsie" id="link1">Elsie</a>。标签 <a>的第一条语句。

（8）soup.a ['class']，列出结果 ['sister']。

（9）soup.a ['href']，列出结果'http: //example.com/elsie'。

（10）soup.find_ all ('a')，列出由标签 <a>所引起的全部三条语句。

（11）soup.find(id="link3")，列出结果 <a class="sister" href="http://example.com/tillie" id="link3">Tillie</a>。

（12）soup.findAll("a",{"class":"sister"})，列出全部三条包含 <a class="sister">的语句。

（13）for link in soup.find_ all('a'): print(link.get('href'))，列出标签 <a>下由标签 <href>所定义的链接地址。

（14）for link in soup.find_ all('a'): print(link.get('class'))，列出标签 <a>下由标签 <class>所定义的类名 ['sister']。

（15）for link in soup.find_ all('a'): print(link.get('id'))，列出标签 <a>下由标签 <id>所定义的标识名 link1、link2、link3。

（16）print (soup.get_ text ())，列出文本文件 html_doc 中的所有文本内容，不含 html 标签。

显然，BeautifulSoup 软件完全利用了 HTML 文档的标签（tag）功能，并结合了 HTML 的倒树状结构化数据分布特征。

可以看出，查询信息往往首先显示的是符合查找条件的第一条信息；如果指定全部查询条件，则符合查询条件的信息就可以全部被显示出来。

为了实现查找全部符合条件的目标信息，可以使用 for… in 循环语句。

为了实现查找全部文本信息，可以使用 get_ text（）函数。

3. 超级文本本地硬盘提取及 soup 数据搜索

前面所举的例子，是把 HTML 文档的内容作为整体赋值给了一个变量，然后使用 BeautifulSoup 命令进行操作，这样比较麻烦，因为需要去复制 HTML 文档结构。如果一个 html 文件已经存储在本地硬盘上，则只须调用绝对路径文件名就行。

以 Threesister. html 文档为例来进行演示。

```
import urllib
import bs4
from bs4 import BeautifulSoup
my_ url = "file:///C:/Users/hhh2021/Python37Lctures - V2021/beautifulsoup/
Threesister.html"
wp = urllib.request.urlopen(my_ url)
soup = BeautifulSoup(wp,'lxml')
print(soup.prettify())
print(soup.get_ text())
```

（1）my_ url = "file:///C:/..."，将所要调取的超级文件绝对路径名所代表的超级文档赋值给变量 my_ url。

（2）wp = urllib.request.urlopen（my_url），打开 my_ url 所代表的超级文档，并赋值给变量 wp。

（3）soup = BeautifulSoup(wp,'lxml')，对变量 wp 所代表的超级文档按照 lxml 规则加以解析。

（4）本地文件存储，这里的斜杠“/”与反斜杠“\”不同，可以视具体情况予以设置。

这里，HTML 文件采用了在硬盘上存储的绝对路径作为文件名，以方便运行程序准确查找文件地址。如果文件存储在不同的目录下面，那么，只要正确使用绝对目录，就可以打开文件了。

这里，实际上是把打开文件 Threesister. html 的 HTML 结构化程序作为内容赋值给了 BeautifulSoup 定义的变量 soup。对于 soup 的查询操作，与之前的例子完全一样，没有任何区别，如 print（soup. prettify（））和 print（soup. get_ text（））。

4. 超级文本互联网提取及 soup 数据搜索

对于超级文本的搜索操作，在绝大多数情况下，都是对互联网进行操作。为了直观起见，我们选择了一个录像类电子商品销售网站来作为练习实例。

```
my_ url ='https://www.newegg.com/Video - Cards - Video - Devices/Category/ID -
```

```
38?Tpk=graphics%20card'
    wp=urllib.request.urlopen(my_url)
    soup=BeautifulSoup(wp,'lxml')
    containers=soup.findAll("div",{"class":"item-container"})
    for i in range(len(containers)):
        print(i, "  ",containers[i].text.strip())
        print("\n")
```

(1) my_url='https://www.newegg.com/…', 将要搜索的网页域名地址赋值给变量 my_url。

(2) wp=urllib.request.urlopen (my_url), 打开以 my_url 所代表的网页, 并赋值给 wp。

(3) soup=BeautifulSoup(wp,'lxml'), 解析 wp 所代表的已经打开的网页, 解析后的网页赋值给变量 soup。

(4) containers=soup.findAll("div",{"class":"item-container"}), 对 html 文本进行搜索操作。

(5) for i in range(len(containers)): print(i, " ",containers[i].text.strip()), 搜索结果。

由于在这里使用了 Python3 系列较新版本，所以，打开文件的操作较为简单。之前较早的版本，对于 Python 2 与 Python 3，在打开文件命令上是不同的，用户如果遇到这种情况，可以上网查询解决办法，这里不再介绍。

第二节　结构化数据搜索

BeautifulSoup 的搜索功能，实际上是充分利用 HTML 和 XML 文档中的标签（tag）和属性（attribute）功能来实现的。由于 HTML 和 XML 文档中的标签（tag）和属性（attribute）非常丰富多样，这也就决定了搜索的程序、目标和结果也将是五花八门、丰富多彩的。

1. 搜索结果呈现

一旦确定了需要搜索的域名地址，真正的搜索操作就开始了。上例使用了语句 containers = soup. findAll("div", { "class": "item - container"}) ，其功能就是在 HTML 文件中找到标签 div 分隔部分下 class 类为 item - container 的所有语句，并把满足搜索条件的结果赋值给变量 containers。

由于满足 findAll（）条件的 <div class = "item - container" >…… </div >结构语句，搜索结果有可能不止一条，所以，containers 被自然设置成了一个数组变量。既然是数组，len（containers）可以测定其元素个数，也就是满足搜索条件的记录个数。

```
my_ url ='https://www.newegg.com/Video - Cards - Video - Devices/Category/ID -
38?Tpk = graphics% 20card'
wp = urllib.request.urlopen(my_ url)
soup = BeautifulSoup(wp,'lxml')
containers = soup.findAll("div",{"class":"item - container"})
print(len(containers))
print(0,containers[0])
```

结果 len（containers）=12，有 12 条记录满足条件。语句 print（0，containers［0］）就是列出满足搜索条件的第 1 条记录，实际列出的结果是在第 1 个 div 分隔部分所包含的 HTML 全部语句，但其排列顺序不具有清晰的结构。如果要清晰地列出 HTML 语句的层次结构，即 <div class = "item – container" >…… </div >语句，则需要 soup. prettify（）。

```
html_ doc = """
 <div class = "item - container" >…… </div >
"""
from bs4 import BeautifulSoup
soup = BeautifulSoup(html_ doc, 'html.parser')
print(soup.prettify())
```

将之前程序搜索所得到的 <div class = "item – container" > …… </div >结构第一条记录赋值给变量 html_ doc，解析后赋值给变量 soup，再由 soup. prettify（）列出结构。之所以要列出 HTML 的超文本结构，主要是要看清楚它的标签结构，为准确搜索做准备。

2. 搜索结果层次结构

语句 containers = soup. findAll("div", { "class": "item – container"}) 的搜索结果一共有 12 条；在每条之中，也有一些有效信息。所以，在搜索结果出来之后，如果要整齐罗列搜索结果，就需要使用 Python 的其他语句。

```
my_ url ='https://www.newegg.com/Video - Cards - Video - Devices/Category/ID -
38?Tpk = graphics% 20card'
wp = urllib.request.urlopen(my_ url)
soup = BeautifulSoup(wp,'lxml')
containers = soup.findAll("div",{"class":"item - container"})
for i in range(len(containers)):
    print(" \n",i)
    container = containers[i].findAll("ul",{"class":"item - features"})[0].fin-
    dAll("li")
```

```
        for j in  range(len(container)):
            print(i,j,"  ",container[j].text.strip().replace("  ", ""))
    0 0     DisplayPort: 3 x DisplayPort 1.4
    0 1     HDMI: 1 x HDMI 2.1
    0 2     Card Dimensions (L x H): 12.60" x 5.31"
    0 3     Slot Width: Triple Slot
    0 4     Model #: 6900XTU 16GBD6 -3DHE/
    0 5     Item #: N82E16814131785
    0 6     Return Policy: Standard Return Policy
```

(1) containers = soup.findAll("div",{"class":"item - container"}), 搜索条件。

(2) for i in range (len (containers)), 因为 len (containers) =12, 所以, 对每条都要进行操作。

(3) container = containers[i].findAll("ul",{"class":"item - features"})[0].findAll("li"), 新条件。

(4) for j in range (len (container)), 由于满足新条件的搜索结果也不止一条, 需要继续逐条操作。

(5) print(i,j," ",container[j].text.strip().replace(" ", "")), 输出结果。

显然, item - features 项目特征不止一条, 在 containers 的 12 条搜索结果记录的每一条记录中, 包含了至少 7 个特征。因此, 对于网页数据的分层次搜索, 如果要取得细化信息, 则需要进行细化搜索。

3. 搜索结果文本输出

在绝大多数情况下, 为了查看方便, 往往需要把搜索结果输出到文本文件。

```
my_url ='https://www.newegg.com/Video - Cards - Video - Devices/Category/ID - 38?Tpk = graphics% 20card'
wp = urllib.request.urlopen(my_url)
soup = BeautifulSoup(wp,'lxml')
filename = "C:/Users/hhh2021/Python37Lctures - V2021/beautifulsoup/neweg.txt"
f = open(filename, "a + ")
containers = soup.findAll("div",{"class":"item - container"})
for i in range(len(containers)):
    A = "[" + str(i) + "]"
    A = A + "" + containers[i].findAll("a", {"class":"item - title"})[0].text.strip()
    A = A + "; " + containers[i].findAll("li",{"class":"price - ship"})[0].text.strip().replace("Shipping","")
    A = A + "; " + containers[i].findAll("li",{"class":"price - current"})[0].text.strip().replace("\xa0", "")
    container = containers[i].findAll("ul",{"class":"item - features"})[0].findAll("li")
```

```
        B = " "
        for j in  range(len(container)):
            B = B + container[j].text.strip().replace("  ", " ") + ". "
        Record = A + ", " + B
        print(Record,'\n')
        f.write(Record + "\n")
    f.close()
```

(1) filename = "C:/Users/hhh2021/Python37Lctures - V2021/beautifulsoup/neweg.txt"，定义文本文件，这里使用了绝对路径。

(2) f = open (filename, "a + ")，以追加形式向文本文件写入记录。

(3) f.write (Record + "\n")，逐条写入记录。

(4) f.close ()，关闭文本文件，结束写入操作。

这里写入的文件是按照文本文件形式写入的。文本文件的优点是以文本形式存储任何文本数据记录，缺点是不利于以表格形式查看记录。

4. 搜索结果表格输出

以 Excel 形式呈现搜索结果，是比较常见的形式。任何搜索结果，一旦按照 Excel 表格形式呈现，就可以按照关系数据库形式进行管理。

```
    my_url ='https://www.newegg.com/Video - Cards - Video - Devices/Category/ID -
38?Tpk = graphics% 20card'
    wp = urllib.request.urlopen(my_url)
    soup = BeautifulSoup(wp,'lxml')
    filename = " C:/ Users/ hhh2021/ Python37Lctures - V2021/ beautifulsoup/
neweg.csv"
    f = open(filename, "w")
    containers = soup.findAll("div",{"class":"item - container"})
    for i in range(len(containers)):
        A = str(i)
        A = A + "," + containers[i].findAll("a", {"class":"item - title"})[0].text.strip()
        .replace(",", " ")
        A = A + "," + containers[i].findAll("p", {"class":"item - promo"})[0].text.strip().
        replace(",", " ")
        A = A + "," + containers[i].findAll("li",{"class":"price - ship"})[0].text.strip()
        .replace(",", " ")
        contain = containers[i].findAll("ul",{"class":"item - features"})[0].findAll
        ("li")
        for j in  range(len(contain)):
            B = str( )
            B = B + " " + contain[j].text.strip().replace("  ", " ")
```

```
        contain = containers[i].findAll("strong")
        for j in  range(len(contain)):
            C = str( )
            C = C  + " " + contain[j].text.strip().replace(",", " ")
        contain = containers[i].findAll("sup")
        for j in  range(len(contain)):
            C = C + " " + contain[j].text.strip().replace(",", " ")
        Record = str(A + "," + B + "," + C)
        print(Record,'\n')
        f.write(Record + "\n")
f.close()
```

(1) filename = "C:/Users/hhh2021/Python37Lctures - V2021/beautifulsoup/neweg.csv", 定义 Excel 文件，后缀为 csv。

(2) f = open (filename, " w")，以写入方式打开文件。

(3) f.write (Record + " \n")，逐条写入记录，保存生存结果。

(4) f.close ()，关闭文件。

如果没有存储文件，搜索结果就只能在屏幕上显示。

5. 搜索结果表头输出

在以 Excel 形式呈现搜索结果时，也可以一开始就定义好表头。

```
filename = "C:/Users/hhh2021/Python37Lctures - V2021/beautifulsoup/newegg.csv"
f = open(filename, "w")
headers = "recorde_ number, product_ name, shipping_ price \n"
f.write(headers)
my_ url = 'https://www.newegg.com/Video - Cards - Video - Devices/Category/ID -
38?Tpk = graphics% 20card'
wp = urllib.request.urlopen(my_ url)
soup = BeautifulSoup(wp,'lxml')
containers = soup.findAll("div",{"class":"item - container"})
print(len(containers))
i = 0
for container in containers:
    title_ container = container.findAll("a",{"class":"item - title"})
    product_ name = title_ container[0].text.strip().replace(",", " | ")
    shipping_ container = container.findAll("li",{"class":"price - ship"})
    shipping = shipping_ container[0].text.strip()
    print(i)
    print("product_ name: " + product_ name)
    print("shipping     : " + shipping )
```

```
        f.write(str(i)+","+product_name+","+shipping+"\n")
        i=i+1
    f.close()
```

(1) filename="C:/Users/hhh2021/Python37Lctures-V2021/beautifulsoup/newegg.csv"，定义 Excel 文件。

(2) f=open (filename, " w")，定义文件的打开形式。

(3) headers="recorde_number, product_name, shipping_price\n"，定义 Excel 表的栏目。

(4) f.write (headers)，写入 Excel 表头。

(5) f.write(str(i)+","+product_name+","+shipping+"\n")，逐条写入查询结果记录。

该程序的输出结果，被写入了一个带有表头的 Excel 表，后缀为 .csv。

第三节　新闻网页搜索举例

前面我们介绍了 BeautifulSoup 数据搜索功能。Python 还有一些其他的数据搜索库函数，例如 Re 和 Requests 库函数，也可以用于数据搜索。

1. 使用 BeautifulSoup 读取网页

许多网站，在进行网页域名的命名时，往往会采取连续数字代码来命名。例如网站《斗破苍穹》小说连载，第一章就命名为 1. html，第二章命名为 2. html，依次类推，对这样的网页，如果要对其文字内容进行搜索，就可以采用通配符加循环语句功能来准确控制需要搜索的内容。

我们首先使用 BeautifulSoup 库函数功能来实现对小说《斗破苍穹》前四章文字的搜索，并且把结果保存在文本文件中。

```
import bs4
import urllib
from bs4 import BeautifulSoup
filename = "C:/Users/hhh2021/Python37Lctures - V2021/beautifulsoup/doup1_4.txt"
f=open(filename, "a+")
for i in range(1,5):
    print(i)
    my_url='http://www.doupoxs.com/doupocangqiong/{}.html'.format(str(i))
    wp=urllib.request.urlopen(my_url)
    soup=BeautifulSoup(wp,'lxml')
```

```
        containers = soup.find_ all("p")
        content = "\n" + "\n" + "CHAPTER " + str(i) + "\n" + "\n" + "\n"
        for j in range(len(containers)):
            containers[j] = containers[j].text.strip().replace("\xa0", "")
            containers[j] = containers[j].replace("\xa9", "")
            content = content + containers[j] + "\n"
        f.write(content)
    f.close()
```

(1) filcnamc = "C:/Uscrs/hhh2021/Python37Lctures - V2021/beautifulsoup/doup1_ 4.txt"，写入文件。

(2) my_ url = 'http://www.doupoxs.com/doupocangqiong/{}.html'.format (str(i))，逐章依次读取网页。

(3) for j in range (len (containers))，逐段处理搜索到的文本。

这里，在将记录写入文件时，替换掉个别特殊字符。因为文本段落一般都加在标签 <p>…… </p>之间，所以，搜索语句执行的结果就有多条结果。

2. 使用 Re 和 Requests 读取网页

网页一旦读取出来，搜索和存储过程就可以直接使用 Python 语言。读取网页一共有三步：第一步定义域名；第二步打开网页；第三步解析网页。在采用 Beautifulsoup 库函数功能时，这三步就是定义 my_ url、wp、soup 等三个变量。为了产生对比，我们在使用 Re 和 Requests 库函数时，仍然使用类似的变量名。

使用 Re 和 Requests 库函数功能，仍然来实现对小说《斗破苍穹》前四章文字的搜索，并且把结果保存在文本文件中。

```
    import requests
    import re
    filename = "C:/Users/hhh2021/Python37Lctures - V2021/2021 - 003 - beautiful-
soup/doupo1_ 4.txt"
    f = open(filename, "a + ")
    for i in range(1, 5):
        print(i)
        my_ url = 'http://www.doupoxs.com/doupocangqiong/{}.html'.format(str(i))
        wp = requests.get(url)
        soup = wp.content.decode('utf - 8')
        containers = re.findall('<p>(.*?)</p>', soup, re.S)
        content = "\n" + "\n" + "CHAPTER " + str(i) + "\n" + "\n" + "\n"
        for j in range(len(contents)):
            content = str(content) + str(containers[j]) + "\n"
        f.write(content)
    f.close()
```

(1) my_ url = 'http: //www.doupoxs.com/doupocangqiong/{} .html'.format (str (i)), 定义域名，逐章打开。

(2) wp = requests.get (url), 打开网页。

(3) soup = wp.content.decode ('utf - 8'), 解析网页。

(4) containers = re.findall ('<p> (. *?) </p>', soup, re.S), 文字搜索。

尽管库函数不同，但该段程序与前一段程序执行结果完全相同。Python 语言的数据爬虫工具很多，还有一些专门的爬虫工具，都有很好的功能。在本书中，我们主要以 BeautifulSoup 功能为主加以介绍。

3. 定义搜索函数

函数功能是 Python 程序设计的基本方法，这里也使用函数来实现网页搜索。

```
filename = "C:/Users/hhh2021/Python37Lctures - V2021/2021 - 003 - beautiful-soup/doup1_ 2.txt"
f = open(filename, "a + ")
def get_ info(url):
    try:
        wp = urllib.request.urlopen(url)
        soup = BeautifulSoup(wp,'lxml')
        containers = soup.find_ all("p")
        for j in range(len(containers)):
            content = "     "
            containers[j] = containers[j].text.strip().replace(" \ xa0", "")
            containers[j] = containers[j].replace(" \ xa9", "")
            content = content + containers[j] + " \ n"
            f.write(content)
    except:
        pass
i =1
if _ _ name_ _ = ='_ _ main_ _':
    urls = ['http://www.doupoxs.com/doupocangqiong/{}.html'.format(str(i)) for
    i in range(1, 3)]
    for url in urls:
        print(i)
        content = " \ n" + " \ n" + "CHAPTER " + str(i) + " \ n" + " \ n" + " \ n"
        f.write(content)
        get_ info(url)
        i = i +1
f.close()
```

(1) 由于小说各个章节之间的序号排列并不是严格连续的，所以当出现断序时，程序会中断。

（2）try…except…，就是为了解决程序中断问题设计的。

（3）出现断序时，wp 无法取到网页，soup 也无法打开网页。

（4）for j in range (len (containers))：…f.write (content)，将每个段落都写入文件。

程序中断有许多原因，最常见的情况是程序所设定的条件无法满足，致使正常程序无法运行。

4. 新闻网页查询

如果一个办公室的文字工作者需要读取一个网页的内容，那么，在使用 Python 的网页搜索功能时，主要还是要针对网页的 html 页面上的标签来进行语句设计。例如，从财政部网站上读取一个新闻。

```
import bs4
import urllib
from bs4 import BeautifulSoup
filename = "C:/Users/hhh2021/Python37Lctures - V2021/2021 - 003 - beautiful-
soup/czxw.txt"
f = open(filename, "a + ")
my_ url = "http://www.mof.gov.cn/zhengwuxinxi/caizhengxinwen/202103/t20210311_
3669072.htm"
wp = urllib.request.urlopen(my_ url)
soup = BeautifulSoup(wp,'lxml')
Title = soup.title.text.strip()
Center = soup.findAll("p",{"align":"center"})[0].text.strip()
Just = str("")
Just = Just + Title + "\n"
Just = Just + Center + "\n"
Justify = soup.findAll("p",{"align":"justify"})
for i in range(len(Justify)):
    Just = Just + "     " + Justify[i].text.strip() + "\n"
print(Just)
f.write(Just)
f.close()
```

该段程序搜索并打印一个新闻网页的内容，并将其写入一个文本文件。

5. 提取标题日期等关键信息

如果要提取网站所有新闻报道的标题和发布日期，也可以使用搜索功能。以上海国家会计学院为例，搜索其网站的网页域名序号在 30000—31000 之间的所有新闻目录和发布时间。由于间隔太大时搜索速度较慢，所以，一次间隔数字不要太大。

```
import numpy as np
import bs4
import urllib
from bs4 import BeautifulSoup
for i in range(30000,31000):
    try:
        my_ url = 'https://www.snai.edu/xyxwGF/info_ 533.aspx?itemid = {}
        &parent'.format(str(i))
        wp =urllib.request.urlopen(my_ url)
        soup = BeautifulSoup(wp,'lxml')
        containers = soup.findAll("div",{"class":"Content About"})
        for container in containers:
            title_ container =container.findAll("div",{"class":"Cont_ Title"})
            time_ container =container.findAll("div",{"class":"Cont_ Time"})
            title =title_ container[0].text.strip()
            time =time_ container[0].text.strip()
            print("文章标题：" +title)
            print("发布时间：" +time)
    except:
        pass
```

该程序还可以加上计数语句、写入文件语句，也可以将结果直接存入 Excel 表中。当然，要实现这些功能，还需要将程序功能继续细化。

6. 从财政部网站提取标题包含“一带一路”的专题信息

“一带一路”倡议自 2013 年正式提出，到 2021 年，已经取得了很大成绩。现在要总结 8 年以来财政部系统在“一带一路”建设方面所取得的成绩，最简单的办法就是把财政部网站中 2013—2021 年的所有信息稿件中凡是包含“一带一路”的信息全部找出来，再从这些标题稿件入手，选择可资参考信息。

由于从财政部网站直接搜索标题中含有“一带一路”字样的新闻稿件不容易，所以，可以分为两步来完成：第一，先利用财政部网站自身搜索功能，输入“一带一路”关键字，以标题为限制条件，这样，一共找到 422 条信息，分 43 个页面显示。第二，将 43 个页面的信息逐个采集标题、域名地址、发布日期，就可以完成搜索目标。

在具体编制搜索程序时，由于所有搜索结果都是以同样的 HTML 语句被封装在搜索结果显示页面，所以，只要通过资源查询，就可以将 HTML 标签结构区别清楚，参考标签结构，就容易编制搜索程序。

```
import requests
```

```
import re
from bs4 import BeautifulSoup
filename = "C:/Users/hhh2021/Downloads/MOFReport6.csv"
f = open(filename, "w")
headers = "No0, No1, Title, Url1, No2, date, Url2 \n"
f.write(headers)
s = 1
while s < 44:
    print(s)
    try:
        my_url = 'http://search.mof.gov.cn/was5/web/search?page = {}&channelid =
        295890&was_custom_expr = doctitle% 3D% 28like% 28% E4% B8% 80% E5%
        B8% A6% E4% B8% 80% E8% B7% AF% 29% 2Fsen% 29&perpage = 10&outlinepage =
        10&andsen = % E4% B8% 80% E5% B8% A6% E4% B8% 80% E8% B7% AF&total = &orsen =
        &exclude = &searchscope = doctitle&timescope = &orderby ='.format(str(s))
        wp = urllib.request.urlopen(my_url)
        soup = BeautifulSoup(wp,'lxml')
        containers = soup.findAll("dl")
        content = ""
        for j in range(len(containers)):
            content = containers[j]
            container1 = content.findAll("dt")
            container3 = content.findAll("p")
            for i in range(len(container1)):
                print("\n",i)
                A1 = str(j)
                if len(container1) = = 0:
                    print("\n",i)
                    record1 = A1 + "," + str(i) + "," + str(i)
                    print("1 = ",record1)
                    pass
                else:
                    B1 = container1[i].get_text()
                    B1 = B1.replace('\xa0',"")
                    C1 = container1[i].a['href']
                    record1 = A1 + "," + B1 + "," + C1
                    print("1 = ",record1)
            for k in range(len(container3)):
                A2 = str(j)
                B2 = container3[k].findAll("span",{"class":"fr"})
                if len(B2) = = 0:
                    B2 = str(k)
```

```
                    else:
                         B2 = container3[k].findAll("span",{"class":"fr"})[0].get_
                         text()
                    C2 = container3[k].findAll("span",{"class":"fl"})
                    if len(C2) = = 0:
                         C2 = str(k)
                    else:
                         C2 = container3[k].findAll("span",{"class":"fl"})[0].get_
                         text()
                         C2 = container3[k].a['href']
                    record2 = A2 + "," + B2 + "," + C2 + "\n"
                    print("2 = ",record2)
               record = str(s) + "," + record1 + "," + record2
               print("1 +2 = ",record)
               f.write(record)
     except:
          pass
     s = s +1
f.close()
```

(1)filename = "C:/Users/hhh2021/Downloads/MOFReport6.csv"，搜索结果输出保存文件。

(2) s =1，while s <44，财政部网站“一带一路”搜索结果显示 43 个页面，这是页面数量控制语句。

(3) my_ url = 'http://.../search?page = {}...&orderby = '.format(str(s))，逐一读取页面。

(4) containers = soup.findAll("dl")，因为搜索结果的每个标题都被封装在标签对 <dl>…</dl>中，所以，这里是取得每个页面上的所有标题信息。

(5) for j in range (len (containers))，由于每个页面所包含信息标题个数不一，所以，要根据页面数量再处理。

(6) container1 = containers[j].findAll("dt")，得到标题信息，包含在标签对 <dt>…</dt>中。

(7) container3 = containers[j].findAll("p")，得到补充信息，主要是信息来源，包含在标签对 <p>…</p>中。

(8) B1 = container1[i].get_ text(),B1 = B1.replace('\xa0',"")，取得信息标题，并删除特殊字符。

(9) C1 = container1[i].a['href']，取得域名地址，即该标题信息在网站中的地址。

(10) for k in range(len(container3))，因为辅助信息有可能不止一条记录，这里加以判断。

(11) B2 = container3[k].findAll("span",{"class":"fr"})[0].get_ text()，从辅助信息中取得日期，包含在标签对 <fr>…</fr>中。

(12) C2 = container3[k].findAll("span",{"class":"fl"})[0].get_ text()，辅助信息也提供了信息来源 URL 地址，一般与网站地址相同，该地址包含在标签对 <fl>…</fl>中。

(13) try…except…，用于防止程序中断，遇到条件不满足时，则执行 pass，跳跃通过，不再纠结。

在实际运行中，我们也发现每次运行只能搜索 15 个页面，之后就退出。因为这种情况，我们就把页面控制语句放在 1—15、15—30、30—44 范围内，分三次运行就可以。

7. 从商务部网站提取标题包含“一带一路”的专题信息

同样的需求，当我们从商务部网站搜索标题中含有“一带一路”字样的新闻稿件时，就遇到了困难。

通过尝试，我们发现商务部网站的搜索功能采取了模块化的结构设计方式，一般无法通过域名搜索连续搜索到所有搜索结果，只能一页一页地把搜索结果先储存在 txt 文件中，然后再处理才行。但是，由于要分页逐一手工拷贝，所以工作量较大。从商务部网站通过搜索引擎 http：//search. mofcom. gov. cn/swb/swb_ search/searchAdv. jsp，搜索文章中含有“一带一路”字样的文章，按照每页 50 条记录显示后，由于商务部网站搜索网页编程采取了模块化技术，网页域名与结果之间并不对应，无法通过 URL 路径一劳永逸地取得搜索结果，所以每次只能查看一页查询结果。尽管如此，我们仍然可以将每页搜索结果的源文件拷贝出来，以 Unicode 文本文档格式保存到一个 txt 文件中，再对 txt 文件进行操作。这样做的优点是，基本能够完成我们的任务；但缺点是要借助于手工操作，先拷贝搜索结果到 txt 文件，然后才能够处理 txt 文档，较为麻烦。

但是，商务部网站信息还是有规律的，可以先把所有信息抓取，然后再在目录中查找有“一带一路”的标题，这种方法比较简单。经过观察，我们发现商务部网站上的所有信息都被分类处理，分成领导人活动、部领导活动、日常新闻发布、新闻发言人谈话、司局负责人发布、例行新闻发布会、专题新闻发布会等栏目，这样，只要把所有这些栏目下面的信息条目都找出来，输出到 Excel 表中，那么，标题中含有“一带一路”的文章就可以通过检查 Excel 表中标题来搜索就可以了。这是比较简洁的一个办法，比第一种方法工作量要小很多。

例如，在商务部网站中，首页→新闻发布→日常新闻发布，2013—2021 年累积了有 200 个页面 3000 多条新闻稿件，我们编制程序把所有标题取出来，再从中选择有用信息。

```
import urllib
import bs4
from bs4 import BeautifulSoup
filename = "C:/Users/hhh2021/Downloads/Report1.csv"
f = open(filename, "w")
headers = "Page, Number, Title, Url, Date \n"
f.write(headers)
s = 1
while s < 201:
```

```
    print("s = ",s)
    if s = =1:
        try:
            print(s," \n \n \n")
            my_ url ='http://www.mofcom.gov.cn/article/ae/ai/?'
        except:
            pass
    else:
        try:
            print(s," \n \n \n")
            my_ url ='http://www.mofcom.gov.cn/article/ae/ai/?{}'.format(str(s))
        except:
            pass
    wp =urllib.request.urlopen(my_ url)
    soup = BeautifulSoup(wp,'lxml')
    #print(soup.prettify())

    container = soup.findAll("li")
    for i in range(len(container)):
        print(i)
        A = str(i)
        try:
            B = container[i].findAll("a")
            B = B[0].get_ text()
            C = "http://www.mofcom.gov.cn" + container[i].a['href']
            D = container[i].findAll("span")[0].get_ text()
            D = D.replace('[',"")
            D = D.replace(']',"")
            if len(D) = =0:
                D = ""
            if D != "":
                record = str(s) + "," + A + "," + B + "," + C + "," + D + "\n"
                f.write(record)
                print("record = ",record)
        except:
            pass
    s = s +1
f.close()
```

(1) s =1, while s <201, s = s +1，控制网页域名，因为日常新闻发布栏目下一共有 200 页。

(2) my_ url ='http://www.mofcom.gov.cn/article/ae/ai/?'，打开第 1 页，因为域名没有包含 1。

(3) my_ url ='http://www.mofcom.gov.cn/article/ae/ai/?{}'.format(str(s))，打

开 2 -200 之间页面。

(4) container = soup.findAll("li")，取出包含在标签对 <li> … </li> 中的标题信息。

(5) B = container[i].findAll("a").get_ text()，取出包含在标签对 <a> … </a> 中的标题信息。

(6) C = "http://www.mofcom.gov.cn" + container[i].a['href']，取出标题信息的 href 域名地址，由于商务部网站所给出的地址都是相对路径地址，所以，这里变成了绝对路径地址。

(7) D = container[i].findAll("span")[0].get_ text()，取出包含在标签对 <span> … </span> 中的日期信息。

在将商务部网站中所有标题信息都存储进 Excel 文件之后，要找出其中包含"一带一路"的标题，就可以使用 Excel 搜索功能，再去甄别有用信息，就容易得多了。

第四节 WordCloud 词云

词频分析是目前较为流行的一种网页词汇分析形式。其考虑的基本出发点在于如果一个词在一段话或者一篇文章中出现的次数较多，那么，这个词一定是较为重要的；重要的词往往代表了整段话或者整篇文章的主要意思。

WordCloud 词频分析就是基于这种认识的词频分析工具。假如能够把主要词汇所出现的次数进行排序，则整段话或者整篇文章的主要意思或者重点特征也就能够理出来。

```
%matplotlib inline
%config InlineBackend.close_figures = False
import numpy as np
from wordcloud import WordCloud,STOPWORDS
import collections
import matplotlib.pyplot as plt
from matplotlib import rcParams
from PIL import Image
import urllib
import bs4
from bs4 import BeautifulSoup
```

这些都是常见的库函数，虽然不是每个程序都会用到，但在不同程序中都有不同引用，所以，这里一并列出。

1. 纯文本字符串词云图

因为数据搜索的基础是先把所要搜索的数据对象复制给一个文本变量，然后进行处理，所以，把文本当成字符串，实质上是把文本赋值给字符串变量。

```
text = ('WordCloud or Tag Clouds is a visualization technique for texts that are natively used for visualizing the tags or keywords from the websites. These keywords typically are single words that depict the context of the webpage the WordCloud is being made from. These words are clustered together to form a WordCloud.')
wordcloud = WordCloud(width = 2000, height = 800, margin = 0,colormap = 'Blues').generate(text)
plt.imshow(wordcloud, interpolation = 'bilinear')
plt.axis('off')
```

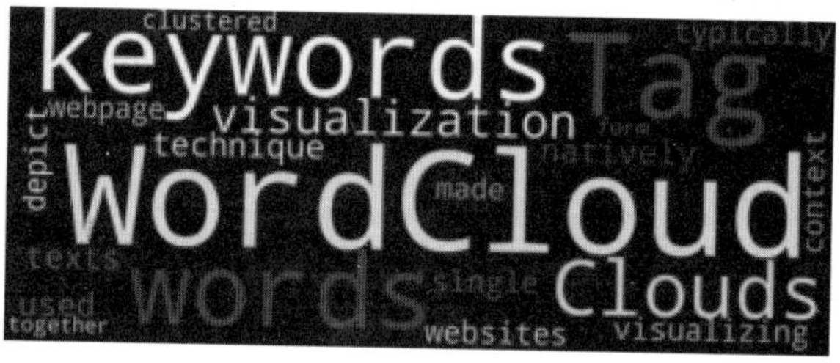

(1) from wordcloud import WordCloud，引入词云库函数。

(2) text = ('')，定义纯文本字符串。

(3) wordcloud = WordCloud () .generate (text)，定义词云函数参数，并处理字符串。

(4) plt.imshow (wordcloud, interpolation = 'bilinear')，显示词云图。

词云图像显示，最重要的有三点：一是给文本变量赋值，即取出文本，如果分析对象不是纯文本，则无法进行分析；二是词云变量 WordCloud 属性设置；三是显示格式，这里是 bilinear。参数 interpolation 方法支持多种参数取值，包括 bilinear、bicubic、spline16、hanning、kaiser、quadric、catrom、gaussian 等。

2. 将网页转换为纯文本

网页是最常见的爬虫处理对象，在进行数据抓取之前，需要先将网页赋值给一个对象变量。因为网页格式为 HTML 超文本文件，则需要通过解析工具对其进行解析，最终转换为文本。只要转换为文本，则处理方式与之前的例子无异。

```
my_url = 'http://introtopython.org/'
wp = urllib.request.urlopen(my_url)
soup = BeautifulSoup(wp,'lxml')
text = soup.get_text()
wordcloud = WordCloud(width = 2000, height = 800, margin = 0,colormap = 'summer').generate(text)
plt.imshow(wordcloud)
plt.axis("off")
plt.show()
```

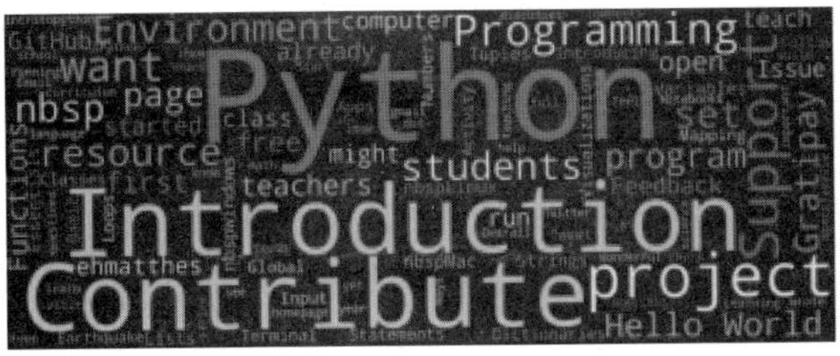

（1）my_ url ='http://introtopython.org/'，读取网页域名。

（2）wp =urllib.request.urlopen (my_ url)，打开网页。

（3）soup =BeautifulSoup(wp,'lxml')，解析网页。

（4）text =soup.get_ text ()，将已经解析的网页转化为文本。

（5）colormap ='summer'，图形颜色参数选择还有其他值，如 Blues、winter 等。

对于互联网上相关信息的分析，是最为重要的分析方式。如何将互联网网页转化为纯文本，这是最为重要的一个问题。Python 的 BeautifulSoup，也就是 bs4，是专门用来处理这一问题的常用工具。

3. 删除不重要的词

因为词频显示是根据所搜索到的词汇进行分析并且显示的，但是，英语词汇中总有一些词汇不需要，可以删去，也就是说要保留最有意义的词汇。

```
my_ url ='http://introtopython.org/'
wp =urllib.request.urlopen(my_ url)
soup =BeautifulSoup(wp,'lxml')
text =soup.get_ text()
stopwords =set(STOPWORDS)
stopwords.update(["want","page","document","fjs","nbsp","welle"])
WC =WordCloud(stopwords =stopwords,width =2000, height =800, margin =0,colormap ='winter', max_ words =100,background_ color ="white").generate(text)
plt.imshow(WC)
plt.axis("off")
plt.show()
```

（1）stopwords =set (STOPWORDS)，为词汇置换设置环境。

(2) stopwords.update(["want","page","document","fjs","nbsp","welle"]), 删除那些不重要的词。

如果没有特别定义，出现频次多的词将以大字显示，而出现频次少的词将以小字显示，所以，删除的词往往是出现频次小的、不重要的词。但是，到底删除什么词，要视研究的具体目的而定。

4. 高频词统计及其显示

高频词的统计，使词频分析具体化。但是，一般来说，选择的词汇太多，往往抓不住要领，所以，选择前10—30个高频词往往最为常见。

```
my_url = 'http://introtopython.org/'
wp = urllib.request.urlopen(my_url)
soup = BeautifulSoup(wp,'lxml')
text = soup.get_text()
stopwords = set(STOPWORDS)
stopwords.update(["want","page","document","free","use","learn"])
wordcount = {}
for word in text.split():
    word = word.lower()
    word = word.replace(".","")
    word = word.replace(",","")
    word = word.replace("\"","")
    word = word.replace("“","")
    if word not in stopwords:
        if word not in wordcount:
            wordcount[word] = 1
        else:
            wordcount[word] += 1
d = collections.Counter(wordcount)
text1 = " "
for word, count in d.most_common(30):
    print(word , ":", count)
    text1 = text1 + word + " "
WC = WordCloud(stopwords = stopwords,width = 2000, height = 800, margin = 0,colormap = 'winter', max_words = 100,background_color = "white").generate(text1)
plt.imshow(WC)
plt.axis("off")
plt.show()
```

（1）stopwords = set（STOPWORDS），设置词云程序运行环境，调用词云库。

（2）stopwords.update(["want","page","document","free","use","learn"])，重新整理词云库。

（3）wordcount = {}，定义词频计数变量数组。

（4）for word in text.split（），将 text 文本中的词分裂为单个词。

（5）if word not in stopwords，如果 text 所分裂出的词不在词库当中。

（6）if word not in wordcount，如果 text 所分裂出的词也不在计数变量数组之中。

（7）d = collections.Counter（wordcount），将计数变量数组中的元素收集到一个集合当中。

（8）for word, count in d.most_ common（30），最大同类项中前 30 个词及其计数。

（9）text1 = text1 + word + " "，将所取到的前 30 个词组成一个新的文本。

（10）WC = WordCloud().generate(text1)，产生新文本的词云图。

显然，主要的词汇有 python、introduction、contribute、support、programming、project、students、environment 等。

主要词汇的频率排序也被列示出来：python ：12；introduction ：6；contribute ：6；support ：5；programming ：4 ；…。

5. 定义函数限定词云图显示范围

虽然可以显示词云图，并统计高频词，但是，在显示的美观性上还比较单调，有些设计需要提高词云图的美观性。例如，希望将词云图以圆的形式显示出来。

```
my_ url ='http://introtopython.org/'
wp =urllib.request.urlopen(my_ url)
soup =BeautifulSoup(wp,'lxml')
text =soup.get_ text()
x, y =np.ogrid[-400:400, -400:400]
mask = (x) ** 2 + (y ) ** 2 >398 ** 2
mask =255 * mask.astype(int)
wordcloud =WordCloud(background_ color = "white", mask =mask, contour_ width =
0.5, contour_ color = "black")
wordcloud.generate(text)
plt.imshow(wordcloud, interpolation ='bilinear')
```

```
plt.axis('off')
plt.show()
```

(1) x, y = np.ogrid[-400:400, -400:400], 为圆定义坐标系。

(2) mask = (x) ** 2 + (y) ** 2 >398 ** 2, 定义圆形图形的覆盖范围, 其结果赋值给 mask 变量。

(3) mask =255 * mask.astype(int), 进一步定义面具变量。

(4) wordcloud = WordCloud(mask = mask, contour_ width = 0.5), 将词云图限定在 mask 所定义的范围内。

(5) wordcloud.generate (text), 词云图取词。

(6) plt.imshow(wordcloud, interpolation = 'bilinear'), 显示词云图。

将词云图定义为一个圆形，实际上是将词云限定在圆形函数所界定的面积内。

6. 限定词云图在一个指定图片范围内

假如要把图形限定在一个已经存在的 png 图形范围内，做法也很简单。例如，希望将词云图限定在一个在硬盘当前目录下已经存在的 cloud. png 范围内。

```
my_ url = 'http://introtopython.org/'
wp = urllib.request.urlopen(my_ url)
soup = BeautifulSoup(wp,'lxml')
text = soup.get_ text()
cloud_ mask = np.array(Image.open("cloud.png"))
stopwords = set(STOPWORDS)
wordcloud = WordCloud(background_ color = "white", mask = cloud_ mask,
                stopwords = stopwords, contour_ width = 0, contour_ color = 'red')
wordcloud.generate(text)
plt.imshow(wordcloud, interpolation = 'bilinear')
plt.axis('off')
plt.show()
```

(1) cloud_ mask = np.array(Image.open("cloud.png")), 定义面具变量为一个既有 png 图形。

(2) wordcloud = WordCloud(mask = cloud_ mask, contour_ width = 0), 限定词云图的图形和边界宽度。

(3) wordcloud.generate(text),plt.imshow(wordcloud, interpolation ='bilinear'), 显示词云图。

将词云图定义为一个云图，实际上是将词云限定在 png 图所界定的既有图形内。

第五节 Jieba 汉字库

词云库 Wordcloud，其基础是基于英语词汇。因为英语单词之间都有空格相隔，而汉语词汇之间却没有明显的空格加以隔断，加上汉语字、词之间的区别主要是靠意断，而非靠句顿来断意，所以，词云库 WordCloud 往往不能正确区别汉语的字和词，而只能依靠标点符号来区别。

以长篇小说《水浒传》第十回为例，可以清楚地看到词云库 Wordcloud 的不足。

1. 词云库 Wordcloud 高频汉字统计

```
import numpy as np
import matplotlib.pyplot as plt
from matplotlib import rcParams
from wordcloud import WordCloud,STOPWORDS
import collections
from PIL import Image
import urllib
import bs4
```

```
from bs4 import BeautifulSoup
my_url ='http://www.purepen.com/shz/010.htm'
wp = urllib.request.urlopen(my_url)
soup = BeautifulSoup(wp,'lxml')
text = soup.get_text().strip()
stopwords = set(STOPWORDS)
stopwords.update(["said","form"," ","(",")","{","}","","//","="])
wordcount = {}
for word in text.split():
    word = word.lower()
    word = word.replace(".","")
    word = word.replace(",","")
    if word not in stopwords:
        if word not in wordcount:
            wordcount[word] = 1
        else:
            wordcount[word] += 1
d = collections.Counter(wordcount)
text1 = " "
for word, count in d.most_common(10):
    print(word , ":", count)
    text1 = text1 + word + " "
WC = WordCloud(background_color = "white",
              font_path ='C:\Windows\Fonts\msyhbd.ttf').generate(text1)
rcParams["figure.figsize"] = (12,4)
plt.imshow(WC)
plt.axis('off')
plt.show()
```

(1) my_url ='http://www.purepen.com/shz/010.htm',《水浒传》第十回。
(2) font_path ='C:\Windows\Fonts\msyhbd.ttf',来自 Windows 的汉字字体库。

《水浒传》中大段文字之间没有标点或者空格，而词云库 WordCloud 一般按照空格和标点来区别。所以，大部分字、词没有被区分出来，词频统计只统计出有限的几个

词，且都显示在了词云图中。

2. 汉字库 JieBa + WordCloud 高频汉字统计

由于 WordCloud 词云分析无法解决汉字库词频统计问题，所以，要使用 JieBa 库函数来完成对汉字库的分解和识别。

```
import jieba
my_url = "https://www.99csw.com/book/2002/56683.htm"
wp = urllib.request.urlopen(my_url)
soup = BeautifulSoup(wp,'lxml')
text = soup.get_text().strip()
words = jieba.lcut(text)
counts = {}
for word in words:
    if len(word) = =1:
        continue
    elif word = = "福堂":
        rword = "田福堂"
    elif word = = "支书":
        rword = "田福堂"
    elif word = = "自己":
        rword = "田福堂"
    elif word = = "玉亭":
        rword = "孙玉亭"
    elif word = = "玉厚":
        rword = "孙玉厚"
    elif word = = "父亲":
        rword = "孙玉厚"
    elif word = = "向前":
        rword = "李向前"
    elif word = = "润叶":
        rword = "田润叶"
    elif word = = "女儿":
        rword = "田润叶"
    elif word = = "圪节":
        rword = "石圪节"
    else:
        rword = word
    counts[rword] = counts.get(rword,0) +1
excludes = {"第十五章","一个","已经","没有","什么","尽管","现在",
        "时候","甚至","看来","开始","几乎","可以","就是","这样"}
```

```
for word in excludes:
    del(counts[word])
items = list(counts.items())
items.sort(key = lambda x: x[1], reverse = True)
text1 = " "
for i in range(30):
    word, count = items[i]
    print("{0:<5}{1:>5}".format(word, count))
    text1 = text1 + word + " "
WC = WordCloud(background_ color = "white",
               font_ path = 'C:\Windows\Fonts\msyhbd.ttf').generate(text1)
rcParams["figure.figsize"] = (12,4)
plt.imshow(WC)
plt.axis('off')
plt.show()
```

（1） import jieba，引入 JieBa 汉字库。

（2） text = soup.get_ text （） .strip （），获取文本，这里的文本是汉字文本。

（3） words = jieba.lcut （text），以 JieBa 汉字库为基础分解文本，汉字被按照词义分解为单词或词汇。

（4） len(word) = =1，列出被分解为只有一个汉字的字，如果是 2 个汉字则值为 2，依此类推。

（5） counts[rword] = counts.get(rword,0) +1，处理同样的字或者词，将同样词汇的计数个数加 1 值。

（6） for word in excludes：del （counts [word]），删除被列入在清单中的词及其计数。

（7） items = list （counts.items （）），将已经计算词频的项目元素全部列出来，每个元素包含了词汇和计数。

（8） items.sort （key = lambda x：x [1]，reverse = True），按照词频计数 x [1] 进行排序，从大到小。

（9） key = lambda x：x [1]，表示 items 变量为 x，包含两个元素 x [0] 和 x [1]，按照 x [1] 排序。

（10） print("{0:<5}{1:>5}".format(word, count))，表示 word 和 count 各自显示宽度。

（11） if elif else 语句，如果条件满足某个表达式，就执行该表达式后面所对应代码块。

（12） continue 语句为结束当前循环，继续执行下一次循环。

程序运行也统计出了词频，例如，田福堂 48，孙玉亭 17，孙玉厚 10 等。其他结果，这里不再罗列。由于 Jieba 是专门的汉字库，所以，对于汉字的字、词的识别明显提高。尽管如此，仍然有一些字、词的识别达不到要求，比如汉语的语气词、助词、连接词等，都需要根据需求目的进行调整。

显然，JieBa 也仅仅是解决了汉字库中汉字词汇的分解问题，对于汉字词频的统计和显示，仍然要使用 WordCloud 词云处理。

第四章
投资效益分析

一般来说，考虑利率的投资分析现象，都属于货币时间价值分析。在固定收益投资分析中，货币的利率往往是相对固定的。假设有一个投资者，为了一个投资项目，年初向银行贷款 100 万元，利率为 10%，期限为 1 年，那么，在 1 年末，这位投资者必须在偿还银行本金 100 万元的同时，还必须向银行支付 10 万元的利息，这 10 万元的利息就是这 100 万元本金在 1 年里的时间价值。货币时间价值运算有可能使不同的投资组合具有相同的投资效果。例如，在期初被认定为价值完全不等的资金，由于考虑了时间和利率之间的关系，使得它们在期末可能具有了相同的价值，原因就是货币具有时间价值。在投资分析中，考虑货币时间价值的分析是最为常见的一种分析形式，也是在银行、保险、证券业务中最常见的计算。

第一节　基本计算公式

货币时间价值分析所涉及的基本概念，包括本金、期限、利率、未来预期值、年值、内部收益率、收益/成本比率、多方案选择、债券兑付价格等。

1. 单利与复利

一般来说，货币资金都具有双重时间价值，即单利价值和复利价值。首先，我们必须明确利率是与时间长短紧密相连的一个概念。假设 1 期就是 1 年，那么，这个时候的利率就是年利率。除了年利率，还有月利率、日利率、时利率等。一般地，我们习惯于以年利率为基础，其他期利率，都可以由年利率来换算。

假设一项投资的本金为 P，其年利率为 r，连存 N 年，但不转存，即 N 年前存入，N 年后取出，那么，N 年后价值为：

$$F_N = P + PNr = P(1 + Nr) \tag{1}$$

这里，货币的时间价值就是单利价值。一般来说，银行固定存款中常见的 1 年、2 年、3 年、5 年存款，其利率都是单利利率。单利利率之间服从等差数列关系。例如，2

年期利率等于1年期利率相加，3年期利率等于2年期利率加1年期利率，依次类推。一般来说，只要不转存，就使用单利率来计算。

复利是转存的结果。如果一笔存款经过转存，就必须使用复利率计算。假设一项投资的本金为P，其年利率为r，连存N年，每年转存1次，即N年前存入，转存N次后，N年后到期取出，那么，N年后价值为：

$$F_N = P(1+r)^N \tag{2}$$

在我们的分析中，除非特别指出，货币时间价值一般按照复利来考虑。不论是单利还是复利，其计算往往与投资场景密切相关。常见的投资类型有：互斥型投资，在几个投资中，仅有一个投资方案被采纳；独立型投资，两个以上投资项目之间没有必然技术联系；依存型投资，改变一个项目的投资必须相应改变其他项目的投资；私人型投资，由私人企业或个人出资的投资项目；公共型投资，由政府或社会公共机构开展的投资项目。

与货币时间价值紧密相关，机会成本概念在投资分析中经常会被用到。假设一个投资者以自己的名义以每年20%的利率从一家银行借款，那么，由20%的利率所计算出来的利息就是这名投资者向银行借款资金的财务成本；如果这名投资者在借款之后，再将这笔资金投放到自己的业务之中去，那么只有获得高于20%的收益他才有可能真正盈利；如果有一个投资项目，年获利收益将达到30%，但这名投资者却没有选择投资于这个项目而转投了其他项目，则实际上等于放弃了每年30%的收益，因此，这名投资者所放弃的这个项目的30%的收益就是这笔借款资金的机会成本。

2. 最佳决策方案

一般来说，在投资目标明确的情况下，如果一个投资决策选择比其他投资决策选择能够使投资目标实现更好更优，则这个投资决策就是最佳决策。投资目标决策判断标准一般包括期初投资最小、期末预期收益最高或者投资收益率最大等。

选择最佳决策方案的过程，就是决策程序，包括建立投资项目所希望达到的目标、审核为达到目标所可能采用的方案、预测每一种方案可能达到的效果、评价每个方案的效果并作出决策。在分析过程中，投资者分析问题的着眼点很重要。例如，一个贷款项目，站在银行角度和站在借款者角度，分析目标正好相反，所以，投资者在项目研究中所处的角色、位置、立场、态度等都很重要。

由于不同投资项目之间存在差异性，所以，在进行货币时间价值比较时，如果要通过比较初始投资值、或者年值方法进行评价，则往往会要求按照相等服务寿命周期原则进行比较，即如果要对一组备选方案中选出的任一方案进行评估，就必须以这组方案时间周期的最大公倍数作为统一服从的投资周期，在这个时间周期内评估。

如果要实现使不同方案既可以在同一时间周期内进行评价，也可以在不同时间周期内进行评价，则往往通过内部投资收益率、或者收益/成本比率进行评价。

在进行多方案选择时，可以按照差别效应原则，对方案进行简化。例如，假设一个投资方案的年维护成本为3万元，而年收入值为10万元，则在进行项目分析时，可以按照年收益值为7万元来进行考虑。

在投资分析中，要避免沉没成本对决策的影响。沉没成本属于过去，无可改变。

为了在分析中方便讨论问题，我们一律用负数表示投资、成本花费、或者支出等，而用正数表示投资收益或者收入。

图示是进行决策分析的常见方法，一般用横轴表示投资的时间周期，而纵轴表示投资的支出或者收益；在图示中，表现现金流入时，方向向上，用正数表示；而表现现金流出时，方向向下，用负数表示。

3. 现值法投资分析

现值法投资分析是最为常见的一种分析方法。当两个投资项目之间进行比较时，作为最优项目，净收益现值较大的项目将优先被选择。

第一种情况。假设一项投资的年利率为 r，连存 N 年，每年转存 1 次，即 N 年前存入，转存 N 次后，N 年后到期取出，如果预期本利和为 F_N，那么其期初值可表示为：

$$P_0^{(F)} = \frac{F_N}{(1+r)^N} \tag{3}$$

第二种情况。假设有一项投资，其投资周期所组成的集合为 $T=\{1, 2, \cdots, N\}$，每期利率均为 r，每期期末的收益值均为 A，则在 N 期内，如果每期的收益值所对应的投资初值为 $P=\{P_1, P_2, \cdots, P_N,\}$ 时，那么，它们可以表示为：

$$P_1 = \frac{A}{1+r}, P_2 = \frac{A}{(1+r)^2}, \cdots, P_N = \frac{A}{(1+r)^N} \tag{4}$$

则该项投资的初值总和可以表示为：

$$P_0^{(A)} = \sum_{i=1}^{N} P_i = \sum_{i=1}^{N} \frac{A}{(1+r)^i} = \frac{A}{r}\left[1 - \frac{1}{(1+r)^N}\right] \tag{5}$$

当投资的期限无限延长时，或者对于无期限永久投资，由于：

$$\lim_{N\to\infty} P_0^{(A)} = \lim_{N\to\infty} \frac{A}{r}\left[1 - \frac{1}{(1+r)^N}\right] = \frac{A}{r} \tag{6}$$

所以，永久年金的初值必须满足该条件。永久年金也是较为普遍的投资议题。

第三种情况。假设有一种债券，在期利率为 r 的情况下，期初价格为 $P_0^{(F)}$，连续转存 N 期，到期后其本利和为 F_N。但是，现在，投资者在存期未满的情况下改变了主意，在已经保持整数期数为 N_1 期的情况下，要在下一期的中间某一天卖出，那么，该债券的卖出价格应该为多少呢？

要解决这个问题，假设将投资者卖出 1 期当期的这个时间区间分解为 N_2、N_3 两期，且满足条件使得 $N_2+N_3=1$，则该债券的预期收益值存在如下关系：

$$F_N = P_0^{(F)}(1+r)^N = P_0^{(F)}(1+r)^{N_1}(1+r)^{N_2}(1+r)^{N_3}(1+r)^{N-(N_1+N_2+N_3)} \tag{7}$$

这里，投资者当天卖出的债券价格应该是：

$$F_{N_2} = P_0^{(F)}(1+r)^{N_1}(1+r)^{N_2} = \frac{F_N}{(1+r)^{N_3}(1+r)^{N-(N_1+N_2+N_3)}} \tag{8}$$

这种情况在债券买卖过程中最为常见。该关系式的逻辑是首先考虑整数周期，例如时间周期 N_1 和 $N-(N_1+N_2+N_3)$；然后，再考虑非整数周期，例如 N_2、N_3。

4. 年值法投资分析

年值法投资分析也是较为常见的一种分析方法。当两个投资项目之间进行比较时，作为最优项目，净收益年值较大的项目将优先被选择。

第一种情况。假设有一个投资项目，包含了 N 期转投，每期利率均为 r，每期收益值均为 A，那么，如果其初始投资值为 $P_0^{(A)}$，则由 $P_0^{(A)}$ 所产生的年值为：

$$A = P_0^{(A)}\left(\frac{r}{1-\dfrac{1}{(1+r)^N}}\right) \tag{9}$$

第二种情况。假设有一个投资项目，其总的投资周期为 N，每期利率均为 r，如果其在第 n 期末有预期收益值 F_n，$n \leqslant N$，则由 F_n 所产生的年值为：

$$A_N^{(F)} = P_0^{(F)}\left(\frac{r}{1-\dfrac{1}{(1+r)^N}}\right) = \frac{F_n}{(1+r)^n}\left(\frac{r}{1-\dfrac{1}{(1+r)^N}}\right) = F_n\left\{\frac{r}{(1+r)^n\left(1-\dfrac{1}{(1+r)^N}\right)}\right\} \tag{10}$$

这种情况，值得注意的是，预期收益值 F_n 可能并没有出现在期末，这样，在将其转换为整个周期 N 的年值时，需要先转换为初值现值，然后再转换为年值。

第三种情况。假设有一个投资项目，其总的投资周期为 N，每期利率均为 r，如果其在前 n 期每年都有年值收益值A_n，则由A_n 所产生的年值为：

$$A_N^{(A)} = P_0^{(A)}\left(\frac{r}{1-\dfrac{1}{(1+r)^N}}\right) = \frac{A_n}{r}\left(1-\frac{1}{(1+r)^n}\right)\left(\frac{r}{1-\dfrac{1}{(1+r)^N}}\right) = A_n\left\{\frac{1-\dfrac{1}{(1+r)^n}}{1-\dfrac{1}{(1+r)^N}}\right\} \tag{11}$$

这种情况与前一种情况有些类似，因为 $n \neq N$ 时，需要先把 n 期的年值A_n 转换为现值 $P_0^{(A)}$，再由现值转换为年值$A_N^{(A)}$，在不同期限下的转换要符合逻辑。

5. 收益/成本比率法投资分析

收益/成本比率分析方法，就是以收益所换算成的现值收益合计除以投资现值。

假设一项投资的年利率为 r，投资周期为 N 年，每期收益均值为 A，N 年后到期时具有残值 F_N。当由其残值 F_N 所产生的初值为 $P_0^{(F)}$，由其年值 A 所产生的初值为 $P_0^{(A)}$，如果其初始投资值为 P_0，那么，该项投资的收益/成本比率就是：

$$Revenue\ Cost\ Ratio = \frac{P_0^{(F)} + P_0^{(A)}}{P_0} \tag{12}$$

最优选择应该是收益/成本比值较大的项目。尽管我们已经约定以正数表示收益而以负数表示支出，但是由于这种收益/成本比率运算较为简单，即使其运算结果为负值，也不会影响我们的判断。

6. 内部收益率法投资分析

假设一项投资的年利率为 r，投资周期为 N 年，每期收益均值为 A，N 年后到期时具有残值为 F_N。当由其残值 F_N 所产生的初值为 $P_0^{(F)}$，由其年值 A 所产生的初值为 $P_0^{(A)}$，如果其初始投资值为 P_0，那么，一项投资的内部收益率就是能够使其投资的净现值为零的利率，满足如下关系式的 r 值：

$$\Delta P = P_0^{(F)} + P_0^{(A)} + P_0 = \frac{F_N}{(1+r)^N} + \frac{A}{r}\left[1 - \frac{1}{(1+r)^N}\right] + P_0 = 0 \tag{13}$$

由于在很多情况下，要求出表现内部收益率 r 值的公式难度较大，所以，我们就利用 Python 语言的计算特性来求取。具体方法是：先给内部收益率 r 取一个初值 r_0，然后按照每次增加一个微小增量 Δr，通过循环语句进行试算，看看当 $r = r_0 + \Delta r$ 时，净现值 ΔP 的值是否会接近 0 值。为了简单起见，我们可以要求 $-1 < \Delta P < 1$。这样，一般经过有限次试算，就可以找到内部收益率的优化解。另一种方法我们将在举例时介绍。当然，最优项目应该是那些内部收益率最高的项目。

7. 多项目投资选择

现值法、年值法、收益/成本比率法、内部收益率法，这些方法都是较为简单且有用的投资分析方法。但是，它们之间也有所区别，且利用不同方法所得到的分析结果常常不一致，即由现值法和年值法所得到的最优投资方案与由收益/成本法和内部收益率法所得到的最优投资方案，其结果有可能正好相反。

一般来说，现值法和年值法属于绝对取值分析，比较适合投资周期相同、投资金额比较接近的投资项目。假如投资周期不同，或者投资金额相差较大，则适合使用收益/成本比率法和内部收益率法。

相比较来说，内部投资收益率法是比较客观通用的一种项目选择方法。

8. 银行贷款管理

银行与客户之间的关系是一种对立关系。由于二者之间一个是贷出者，一个是贷入者，所处的位置完全不同，其判断最优决策方案的角度恰恰相反。所以，判断贷款项目，往往首先要明确是站在银行角度还是站在客户角度。不过，在选择了合适的分析角度之后，贷款管理的决策与多项目投资决策是完全一致的。

客户作为借款人，在进行投资方案决策时，还要考虑投资的机会成本。

9. 本量利分析

本量利（Cost-Volume-Profit，CVP）分析方法是一种简单而又有效的财务分析方法。作为一种传统分析方法，在财务分析中经常被用到。本量利分析方法的基本原理很简单，它假设一个公司的营业成本包括固定成本和变动成本两种，收入主要来自产品销售收入，那么，公司的利润就是销售收入减去营业成本。假设公司的产品数量符合预算安排，那么，所谓盈亏平衡点（Breakeven Point）就是使利润为零时的销售量。盈亏平衡分析是本量利分析的重点。

产品数量是本量利分析中的基本概念。对于产品的总数量，所涉及的概念包括总的销售收入、总的变动成本、总的固定成本、总利润；相应地，对于每个单个产品，所涉及的概念包括产品的单位价格、单位变动成本、单位固定成本、单位利润。

假设一个公司只生产一种产品，该产品的销售价格为 p，单位变动成本为 v，单位固定成本为 f，单位销售利润为 m，那么，它们之间具有如下关系：

$$p = v + f + m \tag{14}$$

这里，单位销售价格 p 和单位变动成本 v 往往都是常数，它们不随产品销售数量的变化而变化；但是，单位固定成本 f 和单位利润 m 都是变量，它们会随着销售数量的变化而不断变化。

如果在一个生产周期内，设该产品的总产量与总销售量一致且都是 Q，总销售收入为 S，总变动成本为 V，总固定成本为 F，总销售利润为 M，总成本为 C，那么：

$$S = pQ, V = vQ, F = fQ, M = mQ, C = V + F \tag{15}$$

从而，本量利关系的标准表达式就是：

$$pQ = vQ + F + M = C + M \tag{16}$$

如果总利润为零，即 $M = 0$，那么，能够保证使收入与支出相等的销售量就是该产品的盈亏平衡点（Breakeven Point），其计算公式为：

$$Q_0 = \frac{F}{p - v} \tag{17}$$

由于盈亏平衡点是本量利分析的重点，所以，本量利分析也被称为盈亏平衡分析。

在单位销售价格 p 和单位变动成本 v 给定的情况下，假如不考虑固定成本对于产品利润的影响，那么，一个产品的单位贡献（Contribution per unit）可定义为：

$$u = p - v \tag{18}$$

产品的贡献率（Contribution Ratio），也叫边际率（Margin percentage）为：

$$r_{contribution} = r_{margin} = \frac{p - v}{p} \tag{19}$$

相应地，一个产品的总贡献（Contribution）可定义为：

$$U = pQ - vQ \tag{20}$$

如果产品的销售量为 Q，那么，安全边际（Margin of Safety）销售量就是：

$$Q_{safety} = Q - Q_0 \tag{21}$$

那么，安全边际（Margin of Safety ratio）销售率就是：

$$r_{safety} = \frac{\Delta Q}{Q} = \frac{Q - Q_0}{Q} \tag{22}$$

一个产品的溢价率（Mark-up percentage）可以定义为：

$$r_{markup} = \frac{p - v}{v} = \frac{pQ - vQ}{vQ} \tag{23}$$

在很多情况下，一个企业的变动成本可能至少来自三个方面：生产过程所消耗的物料、人力资源成本、管理成本分摊等，在这种情况下，单位变动成本在参与本量利计算之前，需要首先将各个组成部分的变动成本合计才能运算：

$$v = v_{production} + v_{labor} + v_{overhead} \tag{24}$$

在获得单位变动成本之后，其他计算过程完全类似。

第二节　现值法投资分析

在本节中，我们将以现值法投资分析为基础，通过举例的方式，介绍如何通过 Python 程序来绘制投资分析图以及通过计算净现值来选择最优方案。

```
% matplotlib inline
% config InlineBackend.close_ figures = False
import numpy
import numpy as np
import pylab as pl
import matplotlib.pyplot as plt
```

为了运行程序方便，在 Python 程序运行之前，需要先引入相关函数库。

1. 将未来预期收益转化为现值

一位朋友想向你借 10000 元来做一项投资，如果他在未来 3 年的各年末分别支付给你 4000 元、5000 元、6000 元作为还款计划，利率为 10%，那么，你愿意借款给他吗？

尽管问题比较简单，我们还是列出严格程序，不过，相关变量不再解释。

```
def func_ pv(i, n, F):
    return F/(1 + i) ** n
n = np.linspace(0, 3, 4)
i, n1, n2, n3, F1, F2, F3, PV0 = 0.10, 1, 2, 3, 4000, 5000, 6000, -10000
P1, P2, P3 = func_ pv(i, n1, F1), func_ pv(i, n2, F2), func_ pv(i, n3, F3)
print("P1, P2, P3 = ",np.int(P1), np.int(P2), np.int(P3))
P0 = P1 + P2 + P3
print("P1 + P2 + P3, PV0, P1 + P2 + P3 + PV0 = ",np.int(P0), np.int(PV0), np.int(P0 + PV0))
pl.close("all")
fig = plt.figure(figsize = (7,2.5))
ax1 = plt.subplot(111)
ax1.plot(n, 0 * n, marker = "o", color = "black", lw = 1, ls = " - ", markerfacecolor = "black")
ax1.plot(n1, F1, "bo - ", label = "F1")
ax1.vlines([n1, n1], 0, F1,linestyles = 'dashed', colors = 'blue')
ax1.plot(n2, F2, "bo - ", label = "F2")
ax1.vlines([n2, n2], 0, F2,linestyles = 'dashed', colors = 'blue')
```

```
ax1.plot(n3, F3, "bo - ", label = "F3 ")
ax1.vlines([n3, n3], 0, F3,linestyles ='dashed', colors ='blue')
ax1.plot(n[0], PV0, "r. - ", label = "PV0 ")
ax1.vlines([n[0],n[0]], 0, PV0,linestyles ='dashed', colors ='red')
ax1.set_ xlabel("Time Period",fontsize =12)
ax1.set_ ylabel("Value", fontsize =12)
ax1.legend(loc = "best");
P1, P2, P3 =3636  4132  4507
P1 + P2 + P3, PV0, P1 + P2 + P3 + PV0 =12276  -10000  2276
```

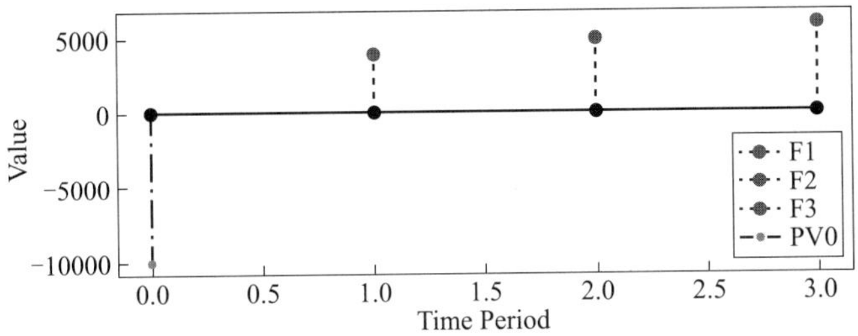

（1）按照现值法，可以将今后第 1、2、3 年的还款值转化为现值 P1、P2、P3。

（2）当现值之和 P0 = P1 + P2 + P3 大于借款总额 PV0，则认为借款是合算的。

（3）这里，P0 + PV0 =2276 >0，表示可以借款。

按照约定，我们假设向上的线条表示收入，以正数表示；向下的线条表示支出，以负数表示。所以，当期初投资直接取负数时，净现值就直接使用加法计算。

2. 将预期年值收益转化为现值

要建一个停车场，供人们今后 10 年使用，一次性投资需要花费 80 万元；建成之后，每年会获得 40 万元的收益，而每年用于服务的费用为 10 万元，如果资金的机会成本率为 8%，那么该停车场应该建设吗？

由于每年净收益为 40 - 10 = 30（万元），所以，在编程时可以将问题简化。

```
def func_ pv2(i, n, A):
    return (A/i) * (1 -1/(1 + i) ** n)
N =10
n =np.linspace(0, N, N +1)
i11, N11, A11, PV10 =0.08, 10, 300000, -800000
P11 = func_ pv2(i11, N11, A11)
P1N = P11 + PV10
print("PV10, P11, P1N = P11 + PV10 = ",PV10, np.int(P11), np.int(P1N))
pl.close("all")
fig =plt.figure(figsize = (7,2.5))
ax1 =plt.subplot(111)
```

```
ax1.plot(n, 0 * n, marker = ".", color = "black", lw =1, ls = " - ", markersize =6)
for i in range(N11 +1):
    if i = =0:
        ax1.plot(n[0], PV10, "r. - ", label = "PV10")
        ax1.vlines([n[0],n[0]], 0, PV10, linestyles ='dashed', colors ='red')
        ax1.plot(n[N11], A11, "b. - ",label = "A11")
    else:
        ax1.plot(n[i], A11, "b. - ")
        ax1.vlines([n[i],n[i]], 0, A11, linestyles ='dashed', colors ='blue')
ax1.set_ xlabel("Time Period", fontsize =12)
ax1.set_ ylabel("Value",      fontsize =12)
ax1.legend(loc = "best");
PV10, P11, P1N = P11 + PV10 = -800000  2013024  1213024
```

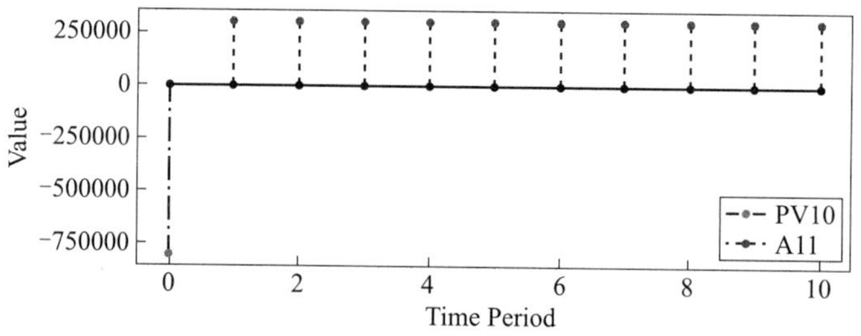

（1）按照现值法，可以将今后第1—10年的定额收益值转化为现值 P11 =2013024 元。

（2）当现值 P11 大于期初投资总额 PV10 时，则认为投资是合算的。

（3）这里 P11 + PV10 =1213024（元），表示可以投资。

本例使用了 for i in range（N11 +1）循环语句，主要是为了在图示的时候显示每年的年收益值；但是，为了年值标识 A11 仅仅循环 1 次，即显示 1 次。

3. 具有年值的两项目净现值比较

有两个投资方案。方案 1：初始投资 1.02 亿元，年运营成本 400 万元，年收益值 2000 万元，运行寿命 40 年；方案 2：初始投资 1.40 亿元，年运营成本 200 万元，年收益值 2600 万元，运行寿命 40 年。两个方案的资金机会成本率均为 12%。问你要选择哪个投资方案？

这是在两个投资方案之间，选择一个最优项目，当选择净现值最大者。

```
def func_ pv2(i, n, A):
    return (A/i) * (1 -1/(1 + i) ** n)
N =40
n =np.linspace(0, N, N +1)
i11, N11, A11, PV10 =0.12, 40, 16000000, -102000000
i21, N21, A21, PV20 =0.12, 40, 24000000, -140000000
```

```
P11, P21 = func_pv2(i11, N11, A11), func_pv2(i21, N21, A21)
P1N, P2N = P11 + PV10, P21 + PV20
P1N_P2N = P1N - P2N
print("PV10, P11, P1N = ",np.int(PV10), np.int(P11), np.int(P1N))
print("PV20, P21, P2N = ",np.int(PV20), np.int(P21), np.int(P2N))
print("P1N - P2N = ",np.int(P1N - P2N))
pl.close("all")
fig = plt.figure(figsize = (7,2.5))
ax1 = plt.subplot(121)
ax1.plot(n, 0 * n, marker = ".", color = "black", lw = 1, ls = " - ", markersize = 6)
for i in range(N11 + 1):
    if i = = 0:
        ax1.plot(n[0], PV10, "r. - ", label = "PV10")
        ax1.vlines([n[0],n[0]], 0, PV10,linestyles = 'dashed', colors = 'red')
        ax1.plot(n[N11], A11, "b. - ",label = "A11")
    else:
        ax1.plot(n[i], A11, "b. - ")
        ax1.vlines([n[i],n[i]], 0, A11, linestyles = 'dashed', colors = 'blue')
ax1.legend(loc = "best");
ax2 = plt.subplot(122)
ax2.plot(n, 0 * n, marker = ".", color = "black", lw = 1, ls = " - ", markersize = 6)
for i in range(N21 + 1):
    if i = = 0:
        ax2.plot(n[0], PV20, "r. - ", label = "PV20")
        ax2.vlines([n[0],n[0]], 0, PV20, linestyles = 'dashed', colors = 'red')
        ax2.plot(n[N21],A21, "b. - ",label = "A21")
    else:
        ax2.plot(n[i],A21, "b. - ")
        ax2.vlines([n[i],n[i]], 0, A21, linestyles = 'dashed', colors = 'blue')
ax2.legend(loc = "best");
fig.subplots_adjust(left = 0.00, right = 1.00, bottom = 0.00, top = 1.00, hspace = 
0.5, wspace = 0.3)
PV10, P11, P1N = -102000000  131900426  29900426
PV20, P21, P2N = -140000000  197850640  57850640
P1N - P2N = -27950213
```

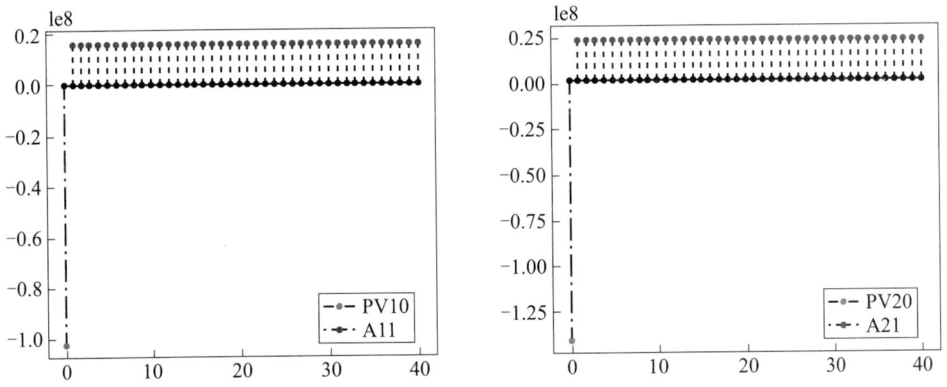

（1）按照现值法，方案 1 的 40 年收益折成现值纯收益为 P1N = 29900426 元。

（2）按照现值法，方案 2 的 40 年收益折成现值纯收益为 P2N = 57850640 元。

（3）方案 2 的纯收益比方案 1 高，P1N - P2N = -27950213（元），方案 2 优于方案 1。

本例中，两个方案具有类似的特征，所以，按照现值法，很容易甄别优劣。但是，毕竟两个方案的初始投资不同，所以，采用现值法进行判断时，往往是初值高的投资，其收益也高，因而相对应的收益现值也高。

4. 具有不同投资周期的两项目净现值比较

有两个投资方案。方案 1：初始投资 1.00 亿元，年运营收益值 3000 万元，运行寿命 20 年，20 年后的残值为 1.00 亿元；方案 2：初始投资 1.50 亿元，年运营收益值 3000 万元，运行寿命 40 年。两个方案的资金机会成本率均为 12%。问你要选择哪个投资方案？

由于两个项目的投资周期不同，所以，要统一投资周期，最大公倍数为 40 年。

```
def func_pv1(i, n, F):
    return F/(1 + i) ** n
def func_pv2(i, n, A):
    return (A/i) * (1 - 1/(1 + i) ** n)
n = np.linspace(0, 40, 41)
i11, N11, A11, F11, PV10 = 0.12, 20, 30000000, 100000000, -100000000
i21, N21, A21, F21, PV20 = 0.12, 40, 30000000, 0,          -150000000
P11, P12 = func_pv1(i11, N11, F11), func_pv2(i11, N11, A11)
P1N = P11 + P12 + PV10
P21, P2N, P1N_P2N = func_pv2(i21, N21, A21), P21 + PV20, P1N - P2N
print("PV10, P11,P12, P1N = ", PV10, np.int(P11), np.int(P12), np.int(P1N))
print("PV20, P21,      P2N = ", PV20, np.int(P21), np.int(P2N))
print("P1N - P2N = ",np.int(P1N_P2N))
pl.close("all")
fig = plt.figure(figsize = (7,2.5))
ax1 = plt.subplot(121)
ax1.plot(n, 0 * n, marker = ".", color = "black", lw = 1, ls = " - ", markersize = 6)
for i in range(N11 + 1):
    if i = = 0:
        ax1.plot(n[N11],F11, "go - ",label = "F11")
        ax1.vlines([n[N11],n[N11]], 0, F11, linestyles = 'dashed', colors = 'green')
        ax1.plot(n[0], PV10, "r. - ", label = "PV10")
        ax1.vlines([n[0],n[0]], 0, PV10,linestyles = 'dashed', colors = 'red')
        ax1.plot(n[N11],A11, "b. - ",label = "A11")
    else:
        ax1.plot(n[i],A11, "b. - ")
        ax1.vlines([n[i],n[i]], 0, A11, linestyles = 'dashed', colors = 'blue')
```

```
ax1.legend(loc = "best");
ax2 = plt.subplot(122)
ax2.plot(n, 0 * n, marker = ".", color = "black", lw = 1, ls = " - ", markersize = 6)
for i in range(N21 + 1):
    if i = = 0:
        ax2.plot(n[0], PV20, "r. - ", label = "PV20")
        ax2.vlines([n[0],n[0]], 0, PV20,linestyles = 'dashed', colors = 'red')
        ax2.plot(n[N21], A21, "b. - ",label = "A21")
    else:
        ax2.plot(n[i], A21, "b. - ")
        ax2.vlines([n[i],n[i]], 0, A21, linestyles = 'dashed', colors = 'blue')
ax2.legend(loc = "best");
fig.subplots_ adjust(left = 0.00, right = 1.00, bottom = 0.00, top = 1.00, hspace = 
0.5, wspace = 0.3)
PV10, P11,P12, P1N = -100000000   10366676   224083308   134449985
PV20, P21,      P2N = -150000000   247313300               97313300
P1N - P2N = 37136684
```

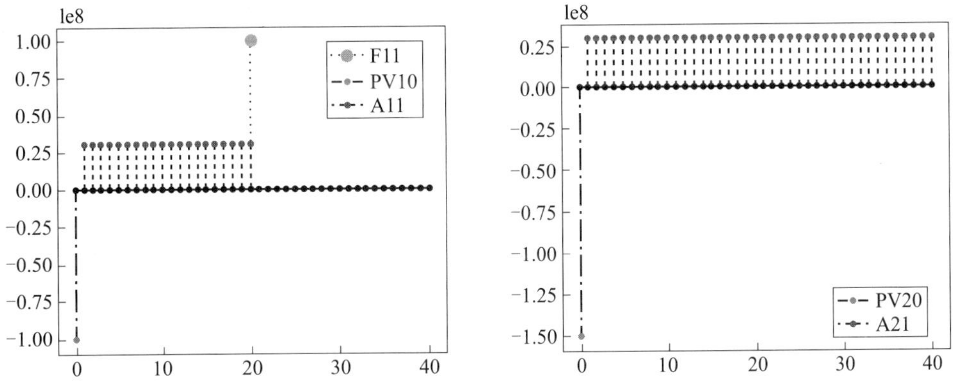

(1) 按照现值法，方案 1 的 20 年收益折成现值纯收益为 P1N = 134449985 元。

(2) 按照现值法，方案 2 的 40 年收益折成现值纯收益为 P2N = 97313300 元。

(3) 很明显，方案 1 的纯收益比方案 2 高，P1N - P2N = 37136684（元），方案 1 优于方案 2。

两个方案虽然具有类似的特征，但投资周期不一致，现值优化选择比较牵强。

5. 具有不同投资周期和预期收益值的两项目净现值比较

有两个投资方案。方案 1：初始成本为 20 万元，每年收益 6 万元，使用期限为 10 年，10 年期末有残值 2 万元，资金机会成本为 15%；方案 2：初始成本为 500 万元，每年收益 80 万元，使用期限为 30 年，30 年期末有残值 5 万元，资金机会成本率为 15%。问应该选择哪个方案？

这两个投资方案，其投资周期的最大公倍数为 30 年，所以，要按照 30 年比较。

```
def func_pv1(i, n, F):
    return F/(1 + i) ** n
def func_pv2(i, n, A):
    return (A/i) * (1 - 1/(1 + i) ** n)
N = 30
n = np.linspace(0, N, N + 1)
i11, N11, A11, F11, PV10 = 0.15, 10, 60000, 20000, -200000
i21, N21, A21, F21, PV20 = 0.15, 30, 800000, 50000, -5000000
P11, P12 = func_pv1(i11, N11, F11), func_pv2(i11, N11, A11)
P21, P22 = func_pv1(i21, N21, F21), func_pv2(i21, N21, A21)
P1N, P2N = P11 + P12 + PV10, P21 + P22 + PV20
print("PV10, P11, P11, P1N = ",PV10, np.int(P11), np.int(P12), np.int(P1N))
print("PV20, P21, P22, P2N = ",PV20, np.int(P21), np.int(P22), np.int(P2N))
print("P1N - P2N = ",np.int(P1N - P2N))
pl.close("all")
fig = plt.figure(figsize = (7,2.5))
ax1 = plt.subplot(121)
ax1.plot(n, 0 * n, marker = ".", color = "black", lw = 1, ls = " - ", markersize = 6)
for i in range(N11 + 1):
    if i = = 0:
        ax1.plot(n[N11],F11, "go - ",label = "F11")
        ax1.vlines([n[N11],n[N11]],0,F11,linestyles = 'dashed', colors = 'green')
        ax1.plot(n[0],PV10, "r. - ", label = "PV10")
        ax1.vlines([n[0],n[0]], 0, PV10,linestyles = 'dashed', colors = 'red')
        ax1.plot(n[N11],A11, "b. - ",label = "A11")
    else:
        ax1.plot(n[i],A11, "b. - ")
        ax1.vlines([n[i],n[i]], 0, A11, linestyles = 'dashed', colors = 'blue')
ax1.legend(loc = "best");
ax2 = plt.subplot(122)
ax2.plot(n, 0 * n, marker = ".", color = "black", lw = 1, ls = " - ", markersize = 6)
for i in range(N21 + 1):
    if i = = 0:
        ax2.plot(n[N21],F21, "go - ",label = "F21")
        ax2.vlines([n[N21],n[N21]],0,F21,linestyles = 'dashed', colors = 'green')
        ax2.plot(n[0],PV20, "r. - ", label = "PV20")
        ax2.vlines([n[0],n[0]], 0, PV20,linestyles = 'dashed', colors = 'red')
        ax2.plot(n[N21],A21, "k. - ",label = "A21")
    else:
        ax2.plot(n[i],A21, "b. - ")
        ax2.vlines([n[i],n[i]], 0, A21, linestyles = 'dashed', colors = 'blue')
ax2.legend(loc = "best");
```

```
fig.subplots_ adjust(left =0.00, right =1.00, bottom =0.00, top =1.00, hspace =
0.5, wspace =0.3)
PV10, P11, P11, P1N = -200000  4943  301126  106069
PV20, P21, P22, P2N = -5000000 755  5252783  253538
P1N - P2N = -147469
```

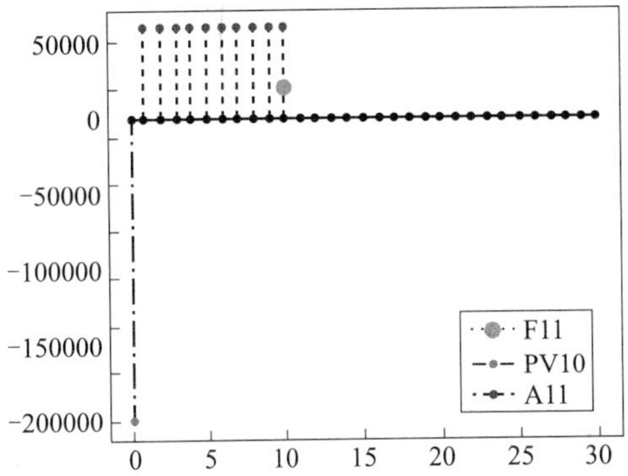

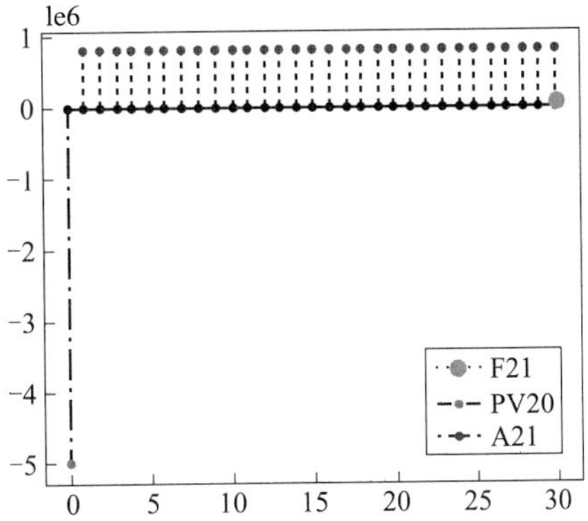

（1）按照现值法，方案 1 的 10 年收益折成现值纯收益为 P1N =106069 元。

（2）按照现值法，方案 2 的 30 年收益折成现值纯收益为 P2N =253538 元。

（3）方案 1 的纯收益比方案 2 低，P1N - P2N = -147469（元），方案 2 优于方案 1。

显然，现值法，即使周期一致，也无法保证可比性是完全有说服力的。

6. 分期投资项目净现值比较

有两个投资方案。方案 1：初始投资为 12.5 万元，10 年后再投资 12.5 万元，使用期限为 40 年，资金机会成本为 8%；方案 2，初始成本为 20 万元，使用期限为 40 年，资金机会成本率为 8%。问应该选择哪个方案？

由于题目没有说明 40 年期的收益是多少，只能假设两个项目的收益是一致的。

```
def func_ pv1(i, n, F):
    return F/(1 +i)**n
N =40
n =np.linspace(0, N, N +1)
i11, N11, F11, N10, PV10 =0.08, 10, -125000, 40, -125000
i21, N21, F21, N20, PV20 =0.08, 40, 0,        40, -200000
P10 = func_ pv1(i11, N11, F11)
P1N = P10 + PV10
P2N = PV20
print("PV10, P10, P1N = ",np.int(PV10), np.int(P10), np.int(P1N))
print("PV20, P2N, P1N - P2N = ",np.int(PV20), np.int(P2N), np.int(P1N - P2N))
pl.close("all")
fig =plt.figure(figsize = (7,2.5))
```

```
ax1 = plt.subplot(121)
ax1.plot(n, 0 * n, marker = ".", color = "black", lw = 1, ls = "-", markersize = 6)
ax1.plot(n[N11],F11, "ro-",label = "F11")
ax1.vlines([n[N11],n[N11]], 0, F11, linestyles = 'dashed', colors = 'red')
ax1.plot(n[0],PV10, "r.-", label = "PV10")
ax1.vlines([n[0],n[0]], 0, PV10,linestyles = 'dashed', colors = 'red')
ax1.legend(loc = "best");
ax2 = plt.subplot(122)
ax2.plot(n, 0 * n, marker = ".", color = "black", lw = 1, ls = "-", markersize = 6)
ax2.plot(n[0],PV20, "r.-", label = "PV20")
ax2.vlines([n[0],n[0]], 0, PV20,linestyles = 'dashed', colors = 'red')
ax2.legend(loc = "best");
fig.subplots_adjust(left = 0.00, right = 1.00, bottom = 0.00, top = 1.00, hspace = 0.5, wspace = 0.3)
PV10, P10, P1N       = -125000   -57899   -182899
PV20, P2N, P1N - P2N = -200000   -200000   17100
```

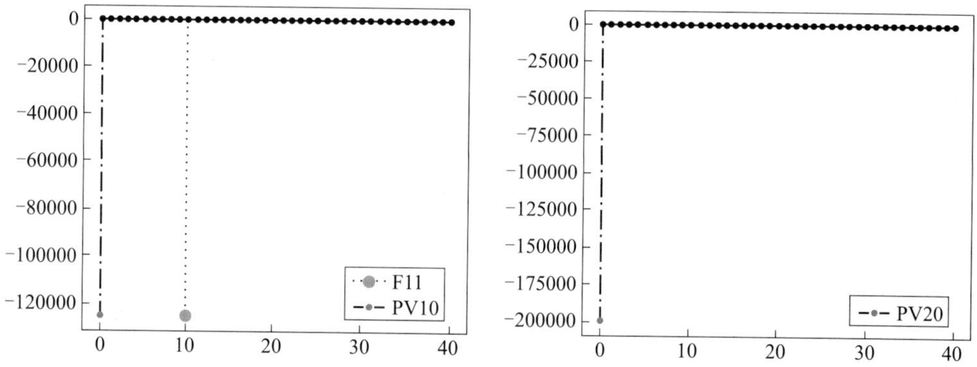

（1）按照现值法，方案 1 的 40 年收益折成现值纯收益为 P1N = -182899 元。

（2）按照现值法，方案 2 的 40 年收益折成现值纯收益为 P2N = -200000 元。

（3）很明显，方案 1 的纯收益比方案 2 高，P1N - P2N = 17100（元），方案 1 优于方案 2。

方案 1 的投资分两期完成，折成现值比较，原理与方案 2 的一期投资一致。

7. 债券交易价值计算

一个面值为 100 元的半年期债券，按照每年 7% 面值大小支付年值费用（a 7% coupon bond），年利率为 6.5%，该债券有效期为 7 年。请问，该债券的发行价应该是多少？

这是一个典型的现值计算问题，重点是要将债券特征与变量假设对应起来。

```
def func_pv1(i, n, F):
    return F/(1 + i) ** n
def func_pv2(i, n, A):
    return (A/i) * (1 - 1/(1 + i) ** n)
```

```
N = 14
n = np.linspace(0, N, N + 1)
i11, N11, A, F = 0.065 / 2, 2 * 7, 0.07 * 100 / 2, 100
P = func_ pv1(i11, N11,F) + func_ pv2(i11, N11, A)
P = - np.int(100 * (P + 0.005)) / 100
print("P = ", P)
pl.close("all")
fig = plt.figure(figsize = (7,2.5))
ax1 = plt.subplot(111)
ax1.plot(n, 0 * n, marker = ".", color = "black", lw = 1, ls = " - ", markersize = 6)
for i in range(N11 + 1):
    if i = = 0:
        ax1.plot(n[0],P, "r. - ", label = "P")
        ax1.vlines([n[0],n[0]], 0, P,     linestyles = 'dashed', colors = 'red')
        ax1.plot(n[N11],F, "kx - ", label = "F = $100")
        ax1.vlines([n[N11],n[N11]], 0, F, linestyles = 'dashed', colors = 'black')
        ax1.plot(n[N11],A, "b. - ", label = "A = 7% F")
    else:
        ax1.plot(n[i],A, "b. - ")
        ax1.vlines([n[i],n[i]], 0, A, linestyles = 'dashed', colors = 'blue')
ax1.set_ xlabel("Time Period", fontsize = 12)
ax1.set_ ylabel("Value",        fontsize = 12)
ax1.legend(loc = "upper center");
P = -102.78
```

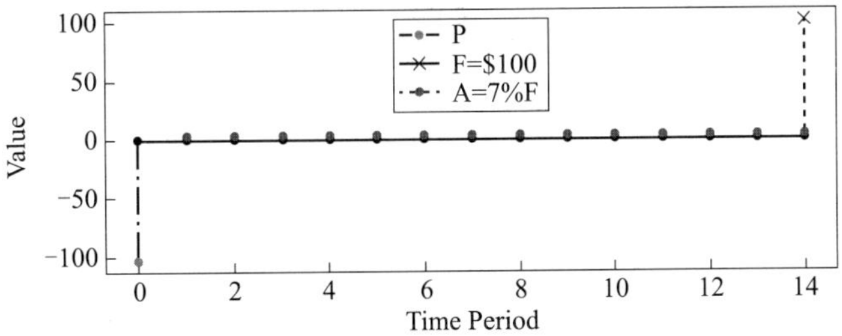

（1） i11 = 0.065 /2，表示半年期利率。

（2） N11 = 2 * 7，表示转存次数，因为债券为半年期，所以，7 年转存 14 次。

（3） A = 0.07 * 100 /2，表示每一期的支付金额，由于年值为 7 元，这里折算为半年值。

（4） F = 100，债券面值，也就是 7 年末的兑付值。

本例中，如果债券的半年期期限为 2014 年 3 月 15 日至 2014 年 9 月 15 日，假设购买 2 个月后的 2014 年 5 月 15 日支取，那么，投资者提前兑现时在兑现日应该以什么价格兑现？

```
def func_pv1(i, n, F):
```

```
    return F/(1+i)**n
def func_pv2(i, n, A):
    return (A/i)*(1-1/(1+i)**n)
def func_fv1(i, n, P):
    return P*(1+i)**n
D, D1, D2, A, N=184, 61, 123, 0.07*100/2, 14
i, N1, N2, F, P=0.065/2, D1/D, D2/D, 100, 102.78
FN1=func_fv1(i, N1, P)
FN1=np.int(100*FN1)/100
print("FN1=", FN1)
F01=func_pv1(i11, N -1,F)+func_ pv2(i11, N -1, A)+A
PN1=np.int(100*(F01/(1+i)**N2))/100
print("PN1=", PN1)
FN1=103.87      PN1=103.87
```

(1) D=184，表示在3.15.2014-9.15.2014期间，3、4、5、6、7、8、9月份分别为16、30、31、30、31、31、15天，合计天数为184天。

(2) D1=61，表示在3.15.2014-5.15.2014期间，3、4、5月份分别为16、30、15天，合计天数为61天。

(3) D2=123，表示在5.15.2014-9.15.2014期间，合计天数为123天。

(4) FN1=func_ fv1 (i, N1, P)，是从初值出发，计算2个月后的卖出值。

(5) PN1=F01/(1+i)**N2，是将全周期7年的预期值先折算到第1年，再折算到2个月。

从本例中可以看出，债券问题完全就是初值、终值问题。只要搞清楚相互关系，很容易计算。这里采用了两种方法，其结果完全一致。

第三节　年值法投资分析

年值法与现值法的区别在于，现值法是比较期初的净现值，而年值法是比较每年末的净值。如果说现值法着眼于期初的一次性净现值，那么年值法则着眼于投资之后每年所能够创造的平均净收益。

1. 将初值和收益年值转化为年值纯收益

有一个自动洗衣店项目，洗衣机和烘干机共需要花费5000元。每年的总收入估计为20000元，每年的运营成本大概为11000元，运营期为3年，资本的机会成本率为20%。问是否应该投资这个洗衣店？

这个问题的核心是要将期初投资转化为年值成本，计算年纯收益。

```
def func_ av1(i, N, P):
```

```
        return P * i / (1 - 1 / (1 + i) ** (N))
    def func_ av2(i, n, N, F):
        return F * i / (((1 + i) ** n) * (1 - 1 / (1 + i) ** (N)))
    def func_ av3(i, n, N, A):
        return A * (1 - 1 / (1 + i) ** (n)) / (1 - 1 / (1 + i) ** (N))
    N = 3
    n = np.linspace(0, N, N + 1)
    i1, n1, F1, A1, PV10 = 0.20, 3, 0, 9000, -5000
    A10, A11, A12 = func_ av1(i1, N, PV10), func_ av2(i1, n1, N, F1), func_ av3(i1,
n1, N, A1)
    AA1 = A10 + A11 + A12
    print("A10, A11, A12, AA1 = ",np.int(A10), np.int(A11), np.int(A12), np.int
(AA1))
    pl.close("all")
    fig = plt.figure(figsize = (7,2.5))
    ax1 = plt.subplot(121)
    ax1.plot(n, 0 * n, marker = ".", color = "black", lw = 1, ls = " - ", markersize = 6)
    for j in range(n1 + 1):
        if j = = 0:
            ax1.plot(n[0],PV10, "r. - ", label = "PV10")
            ax1.vlines([n[0],n[0]], 0, PV10, linestyles = 'dashed', colors = 'red')
            ax1.plot(n[n1],A1, "b. - ",label = "A1")
        else:
            ax1.plot(n[j],A1, "b. - ")
            ax1.vlines([n[j],n[j]], 0, A1, linestyles = 'dashed', colors = 'blue')
    ax1.set_ xlabel("Original Case", fontsize = 12)
    ax1.legend(loc = "best");
    ax3 = plt.subplot(122)
    ax3.plot(n, 0 * n, marker = ".", color = "black", lw = 1, ls = " - ", markersize = 6)
    for j in range(N + 1):
        if j = = 0:
            ax3.plot(n[N],AA1, "b. - ",label = "AA1")
            pass
        else:
            ax3.plot(n[j],AA1, "b. - ")
            ax3.vlines([n[j],n[j]], 0, AA1, linestyles = 'dashed', colors = 'blue')
    ax3.set_ xlabel("Annual Revenue", fontsize = 12)
    ax3.legend(loc = "best");
    fig.subplots_ adjust(left = 0.00, right = 1.00, bottom = 0.00, top = 1.00, hspace =
0.5, wspace = 0.4)
    A10, A11, A12, AA1 = -2373   0   9000   6626
```

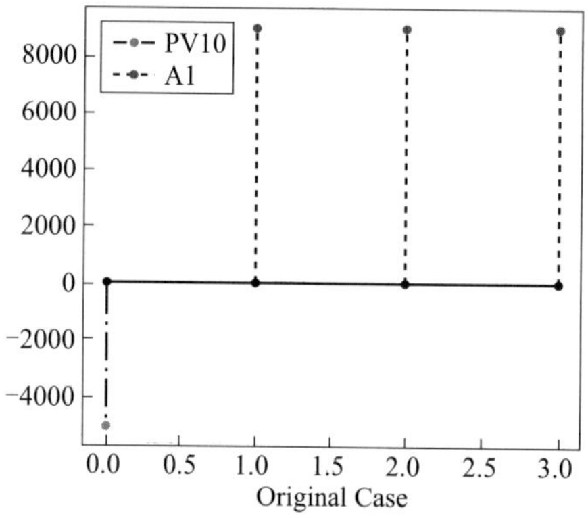

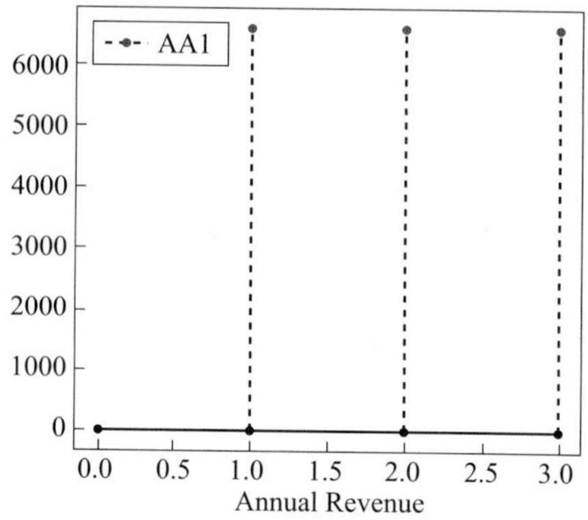

（1）按照年值法，该方案的 3 年投资和收益折成 3 年的年值为 AA1 = 6626 元。

（2）很明显，该方案的 3 年的年值收益较高，可以投资。

这里，将投资初值、年值、预期收益都统一转化成了年值。

2. 将投资初值转化为年值投资

有一个人以 1.05 万元现金购买了一辆汽车，希望使用 8 年，资本的机会成本率为 10%，问等额年费用是多少？

这个问题与前一问题类似，都是把初值转化为年值。

```
def func_av1(i, N, P):
    return P*i/(1-1/(1+i)**(N))
def func_av2(i, n, N, F):
    return F*i/(((1+i)**n)*(1-1/(1+i)**(N)))
def func_av3(i, n, N, A):
    return A*(1-1/(1+i)**(n))/(1-1/(1+i)**(N))
N=8
n=np.linspace(0, N, N+1)
i1, n1, F1, A1, PV10 =0.10, 8, 0, 0, -10500
A10 = func_av1(i1, N, PV10)
A11 = func_av2(i1, n1, N, F1)
A12 = func_av3(i1, n1, N, A1)
AA1 =A10 +A11 +A12
print("A10, A11, A12, AA1 = ",np.int(A10), np.int(A11), np.int(A12), np.int
(AA1))
pl.close("all")
fig=plt.figure(figsize = (7,2.5))
ax1 =plt.subplot(121)
ax1.plot(n, 0*n, marker = ".", color = "black", lw=1, ls = "-", markersize=6)
ax1.plot(n[0],PV10, "r.-", label = "PV10")
ax1.vlines([n[0],n[0]], 0, PV10, linestyles='dashed', colors='red')
```

```
ax1.set_xlabel("Original Case", fontsize=12)
ax1.legend(loc="center");
ax3=plt.subplot(122)
ax3.plot(n, 0*n, marker=".", color="black", lw=1, ls="-", markersize=6)
for j in range(N+1):
    if j==0:
        ax3.plot(n[N],AA1, "r.-",label="AA1")
    else:
        ax3.plot(n[j],AA1, "r.-")
        ax3.vlines([n[j],n[j]], 0, AA1, linestyles='dashed', colors='red')
ax3.set_xlabel("Annual Revenue", fontsize=12)
ax3.legend(loc="center");
fig.subplots_adjust(left=0.00, right=1.00, bottom=0.00, top=1.00, hspace=
0.5, wspace=0.4)
A10, A11, A12, AA1 = -1968  0  0  -1968
```

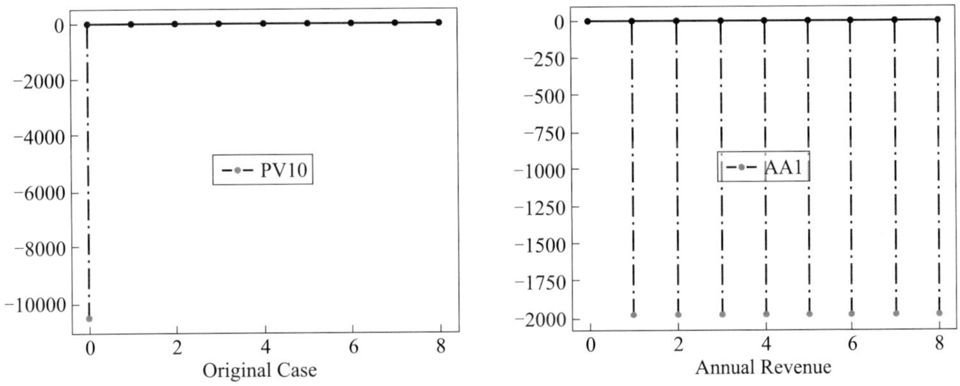

（1）按照年值法，该方案的 8 年投资和收益折成 8 年的年值为 AA1 = -1968 元。

（2）很明显，该方案在 8 年期间的年值花费较低，可以购买。

该问题虽然只有初值，但为了考虑周到并且对其他题目分析有帮助，我们将投资初值、年值、预期收益转化为年值的情况都一并考虑进去了。

3. 将初值和残值转化为年值纯收益

一台商用设备的初始成本为 2200 元，经过 4 年的经济寿命之后残值为 500 元，资金的机会成本率为 25%，问等额年费用是多少？

```
def func_av1(i, N, P):
    return P*i/(1-1/(1+i)**N)
def func_av2(i, n, N, F):
    return F*i/(((1+i)**n)*(1-1/(1+i)**N))
def func_av3(i, n, N, A):
```

```
        return A * (1 - 1 / (1 + i) ** n) / (1 - 1 / (1 + i) ** N)
    N = 4
    n = np.linspace(0, N, N + 1)
    i1, n1, F1, A1, PV10 = 0.25, 4, 500, 0, -2200
    A10 = func_av1(i1, N, PV10)
    A11 = func_av2(i1, n1, N, F1)
    A12 = func_av3(i1, n1, N, A1)
    AA1 = A10 + A11 + A12
    print("A10, A11, A12, AA1 = ", np.int(A10), np.int(A11), np.int(A12), np.int
(AA1))
    pl.close("all")
    fig = plt.figure(figsize = (7,2.5))
    ax1 = plt.subplot(121)
    ax1.plot(n, 0 * n, marker = ".", color = "black", lw = 1, ls = "-", markersize = 6)
    ax1.plot(n[n1], F1, "bo-",label = "F1")
    ax1.vlines([n[n1],n[n1]], 0, F1, linestyles = 'dashed', colors = 'blue')
    ax1.plot(n[0],PV10, "r.-", label = "PV10")
    ax1.vlines([n[0],n[0]], 0, PV10, linestyles = 'dashed', colors = 'red')
    ax1.set_xlabel("Original Case", fontsize = 12)
    ax1.legend(loc = "center");
    ax3 = plt.subplot(122)
    ax3.plot(n, 0 * n, marker = ".", color = "black", lw = 1, ls = "-", markersize = 6)
    for j in range(N + 1):
        if j == 0:
            ax3.plot(n[N],AA1, "r.-",label = "AA1")
            pass
        else:
            ax3.plot(n[j],AA1, "r.-")
            ax3.vlines([n[j],n[j]], 0, AA1, linestyles = 'dashed', colors = 'red')
    ax3.set_xlabel("Annual Revenue", fontsize = 12)
    ax3.legend(loc = "center");
    fig.subplots_adjust(left = 0.00, right = 1.00, bottom = 0.00, top = 1.00, hspace =
0.5, wspace = 0.4)
    A10, A11, A12, AA1 = -931 86 0 -844
```

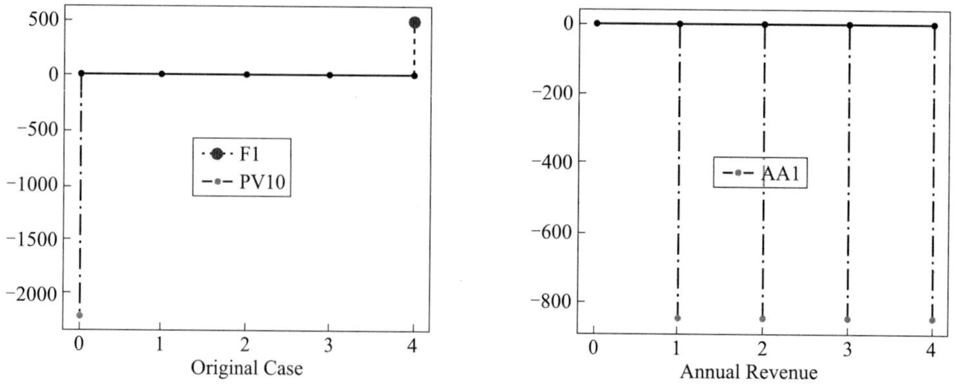

（1）按照年值法，该方案的 4 年投资和收益折成 4 年的年值为 AA1 = -844 元。
（2）很明显，该方案在 4 年期间的年值花费较低，可以购买。

该问题考虑了初值和期末预期残值，都被转化为年收益值考虑。

4. 不同投资周期年值比较

有两个投资方案。方案 1：初始投资 100000 元，年运营成本 12000 元，运行寿命 5 年，5 年后的残值为 10000 元；方案 2：初始投资 150000 元，年运营成本 10000 元，运行寿命 10 年，10 年后的残值为 15000 元。两个方案的资金机会成本率均为 25%。要选择哪个投资方案？

这两个方案的不同之处是它们的投资周期不一致，需要按照统一期限进行比较。

```
def func_av1(i, N, P):
    return P*i/(1-1/(1+i)**N)
def func_av2(i, n, N, F):
    return F*i/(((1+i)**n)*(1-1/(1+i)**N))
def func_av3(i, n, N, A):
    return A*(1-1/(1+i)**n)/(1-1/(1+i)**N)
N=10
n=np.linspace(0, N, N+1)
i1, n1, F1, A1, PV10=0.25,  5, 10000, -12000, -100000
i2, n2, F2, A2, PV20=0.25, 10, 15000, -10000, -150000
A10=func_av1(i1, N, PV10)
A11=func_av2(i1, n1, N, F1)
A12=func_av3(i1, n1, N, A1)
AA1=A10+A11+A12
A20=func_av1(i2, N, PV20)
A21=func_av2(i2, n2, N, F2)
A22=func_av3(i2, n2, N, A2)
AA2=A20+A21+A22
AA1_AA2=AA1-AA2
print("A10, A11, A12, AA1 =",np.int(A10), np.int(A11), np.int(A12), np.int
(AA1))
print("A20, A21, A22, AA2 =",np.int(A20), np.int(A21), np.int(A22), np.int
(AA2))
print("AA1-AA2 =",np.int(AA1-AA2))
pl.close("all")
fig=plt.figure(figsize=(7,2.5))
ax1=plt.subplot(131)
ax1.plot(n, 0*n, marker=".", color="black", lw=1, ls="-", markersize=6)
for j in range(n1+1):
```

```
        if j = =0:
            ax1.plot(n[0],PV10, "r. - ", label = "PV10")
            ax1.vlines([n[0],n[0]], 0, PV10, linestyles ='dashed', colors ='red')
            ax1.plot(n[n1],F1, "go - ",label = "F1")
            ax1.vlines([n[n1],n[n1]], 0, F1, linestyles ='dashed', colors ='green')
            ax1.plot(n[n1],A1, "b. - ",label = "A1")
        else:
            ax1.plot(n[j],A1, "b. - ")
            ax1.vlines([n[j],n[j]], 0, A1, linestyles ='dashed', colors ='blue')
    ax1.set_ xlabel("Case1", fontsize =12)
    ax1.legend(loc = "center");
    ax2 =plt.subplot(132)
    ax2.plot(n, 0 * n, marker = ".", color = "black", lw =1, ls = " - ", markersize =6)
    for j in range(n2 +1):
        if j = =0:
            ax2.plot(n[0],PV20, "r. - ", label = "PV20")
            ax2.vlines([n[0],n[0]], 0, PV20, linestyles ='dashed', colors ='red')
            ax2.plot(n[n2],F2, "go - ",label = "F2")
            ax2.vlines([n[n2],n[n2]], 0, F2, linestyles ='dashed', colors ='green')
            ax2.plot(n[n2],A2, "k. - ",label = "A2")
        else:
            ax2.plot(n[j],A2, "b. - ")
            ax2.vlines([n[j],n[j]], 0, A2, linestyles ='dashed', colors ='blue')
    ax2.set_ xlabel("Case2", fontsize =12)
    ax2.legend(loc = "center");
    ax3 =plt.subplot(133)
    ax3.plot(n, 0 * n, marker = ".", color = "black", lw =1, ls = " - ", markersize =6)
    for j in range(N +1):
        if j = =0:
            ax3.plot(n[N],AA1, "r. - ",label = "AA1")
            ax3.plot(n[N],AA2, "b. - ",label = "AA2")
            pass
        else:
            ax3.plot(n[j],AA2, "b. - ")
            ax3.vlines([n[j],n[j]], 0, AA2, linestyles ='dashed', colors ='blue')
            ax3.plot(n[j],AA1, "r. - ")
            ax3.vlines([n[j],n[j]], 0, AA1, linestyles ='dashed', colors ='red')
    ax3.set_ xlabel("Case1 vs Case2", fontsize =12)
    ax3.legend(loc = "center");
    fig.subplots_ adjust(left =0.00, right =1.00, bottom =0.00, top =1.00, hspace =
0.5, wspace =0.45)
    A10, A11, A12, AA1 = -28007  917  -9038   -36127
```

```
A20, A21, A22, AA2 = -42010  451  -10000  -51559
AA1 - AA2 =15431
```

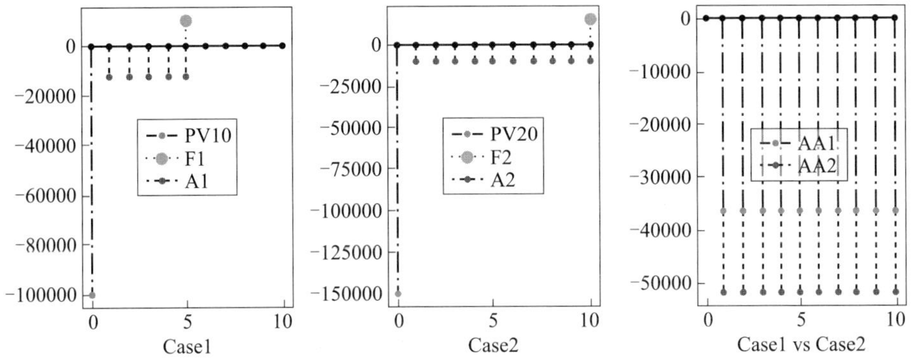

(1) 按照年值法，方案 1 的 5 年投资期限被放大为 10 年期限后，年值为 AA1 = -36127 元。

(2) 按照年值法，方案 2 的 10 年投资期限不变，年值为 AA2 = -51559 元。

(3) 方案 1 的年值收益比方案 2 的年值收益高，AA1 - AA2 =15431 (元)，方案 1 优于方案 2。

对于投资周期长度不同的问题，一般都需要将投资周期长度统一后再比较。

5. 将最小投资周期统一为最大投资周期

有两个投资方案。方案 1：初始成本为 20 万元，每年收益 6 万元，使用期限为 10 年，10 年期末有残值 2 万元，资金机会成本率为 15%；方案 2：初始成本为 500 万元，每年收益 80 万元，使用期限为 30 年，30 年期末有残值 5 万元，资金机会成本率为 15%。选择哪个方案？

投资周期 10 年与 30 年的最大公倍数是 30 年，所以，统一投资周期到 30 年。

```
def func_ av1(i, N, P):
    return P*i/(1 -1/(1 +i)**N)
def func_ av2(i, n, N, F):
    return F*i/(((1 +i)**n)*(1 -1/(1 +i)**N))
def func_ av3(i, n, N, A):
    return A*(1 -1/(1 +i)**n)/(1 -1/(1 +i)**N)
N =30
n =np.linspace(0, N, N +1)
i1, n1, F1, A1, PV10 =0.15, 10, 20000, 60000,  -200000
i2, n2, F2, A2, PV20 =0.15, 30, 50000, 800000, -5000000
A10 =func_ av1(i1, N, PV10)
A11 =func_ av2(i1, n1, N, F1)
A12 =func_ av3(i1, n1, N, A1)
AA1 =A10 +A11 +A12
A20 =func_ av1(i2, N, PV20)
A21 =func_ av2(i2, n2, N, F2)
```

```
    A22 = func_av3(i2, n2, N, A2)
    AA2 = A20 + A21 + A22
    AA1_AA2 = AA1 - AA2
    print("A10, A11, A12, AA1 = ",np.int(A10), np.int(A11), np.int(A12), np.int
(AA1))
    print("A20, A21, A22, AA2 = ",np.int(A20), np.int(A21), np.int(A22), np.int
(AA2))
    print("AA1 - AA2 = ",np.int(AA1 - AA2))
    pl.close("all")
    fig = plt.figure(figsize = (7,2.5))
    ax1 = plt.subplot(131)
    ax1.plot(n, 0 * n, marker = ".", color = "black", lw = 1, ls = " - ", markersize = 6)
    for j in range(n1 + 1):
        if j == 0:
            ax1.plot(n[0],PV10, "r. - ", label = "PV10")
            ax1.vlines([n[0],n[0]], 0, PV10,     linestyles = 'dashed', colors = 'red')
            ax1.plot(n[n1],F1, "go - ",label = "F1")
            ax1.vlines([n[n1],n[n1]], 0, F1, linestyles = 'dashed', colors = 'green')
            ax1.plot(n[n1],A1, "b. - ",label = "A1")
        else:
            ax1.plot(n[j],A1, "k. - ")
            ax1.vlines([n[j],n[j]], 0, A1, linestyles = 'dashed', colors = 'blue')
    ax1.set_xlabel("Case1",     fontsize = 12)
    ax1.legend(loc = "center");
    ax2 = plt.subplot(132)
    ax2.plot(n, 0 * n, marker = ".", color = "black", lw = 1, ls = " - ", markersize = 6)
    for j in range(n2 + 1):
        if j == 0:
            ax2.plot(n[0],PV20, "r. - ", label = "PV20")
            ax2.vlines([n[0],n[0]], 0, PV20,     linestyles = 'dashed', colors = 'red')
            ax2.plot(n[n2],F2, "go - ",label = "F2")
            ax2.vlines([n[n2],n[n2]], 0, F2, linestyles = 'dashed', colors = 'green')

            ax2.plot(n[n2],A2, "k. - ",label = "A2")
        else:
            ax2.plot(n[j],A2, "b. - ")
            ax2.vlines([n[j],n[j]], 0, A2, linestyles = 'dashed', colors = 'blue')
    ax2.set_xlabel("Case2",     fontsize = 12)
    ax2.legend(loc = "center");
    ax3 = plt.subplot(133)
    ax3.plot(n, 0 * n, marker = ".", color = "black", lw = 1, ls = " - ", markersize = 6)
    for j in range(N + 1):
```

```
    if j = =0:
        ax3.plot(n[N],AA1, "r. - ",label = "AA1")
        ax3.plot(n[N],AA2, "k. - ",label = "AA2")
        pass
    else:
        ax3.plot(n[j],AA2, "b. - ")
        ax3.vlines([n[j],n[j]], 0, AA2, linestyles ='dashed', colors ='blue')
        ax3.plot(n[j],AA1, "r. - ")
        ax3.vlines([n[j],n[j]], 0, AA1, linestyles ='dashed', colors ='red')
ax3.set_ xlabel("Case1 vs Case2", fontsize =12)
ax3.legend(loc = "center");
fig.subplots_ adjust(left =0.00, right =1.00, bottom =0.00, top =1.00, hspace =
0.5, wspace =0.45)
A10, A11, A12, AA1 = -30460   752  45861   16154
A20, A21, A22, AA2 = -761500  115  800000  38614
AA1 - AA2 = -22459
```

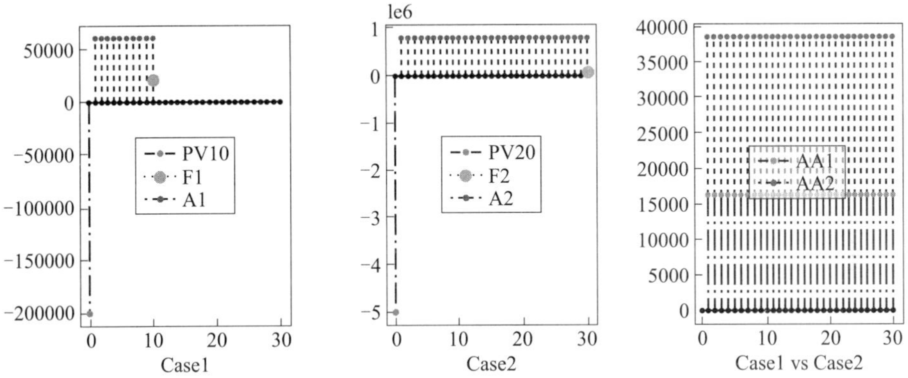

（1）按照年值法，方案 1 的 10 年投资和收益折成 30 年后的年值收益为 AA1 =16154 元。

（2）按照年值法，方案 2 的 30 年投资和收益折成 30 年后的年值收益为 AA2 =38614 元。

（3）方案 1 的 30 年年值收益比方案 2 的年值收益低，AA1 - AA2 = -22459（元），方案 2 优于方案 1。

之前，在使用净现值比较时，虽然我们也将投资周期予以统一，但对实际计算几乎没有任何影响；相反，当使用年值方法时，因为投资和收益被分解到全周期各个年度，所以统一周期对于计算影响较大。

6. 选取最大公倍数作为最大投资周期

有两个投资方案。方案 1：初始成本为 7000 元，每年成本 800 元，使用期限为 15 年，15 年期末有残值 700 元，资金机会成本率为 10%；方案 2：初始成本为 10000 元，每年成本 500 元，使用期限为 20 年，20 年期末有残值 1000 元，资金机会成本率为 10%。选择哪个方案？

投资周期 15 年与 20 年的最大公倍数是 60 年，所以，统一投资周期到 60 年。

```
def func_av1(i, N, P):
    return P*i/(1-1/(1+i)**N)
def func_av2(i, n, N, F):
    return F*i/(((1+i)**n)*(1-1/(1+i)**N))
def func_av3(i, n, N, A):
    return A*(1-1/(1+i)**n)/(1-1/(1+i)**N)
N=60
n=np.linspace(0, N, N+1)
i1, n1, F1, A1, PV10=0.10, 15, 700,  -800, -7000
i2, n2, F2, A2, PV20=0.10, 20, 1000, -500, -10000
A10 = func_av1(i1, N, PV10)
A11 = func_av2(i1, n1, N, F1)
A12 = func_av3(i1, n1, N, A1)
AA1 = A10 + A11 + A12
A20 = func_av1(i2, N, PV20)
A21 = func_av2(i2, n2, N, F2)
A22 = func_av3(i2, n2, N, A2)
AA2 = A20 + A21 + A22
AA1_AA2 = AA1 - AA2
print("A10, A11, A12, AA1 = ",np.int(A10), np.int(A11), np.int(A12), np.int
(AA1))
print("A20, A21, A22, AA2 = ",np.int(A20), np.int(A21), np.int(A22), np.int
(AA2))
print("AA1 - AA2 = ",np.int(AA1 - AA2))
pl.close("all")
fig=plt.figure(figsize=(7,2.5))
ax1=plt.subplot(131)
ax1.plot(n, 0*n, marker=".", color="black", lw=1, ls="-", markersize=3)
for j in range(n1+1):
    if j==0:
        ax1.plot(n[0],PV10, "r.-", label="PV10")
        ax1.vlines([n[0],n[0]], 0, PV10, linestyles='dashed', colors='red')
        ax1.plot(n[n1],F1, "go-",label="F1")
        ax1.vlines([n[n1],n[n1]], 0, F1, linestyles='dashed', colors='green')
        ax1.plot(n[n1],A1, "b.-",label="A1")
    else:
        ax1.plot(n[j],A1, "b.-")
        ax1.vlines([n[j],n[j]], 0, A1, linestyles='dashed', colors='blue')
ax1.set_xlabel("Case1", fontsize=10)
ax1.legend(loc="center");
```

```
ax2 = plt.subplot(132)
ax2.plot(n, 0 * n, marker = ".", color = "black", lw = 1, ls = "-", markersize = 3)
for j in range(n2 + 1):
    if j == 0:
        ax2.plot(n[0], PV20, "r.-", label = "PV20")
        ax2.vlines([n[0], n[0]], 0, PV20, linestyles = 'dashed', colors = 'red')
        ax2.plot(n[n2], F2, "go-", label = "F2")
        ax2.vlines([n[n2], n[n2]], 0, F2, linestyles = 'dashed', colors = 'green')
        ax2.plot(n[n2], A2, "b.-", label = "A2")
    else:
        ax2.plot(n[j], A2, "b.-")
        ax2.vlines([n[j], n[j]], 0, A2, linestyles = 'dashed', colors = 'blue')
ax2.set_xlabel("Case2", fontsize = 10)
ax2.legend(loc = "center");
ax3 = plt.subplot(133)
ax3.plot(n, 0 * n, marker = ".", color = "black", lw = 1, ls = "-", markersize = 3)
for j in range(N + 1):
    if j == 0:
        ax3.plot(n[N], AA1, "r.-", label = "AA1")
        ax3.plot(n[N], AA2, "b.-", label = "AA2")
    else:
        ax3.plot(n[j], AA2, "b.-")
        ax3.vlines([n[j], n[j]], 0, AA2, linestyles = 'dashed', colors = 'blue')
        ax3.plot(n[j], AA1, "r.-")
        ax3.vlines([n[j], n[j]], 0, AA1, linestyles = 'dashed', colors = 'red')
ax3.set_xlabel("Case1 vs Case2",     fontsize = 10)
ax3.legend(loc = "center");
fig.subplots_adjust(left = 0.00, right = 1.00, bottom = 0.00, top = 1.00, hspace = 
0.5, wspace = 0.45)
A10, A11, A12, AA1 = -702   16   -610   -1295
A20, A21, A22, AA2 = -1003  14   -427   -1415
AA1 - AA2 = 119
```

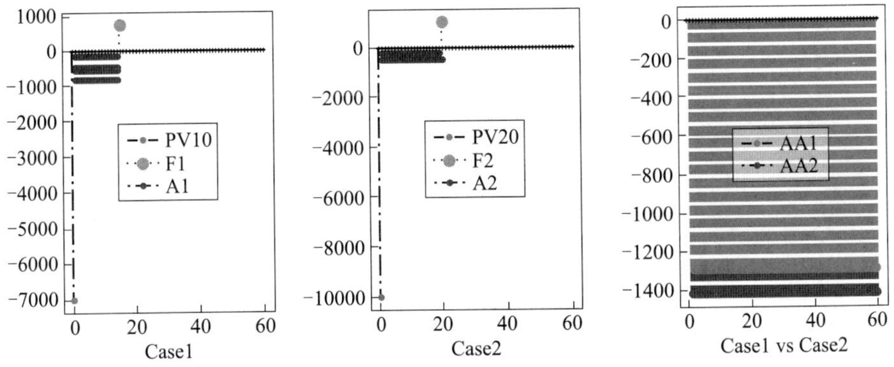

(1) 按照年值法，方案 1 的 60 年收益折成年值纯收益为 AA1 = -1295 元。
(2) 按照年值法，方案 2 的 60 年收益折成年值纯收益为 AA2 = -1415 元。
(3) 很明显，方案 1 的年值纯收益比方案 2 高，AA1 - AA2 =119 (元)，方案 1 优于方案 2。

这种决策分析方法，方法清晰，具有参考意义。

第四节　收益/成本比率分析

收益/成本比率法是一种比值方法，与现值法和年值法是完全比较现值和年值的纯收益值不同，收益/成本比率法的计算结果是一个比值，以比率高的投资方案为优。

实际上，不论是现值法还是年值法，都可以计算收益/成本比值。在这里，我们只以现值法为例来介绍。由于收益/成本比是投资的收益现值与期初投资现值之间的比率，所以，其计算过程与现值法类似，只是最后增加了一个比值。仅举一例说明其用法。

有两个投资方案。方案 1：初始投资 100 万元，第 1、第 2、第 3 年收益分别为 75 万、60 万、25 万元；方案 2：初始投资 100 万元，第 1、第 2、第 3 年收益分别为 80 万、40 万、20 万元。资金折现率均为 12%。问应该选择哪个方案？

与现值法计算净现值不同，这里是计算收益的现值，再除以期初成本。

```
def func_pv1(i, n, F):
    return F/(1 + i) ** n
N = 3
n = np.linspace(0, N, N + 1)
PV10, PV20 = -1000000, -1000000
i1, N11, N12, N13, F11, F12, F13 = 0.12, 1, 2, 3, 750000, 500000, 250000
i2, N21, N22, N23, F21, F22, F23 = 0.12, 1, 2, 3, 800000, 400000, 200000
P11, P12, P13 = func_pv1(i1, N11, F11), func_pv1(i1, N12, F12), func_pv1(i1,
N13, F13)
P21, P22, P23 = func_pv1(i1, N21, F21), func_pv1(i1, N22, F22), func_pv1(i1,
N23, F23)
P2N, P1N = P21 + P22 + P23, P11 + P12 + P13
print("PV10, P11, P12, P13, P1N = ",PV10, np.int(P11), np.int(P12),np.int(P13),
np.int(P1N))
print("PV20, P21, P22, P23, P2N = ",PV10, np.int(P21), np.int(P22),np.int(P23),
np.int(P2N))
print("P1N - P2N = ",np.int(P1N - P2N))
print("Present Revenue/Cost = (P11 + P12 + P13)/PV10 = ", -np.int(10000 * (P11 +
P12 + P13)/PV10 )/10000)
print("Present Revenue/Cost = (P21 + P22 + P23)/PV20 = ", -np.int(10000 * (P21 +
```

```
P22 + P23)/PV20 )/10000)
    pl.close("all")
    fig = plt.figure(figsize = (7,2))
    ax1 = plt.subplot(131)
    ax1.plot(n, 0 * n, marker = ".", color = "black", lw = 1, ls = "-", markersize = 6 )
    ax1.plot(n[0],PV10, "r. -", label = "PV10")
    ax1.vlines([n[0],n[0]], 0, PV10, linestyles = 'dashed', colors = 'red')
    ax1.plot(n[N11],F11, "go -", label = "F11")
    ax1.vlines([n[N11],n[N11]], 0, F11, linestyles = 'dashed', colors = 'green')
    ax1.plot(n[N12],F12, "yo -", label = "F12")
    ax1.vlines([n[N12],n[N12]], 0, F12, linestyles = 'dashed', colors = 'yellow')
    ax1.plot(n[N13],F13, "bo -",label = "F13")
    ax1.vlines([n[N13],n[N13]], 0, F13, linestyles = 'dashed', colors = 'blue')
    ax1.set_ xlabel("Case1", fontsize = 12)
    ax1.legend(loc = "lower center");
    ax2 = plt.subplot(132)
    ax2.plot(n, 0 * n, marker = ".", color = "black", lw = 1, ls = "-", markersize = 6 )
    ax2.plot(n[0],PV20, "r. -", label = "PV20")
    ax2.vlines([n[0],n[0]], 0, PV20, linestyles = 'dashed', colors = 'red')
    ax2.plot(n[N21],F21, "go -", label = "F21")
    ax2.vlines([n[N21],n[N21]], 0, F21, linestyles = 'dashed', colors = 'green')
    ax2.plot(n[N22],F22, "yo -", label = "F22")
    ax2.vlines([n[N22],n[N22]], 0, F22, linestyles = 'dashed', colors = 'yellow')
    ax2.plot(n[N23],F23, "bo -",label = "F23")
    ax2.vlines([n[N23],n[N23]], 0, F23, linestyles = 'dashed', colors = 'blue')
    ax2.set_ xlabel("Case2", fontsize = 12)
    ax2.legend(loc = "lower center");
    ax3 = plt.subplot(133)
    ax3.plot(n, - (n/n) * (P11 + P12 + P13)/PV10, "b. -", label = "Ratio1")
    ax3.plot(n, - (n/n) * (P21 + P22 + P23)/PV20, "g. -", label = "Ratio2")
    ax3.set_ xlabel("Case1 vs Case2", fontsize = 12)
    ax3.legend(loc = "center");
    fig.subplots_ adjust(left = 0.00, right = 1.00, bottom = 0.00, top = 1.00, hspace =
 0.5, wspace = 0.6)
    PV10, P11, P12, P13, P1N = -1000000   669642   398596   177945   1246184
    PV20, P21, P22, P23, P2N = -1000000   714285   318877   142356   1175519
    P1N - P2N = 70665
    Present Revenue/Cost = (P11 + P12 + P13)/PV10 = 1.2461
    Present Revenue/Cost = (P21 + P22 + P23)/PV20 = 1.1755
```

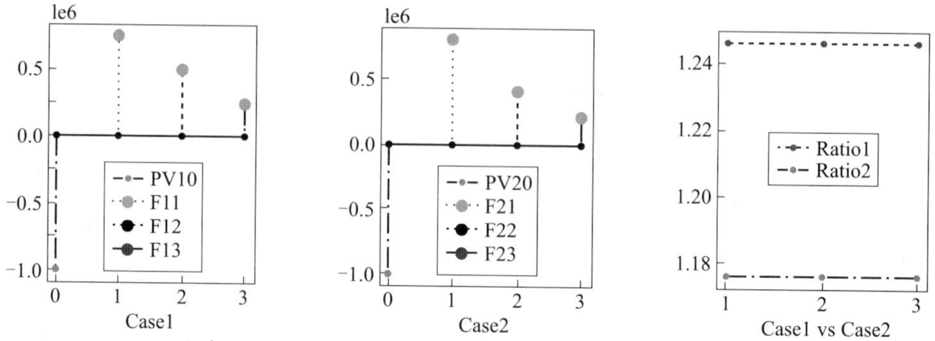

（1）按照现值法，方案 1 的 3 年收益折成现值纯收益为 1246184 元。

（2）按照现值法，方案 2 的 3 年收益折成现值纯收益为 1175519 元。

（3）现值法收入/成本比率，方案 1 为 1.24，方案 2 为 1.17，显然，方案 1 优于方案 2。

收益/成本比率法的基础是现值法和年值法，但其结果在进行多方案选择时往往并不一致。在两方案选择时，相比现值法和年值法，收益/成本比率法会更优一些，因为这种相对比率克服了由于单位不同所带来的差异。

第五节　内部收益率分析

内部收益率(Internal Rate of Return，IRR）法是最为常见的投资分析方法。实际上，不论期初投资成本是多少、预期收益是多少、投资期限是多长，对于任何一个投资项目，投资收益率的大小就决定了该项投资的成本和效益。所以，它是最常见的分析方法，也是最直观的分析方法。

内部收益率是假设投资的净现值为 0，即满足投资和收益的净现值为 0 的利率水平就是内部收益率。按照这个原理，在求取内部投资收益率时，我们采取了试算的办法，在投资和收益的净现值近似为 0 的情况下，解得内部投资收益率。

在使用 Python 语言具体求解时，我们以净现值近似为零，即小于 1 或者大于等于 0 作为判断的条件。一般来说，满足这个条件的收益率值小数位都很高；如果小数位要求不高，例如只有 3 位小数，那么，需要满足的条件还可以继续放宽。不过，我们在编写程序时，要求收益率精度至少保持 6 位小数，这样，就必须有一个较高的限制条件。尽管如此，由于一般工作中 3 位小数就够了，自然可以自行决定取舍。另外，收益率初值的选择也很重要，初值的给定可以通过试算的方式来选择。

1. 由期末收益值求解内部收益率

一个投资者以总额 5000 元购买债券，两年后以 5926 元出售，问投资的内部收益率是多少？

为了便于计算，需要先给内部收益率一个初值，初值的选择可以自小到大试算。

```
def func_ pv1(i, n, F):
    return F/(1 + i) ** n
i1, N11, F11, PV10 =0.08, 2, 5926, -5000
k =1
K =1000000
for k in range(K):
    i1 = i1 +0.00001
    P11 = func_ pv1(i1, N11, F11)
    P1N = P11 + PV10
    if P1N < 1 and P1N > 0:
        print("k, i1, P1N = ",k, np.int(1000000 * i1)/1000000, np.int(1000 *
        P1N)/1000 )
        k = K +1
k, i1, P1N =865  0.088659  0.081
```

（1）按照内部收益率法，该方案的 2 年内部收益率应为 0.08865，即 8.865% 。

（2）参数 k 为循环次数，K 为最高循环次数，k =865 表示循环到第 865 次时找到了满足条件的解。

（3）P1N = P11 + PV10，表示该方案的净现值，P1N =0.281 表示净现值接近 0 的程度。

（4）条件 0 < P1N <1 表示要求 P1N 近似地等于零，误差不超过 1 元。

由于求解内部收益率的解析表达式难度较大，所以，采用这种方法很方便。

2. 由年值求解内部收益率

一个投资者以总额 1250000 元投资，以后 20 年内，每年会得到 245000 元收益，问投资的内部收益率是多少？

```
def func_ pv2(i, n, A):
    return (A/i) * (1 -1/(1 + i) ** n)
i1, N11, A11, PV10 =0.18, 20, 245000, -1250000
k =1
K =100000
for k in range(K):
    i1 = i1 +0.0000001
    P11 = func_ pv2(i1, N11, A11)
    P1N = P11 + PV10
    if P1N < 1 and P1N > 0:
        print("k, i1, P1N = ",k, np.int(1000000 * i1)/1000000, np.int(1000 *
        P1N)/1000)
        k = K +1
k, i1, P1N =99510  0.189951  0.241
```

（1）按照内部收益率法，该方案的 20 年内部收益率应为 0.189951，即 18.9951% 。

(2) 参数 k =99510 表示循环次数；P1N =0.241 元表示净现值接近 0 的程度。
(3) 虽然计算结果不为零，但可以认为近似为零。

这里选择内部收益率初值为 i1 =0. 18，是测试后给出的一个较近的初值，如果不能够给出较近的初值，则可以适当放大循环次数上限 K 值。

3. 由非等额年值求解内部收益率

一个投资者以总额 350000 元投资，以后 5 年内，第 1 年收益为 107000 元，今后 4 年每年会得到 214000 元收益，问投资的内部收益率是多少？

```
def func_pv1(i, n, F):
    return F/(1 +i)** n
def func_pv2(i, n, A):
    return (A/i)* (1 -1/(1 +i)** n)
i1, N10, F10, F11 =0.20, 1, -107000, -214000
N11, A1, PV10 =5, 214000,  -350000
k =1
K =1000000
for k in range(K):
   i1 =i1 +0.0000001
   P10 =func_pv1(i1, N10, F10)
   P11 =func_pv1(i1, N10, F11)
   P12 =func_pv2(i1, N11, A1)
   P1N =P10 +P11 +P12 +PV10
   if P1N < 1 and P1N > 0:
       print("k, i1, P1N =",k, np.int(1000000 * i1)/1000000, np.int(1000 *
       P1N)/1000)
       k =K +1
k, i1, P1N =197298  0.219729  0.027
```

(1) 按照内部收益率法，该方案的 5 年内部收益率应为 0.219729，即 21.9729% 。
(2) 如果精度要求不高，内部收益率小数位可以减少。

这里，需要先补足第 1 年的年值，然后把差额作为预期收益再计算。

4. 由不同预期收益值求解内部收益率

一位朋友想投资一家小饭馆，如果他在 3 年的各年末支付给你 4000 元、5000 元、6000 元，来归还 10000 元的贷款。请问借款内部收益率应为多少？你愿意借钱给他吗？

```
def func_pv1(i, n, F):
    return F/(1 +i)** n
```

```
def func_ pv2(i, n, A):
    return (A/i) * (1 -1/(1 +i) ** n)
i1, N11, N12, N13, F11, F12, F13, PV10 =0.10, 1, 2, 3, 4000, 5000, 6000, -10000
k =1
K =1000000
for k in range(K):
    i1 = i1 +0.00001
    P11 = func_ pv1(i1, N11, F11)
    P12 = func_ pv1(i1, N12, F12)
    P13 = func_ pv1(i1, N13, F13)
    P1N = P11 + P12 + P13 + PV10
    if P1N <1 and P1N >0:
        print("k, i1, P1N = ",k, np.int(1000000 * i1)/1000000, np.int(1000 *
        P1N)/1000)
        k =K +1
k, i1, P1N =11646  0.21647  0.129
```

(1) 按照内部收益率法，该方案的 3 年内部收益率应为 0.21647，即 21.647% 。

(2) 这里，由于各年度预期收益不同，需要分别计算。

一般来说，10%以上的收益率就已经很高，所以，该方案情况下是可以借款的。

5. 不同年值两方案内部收益率比较

有两个投资方案。方案 1：初始投资 1.02 亿元，年运营成本 400 万元，年收益值 2000 万元，运行寿命 40 年；方案 2：初始投资 1.40 亿元，年运营成本 200 万元，年收益值 2600 万元，运行寿命 40 年。问两个方案的资金内部收益率是多少？选择哪个方案？

```
def func_ pv1(i, n, F):
    return F/(1 +i) ** n
def func_ pv2(i, n, A):
    return (A/i) * (1 -1/(1 +i) ** n)
i1, N10, A1, PV10 =0.156, 40, 16000000,   -102000000
i2, N20, A2, PV20 =0.171, 40, 24000000,   -140000000
k =1
K =1000000
for k in range(K):
    i1 = i1 +0.000000001
    P11 = func_ pv2(i1, N10, A1)
    P1N = P11 + PV10
    if P1N < 1 and P1N > 0:
        print("k, i1, P1N = ",k, np.int(1000000 * i1)/1000000, np.int(1000 *
        P1N)/1000)
```

```
        k = K + 1
    for k in range(K):
        i2 = i2 + 0.000000001
        P21 = func_ pv2(i2, N20, A2)
        P2N = P21 + PV20
        if P2N < 1 and P2N > 0:
            print("k, i2, P2N = ",k, np.int(1000000 * i2)/1000000, np.int(1000 *
            P2N)/1000)
    k = K + 1
    k, i1, P1N = 393614  0.156393  0.626
    k, i2, P2N = 119516  0.171119  0.297
```

(1) 按照内部收益率法，方案 1 的 40 年内部收益率应为 0.156393，即 15.6393%。

(2) 按照内部收益率法，方案 2 的 40 年内部收益率应为 0.171119，即 17.1119%。

(3) 很明显，方案 2 的内部收益率比方案 1 的内部收益率高，可以选择方案 2。

显然，两方案与一方案在计算上并没有任何特殊的地方。这里，计算两个结果的循环语句循环次数都很高，主要是因为投资和收益的值都很大，而误差要求小于 1 元。

6. 不同期限两方案内部收益率比较

有两个投资方案。方案 1：初始成本为 20 万元，每年收益 6 万元，使用期限为 10 年，10 年期末有残值 2 万元，资金成本率为 15%；方案 2，初始成本为 500 万元，每年收益 80 万元，使用期限为 30 年，30 年期末有残值 5 万元，资金成本率为 15%。选择哪个方案？

```
def func_ pv1(i, n, F):
    return F/(1 + i)** n
def func_ pv2(i, n, A):
    return (A/i)*(1 - 1/(1 + i)** n)
i1, N10, F10, A1, PV10 = 0.10, 10, 20000, 60000,  -200000
i2, N20, F20, A2, PV20 = 0.15, 30, 50000, 800000, -5000000
k = 1
K = 1000000
for k in range(K):
    i1 = i1 + 0.00001
    P10 = func_ pv1(i1, N10, F10)
    P11 = func_ pv2(i1, N10, A1)
    P1N = P10 + P11 + PV10
    if P1N < 1 and P1N > 0:
        print("k, i1, P1N = ",k, np.int(1000000 * i1)/1000000, np.int(1000 *
        P1N)/1000)
        k = K + 1
for k in range(K):
```

```
        i2 = i2 + 0.00000001
        P20 = func_ pv1(i2, N20, F20)
        P21 = func_ pv2(i2, N20, A2)
        P2N = P20 + P21 + PV20
        if P2N < 1 and P2N > 0:
            print("k, i2, P2N = ",k, np.int(1000000 * i2)/1000000, np.int(1000 *
            P2N)/1000)
    k = K + 1
    k, i1, P1N = 17623    0.27624    0.044
    k, i2, P2N = 805963   0.158059   0.243
```

(1) 按照内部收益率法，方案 1 的 10 年内部收益率应为 0.27624，即 27.624%。

(2) 按照内部收益率法，方案 2 的 30 年内部收益率应为 0.158059，即 15.8059%。

(3) 很明显，方案 1 的内部收益率比方案 2 的内部收益率高，方案 1 优于方案 2。

内部收益率法，与投资的周期长短关系不大，所以，是一个比较客观的方法。

7. 内部收益率的其他求解方法

数学上有一个定律：假设 $f(x)$ 是区间 $[a, b]$ 上的一个连续单调函数，如果在定义域内存在两点 x_1，$x_2 \in [a, b]$，使得 $f(x_1) < 0$，而 $f(x_2) > 0$，或者 $f(x_1)f(x_2) < 0$，那么一定存在一个点 $x_0 \in [x_1, x_2]$，使得 $f(x_0) = 0$。按照这一原理，可以编制一个简化程序，以求解内部收益率。参照上例，编制程序。

```
def func_ pv1(i, n, F):
    return F/(1 + i) ** n
def func_ pv2(i, n, A):
    return (A/i) * (1 - 1/(1 + i) ** n)
N10, F10, A1, PV10 = 10, 20000, 60000,  -200000
N20, F20, A2, PV20 = 30, 50000, 800000, -5000000
K = 1000
NPV1 = np.arange(K, dtype = np.float64)
NPV2 = np.arange(K, dtype = np.float64)
i = np.arange(K, dtype = np.float64)
k = np.linspace(1, K)
j = 0.00001
for k in range(0, K):
    j = j + 1/K
    i[k] = np.int(10000 * j)/10000
    NPV1[k] = np.int(10000 * (func_ pv1(i[k], N10, F10) + func_ pv2(i[k], N10,
    A1) + PV10))/10000
    NPV2[k] = np.int(10000 * (func_ pv1(i[k], N20, F20) + func_ pv2(i[k], N20,
    A2) + PV20))/10000
```

```
for k in range(1, K):
    if NPV1[k - 1] * NPV1[k] < 0:
        print("i[k - 1] = ", i[k - 1],"NPV1[k - 1] = ", NPV1[k - 1], "i[k] = ",i[k], "
        NPV1[k] = ",NPV1[k])
for k in range(1, K):
    if NPV2[k - 1] * NPV2[k] < 0:
        print("i[k - 1] = ", i[k - 1],"NPV2[k - 1] = ", NPV2[k - 1], "i[k] = ",i[k], "
        NPV2[k] = ",NPV2[k]))
i[k - 1] = 0.276   NPV1[k - 1] = 140.0263    i[k] = 0.277   NPV1[k] = -442.1086
i[k - 1] = 0.158   NPV2[k - 1] = 1792.4096   i[k] = 0.159   NPV2[k] = -28099.4319
```

(1) NPV1，方案 1 的净现值；NPV2，方案 2 的净现值。
(2) i，利率序列，i [k] = np.int (10000 * j) /10000，利率序列取值，取 4 位小数。
(3) NPV1 [k]，NPV2 [k]，在每个利率水平下计算净现值。
(4) if NPV1 [k - 1] * NPV1 [k] < 0，对方案 1，寻找满足条件的净现值点。
(5) if NPV2 [k - 1] * NPV2 [k] < 0，对方案 2，寻找满足条件的净现值点。

按照这种方法，方案 1 的 10 年内部收益率应在 0. 276—0. 277，即 27. 6%—27. 7%；类似地，方案 2 的 30 年内部收益率应 0. 158—0. 159，即 15. 8%—15. 9%。很明显，方案 1 的内部收益率比方案 2 的内部收益率高，方案 1 优于方案 2。

8. 内部收益率再讨论

假设变量 x 表示投资方案的内部收益率，函数 $f(x)$ 表示收益的净现值，那么，当 $x \in [0, 1]$，净现值函数 $f(x)$ 一般是一个减函数。参考前例条件。

```
def func_pv1(i, n, F):
    return F/(1 + i) ** n
def func_pv2(i, n, A):
    return (A/i) * (1 - 1/(1 + i) ** n)
N10, F10, A1, PV10 = 10, 20000, 60000,  -200000
N20, F20, A2, PV20 = 30, 50000, 800000, -5000000
K, i = 1000, np.linspace(0,1, K)
fig = plt.figure(figsize = (6.8,2.5))
ax1 = plt.subplot(121)
for i in np.linspace(0,1, K):
    ax1.plot(i, 0 * i, marker = ".", color = "black", lw = 0.1, ls = " - ", marker-
    size = 1)
    ax1.plot(i,func_pv1(i,N10,F10) + func_pv2(i,N10,A1) + PV10,"k. - ",mark-
    ersize = 1)
ax1.set_xlabel("Internal return rate (i)", fontsize = 12)
ax1.set_ylabel("Net present value (NPV)", fontsize = 12)
ax2 = plt.subplot(122)
```

```
    for i in np.linspace(0,1, K):
        ax2.plot(i, 0 * i, marker = ".", color = "black", lw = 0.1, ls = " - ", marker-
        size =1)
        ax2.plot(i,func_ pv1(i,N20,F20) + func_ pv2(i,N20,A2) + PV20,"k. - ",mark-
        ersize =1)
    ax2.set_ xlabel("Internal return rate (i)", fontsize =12)
    ax2.set_ ylabel("Net present value (NPV)", fontsize =12)
    fig.subplots_ adjust(left =0.00,right =1.00,bottom =0.00,top =1.00,hspace =
0.5,wspace =0.3)
```

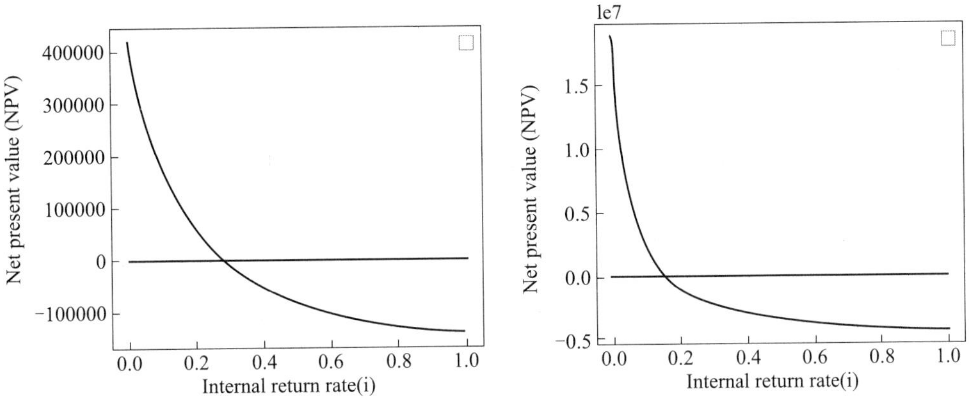

根据前例结果，方案 1 的 10 年内部收益率应为 27.6%，方案 2 的 30 年内部收益率应为 18.5%，这从图示也可以看得非常清楚。

第六节　多种投资方案分析

所谓多方案选择，就是从多于两个以上的方案中选优。假设有一个 10 年期投资项目，有 4 个可行方案。方案 1：初始投资 140 万元，投资后年净收益 24 万元，期末转售价值预估为 125 万元；方案 2：初始投资 163 万元，投资后年净收益 28 万元，期末转售价值预估为 163 万元；方案 3：初始投资 190 万元，投资后年净收益 31 万元，期末转售价值预估为 155 万元；方案 4：初始投资 220 万元，投资后年净收益 38 万元，期末转售价值预估为 175 万元。四种方案的收益率都是 15%，请问哪种方案最好？

对于这样一个问题，我们采用前面已经介绍过的四种方法分别来求解。

1. 现值法

```
def func_ pv1(i, n, F):
    return F/(1 +i) ** n
```

```
def func_ pv2(i, n, A):
    return (A/i)*(1 -1/(1 +i)**n)
i1, N11, PV10, F11,A11 =0.15, 10, -140, 125, 24
i2, N21, PV20, F21,A21 =0.15, 10, -163, 138, 28
i3, N31, PV30, F31,A31 =0.15, 10, -190, 155, 31
i4, N41, PV40, F41,A41 =0.15, 10, -220, 175, 38
P1N = PV10 + func_ pv1(i1, N11, F11) + func_ pv2(i1, N11, A11)
P2N = PV20 + func_ pv1(i2, N21, F21) + func_ pv2(i2, N21, A21)
P3N = PV30 + func_ pv1(i3, N31, F31) + func_ pv2(i3, N31, A31)
P4N = PV40 + func_ pv1(i4, N41, F41) + func_ pv2(i4, N41, A41)
print("P1N, P2N, P3N, P4N = ",np.int(100 * P1N)/100, np.int(100 * P2N)/100,
np.int(100 * P3N)/100, np.int(100 * P4N)/100)
P1N, P2N, P3N, P4N =11.34  11.63  3.89  13.97
```

（1）按照现值法，方案1、2、3、4的净现值分别为11.34万元、11.63万元、3.89万元、13.97万元。

（2）相比较而言，净收益从高到低依次为方案4、2、1、3。

现值法是对于净现值进行比较，所以，所有年收益值、残值都转换成了现值。

2. 年值法

```
def func_ av1(i,N, P):
    return P*i/(1 -1/(1 +i)**(N))
def func_ av2(i, n, N, F):
    return F*i/(((1 +i)**n)*(1 -1/(1 +i)**(N)))
def func_ av3(i, n, N, A):
    return A*(1 -1/(1 +i)**(n))/(1 -1/(1 +i)**(N))
i1, N11, PV10, F11,A11 =0.15, 10, -140, 125, 24
i2, N21, PV20, F21,A21 =0.15, 10, -163, 138, 28
i3, N31, PV30, F31,A31 =0.15, 10, -190, 155, 31
i4, N41, PV40, F41,A41 =0.15, 10, -220, 175, 38
AA1 = func_ av1(i1, N11, PV10) + func_ av2(i1, N11, N11, F11) + A11
AA2 = func_ av1(i1, N21, PV20) + func_ av2(i2, N21, N21, F21) + A21
AA3 = func_ av1(i1, N31, PV30) + func_ av2(i3, N31, N31, F31) + A31
AA4 = func_ av1(i4, N41, PV40) + func_ av2(i4, N41, N41, F41) + A41
print("AA1, AA2, AA3, AA4 = ",np.int(100 * AA1)/100, np.int(100 * AA2)/100,
np.int(100 * AA3)/100, np.int(100 * AA4)/100)
AA1, AA2, AA3, AA4 =2.26  2.31  0.77  2.78
```

（1）按照年值法，方案1、2、3、4的年值分别为2.26万元、2.31万元、0.77万元、2.78万元。

（2）相比较而言，年值从高到低依次为方案4、2、1、3，结果与现值法一致。

年值法是对于年值均值进行比较，所以，所有初值、残值都转换成了年值。

3. 收益/成本比率法

```
def func_ pv1(i, n, F):
    return F/(1 + i) ** n
def func_ pv2(i, n, A):
    return (A/i) * (1 -1/(1 + i) ** n)
i1, N11, PV10, F11,A11 =0.15, 10, -140, 125, 24
i2, N21, PV20, F21,A21 =0.15, 10, -163, 138, 28
i3, N31, PV30, F31,A31 =0.15, 10, -190, 155, 31
i4, N41, PV40, F41,A41 =0.15, 10, -220, 175, 38
RC1 = - np.int (1000 *(func _ pv1 (i1, N11, F11 ) + func _ pv2 (i1, N11, A11))/
PV10)/1000
RC2 = - np.int (1000 *(func _ pv1 (i2, N21, F21 ) + func _ pv2 (i2, N21, A21))/
PV20)/1000
RC3 = - np.int (1000 *(func _ pv1 (i3, N31, F31 ) + func _ pv2 (i3, N31, A31))/
PV30)/1000
RC4 = - np.int (1000 *(func _ pv1 (i4, N41, F41 ) + func _ pv2 (i4, N41, A41))/
PV40)/1000
print("RC1, RC2, RC3, RC4 = ",RC1, RC2, RC3, RC4)
RC1, RC2, RC3, RC4 =1.081  1.071  1.02  1.063
```

（1）按照收益/成本比值法，方案 1、2、3、4 的收益/成本比值分别为 1.081、1.071、1.02、1.063。

（2）相比较而言，比值从高到低依次为方案 1、2、4、3，结果与现值法不一致。

这里，比率法是对现值进行比较，所有年收益值、残值都被转换成了现值收益与投资之间的比率。

4. 内部收益率法

```
def func_ pv1(i, n, F):
    return F/(1 + i) ** n
def func_ pv2(i, n, A):
    return (A/i) * (1 -1/(1 + i) ** n)
i1, N11, PV10, F11,A11 =0.10, 10, -1400000, 1250000, 240000
i2, N21, PV20, F21,A21 =0.10, 10, -1630000, 1380000, 280000
i3, N31, PV30, F31,A31 =0.10, 10, -1900000, 1550000, 310000
i4, N41, PV40, F41,A41 =0.10, 10, -2200000, 1750000, 380000
k =1
K =1000000
for k in range(K):
```

```
        i1 = i1 + 0.0000001
        P1N = PV10 + func_ pv1(i1, N11, F11) + func_ pv2(i1, N11, A11)
        if P1N < 1 and P1N > 0:
            print("k, i1, P1N = ",k, np.int(1000 * i1)/1000, np.int(1000 * P1N)/1000)
            k = K + 1
    for k in range(K):
        i2 = i2 + 0.0000001
        P2N = PV20 + func_ pv1(i2, N21, F21) + func_ pv2(i2, N21, A21)
        if P2N < 1 and P2N > 0:
            print("k, i2, P2N = ",k, np.int(1000 * i2)/1000, np.int(1000 * P2N)/1000)
            k = K + 1
    for k in range(K):
        i3 = i3 + 0.0000001
        P3N = PV30 + func_ pv1(i3, N31, F31) + func_ pv2(i3, N31, A31)
        if P3N < 1 and P3N > 0:
            print("k, i3, P3N = ",k, np.int(1000 * i3)/1000, np.int(1000 * P3N)/1000)
            k = K + 1
    for k in range(K):
        i4 = i4 + 0.0000001
        P4N = PV40 + func_ pv1(i4, N41, F41) + func_ pv2(i4, N41, A41)
        if P4N < 1 and P4N > 0:
            print("k, i4, P4N = ",k, np.int(1000 * i4)/1000, np.int(1000 * P4N)/1000)
            k = K + 1
    k, i1, P1N = 665624   0.166   0.206
    k, i2, P2N = 647511   0.164   0.626
    k, i3, P3N = 542725   0.154   0.276
    k, i4, P4N = 632870   0.163   0.456
```

(1) 按照内部收益率法，方案 1、2、3、4 的内部收益率分别为 0.166、0.164、0.154、0.163。

(2) 相比较而言，收益率值从高到低依次为方案 1、2、4、3，结果与收益/成本比率法一致。

收益率法是一种试算方法，先给利率初值，然后判断净现值是否为零。

5. 四种分析方法结果比较

从以上四种方法分析所得结果，很容易总结出：

按照现值法，净收益从高到低依次为方案 4、2、1、3；按照年值法，年收益从高到低依次为方案 4、2、1、3；按照收益/成本比值法，比值率从高到低依次为方案 1、2、4、3；按照内部收益率法，收益率从高到低依次为方案 1、2、4、3。

显然，现值法与年值法结果完全一致，而收益/成本比率法与内部收益率法结果完全一致。现值法、年值法，都是绝对值方法。收益/成本比率法、内部收益率法，都是比率法。由于比率方法所得结果没有单位量纲，适合不同条件下的项目比较，因此，一般来说，实践中大多数情况都是以内部收益率法为主要判决方式。

第七节 贷款管理分析

贷款管理分析有两个角度：一个是银行角度，另一个是借款人角度。对于投资者来说，银行利息支出就是借款成本，机会成本就是有可能获利的机会。

1. 贷款利率

一笔 10000 元的贷款分 3 期等额偿还，每期偿还 4380 元，期限为 3 年，通过求内部收益率来计算利率为多少？

```
def func_pv1(i, n, F):
    return F/(1+i)**n
def func_pv2(i, n, A):
    return (A/i)*(1-1/(1+i)**n)
i1, N11, PV10, F11, A11 = 0.149, 3, -10000, 0, 4380
k = 1
K = 1000000
for k in range(K):
    i1 = i1 + 0.00000001
    P1N = PV10 + func_pv1(i1, N11, F11) + func_pv2(i1, N11, A11)
    if np.abs(P1N) < 0.001:
       print("k, i1, P1N = ",k, np.int(10000*i1)/10000, np.int(10000*P1N)/10000)
       k = K + 1
k, i1, P1N = 103171  0.15  0.0
(1) 按照内部收益率法，该方案的内部收益率为 0.15，即贷款利率为 15% 。
(2) 从贷款人角度看，贷款利率与投资项目的内部收益率是一致的。
```

很多银行的贷款利率有一定浮动性，所以，在贷款过程中，往往会执行浮动利率，使不同贷款合同在浮动范围内执行不同利率。

2. 投资者机会成本

一笔 100 万元的贷款，期限为 15 年，资本的机会成本是 25%。有两个贷款方案：第一个贷款方案要求每年偿还等额本金和利息共 146824 元，贷款利率是 12%；第二个贷款方案要求在 15 年末一次偿还 7137900 元，利率为 14%。应该接受哪一个方案？

```
def func_av1(i,N, P):
    return P*i/(1-1/(1+i)**(N))
def func_av2(i, n, N, F):
```

```
    return F * i / (((1 + i) ** n) * (1 - 1 / (1 + i) ** (N)))
i0, N01, PV00, F01, A01 = 0.25, 15, -1000000, 0, 0
i1, N11, PV10, F11, A11 = 0.12, 15, -1000000, 0, 146824
i2, N21, PV20, F21, A21 = 0.14, 15, -1000000, 7137900, 0
AA0 = func_av1(i0, N01, PV00)
AA1 = func_av2(i1, N11, N11, F11) + A11
AA2 = func_av2(i2, N21, N21, F21) + A21
print("AA0, AA1, AA2 = ",np.int(AA0), np.int(AA1), np.int(AA2))
AN1 = AA0 + func_av2(i1, N11, N11, F11) + A11
AN2 = AA0 + func_av2(i2, N21, N21, F21) + A21
print("AN1, AN2, AN2 - AN1 = ",np.int(AN1), np.int(AN2), np.int(AN2 - AN1))
AA0, AA1, AA2 = -259116          146824    162808
AN1, AN2, AN2 - AN1 = -112292    -96308    15984
```

（1）按照年值法，方案1、方案2的年收益成本分别为146824、162808元，显然，从借款人来说，方案1好于方案2；反之，从贷款银行来说，方案2好于方案1。

（2）按照年值法，考虑两个方案的机会成本，未来年收益值会达到259116元，所以，对于借款人来说，扣除贷款成本，方案1、方案2的年收益将会达到112292元、96308元，所以，方案1好于方案2；自然，从贷款银行来说，方案2好于方案1。

机会成本实际上可以被看成是投资者投资的机会收入，虽然尚未实现，但它预示了投资者未来投资的收入预期。

3. 银行机会成本

一笔8000元的贷款，期限为3年，名义资本的机会成本是12%。有三个贷款方案：第一个贷款方案是银行提供36个月的利率为10%的贷款，每个月偿还258.14元；第二个贷款方案是信用社提供3年期利率为11%的贷款，每个月偿还261.91元；第三个贷款方案是一次向银行借8000元，在3年末还给银行10000元。应该接受哪一个方案？

```
def func_av1(i,N, P):
    return P * i / (1 - 1 / (1 + i) ** (N))
def func_av2(i, n, N, F):
    return F * i / (((1 + i) ** n) * (1 - 1 / (1 + i) ** (N)))
i0, N01, PV00, F01,A01 = 0.12, 36, -8000, 0,0
i1, N11, PV10, F11,A11 = 0.10, 36, -8000, 0,258.14
i2, N21, PV20, F21,A21 = 0.11, 36, -8000, 0,261.91
i3, N31, PV30, F31,A31 = 0.12, 36, -8000, 10000,0
AA0 = func_av1(i0 /N01, N01, PV00)
AA1 = A11
AA2 = A21
AA3 = func_av2(i3 /N31, N31, N31, F31)
AN1, AN2, AN3 = AA0 + AA1, AA0 + AA2, AA0 + AA3
```

```
print("AA0 = ",np.int(100 * AA0)/100)
print("AA1, AA2, AA3 = ",np.int(100 * AA1)/100, np.int(100 * AA2)/100, np.int(100 * AA3)/100)
print("AN1, AN2, AN3 = ",np.int(100 * AN1)/100, np.int(100 * AN2)/100, np.int(100 * AN3)/100)
AA0 = -236.19
AA1, AA2, AA3 =258.14  261.91  261.9
AN1, AN2, AN3 =21.94  25.71  25.71
```

(1) 按照月度均值法，方案 1、2、3 的月度还款额分别为 258.14 元、261.91 元、261.9 元。

(2) 显然，对银行来说，方案 2、3 较优；反之，对贷款人来说，方案 1 较优。

(3) 当银行的机会成本利率为 12%，银行的月度资金成本为 236.19 元。

该题中，方案 3 的贷款利率为 12%，月度还款额为 261.9 元，说明方案 2 的贷款利率 11% 应该属于名义利率，实际执行利率应为 12%。

4. 银行不同机会成本

两种贷款提供给未来的借款人，都是 10 万元，10% 的利率。但是，第一个贷款方案要求在第一年末偿还；第二个贷款方案要求在第 10 年年末偿还。(1) 如果资本的机会成本率也是 10%；(2) 如果资本的机会成本率是 12%；(3) 如果资本的机会成本率是 8%。请问应该选择哪个方案？

```
def func_ Fv1(i, n, P):
    return P * (1 + i) ** n
i11, i12, i13, N1, P1 =0.10, 0.12, 0.08, 1,  100000
i21, i22, i23, N2, P2 =0.10, 0.12, 0.08, 10, 100000
F11 = func_ Fv1(i11, N1, P1)
F12 = func_ Fv1(i12, N1, P1)
F13 = func_ Fv1(i13, N1, P1)
F21 = func_ Fv1(i21, N2, P2)
F22 = func_ Fv1(i22, N2, P2)
F23 = func_ Fv1(i23, N2, P2)
print("F11, F12, F13 = ",np.int(F11), np.int(F12), np.int(F13))
print("F21, F22, F23 = ",np.int(F21), np.int(F22), np.int(F23))
F11, F12, F13 =110000  112000  108000
F21, F22, F23 =259374  310584  215892
```

(1) 按照预期法，在利率分别为 10%、12%、8% 的情况下，方案 1 的期末还款额分别为 110000 元、112000 元、108000 元。

(2) 按照预期法，在利率为 10%、12%、8% 的情况下，方案 2 的期末还款额分别为 259374 元、310584 元、215892 元。

(3) 很显然，不论哪个方案，对银行来说，利率高的方案为优；对借款人来说，刚好相反。

作为一种简单的判断办法，银行贷款决策一般只考虑利率。事实上，不同利率下的贷款预期值会随着利率的提高而上升。

5. 银行不同贷款利率

有两项贷款，都要求在每年偿还等额的本利和，资本的机会成本是20%。第一项贷款10万元，利率14%，期限为30年；第二项贷款10万元，利率13%，期限为15年。请问应该选择哪个贷款方案？

```
def func_ av1(i,N, P):
    return P*i/(1-1/(1+i)**(N))
i01, N01, PV00, F01, A01 =0.20, 30, -100000, 0, 0
i02, N02, PV00, F02, A02 =0.20, 15, -100000, 0, 0
i1,  N11, PV10, F11 ,A11 =0.14, 30, -100000, 0, 0
i2,  N21, PV20, F21, A21 =0.13, 15, -100000, 0, 0
A01 = func_ av1(i01, N01, PV00)
A02 = func_ av1(i02, N02, PV00)
AA1 = func_ av1(i1,  N11, PV10)
AA2 = func_ av1(i2,  N21, PV10)
print("A01, A02, AA1, AA2 = ",np.int(A01), np.int(A02), np.int(AA1), np.int
(AA2))
print("A01 - AA1, A02 - AA1 = ",np.int(A01 - AA1), np.int(A02 - AA1))
print("A01 - AA2, A02 - AA2 = ",np.int(A01 - AA2), np.int(A02 - AA2))
A01, A02, AA1, AA2 = -20084   -21388   -14280   -15474
A01 - AA1, A02 - AA1 = -5804   -7107
A01 - AA2, A02 - AA2 = -4610   -5914
```

（1）按照年值法，方案1、2的年收益成本分别为14280元、15474元，从贷款人角度来说，方案1好于方案2。

（2）按照年值法，考虑两个方案的机会成本，从贷款人角度来说，方案1优于方案2。

对于计算结果正负号的判断，需要完全根据问题的意义，而不能简单看正负号。

第八节　本量利盈亏平衡分析

盈亏平衡分析是本量利分析的基本点，主要是围绕计算盈亏平衡点这一核心问题，展开讨论。一般来说，按照本量利关系式，只要已知变量足够，分析起来不难。

1. 已知Q，F，p，v，求盈亏平衡点

根据预算安排，一个工厂的年度产出量为120000件产品，总的固定成本是40000

元，单位变动成本为 0.5 元，产品销售价格为 1 元，请做盈亏平衡分析。

```
def mg1(Q, F, p, v):
    f = np.int(1000 * (F/Q + 0.005))/1000
    S = p * Q
    V = v * Q
    M = S - V - F
    m = np.int(1000 * (M/Q + 0.005))/1000
    Q0 = np.int(F/(p - v))
    S0 = p * Q0
    u = p - v
    U = u * Q
    r_contri = np.int(1000 * ((p - v)/p))/1000
    r_margin = np.int(1000 * ((p - v)/p))/1000
    r_markup = np.int(1000 * ((p - v)/v))/1000
    Q_safe = (Q - Q0)
    r_safe = np.int(1000 * ((Q - Q0)/Q))/1000
    print("p, v, f, m, c = ", p, v, f, m, np.int(100 * (v + f))/100)
    print("S, V, F, M, C = ", S, V, F, M, V + F)
    print("Breakeven Point = ",Q0)
    print("Breakeven Point Sales = ",S0)
    print("Contribution per Unit = ",u)
    print("Contribution = ",U)
    print("Contribution Ratio = ",r_contri)
    print("Margin percentage = ",r_margin)
    print("Mark - up percentage = ",r_markup)
    print("Margin of Safety = ",Q_safe)
    print("Margin of Safety ratio = ",r_safe)
    return Q0
def cvp_plot(Q, Q0, p, v):
    q = np.linspace(0, Q)
    pl.close("all")
    fig = plt.figure(figsize = (8,3))
    ax1 = plt.subplot(111)
    ax1.plot(q * 1, 0 * q, "k - ", lw = 0.8, ls = " - ")
    ax1.plot(q * 0, p * q, "k - ", lw = 0.6, ls = " - ")
    ax1.plot(q, p * q, "k - ", lw = 1, ls = " - ")
    ax1.plot(q, v * q + F, "k - ", lw = 1, ls = " - ")
    ax1.plot(q, ((q + 1)/(q + 1)) * F, "k - ", lw = 1.1,ls = " - ")
    ax1.plot(Q0, p * Q0, "ro", lw = 1, ls = " - ")
    ax1.vlines([Q0,Q0], 0, p * Q0, linestyles = 'dashed', colors = 'red', lw = 0.8)
    ax1.vlines([Q,Q], 0, F, linestyles = 'dotted', colors = 'black', lw = 1.8,label = "F")
```

```
    ax1.vlines([Q,Q], F, v * Q + F, linestyles ='dashed', colors ='green', lw =1.8,
    label = "V")
    ax1.vlines([Q,Q], v * Q + F, p * Q, linestyles ='solid', colors ='blue', lw =
    1.8,label = "M")
    ax1.set_ xlabel("Units (q)", fontsize =12)
    ax1.set_ ylabel("Value", fontsize =12)
    ax1.legend(loc = "upper center");
Q, F, v, p =120000, 40000, 0.5, 1
Q0 =mg1(Q, F, p, v)
cvp_ plot(Q, Q0, p, v)
p, v, f, m, c =1 0.5 0.338 0.171 0.83
S, V, F, M, C =120000 60000.0 40000 20000.0 100000.0
Breakeven Point =80000
Breakeven Point Sales =80000
Contribution per Unit =0.5
Contribution =60000.0
Contribution Ratio =0.5
Margin percentage =0.5
Mark - up percentage =1.0
Margin of Safety =40000
Margin of Safety ratio =0.333
```

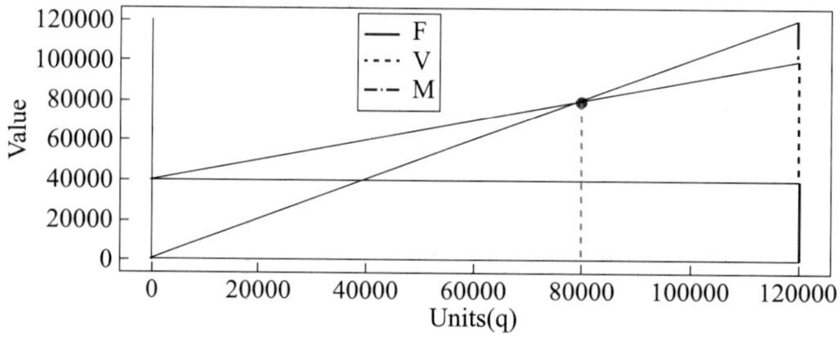

(1) def cvp1 (Q, F, p, v)，定义本量利关系函数。

(2) f =np.int(100 * (F/Q +0.005))/100，计算单位固定成本。

(3) S =p * Q，计算预算期内总的销售收入。

(4) V =v * Q，计算预算期内总的变动成本。

(5) M =S - V - F，计算预算期内总的利润。

(6) m =np.int(100 * (M/Q +0.005))/100,，计算预算期内的单位利润。

(7) Q0 =np.int(F/(p - v))，计算盈亏平衡点销售量；S0 =p * Q0，计算盈亏平衡点销售额。

(8) u =p - v，计算单位贡献。

(9) U =u * Q，计算预算期内的总贡献。

(10) r_contri = (p - v)/p，计算贡献率。

(11) r_margin = (p - v)/p，计算边际贡献率。

(12) r_markup = (p - v)/v，计算溢价率。

(13) Q_safe = (Q - Q0)，计算安全边际销售量。

(14) r_safe=np.int(100*((Q-Q0)/Q))/100，计算安全边际销售率。

该例中，盈亏平衡点是 80000 件。其他结果都已经列示得很清楚，不再说明。这里，我们使用了子函数，通过调用子函数，可以大大简化程序，使运算过程更简洁。后面的举例，我都将引用以上子函数。

2. 已知 S，F，p，v，求盈亏平衡点

按照预算计划，一个工厂的月度销售额为 80000 元，总的固定成本是 21000 元，单位变动成本为 5 元，产品销售价格为 8 元，请做盈亏平衡分析。

```
S, F, p, v=80000, 21000, 8, 5
Q=S/p
Q0=mg1(Q, F, p, v)
cvp_plot(Q, Q0, p, v)
p, v, f, m, c=8 5 2.105 0.905 7.1
S, V, F, M, C=80000.0 50000.0 21000 9000.0 71000.0
Breakeven Point=7000
Breakeven Point Sales=56000
Contribution per Unit=3
Contribution=30000.0
Contribution Ratio=0.375
Margin percentage=0.375
Mark-up percentage=0.6
Margin of Safety=3000.0
Margin of Safety ratio=0.3
```

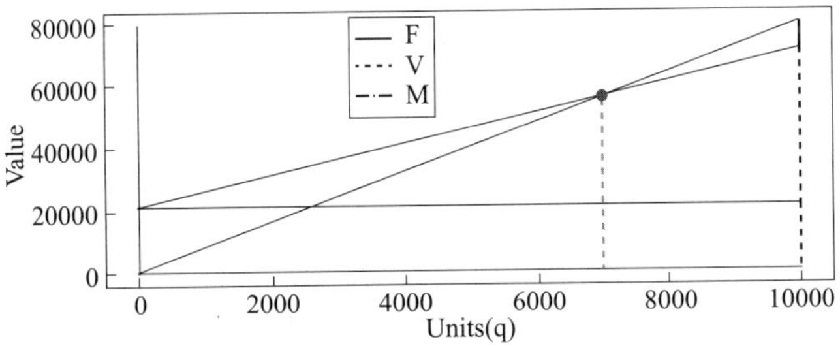

(1) 为了直接引用子函数，做变换 Q=S/p。

(2) 只要计算出销售量，根据已知条件，就可以求出其他变量。

该例中，盈亏平衡点是 7000 件，盈亏点销售额为 56000 元。这里，已知销售收入，要根据销售价格求销售量。在其他情况下，如果已知其他条件，也可以根据之前介绍过的公式关系，求出相应的变量，以便引用子函数程序。

3. 已知单位变动成本各分量，求盈亏平衡点

按照预算计划，一个工厂的年度产出量为 1000 件，总的固定成本是 100000 元，产品销售价格为1009.99元，每件产品消耗物料折合价值为320元，每件产品消耗劳动力成本为192元，每件产品摊销管理费用为132元，请做盈亏平衡分析。

```
Q, F, p =1000, 100000, 1009.99
v_ material,v_ labor, v_ overhead =320, 192, 132
v =v_ material +v_ labor +v_ overhead
Q0 =mg1(Q, F, p, v)
cvp_ plot(Q, Q0, p, v)
p, v, f, m, c =1009.99 644 100.005 265.995 744.0
S, V, F, M, C =1009990.0 644000 100000 265990.0 744000
Breakeven Point =273
Breakeven Point Sales =275727.27
Contribution per Unit =365.99
Contribution =365990.0
Contribution Ratio =0.362
Margin percentage =0.362
Mark -up percentage =0.568
Margin of Safety =727
Margin of Safety ratio =0.727
```

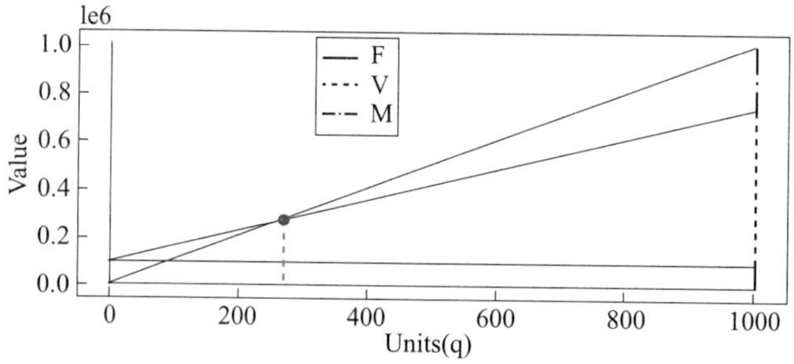

（1）v =v_ material +v_ labor +v_ overhead，计算单位变动成本。

（2）其他计算过程与之前过程无异。

因为本量利分析原理较为简单，所以，使用子程序非常简便。

4. 吸收成本

按照预算计划，一个工厂的年度销售量为800件产品，销售额为16000元，生产产品的变动成本为6400元，生产产品的固定成本为1600元；销售产品的变动成本为3200元，销售产品的固定成本为2400元。请做盈亏平衡分析。

```
def mg2(Q, V_ production,F_ production, V_ sales, F_ sales ):
    v_ production_ absorption =V_ production/Q
    f_ production_ absorption =F_ production/Q
    c_ inventory_ absorption =v_ production_ absorption +f_ production_ ab-
```

```
    sorption
    v_production_marginal=V_production/Q
    c_inventory_marginal=v_production_marginal
    print("v_production_absorption=",v_production_absorption)
    print("f_production_absorption=",f_production_absorption)
    print("c_inventory_absorption=",c_inventory_absorption)
    print("v_production_marginal=",v_production_marginal)
    print("c_inventory_marginal=",c_inventory_marginal)
    v_sales=V_sales/Q
    f_sales=F_sales/Q
    F=F_production+F_sales
    v=v_production_absorption+v_sales
    return F, v
V_production,F_production, V_sales, F_sales=6400, 1600, 3200, 2400
S, Q=16000, 800
F, v=mg2(Q, V_production,F_production, V_sales, F_sales )
p=S/Q
Q0=mg1(Q, F, p, v)
cvp_plot(Q, Q0, p, v)
v_production_absorption=8.0
f_production_absorption=2.0
c_inventory_absorption=10.0
v_production_marginal=8.0
c_inventory_marginal=8.0
p, v, f, m, c=20.0 12.0 5.005 3.005 17.0
S, V, F, M, C=16000.0 9600.0 4000 2400.0 13600.0
Total Units=800
Breakeven Point=500
Breakeven Point Sales=10000.0
Contribution per Unit=8.0
Contribution=6400.0
Contribution Ratio=0.4
Margin percentage=0.4
Mark-up percentage=0.666
Margin of Safety=300
Margin of Safety ratio=0.375
```

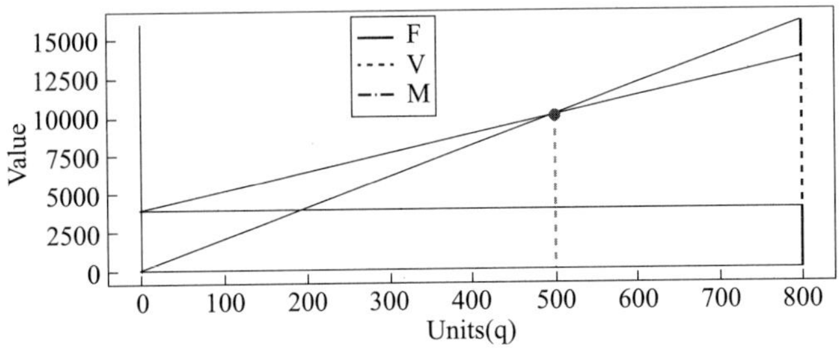

（1）一般来说，吸收成本着眼于生产过程，既包括单位变动成本也包括单位固定成本。
（2）边际成本仅仅与单位变动成本有关，而与单位固定成本无关。

如果只考虑生产过程，那么产出品则进入库存环节；如果同时考虑销售环节，则产出产品进入库存与进入销售环节的数量有可能不一样。在以上例子中，我们假设在生产环节、销售环节、预算环节等各环节产品的数量是一致的；相反，对于数量不一致的情形，就需要分别考虑。由于盈亏平衡点分析主要着眼于销售收入，所以，销售数量很重要，只要把销售数量从生产、库存环节分离出来，计算的逻辑就比较清楚。关于这种情况，这里不再考虑。

第五章
Numpy 数组运算

数组运算，也称矩阵运算。在《高等代数》课程中，最典型的数组是一维和二维数组。一维数组也称为一维向量。二维数组既可以由一维行向量组成，也可以由一维列向量组成。由于数组运算是所有运算的基础，所以，也是 Python 运算的基础。在学习与使用中，对于 Numpy 数组运算的理解，决定了我们对于 Python 数值运算的理解。所以，Numpy 作为 Python 语言最基础的模块，学习的重点主要在于对数组运算的理解。

第一节　创建数组

在 Python 语言环境下，Numpy 具有数组处理方面的优势。认识数组的表示方法和运算功能，对于理解程序非常重要，当然也是编程的基础。

1. 调用 Numpy 函数库模块

与 Numpy 偏重于数组计算功能一样，Matplotlib 作为 Python 的另外一个重要模块则偏重于图形处理。为了今后在调用 Numpy 的同时也调用 Matplotlib，一般会使用 Jupyter Notebook 的魔法命令（%），对于运行结果的显示环境予以定义。

调用 Numpy 函数库模块，主要采用 import 或 from 语句。

```
% matplotlib inline
% config InlineBackend.close_ figures = False
import matplotlib
import numpy
print("numpy._ version_ =", numpy._ version_ )
print("matplotlib._ version_ =", matplotlib._ version_ )
from matplotlib import pyplot as plt
import numpy as np
numpy._ version_ =1.16.5
```

matplotlib._ version_ =3.1.1

(1)% matplotlib inline，表示要在 NoteBook 中显示图形。

(2)% config InlineBackend.close_ figures = False，在 NoteBook 的多个单元格内显示图形，避免重叠。

(3) import matplotlib，表示载入 Matplotlib 图形库。

(4) import numpy，表示载入 NumPy 函数库。

(5) numpy._ version_ ，查询 NumPy 函数库版本。

(6) matplotlib._ version_ ，查询 Matplotlib 函数库版本。

(7) from matplotlib import pyplot as plt，表示引入 Pyplot 函数库，其缩写为 plt，就表示 Pyplot。

(8) import numpy as np，表示引入 NumPy 函数库，其缩写为 np，今后遇到 np 就表示 numpy。

函数库调用程序语句，大多数用在程序开始，相当于环境定义。一般来说，函数模块可以根据需要随时调用。但在写程序时放在最前面，主要是为了简便，使程序结构也更加简单明了。

有时候，为了在引用 Numpy 的子程序时方便并简化程序书写，会用缩写字母 np 代替 Numpy，用缩写字母 plt 代替 Pyplot，主要是为了在调用类函数时简化程序书写，方便程序编制，便于理解。

2. 创建数组以及调整数组结构

一个数组（array），主要是由数组的值（value）和数组结构（shape）两部分来决定。数组可以直接赋值；数组结构主要是对数组的行数、列数等基本结构进行限制。

```
a =np.array([1, 2, 3, 4])
b =np.array((5, 6, 7, 8))
c =np.array([[1, 2, 3, 4], [4, 5, 6, 7], [7, 8, 9, 10]])
print("a = ", a," a.shape, = ",a.shape)
print("b = ", b," b.shape = ",b.shape)
print("c.shape = ", c.shape)
c.shape =4, 3
print("c.shape = ", c.shape)
c.shape =2, -1
print("c.shape = ", c.shape)
a.shape =2,2
print("a.shape = ", a.shape)
b[3] =9
print("b = ", b," b.shape = ",b.shape)
a = [1 2 3 4]   a.shape, = (4,)
b = [5 6 7 8]   b.shape = (4,)
c.shape = (3, 4)
```

```
c.shape = (4, 3)
c.shape = (2, 6)
a.shape = (2, 2)
b = [5 6 7 9]   b.shape = (4,)
```

(1) ndarray 是 n-dimensional array object 的缩写，表示多维数组对象，数组被用来存储数据。

(2) a、b 是一维数组，用行向量来表示；c 是二维数组，有三个行向量。

(3) shape 表示数组的行和列数，即数组结构是几行几列数组，或者几维数组。

(4) 只有 1 行或者 1 列的数组是一维数组，有 m 行 n 列的数组一般是二维数组。

(5) c.shape =4，3，将原来的 3 行 4 列二维数组 c 改成 4 行 3 列二维数组 c，但是元素排列顺序不变。

(6) 数组中元素排列顺序标记，行和列都从 0 行 0 列开始，第 1 行的行号为 0，第 1 列的列号为 0。

(7) c.shape =2，-1，其中：2 表示将原数组改成 2 行；-1 表示实际列数由系统自动计算，这里为 6 列。

(8) b [3] =9，将数组 b 的第 3 个元素改为 9。

值得注意的是，数组中元素排列顺序都有特定的标记，即每个元素的行、列都有相应的下标进行标记，Numpy 下数组的行和列都从 0 行 0 列开始。

3. Numpy 的三种元素类型

Numpy 定义了多种元素类型，最常见的是整型、浮点型、复数型。

```
ai = np.array([1, 2, 3, 4], dtype = np.int)
af = np.array([1, 2, 3, 4], dtype = np.float)
ac = np.array([1, 2, 3, 4], dtype = np.complex)
print("ai = ",ai," ai.dtype = ",ai.dtype)
print("af = ",af," af.dtype = ",af.dtype)
print("ac = ",ac," ac.dtype = ",ac.dtype)
ai = [1 2 3 4]                          ai.dtype = int32
af = [1. 2. 3. 4.]                      af.dtype = float64
ac = [1. +0.j 2. +0.j 3. +0.j 4. +0.j]  ac.dtype = complex128
```

(1) dtype，表示数据类型。

(2) dtype = np.int32，表示 32 位整型数据，整型数据默认类型。

(3) dtype = np.float64，表示浮点型数据，浮点数默认类型。

(4) dtype = np.complex128，表示复数型数据，复数默认类型。

(5) int32，float64 都是系统默认的整型和浮点型数据类型。

Numpy 定义了大约 150 多种数据类型，整型、浮点型、复数型最为常见。

4. Numpy 下与 int32 一致的元素类型

使用函数 np. typeDict. items ( ) 可以列出代表 Numpy 元素类型的所有种类，该函数的关键值为表示元素类型的代码，函数值为代表该元素类型的类型说明。所以，可以使用该函数来查询不同元素类型。

即使是同为整型数据类型，Numpy 也定义了不同的子类，例如 int32。

```
set(np.typeDict.values())
i = 0
for key, value in np.typeDict.items():
    if value is np.int32:
        print(i," key = ", key, "   ", "value = ", value)
        i = i + 1
0  key = long     value = <class 'numpy.int32'>
1  key = l        value = <class 'numpy.int32'>
2  key = 7        value = <class 'numpy.int32'>
3  key = int32    value = <class 'numpy.int32'>
4  key = Int32    value = <class 'numpy.int32'>
5  key = i4       value = <class 'numpy.int32'>
6  key = int_     value = <class 'numpy.int32'>
7  key = int      value = <class 'numpy.int32'>
```

(1) set (np.typeDict.values ())，将元素类型字典中的所有取值放在一个集合中，而不包含重复值。

(2) np.typeDict.items ()，一共包含了近 150 种元素类型。

对于每种元素类型来说，其数值的最大值范围都是不一样的。例如，数据类型 int16 与 int32 所表示的整型数的范围就完全不同。一旦一个数超过了其所表示的最大数值范围则会出错。之所以要定义多种数据类型，主要是因为要适应不同的计算需要。

5. 函数库下浮点数运算

科学计算一般采用浮点数，因为浮点数具有较高的运算精度。

Python 的专门函数库较多，不同函数库所定义的函数类型是不一致的。

```
print((2 ** 16)/2,",   ",2 ** 16)
print((2 ** 32)/2,",   ",2 ** 32)
a = np.int16(200)
print(a * a)
b = np.int32(200)
print(b * b)
v1 = 3.1415926
v2 = np.float64(v1)
% timeit v1 * v1 * v1 * v1
% timeit v2 * v2 * v2 * v2
32768.0 , 65536
```

```
2147483648.0 ,4294967296
-25536
40000
146 ns ± 1.72 ns per loop (mean ± std. dev. of 7 runs, 10000000 loops each)
425 ns ± 5.61 ns per loop (mean ± std. dev. of 7 runs, 1000000 loops each)
```

(1) 类型 int32 下，2 的 16 次幂的整数范围是 -32767 至 32768，数值区间大小为 65536。

(2) 类型 int32 下，2 的 32 次幂的整数范围是 -2147483647 至 2147483648，数值区间大小为 4294967296。

(3) a = np.int16 (200)，由于在 np.int16 () 下，a * a 数字太大，超过 32768，出现溢出，结果成了负值。

(4) b = np.int32 (200)，由于在 np.int32 () 下，b * b 数值没有超过上限，所以结果表现为正确值。

(5) v1 = 3.1415926，是以 Python 自身方式所定义的浮点数，缺省为 64 位浮点数。

(6) v2 = np.float64 (v1)，是以 Numpy 方式定义的 64 位浮点数。

(7) 测时是对于运算效率的一种检验措施，相比 Python 其他模块，NumPy 的运行速度较慢。

(8) v1 = 3.14 是 Python 的内置类型数据，运算速度比 NumPy 要快。

以上的例子清晰地显示了不同数据类型的值域范围，类型不对，则会出错。

6. 使用 np.arange () 和 np.linspace () 自动生成数组

在日常计算中，我们往往需要一些具有一定规律性的数组。这些数组由于其取值具有一定的规律性，在程序调试中具有一定的便利性。函数 arange () 与 linspace () 使用频率非常高，主要用于产生等差数列，是循环语句、赋值语句中经常出现的语句。

```
a = np.arange(10)
b = np.arange(0, 1, 0.1)
c = np.linspace(0, 1, 10, endpoint = False)
d = np.linspace(0, 1, 10, endpoint = True)
e = np.linspace(0, 1, 10)
print("a = ",a)
print("b = ",b)
print("c = ",c)
print("d = ",d)
print("e = ",e)
a = [0 1 2 3 4 5 6 7 8 9]
b = [0.  0.1 0.2 0.3 0.4 0.5 0.6 0.7 0.8 0.9]
c = [0.  0.1 0.2 0.3 0.4 0.5 0.6 0.7 0.8 0.9]
d = [0.  0.11111111  0.22222222  0.33333333  0.44444444  0.55555556  0.66666667
0.77777778  0.88888889 1.]
e = [0.  0.11111111  0.22222222  0.33333333  0.44444444  0.55555556  0.66666667
0.77777778  0.88888889 1.]
```

(1) np.arange (10)，表示数组安排的初值为 0，按照增长步长为 1，依次均匀地取 10 个值。

(2) np.arange (0, 1, 0.1)，表示数组安排的初值为 0，按照增长步长为 0.1，依次均匀地取 10 个值。

(3) np.linspace (0, 1, 10, endpoint = False)，初值为 0，依次取 10 个值，endpoint = False 表示不包含末端点。

(4) np.linspace (0, 1, 10, endpoint = True)，初值为 0，依次取 10 个值，endpoint = True 表示包含末端点。

(5) np.linspace (0, 1, 10)，初值为 0，依次取 10 个值，因为上个语句已经定义，缺省值为 endpoint = True。

以上 Numpy 自动生成数组的原理，其实是使用了等差数列的原理，非常方便。

这里的自动生成数组都是一元数组，这种取值方法在循环语句中非常有用。

7. 使用 np. logspace（）自动生成数组

除了按照整数值和等步长来自动产生数组之外，Numpy 还对于有底数的指数值进行分配，同样可以产生自动数组。由于指数函数都是以某个数为底数或者为基数进行计算，所以，在自动产生数组时，一定要定义基数或者底数。

```
a =np.linspace(0, 1, 5, endpoint = True)
b =np.logspace(0, 1, 5, base =np.e, endpoint = True)
c =np.logspace(0, 1, 5, base =10, endpoint = True)
d =np.logspace(0, 1, 5, base =2, endpoint = True)
print("a =",a)
print("b =",b)
print("c =",c)
print("d =",d)
a = [0.   0.25        0.5         0.75        1.]
b = [1.   1.28402542  1.64872127  2.11700002  2.71828183 ]
c = [ 1.  1.77827941  3.16227766  5.62341325  10.]
d = [1.   1.18920712  1.41421356  1.68179283  2.]
```

(1) np.linspace (0, 1, 5, endpoint = True)，初值为 0，依次取 5 个值，包含最末点。

(2) np.logspace (0, 1, 5, base = np.e, endpoint = True)，对 np.linspace (0, 1, 5, endpoint = True) 的每个值取以 e 为底数的指数值。

(3) np.logspace (0, 1, 5, base = 10, endpoint = True)，对 np.linspace (0, 1, 5, endpoint = True) 的每个值取以 10 为底数的指数值。

(4) np.logspace (0, 1, 5, base = 2, endpoint = True)，对 np.linspace (0, 1, 5, endpoint = True) 的每个值取以 2 为底数的指数值。

Python 函数库在数组计算中，都是遵照数学函数原理的运算。这里：

$$a_i = 0.25i; i = 0, 1, 2, 3, 4; e = 2.71828183 \tag{1}$$

$$b_i = e^{a_i}; c_i = 10^{a_i}; d_i = 2^{a_i} \tag{2}$$

Numpy 还提供了一些其他特殊函数，都比较适合初值赋值。

8. 不同浮点数比较

不同特殊函数，赋值也不一样。当与浮点数一起使用时，还要注意不同浮点数类型所对应的浮点数的小数位数是不同的。

```
a = np.empty((1,5), np.int)
b = np.zeros((1,5), np.int)
c = np.ones((1,5), np.int)
d = np.full(4, np.pi, dtype = np.float16)
e = np.full(4, np.pi, dtype = np.float32)
f = np.full(4, np.pi, dtype = np.float64)
print("a = ",a)
print("b = ",b)
print("c = ",c)
print("d = ",d)
print("e = ",e)
print("f = ",f)
a = [ [1 1 1 1 1]]
b = [ [0 0 0 0 0]]
c = [ [1 1 1 1 1]]
d = [3.14         3.14         3.14         3.14]
e = [3.1415927    3.1415927    3.1415927    3.1415927]
f = [3.14159265   3.14159265   3.14159265   3.14159265]
```

(1) 函数 np.empty () 只分配数组所使用的内存，但不对数组元素取值进行初始化操作。

(2) 函数 np.zeros () 将数组元素值初始化为 0。

(3) 函数 np.ones () 将数组元素值初始化为 1。

(4) 函数 np.full () 将数组元素值初始化为指定值，float16、float32、float64 精度不同，结果不一样。

这里介绍了几个不同的数组，由于赋予初值，所以在特殊情况下具有便利性。

9. 用字符串表示数值

由于 2 进制、8 进制、16 进制是计算机计数的基本方法，当字母表示数字时，与大小写以及排列顺序有关，但是其大小依照不同进制具有一定的差异。在将一个字符串转化为整数时，主要是根据整数类型，按照类型所代表的整型数长度进行截位处理。一般来说，1 个字符占 8 位，则 16 位数就需要 2 个字符，而 64 位就需要 8 个字符。

```
s = "ABCDEFGHabcdefgh"
a = np.fromstring(s, dtype = np.int8)
```

```
b = np.fromstring(s, dtype = np.int16)
c = np.fromstring(s, dtype = np.int64)
d = np.fromstring(s, dtype = np.float64)
print("a = ",a)
print("b = ",b)
print("c = ",c)
print("d = ",d)
a = [65  66  67  68  69  70  71  72  97  98  99  100  101  102  103  104]
b = [16961  17475  17989  18503  25185  25699  26213  26727]
c = [5208208757389214273  7523094288207667809]
d = [1.58398001e+040  8.54088322e+194]
```

（1）函数 np.fromstring ()，截取字符串每位字符，这里是提取每个字符的 ASCII 码组成一个数组。

（2）dtype = np.int8，因为 s 字符串中每个字符是 8 位字长，整数类型超过 8 位时，按照 8 的倍数累加。

（3）由于字符串类型不同，所代表的数字的字符串长度不同，其值也不同。

一般来说，64 位整数、64 位浮点数，都足够满足一般计算需要。

10. 一个简单的取模函数

函数方法是 Python 语言以及一切计算机语言编程的基本方法。一个函数，代表了自变量与因变量之间的对应关系。一旦函数模型确定了，只要给定自变量的取值，就可以得到因变量的取值。所以，在编程过程中使用函数具有一定的方便性，函数方法是程序员比较喜欢使用的一种常见方法。

Python 语言对于函数的定义较为简单，但是，当涉及参数传递问题时，一般要搞清楚变量所代表的参数在函数外与函数内相互之间的对应关系。

```
def funcmode(i):
    return i % 4
a = np.fromfunction(funcmode, (10, ), dtype = np.int32)
print("a = ",a)
a = [0 1 2 3 0 1 2 3 0 1]
```

（1）def funcmode (i)，定义了一个函数 funcmode ()，功能是对于任意的数值 i，按照 4 取模运算的结果。

（2）np.fromfunction (funcmode, (10,), dtype = np.int32)，参数 i = 10 时，调用函数 funcmode ()。

这里，是取以 4 位最高位的模运算。模运算本质上是除法运算，结果是余数。

11. 上三角阵形式九九乘法表

九九乘法表是典型的二维数组，因其规律性强而经常被引用。

```
def func99(i, j):
    return (i +1) * (j +1)
a =np.fromfunction(func99, (9,9), dtype =np.int32)
for i in range(9):
    for j in range(9):
        if j < i:
            a[i,j] =0
b =str(a).replace("0"," ")
print("a = \n",a)
print("b = \n",b)
a =                                              b =
 [[1  2  3  4   5   6   7   8   9]  [[1  2  3  4   5   6   7   8   9]
  [0  4  6  8  10  12  14  16  18]   [   4  6  8   1  12  14  16  18]
  [0  0  9 12  15  18  21  24  27]   [      9 12  15  18  21  24  27]
  [0  0  0 16  20  24  28  32  36]   [        16   2  24  28  32  36]
  [0  0  0  0  25  30  35  40  45]   [            25   3  35   4  45]
  [0  0  0  0   0  36  42  48  54]   [                36  42  48  54]
  [0  0  0  0   0   0  49  56  63]   [                    49  56  63]
  [0  0  0  0   0   0   0  64  72]   [                        64  72]
  [0  0  0  0   0   0   0   0  81]]  [                            81]]
```

(1) def func99 (i, j)，定义了一个乘法函数，有两个输入参数。

(2) a =np.fromfunction (func99, (9, 9), dtype =np.int32)，这里获得的二维数组是一个对称矩阵。

(3) 二维数组 a 的下角部分变为 0，所以，数组 a 成为一个下角为 0 的矩阵。

(4) b =str (a) .replace (" 0"," ")，产生一个新数组 b，其元素由数值变为字符串，数值 0 以空格代替。

(5) 由于数值 0 被以空格取代，所以，数组 b 的下角元素都取值空格，这样保证输出打印时矩阵的对称性。

Numpy 关于数组元素的表示方法非常灵活，主要是对于元素下标的辨识。这里，三角阵的重点一是赋值，二是输出，而打印输出时输出 0 或者空格是不同的。

这里使用了 if 条件语句。Python 程序在执行过程中，一般是按照代码自上而下的顺序进行的，但是顺序结构的代码有时候满足不了要求，就需要使用条件语句。

很多时候需要根据情况不同，来选择不同的代码块。条件语句可以根据条件值的不同，执行不同的代码块。选择执行哪个代码，可根据条件表达式的值，满足预定条件的才执行对应的代码块，不满足条件的代码块则直接跳过。

在 Python 中，可以使用 if 语句对条件进行判断，根据不同的条件表达式，来执行不同的代码块。

12. 数组元素的切片

数组元素切片就是把数组中的部分元素按照下标的标识规则，截取出来。

```
a=np.arange(10)
print("a=",a)
print("a[5]=",a[5])
print("a[3:5]=",a[3:5])
print("a[:5]=",a[:5])
print("a[:-1]=",a[:-1])
print("a[1:-1]=",a[1:-1])
print("a[1:-1:2]=",a[1:-1:2])
print("a[::]=",a[::])
print("a[::-1]=",a[::-1])
print("a[5:1:-1]=",a[5:1:-1])
print("a[5:1:-2]=",a[5:1:-2])
a[2:4]=100,101
print("a=",a)
a=[0 1 2 3 4 5 6 7 8 9]
a[5]=5
a[3:5]=[3 4]
a[:5]=[0 1 2 3 4]
a[:-1]=[0 1 2 3 4 5 6 7 8]
a[1:-1]=[1 2 3 4 5 6 7 8]
a[1:-1:2]=[1 3 5 7]
a[::]=[0 1 2 3 4 5 6 7 8 9]
a[::-1]=[9 8 7 6 5 4 3 2 1 0]
a[5:1:-1]=[5 4 3 2]
a[5:1:-2]=[5 3]
a=[0   1   100   101   4   5   6   7   8   9]
```

(1) np.arange (10)，表示从 0 开始，共取 10 个值。
(2) a [5] 表示元素 5，因为第 1 个元素是 a [0]，所以，a [5] 其实是第 6 个元素。
(3) a [3：5] 表示元素 a [3] 到元素 a [4] 之间的 5－3＝2 个元素。
(4) a [：5] 表示元素 a [0] 到元素 a [4] 之间的 5－0＝5 个元素。
(5) a [：－1] 表示从元素 a [0] 到元素 a [9] 之间的元素倒数第一个元素。
(6) a [1：－1] 表示从第 1 个元素到倒数第 1 个元素。
(7) a [1：－1：2] 表示从第 1 个元素到倒数第 1 个元素，每隔 2 个数取 1 个。
(8) a [::]，表示数组行列均无限制，与原数组一致。
(9) a [::－1]，表示数组仍然是原数组，但顺序颠倒。
(10) a [5：1：－1] 中，从元素 5 到 1，－1 表示顺序颠倒，倒序排列。
(11) a [5：1：－2] 中，从元素 5 到 1，－2 表示顺序颠倒，且隔 2 个元素取 1 个。
(12) 表示 a [2] ＝100，a [3] ＝101，共改变 4－2＝2 个元素。
(13) 数组元素赋值在这里是直接赋值。

数组元素切片，最主要的是元素下标的坐标识别。只要时刻清楚数组元素下标的坐标，其运算与一般数据的运算没有区别。

对于二维数组元素的识别，最主要的是明确行坐标和列坐标的不同，一般来说，只要固定一行或者一列，就可以把二维数组的识别当成一维数组来处理。

三维以及三维以上数组的运算，其情形要复杂一些；但是，由于日常运算中使用较少，只要将其转化为二维以下数组，就可以按照一维或者二维数组来处理。

结构化数组也是较为常见的一种数组形式，例如人员结构统计表等，但是，由于其可以被转化为二维数组，所以，只要参考二维数组或者一维数组模式处理就可以了。

第二节 一般函数方法

Python 语言与其他编程语言一样，大量使用函数功能。我们在引入 Python 函数库的同时，所使用的绝大部分命令，就是在操作运行一个专门函数，例如库函数 Numpy。

这里要介绍的，是用户自己定义函数。因为需求的无限性，用户自己定义函数非常普遍。自己定义函数，只要自变量、因变量、函数关系式清晰，函数的运行就是清晰的。一般函数，也称为 ufunc（Universal Function），具有一般函数特性。

1. 来自不同函数库的正弦函数

Numpy 所定义的函数 np. sin（x）与 math 库所定义的 math. sin（x），都表示对变量 x 求正弦函数值。

```
def sin_ math(x):
    for i, t in enumerate(x):
        x[i] = math.sin(t)
        print(i,'  ', format(t, '.8f'),'  ', format(x[i], '.8f'), type(x[i]))
def sin_ np(x):
    for i, t in enumerate(x):
        x[i] = np.sin(t)
        print(i,'  ', format(t, '.8f'),'  ', format(x[i], '.8f'), type(x[i]))
z = np.linspace(0, 2 * np.pi, 5)
print("sin_ math:")
sin_ math(z)
print("sin_ np:")
sin_ np(z)
sin_ math:
0    0.00000000    0.00000000  <class 'numpy.float64'>
1    1.57079633    1.00000000  <class 'numpy.float64'>
2    3.14159265    0.00000000  <class 'numpy.float64'>
3    4.71238898    -1.00000000  <class 'numpy.float64'>
```

```
4    6.28318531    -0.00000000 <class 'numpy.float64'>
```

(1) ufunc=universal function，能够对数组进行运算的一类函数。
(2) np.sin (x) 表示对变量 x 求正弦函数值，sin () 函数定义依赖于 Numpy 库。
(3) math.sin (x) 表示对变量 x 求正弦函数值，sin () 函数定义依赖于 Math 库。
(4) print (i, t, x [i])，这里 i 是数组下标，t 就是自变量本身，x [i] 是函数值。
(5) print (sin_ math (z))，引用函数 sin_math (x)，而 z 已经具有实际赋值。
(6) print (sin_ np (z))，引用函数 sin_np (x)，而 z 已经具有实际赋值。
(7) math 库是 Python 内嵌库，所以 math 与 numpy 浮点精度不同。
(8) 在 numpy 下，float 默认的类型是 float64。
(9) for i, t in enumerate (x)，返回序数值给 i，而 x 的定义值给 t。

如果函数所依赖的函数库不同，其函数内部算法一般是不同的。尽管如此，对于简单的三角函数，由于 Math 是 Numpy 的内嵌函数，sin_ np 与 sin_ math 运算结果一致。

Numpy 在数组运算方面具有很大优势，一般来说，凡是数组运算，基本都使用 Numpy。

2. 函数定义中数组元素类型识别

在一般运算中，我们其实并不关心元素的类别，但如有需要，主要是通过元素判断。

```
a=np.arange(6.0).reshape(1,6)
print("a=",a)
print("a.item(0,2)=",a.item(0,2))
print("a[0,2]=",a[0,2])
print("type(a.item(0,2))=",type(a.item(0,2)))
print("type(a[0,2])=",type(a[0,2]))
a=[[0. 1. 2. 3. 4. 5.]]
a.item(0,2)=2.0
a[0,2]=2.0
type(a.item(0,2))=<class 'float'>
type(a[0,2])=<class 'numpy.float64'>
```

(1) 函数 item () 用来获取数组中的单个元素。
(2) a.item (0, 2) 是 math 元素，a [0, 2] 是 numpy 元素。
(3) type (a.item (0, 2)) 类型为 float，缺省值为 float64。
(4) type (a [0, 2])，是 Numpy 元素，直接取自 numpy.float64 类型。

数组元素类型对于函数的执行结果影响很大，所以正确识别元素类型很重要。当不太在意数据类型时，可以直接取整型 int32 或者浮点型 float64。

3. 逻辑运算

逻辑运算也叫布尔运算，就是通过逻辑判断来执行逻辑判断结果为真的运算步骤。

逻辑判断与我们在数学上遇到的情况类似。

```
import numpy as np
a = np.arange(0, 4)
b = a[:: -1]
c = np.add(a, b)
print("a = ",a)
print("b = ",b)
print("c = ",c)
print("a < b:",a < b)
print("a > = b:",a > = b)
print("a = = b:",a = = b )
print("np.logical_ or(a = = b, a  > b):",np.logical_ or(a = = b, a  > b))
a = [0 1 2 3]
b = [3 2 1 0]
c = [3 3 3 3]
a < b:  [ True  True  False  False]
a > = b:[False  False  True  True]
a = = b:[False  False  False  False]
np.logical_ or(a = = b, a > b): [False  False  True  True]
```

（1）运算函数 np.add（a, b）表示 a + b，对应元素相加，数组值会输出一个新值。

（2）bool 运算，逻辑比较运算，数组元素以逐个对应位进行比较。

（3）逻辑运算与一般的数学定义一致。

（4）（a = = b, a > b），表示 a > = b。

（5）a > = b 表示为 a = = b or a > b。

（6）逻辑运算符有些库函数不一致，但绝大多数是相同的。

逻辑运算在程序编写中是一个基本要求，其运算逻辑与日常数学逻辑一致。

Python 还有其他一些运算符，这些运算符有：

&，位与运算符，参与运算的两个数，如果两个相应位相同，则结果为 1，否则为 0。

|，位或运算符，只要对应的二个二进位有一个为 1 时，结果位就为 1。

^，位异或运算符，当两个数对应的二进位相异时，结果为 1。

~，位取反运算符，对数据的每个二进制位取反，即把 1 变为 0，把 0 变为 1。

4. 二元函数

二元函数，例如 $z = f(x, y)$，有两个自变量，一个因变量，一般适合用三维向量来表示。例如，二元函数 $z = xe^{-x^2-y^2}$ 的图形，就是在 2 个自变量和 1 个因变量所构成的三维空间内作图。

```
%matplotlib inline
import matplotlib.pyplot as plt
from mpl_toolkits.mplot3d.axes3d import Axes3D
plt.close("all")
x,y=np.ogrid[-3:3:300j,-3:3:300j]
z=x*np.exp(-x**2-y**2)
fig=plt.figure(figsize=(30,10))
ax=fig.add_subplot(1,2,1,projection='3d')
surf=ax.plot_surface(x,y,z,rstride=3,cstride=10,cmap="rainbow_r",
linewidth=0.1)
```

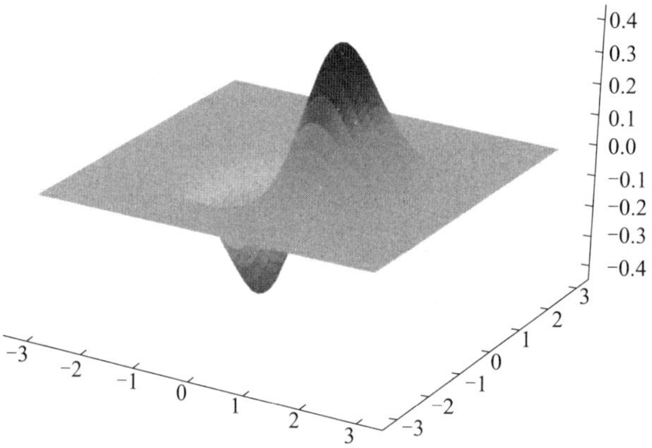

(1) x,y=np.ogrid[-3:3:100j,-3:3:100j]，表示 x 和 y 轴区间 [-3，3] 分别被划分成 100 等分。

(2) z=x*np.exp(-x**2-y**2)，定义函数值。

(3) ax=fig.add_subplot(1,2,1)，表示图形只在左半边显示。

这里，cmap="rainbow_ r"表示图形表面颜色的变化，如果语句为 cmap=" "，则出错信息会列出所有其他各种表面颜色变化种类。

第三节 随机数与均值方差

在统计分析中，随机数、均值、方差、求和等都是重要的概念。这些运算是概率统计以及风险分析中的常规运算，所以，会经常遇到。

随机数是计算机仿真运算的基础。随机数的种类很多，正态分布、统一分布，都是随机分布的最常用方法。

1. 常见的随机数种类

正态分布、统一分布、泊松分布，都是常见的分布模式，随机数一般是根据概率密度函数的密度函数分布规则产生的。

```
from numpy import random as nr
np.set_ printoptions(precision=4)
r1 =nr.normal(10, 1, (1,4))
r2 =nr.randn(1,4)
r3 =nr.rand(1,4)
r4 =nr.randint(0,10, (1,4))
r5 =nr.uniform(10,20,(1,4))
r6 =nr.poisson(2.0,(1,4))
print("r1 =", r1,'\n')
print("r2 =", r2,'\n')
print("r3 =", r3,'\n')
print("r4 =", r4,'\n')
print("r5 =", r5,'\n')
print("r6 =", r6,'\n')
r1 = [[ 9.8308   8.9602   9.1754   11.554 ]]
r2 = [[ -0.09    -0.4362   -1.7026    -0.1389]]
r3 = [[0.9347   0.9858   0.6988   0.3371]]
r4 = [[5   3   7   4]]
r5 = [[16.3586   18.9556   11.5979   12.1218]]
r6 = [[2   1   1   0]]
```

(1) r1 =nr.normal (10, 1, (1, 4)), 按照均值为 10, 方差为 1 的正态分布, 取 4 个数。

(2) r2 =nr.randn (1, 4), 按照均值为 0, 方差为 1 的正态分布, 取得 4 个数。

(3) r3 =nr.rand (1, 4), 按照统一分布在 (0, 1) 之间, 取得 4 个数。

(4) r4 =nr.randint (0, 10, (1, 4)), 按照统一分布在 (0, 10) 之间, 取得 4 个整数。

(5) r5 =nr.uniform (10, 20, (1, 4)) , 按照统一分布在 (10, 20) 之间, 取得 4 个数。

(6) r6 =nr.poisson (2.0, (1, 4)), 按照 ramda =2 的参数, 以泊松分布, 取得 4 个数。

由于正态分布的均值变化不一，所以，除了服从 N (0, 1) 标准正态分布之外，更一般地服从 N (μ, σ^2) 分布。正态分布是最为常见的分布形式。

2. 其他随机数变换与随机抽样

函数 permutation ( )、arange ( )、shuffle ( )、choice ( )，都是随机数产生函数，其功能不一。

```
from numpy import random as nr
a =np.arange(10)
print("a =", a,'\n')
b =nr.permutation(a)
print("b =", b,'\n')
```

```
a = np.arange(10)
print("a = ", a,'\n')
d = nr.shuffle(a)
print("a = ", a,'\n')
print("d = ", d,'\n')
a = np.arange(10)
e1 = nr.choice(a, size = (1, 9))
e2 = nr.choice(a, size = (1, 9), replace = True)
e3 = nr.choice(a, size = (1, 9), replace = False)
print("e1 = ", e1,'\n')
print("e2 = ", e2,'\n')
print("e3 = ", e3,'\n')
a = [0 1 2 3 4 5 6 7 8 9]
b = [4 2 1 6 8 9 0 3 5 7]
a = [0 1 2 3 4 5 6 7 8 9]
a = [5 1 6 4 8 0 3 2 7 9]
d = None
e1 = [[7 9 8 3 0 3 9 8 2]]
e2 = [[7 4 3 7 6 6 0 7 0]]
e3 = [[4 3 6 8 2 9 1 5 0]]
```

(1) a = np.arange (10)，产生一个具有 10 个元素的一维数组。

(2) b = nr.permutation (a)，产生一个新数组 b，它的元素是 a 的元素，但是顺序被打乱。

(3) d = nr.shuffle (a)，不产生新的数组，仅仅打乱原数组 a 的顺序。

(4) 数组 d 不包含任何元素，其功能仅仅是使数组 a 的顺序发生变化。

(5) shuffle () 与 permutation () 之间不同，前者只改变原数组顺序；后者却产生了新数组。

(6) choice (a)，表示从数组 a 样本元素中随机抽取元素，默认 replace = True。

(7) replace = False，表示非重复抽取，即不放回抽样。

(8) replace = True，表示可以重复抽取，即可放回抽样。

对于随机数次序的调整，一般用途较少，在用到时使用特殊函数就可以了。

3. 多线程随机数种子语句

随机数的选择，每次都不相同，主要是 Python 中的随机种子 seed ( ) 在起作用。如果在进行仿真试验时，希望在两次以上取到相同的随机数，则可以使用 Python 随机数函数所定义的多线程种子语句。

随机种子 seed ( ) 主要用于在产生随机数时，检验每次操作是否都遵守同样的规则。

```
nr.seed(40)
r1 = nr.randint(0, 100, 4)
```

```
nr.seed(41)
r2 =nr.randint(0,100,4)
nr.seed(42)
r3 =nr.randint(0,100,4)
nr.seed(42)
r4 =nr.randint(0,100,4)
print("r1 = ", r1,'\n')
print("r2 = ", r2,'\n')
print("r3 = ", r3,'\n')
print("r4 = ", r4,'\n')
r1 = [70 91  7 37]
r2 = [64 35 12 98]
r3 = [51 92 14 71]
r4 = [51 92 14 71]
```

(1) 相同的种子，取得相同的随机数，例如 seed (42)。

(2) 不同的种子，取得不同的随机数，例如 seed (40) 和 seed (41)。

(3) Python 多线程功能定义了不同种子可以占用不同线程。

随机数的重要性在风险管理中与分位数概率联系在一起。

4. 数组元素求和

数组求和，包括数组所有元素求和、按行求和、按列求和。这几种情况都较为常见。

```
np.set_printoptions(precision=4)
import numpy as np
np.random.seed(42)
a =np.random.randint(0,10,size = (3,5))
print("a = ",'\n', a)
s =np.sum(a)
s0 =np.sum(a, axis =0)
s1 =np.sum(a, axis =1)
print("s = ", s,'\n')
print("s0 = ", s0,'\n')
print("s1 = ", s1,'\n')
ss0 =np.sum(a, 0, dtype = float, keepdims = True)
ss1 =np.sum(a, 1, dtype = float, keepdims = True)
print("ss0 = ", ss0,'\n')
print("ss1 = ", ss1.T,'\n')
m0 =np.mean(a, axis =0)
m1 =np.mean(a, axis =1)
```

```
print("m0 = ", m0,'\n')
print("m1 = ", m1,'\n')
a =
[[6 3 7 4 6]
 [9 2 6 7 4]
 [3 7 7 2 5]]
s =78
s0 = [18 12 20 13 15]
s1 = [26 28 24]
ss0 = [[18. 12. 20. 13. 15.]]
ss1 = [[26. 28. 24.]]
m0 = [6.4.  6.6667 4.3333 5.]
m1 = [5.2 5.6 4.8]
```

(1) a=np.random.randint (0, 10, size= (3, 5)), 取出0-10之间随机数15个, 产生3行5列数组。

(2) s=np.sum (a), 从数组a的第1个元素出发, 逐一累加, 合计所有元素。

(3) s0=np.sum (a, axis=0), 列数不变, 按行累加。

(4) s1=np.sum (a, axis=1), 行数不变, 按列累加。

(5) ss0=np.sum (a, 0, dtype=float, keepdims=True), 列数不变, 按行累加, 类型为浮点数。

(6) ss1=np.sum (a, 1, dtype=float, keepdims=True), 行数不变, 按列累加, 类型为浮点数。

(7) m0=np.mean (a, axis=0), 列数不变, 按行计算均值。

(8) m1=np.mean (a, axis=1), 行数不变, 按列计算均值。

对于数组元素的求和与均值运算, 在数组计算中较为常见。在数组元素个数较少时, 比较好的处理方法是编程时根据数组元素下标的排列顺序, 建立循环语句去处理。

5. 单精度与双精度浮点数

Numpy的sum ( ) 和mean ( ) 函数专门用于数组元素的求和运算和均值运算, 当数组元素个数较多时, 这种内置函数自有方便之处。

```
np.set_printoptions(precision=8)
b=np.full(1000000, 1.1, dtype=np.float32)
print("b = ", b,'\n')
s1=np.sum(b, dtype=np.float32)
s2=np.sum(b, dtype=np.float64)
print("s1 = ", s1,'\n')
print("s2 = ", s2,'\n')
ave1=np.mean(b, dtype=np.float32)
ave2=np.mean(b, dtype=np.double)
```

```
print("ave1 = ", ave1,'\n')
print("ave2 = ", ave2,'\n')
ave0 = np.average(b)
print("ave0 = ", ave0,'\n')
b = [1.1 1.1 1.1 ... 1.1 1.1 1.1]
s1 = 1099999.2
s2 = 1100000.023841858
ave1 = 1.0999993
ave2 = 1.100000023841858
ave0 = 1.0999993
```

(1) b = np.full (1000000, 1.1, dtype = np.float32),) 创建有 100 万个数值为 1.1 的单精度浮点数组。

(2) 由于数字 1.1 无法使用浮点数精确表示，所以 s1、s2 并不相等，存在一些误差。

(3) ave1 = np.mean (b, dtype = np.float32)，按照 32 位浮点数求均值。

(4) ave2 = np.mean (b, dtype = np.double)，按照双精度数求均值。

(5) 双精度 float64 比单精度 float32 计算精度更高。

显然，np. double 与 np. float64 一致，比 np. float32 精度更高。

6. 加权平均值

加权平均，是较为普遍的一种平均值计算方式，重点在于权重选择。

```
score = np.array([1,2,3,4])
number = np.array([10,20,30,40])
ave0 = np.average(score)
ave1 = np.average(score, weights = number)
print("ave0 = ",ave0)
print("ave1 = ",ave1)
ave0 = 2.5
ave1 = 3.0
```

(1) ave0 = np.average (score)，计算普通平均值，缺省值为默认各个元素权重相等。

(2) ave1 = np.average (score, weights = number)，计算加权平均值，权数由权重给定。

加权平均值的计算，要考虑不同权重。该例公式应为：

$$1 \times 10\% + 2 \times 20\% + 3 \times 30\% + 4 \times 40\% = 3.0 \tag{3}$$

但是，一般均值计算，对于 n 个样本来说，就是假设每个元素的权重都是 $1/n$。

第四节 正态分布函数

统计函数很多，正态分布函数是最为典型的统计函数。均值、方差、概率密度函数、累积分布函数等，都是重要的统计概念。

1. 统计方差

方差（Variance）是样本数组中所有元素偏离均值的差的平方和的均值。方差在金融分析中往往被用来表示风险。方差越大，风险越大；反之，方差越小，则风险越小。

自由度为 N，有偏样本标准方差（Population Standard Deviation）定义为：

$$Var(x) = \sigma^2 = \frac{1}{N}\sum_{i=1}^{N}(x_i - \mu)^2 \tag{4}$$

自由度为 $N-1$，无偏样本标准方差（Sample Standard Deviation）定义为：

$$Var(x) = \sigma^2 = \frac{1}{N-1}\sum_{i=1}^{N}(x_i - \mu)^2 \tag{5}$$

注意，这里的方差值是平方值，即是 σ^2 的值，而不是开方后 σ 的值。

```
from numpy import random as nr
a1 =np.array([[1,  2,3],[3,2,1 ]])
v10 =np.var(a1,axis =1,ddof =0)
v11 =np.var(a1,axis =1,ddof =1)
print("a1 = \n", a1," \n")
print("v10 =", v10," \n")
print("v11 =", v11," \n")
a2 =nr.normal(0,2.0,(2,3))
v20 =np.var(a2,axis =1,ddof =0)
v21 =np.var(a2,axis =1,ddof =1)
print("a2 = \n", a2," \n")
print("v20 =", v20," \n")
print("v21 =", v21," \n")
a1 = [[1 2 3]
     [3 2 1]]
v10 = [0.6667 0.6667]
v11 = [1. 1.]
a2 = [[ -0.5212  0.1056  0.6462]
     [ 3.2231  -2.5637  1.3388]]
v20 = [0.2275 5.8074]
v21 = [0.3413 8.7111]
```

（1）ddof =0，表示计算有偏样本方差，自由度为 n，这里 n =3。

（2）ddof =1，表示计算无偏样本方差，自由度为 n -1，这里 n -1 =2。

这里，均值和方差定义主要是按照正态分布进行的。正态分布密度函数将均值、方差、样本值等三者紧密地结合起来了。正态分布概率密度函数（The Normal Distribution Probability Density Function，PDF）为：

$$f(x)=\frac{1}{\sqrt{2\pi}\sigma}e^{-\frac{(x-\mu)^2}{2\sigma^2}} \tag{6}$$

正态分布密度函数的积分就是概率函数，即累积分布函数（Cumulative Distribution Function，CDF）为：

$$F(x)=\int_{-\infty}^{x}f(x)dx=\int_{-\infty}^{x}\frac{1}{\sqrt{2\pi}\sigma}e^{-\frac{(x-\mu)^2}{2\sigma^2}}dx \tag{7}$$

在实际计算过程中，累积分布函数 CDF 的计算是采用原始积分计算公式计算的。

$$F(x_i)=\lim_{\substack{x_{n-1}\to x\\ x_0\to -\infty}}\sum_{i=0}^{n-1}f(x_i)(x_i-x_{i-1}) \tag{8}$$

正态分布是最为常见的分布形式，也是研究者使用最多的分布，是概率分布的基础。Python 也有相应的 pdf 函数和 cdf 函数。

2. 正态分布概率密度函数和累积分布函数

自行定义 pdf、cdf 函数，主要是参考以上的数学表达式。

```
import numpy as np
import matplotlib.pyplot as plt
def normal_ pdf(mean, var, x):
    return 1 /np.sqrt(2 * np.pi * var) * np.exp( - (x - mean) ** 2 / (2 * var))
mean, var = 0, 1
x = np.linspace( - 5,5, 100)
cdf = np.zeros(100)
pdf = normal_ pdf(mean, var, x)
for i in range(100):
    cdf[i] = cdf[i - 1] + pdf[i] * (x[i] - x[i - 1])
plt.close("all")
plt.figure(figsize = (6,3))
plt.plot(x, pdf, label = "pdf", linewidth = 1)
plt.plot(x, cdf, label = "cdf", linewidth = 1)
plt.axvline(mean, 0, 1, c = "r",linewidth = 0.5)
plt.legend(loc = 2)
plt.show()
```

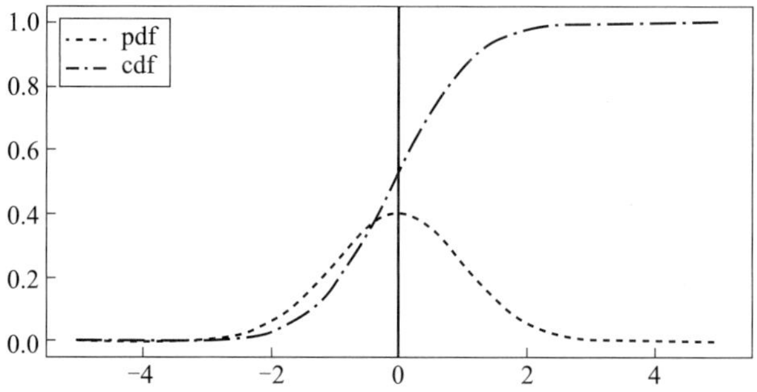

(1) def normal_ pdf (mean, var, x)，定义正态分布的概率密度函数。

(2) return 1/np.sqrt(2 * np.pi * var) * np.exp(-(x - mean) ** 2 / (2 * var))，pdf 表达式。

(3) cdf[i] = cdf[i - 1] + p[i] * (x[i] - x[i - 1])，cdf 数组元素取值计算表达式。

(4) plt.axvline(mean, 0, 1, c = "r",linewidth = 0.5)，绘制均值中心垂线。

这里，给数组赋初值也很重要，它决定了数组的大小和元素的下标位值。

3. 数组元素坐标与元素取值的定位

不论行、列，无外乎从小到大排列，或者从大到小排列。但是，不论如何排列，对于数组中那些具有最大值、最小值的元素，总是会更受关心一些。

```
a = np.array([0,1,2,3,4,5])
print("a[None, :] = ", a[None, :],'\n')
print("a[:, None].T = ", a[:, None].T,'\n')
max_ pos = np.argmax(a,axis = 0)
min_ pos = np.argmin(a,axis = 0)
print("max_ pos = ", max_ pos,'\n')
print("min_ pos = ", min_ pos,'\n')
b = a.ravel()[max_ pos]
c = a.ravel()[min_ pos]
print("a.ravel()[max_ pos] = ",b)
print("a.ravel()[min_ pos] = ",c)
a[None, :] = [[0 1 2 3 4 5]]
a[:, None].T = [[0 1 2 3 4 5]]
max_ pos = 5
min_ pos = 0
a.ravel()[max_ pos] = 5
a.ravel()[min_ pos] = 0
```

(1) a = np.array([0,1,2,3,4,5])，定义了一个 1 行 6 列数组。

(2) a[None, :]，将数组 a 看成了二维数组，不论行，按列显示。

(3) a[:, None].T，将数组 a 看成了二维数组，不论列，按行显示。这里取转置矩阵（.T）。

(4) np.argmax (a)，取数组 a 最大元素下标。

(5) np.argmin (a)，取数组 a 最小元素下标。

(6) a.ravel () [max_ pos]，取数组 a 最大元素的值。

(7) a.ravel () [min_ pos]，取数组 a 最小元素的值。

数组元素坐标运算一般并不常见，简单处理可以采取下标标识方法。

4. 求取分位数

分位数是正态分布中划分概率累积函数曲线图形下面的面积所占百分数的一个衡量

值，它是分布函数自变量与概率累积函数之间对应关系的一个重要指标。

```
r = np.random.randn(100000)
a = np.percentile(r, [97.5, 99, 99.5])
b = np.median(r, axis = 0)
c = np.mean(r, axis = 0)
v = np.var(r, axis = 0)
print("percentile = ",a)
print("median = ",b)
print("mean = ",c)
print("variance = ",v)
percentile = [1.97337451  2.33766348  2.60197538]
median = -5.218411861381506e-05
mean = -0.00018739688618021 41
variance = 1.008707675986714
```

(1) r = np.random.randn (100000)，数组 r 拥有 10 万个服从均值为 0，方差为 1 的正态分布随机数。

(2) a = np.percentile (r, [97.5, 99, 99.5])，取得概率为 97.5%、99%、99.5% 的分位数。

(3) b = np.median (r, axis = 0)，取得 10 万个元素的中值，即位于中间的那个元素的值。

(4) c = np.mean (r, axis = 0)，取得 10 万个元素的均值，理论值为 0。

(5) v = np.var (r, axis = 0)，取得 10 万个元素的方差，理论值为 1。

分位数就是累积概率分布函数的自变量值，对应着相应的概率值。

5. 非重复数组元素

一个数组，所包含的元素有可能重复，unique 函数就是把数组中的不同元素取出来，然后按照从小到大的顺序排列，形成新的数组，元素都不重复。

```
np.set_printoptions(precision = 1)
np.random.seed(41)
a = np.random.randint(0, 10, 10)
b = np.unique(a)
x, index = np.unique(a, return_index = True)
c = np.bincount(a)
print("a = ", a)
print("unique(a) = ", b)
print("x = ",x)
print("index = ",index)
print("a[index] = ",a[index])
print("bincount(a) = ",c)
```

```
a = [0 3 2 0 1 3 9 7 5 8]
unique(a) = [0 1 2 3 5 7 8 9]
x = [0 1 2 3 5 7 8 9]
index = [0 4 2 1 8 7 9 6]
a[index] = [0 1 2 3 5 7 8 9]
bincount(a) = [2 1 1 2 0 1 0 1 1 1]
```

(1) a = np.random.randint (0, 10, 10)，具有 10 个元素的数组 a，元素自 0 - 10 之间随机产生。

(2) b = np.unique (a)，取出数组 a 中的非重复元素，重复的元素只取 1 个。

(3) x, index = np.unique (a, return_ index = True)，index 为 x 中元素的下标。

(4) return_ index = True ，表示 x = np.unique (a) = a [index]。

(5) c = np.bincount (a)，按照元素顺序 i = 0, 1, 2, …, max (a)，计算每个序数在数组 a 中出现次数。

本例中，np. bincount ( ) 函数的用法比较特别，在其他统计分析教材中很少见到。

6. 分组统计

分组统计，就是统计直方图，因为这里其实只有统计值，没有图形，所以简化。

```
np.set_ printoptions(precision = 4)
a = np.random.rand(10)
b = np.histogram(a, bins = 5, range = (0, 1))
c = np.histogram(a, bins = [0. , 0.2, 0.4, 0.6, 0.8, 1. ])
print("a = ", a)
print("b = ", b)
print("c = ", c)
a = [0.8726 0.7893 0.2181 0.3466 0.7215 0.3539 0.4607 0.2444 0.2827 0.8263]
b = (array([0, 5, 1, 2, 2], dtype = int64), array([0. , 0.2, 0.4, 0.6, 0.8, 1. ]))
c = (array([0, 5, 1, 2, 2], dtype = int64), array([0. , 0.2, 0.4, 0.6, 0.8, 1. ]))
```

(1) a = np.random.rand (10)，按照 (0, 1) 统一分布，取出 10 个随机数，生成数组 a。

(2) b = np.histogram (a, bins = 5, range = (0, 1))，将区间 (0, 1) 分成 5 等分，统计每等分内元素个数。

(3) c = np.histogram (a, bins = [0. , 0.2, 0.4, 0.6, 0.8, 1.])，统计每个给定等分内的元素个数。

这里，histogram ( ) 函数是统计直方图的典型形式，一般统计软件都有此功能。

第五节 多项式求导、积分、求根

按照 Taylor 展式，所有函数最后都可以呈现为线性多项式形式。即所有函数，都可以由一个多项式线性表出。

假设一个多项式函数的一般形式为：

$$f(x) = \alpha_n x^n + \alpha_{n-1} x^{n-1} + \cdots + \alpha_1 x + \alpha_0 \tag{9}$$

那么，其一阶导函数的一般形式为：

$$f'(x) = n\alpha_n x^{n-1} + (n-1)\alpha_{n-1} x^{n-2} + \cdots + \alpha_1 \tag{10}$$

假如对其一阶导函数进行积分，则原函数的一般形式为：

$$f(x) = \int_{-\infty}^{x} f'(x)dx = \alpha_n x^n + \alpha_{n-1} x^{n-1} + \cdots + \alpha_1 x + C \tag{11}$$

原函数经过求导和不定积分之后，积分函数与原函数之间相差一个常数。

如果一个多项式的实数根为 $r = (r_1, r_2, \cdots, r_n)$，那么，所对应的多项式为：

$$f(x) = (x - r_1)(x - r_2)\cdots(x - r_n) \tag{12}$$

由于多项式函数求导、求积分、求根等灵活特点，为许多特殊函数的拟合求解提供了可能。正因为如此，多项式函数在科学计算中应用很多。

1. poly1d 多项式转化函数

Numpy 所提供的 poly1d 函数库，提供了一种将多项式与数组联系起来的函数方法，即数组可以转化为多项式；反之，多项式也可以转化为数组。

```
a = np.array([1, 2, 3, 4])
b = np.array([1,1])
q = np.linspace(0, 1, 3)
p1 = np.poly1d(a)
p10 = np.poly1d([1, 2, 3, 4])
p2 = np.poly1d(b)
p3 = p1 * p2
p4 = p3 /p2
print("p1 = \n",p1)
print("p10 = \n",p10)
print("p2 = \n",p2)
print("p3 = \n",p3)
print("p4 = \n",p4)
print("p1(q) = \n",p1(q))
print("p2(q) = \n",p2(q))
print("p3(q) = \n",p3(q))
p1 = 1x³ + 2 x² + 3 x + 4
p10 = 1x³ + 2 x² + 3 x + 4
p2 = 1 x + 1
p3 = 1x⁴ + 3x³ + 5 x² + 7 x + 4
p4 = (poly1d([1., 2., 3., 4.]), poly1d([0.]))
p1(q) = [ 4.   6.125   10.]
```

```
p2(q) = [1.   1.5   2.]
p3(q) = [4.   9.1875   20.]
```

(1) a = np.array ([1, 2, 3, 4]), 定义数组 a, 视同为多项式的系数。

(2) b = np.array ([1, 1]) , 定义数组 b, 视同为多项式的系数。

(3) q = np.linspace (0, 1, 3) , 定义自变量 q 的三个值。

(4) p1 = np.poly1d (a), 定义多项式, 其系数为 a, 从高次幂往 0 次幂排列。

(5) p10 = np.poly1d ([1, 2, 3, 4]) , 定义多项式, 其系数为数组元素, 从高次幂往 0 次幂排列。

(6) p2 = np.poly1d (b) , 定义多项式, 其系数为 b, 从高次幂往 0 次幂排列。

(7) p3 = p1 * p2, 定义多项式乘法。乘法运算直接列出结果, 返回一个多项式。

(8) p4 = p3 / p2, 多项式除法, 列出了商和余数, 这里没有直接表现为多项式, 而是数组。

(9) p1 (q) , p2 (q) , p3 (q) , 都是以数组 q 元素作为自变量, 求各自多项式函数的值。

因为数组的第一个元素下标是 0, 所以, 多项式的最高阶数就是数组的最高下标号。

当多项式的系数被定义好之后, 多项式也就确定了。多项式确定了之后, 只要给自变量 x 一个值, 就可以得到多项式函数的函数值。

2. 多项式求导与积分

多项式的求导与积分, 在所有类型函数中是最为基础的。积分与求导互为逆运算。之所以希望把一个函数展开为多项式, 主要是因为多项式的求导与求积分运算, 相比其他类型函数, 最为简单。

```
a = np.array([1, 0, -10, 0, 9])
p = np.poly1d(a)
p1 = p.deriv(1)
p2 = p.deriv(2)
i1 = p1.integ(1)
i2 = p2.integ(2)
print("p = ",'\n', p)
print("p1 = ",'\n', p1)
print("p2 = ",'\n', p2)
print("i1 = ",'\n', i1)
print("i2 = ",'\n', i2)
```

p = $1x^4 - 10x^2 + 9$

p1 = $4x^3 - 20\ x$

p2 = $12x^2 - 20$

i1 = $1x^4 - 10\ x^2$

i2 = $1x^4 - 10\ x^2$

(1) a = np.array ([1, 0, -10, 0, 9]), 建立数组 a, 作为多项式的系数。

(2) p = np.poly1d (a), 按照数组 a 建立多项式 p。

(3) p1 = p.deriv (1), 计算多项式 p 的一阶导函数。

(4) p2 = p.deriv (2), 计算多项式 p 的二阶导函数。
(5) i1 = p1.integ (1), 计算多项式 p1 的一重积分。
(6) i2 = p2.integ (2), 计算多项式 p2 的二重积分。

多项式函数求导和积分，阶数都表现在括号里面。微分与积分值之间在还原转化过程中，会相差一个常数。

3. 多项式的根

一般来说，一个 n 阶多项式，应该有 n 个实数根。多项式函数的根，就是使多项式函数的函数值取到 0 值的那些自变量的值。由于有些多项式有复数根，所以，多项式的所有实数根的个数可能会少于 n 个。为此，常常把复数根的实数部分当作实数根。

Numpy 为多项式求解提供了一种很好的函数方法。实际上，在手工计算时代，3 阶以上多项式根的求解就已经相当困难了。

```
a = np.array([1, 0, -10, 0, 9])
p0 = np.poly1d(a)
r0 = np.roots(p0)
p1 = p0 + [1,1,1]
r1 = np.roots(p1)
p2 = p0 * [1,1,1]
r2 = np.roots(p2)
p00 = np.poly(r0)
p11 = np.poly(r1)
p22 = np.poly(r2)
p3 = np.polymul([1,1],[1,1])
p4 = np.poly1d(p3)
print("a = ",a)
print("p0 = ",p0," \n")
print("r0 = ",r0)
print("p1 = ",p1," \n")
print("r1 = ",r1)
print("p2 = ",p2," \n")
print("r2 = ",r2)
print("p00 = ",p00," \n")
print("p11 = ",p11," \n")
print("p22 = ",p22," \n")
print("p3 = ",p3," \n")
print("p4 = \n",p4," \n")
a = [1  0  -10  0  9]
p0 = 1x^4 - 10 x^2 + 9
r0 = [-3.  3.  -1.  1.]
```

```
p1 =1x⁴ -9  x² +1  x +10
r1 = [2.69241638  -2.84944118  1.22290102  -1.06587622]
p2 =1x⁶ +1  x⁵ -9  x⁴ -10  x³ -1  x² +9 x +9
r2 = [3. +0.j  -3. +0.j  1. +0.j  -0.5 +0.8660254j  -0.5 -0.8660254j  -1.
+0.j]
p00 = [1.00000000e +00  6.66133815e -16  -1.00000000e +01  -1.77635684e -15
9.00000000e +00]
p11 = [1.00000000e +00  1.11022302e -15  -9.00000000e +00  1.00000000e +00
1.00000000e +01]
p22 = [1.  1.  -9.  -10.  -1.  9.  9.]
p3 = [1 2 1]
p4 =1x² +2 x +1
```

(1) a =np.array ([1, 0, -10, 0, 9]), 这是通过数组形式定义一个 4 次多项式。

(2) p0 =np.poly1d (a), 将数组转化为多项式形式。

(3) r0 =np.roots (p0), 求解多项式的根。

(4) p1 =p0 + [1, 1, 1], 多项式加法, 同阶项目相加。

(5) r1 =np.roots (p1), 求解多项式的根。多项式的根为实数根。

(6) p2 =p0 * [1, 1, 1], 多项式乘法运算。

(7) r2 =np.roots (p2), 求解多项式的根。多项式的根有复数根。

(8) p00 =np.poly (r0), 根据多项式的根复原多项式, 系数表现为科学计数。

(9) p11 =np.poly (r1), 根据多项式的根复原多项式, 系数表现为科学计数。

(10) p22 =np.poly (r2), 根据多项式的根复原多项式。

(11) p3 =np.polymul ([1, 1], [1, 1]), 多项式乘法。

(12) p4 =np.poly1d (p3), 按照多项式形式显示多项式。

Numpy 还提供了一个 poly 函数，它能够将多项式的根，还原成其相应的多项式。一般来说，从多项式到因子乘积是分解因式运算；从多项式的根到多项式是因子展开运算。二者互为逆运算。Numpy 还提供了一个 polymul 函数，来表示多项式的乘积。

4. 多项式拟合精度

任意一个函数，都可以按照泰勒展式展开。但是，展开之后，展开多项式与原函数相比，还有一个误差项。所以，多项式拟合精度就是测试误差项的大小。拟合精度越高，误差项就应该越小。误差项的大小一般以小数表示，例如 0.01、0.0001 等。

```
% matplotlib inline
import numpy as np
import matplotlib
import matplotlib.pyplot as plt
np.set_ printoptions(suppress = True, precision = 3)
pl.close("all")
fig = plt.figure(figsize = (9, 6))
```

```
ax1 = plt.subplot(211)
ax2 = plt.subplot(212)
x = np.linspace(0, 2 * np.pi, 50)
y = np.sin(x)
ax1.plot(x, y, 'ro -')
fig.subplots_ adjust(left = 0.08, right = 0.98, bottom = 0.05, top = 0.9, hspace = 
0.3, wspace = 0.5)
for deg in [3,5,7]:
    a = np.polyfit(x, y, deg)
    error = np.abs(np.polyval(a, x) - y)
    print ("np.poly1d(a) = ", '\n', np.poly1d(a))
    print( "max error of order % d:" % deg, np.max(error))
    ax1.plot(x, np.polyval(a, x),". - ", lw = 1, label = u"{} - order polynomial".
    format(deg))
    ax2.semilogy(x, error, "o - ", lw = 1,label = u"{} - order err".format(deg))
    ax1.legend(loc = "best")
    ax2.legend(loc = "best")
np.poly1d(a) = 0.0912x^3 - 0.8596x^2 + 1.853 x - 0.1649
max error of order 3:0.16491961095274202
np.poly1d(a) = -0.005564x^5 + 0.08739x^4 - 0.3946x^3 + 0.2685x^2 + 0.8797x + 0.01022
max error of order 5: 0.012164361201004182
np.poly1d(a) = 0.0001468x^7 - 0.003228 x^6 + 0.02244 x^5 - 0.03386 x^4 - 0.1219 x^3 -
0.02988 x^2 + 1.008 x - 0.0004148
max error of order 7: 0.00041479944771510515
```

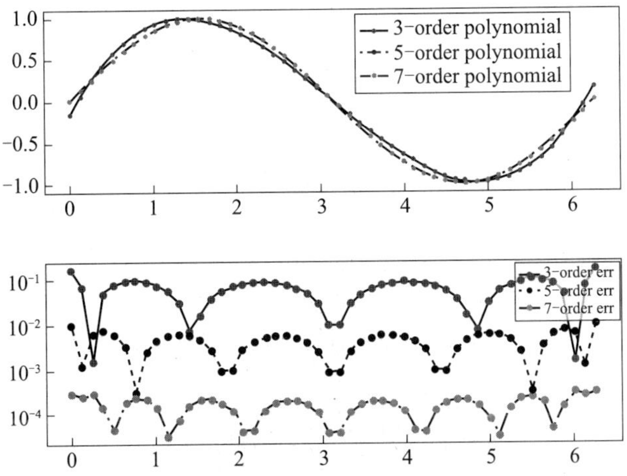

(1) x = np.linspace (0, 2 * np.pi, 80)，定义自变量 x，定义域为一个周期。

(2) y = np.sin (x)，定义正弦函数作为目标函数，即多项式拟合的对象。

(3) for deg in [3, 5, 7]:，假设要拟合的多项式的阶数分别为 3、5、7。

(4) a = np.polyfit (x, y, deg)，对每个阶数，拟合适合该阶数的多项式。

(5) error = np.abs(np.polyval(a, x) - y)，对每个阶数，计算拟合多项式与实际函数值之

间的误差。

(6) ax1.plot (x, np.polyval (a, x)," . - ", lw=1, label=u" {} -order polynomial" .format (deg)), 绘制拟合曲线图形。

(7) ax2.semilogy(x, error, "o - ", lw=1,label=u"{} - order err".format(deg)), 绘制误差曲线图形。

(8) pl.semilogy (x, error) 与 pl.plot (x, error) 类似，但纵轴刻度精度更高。

显然，拟合函数并不是唯一的。一般来说，多项式的阶数越高，拟合精度也就会越高。随着多项式的阶数发生变化，多项式也会发生变化。可以看出，3 阶多项式误差精度最大值约小于 0.1；5 阶多项式误差精度小于 0.01；7 阶多项式误差精度约为 0.001。多项式阶数越高，误差越小，拟合精度也就越高。当然，许多时候，多项式拟合精度达到要求就可以，并不是越高越好，因为多项式阶数越高，则系数越多，也就是自由度越高，拟合时往往需要的样本个数也越多。

5. polynomial 多项式

与 poly1d 多项式类似，polynomial 也是一种多项式形式。所不同的是，poly1d 多项式是从高阶往低阶排列过渡；而 polynomial 多项式是从低阶向高阶排列过渡。

```
from numpy.polynomial import Polynomial
p=Polynomial([1,2,3,4])
q=np.poly1d([1,2,3,4])
print("p= \n",p)
print("q= \n",q)
print("p(2)= \n",p(2))
print("q(2)= \n",q(2))
p=poly([1. 2. 3. 4.])
q=1x^3 +2 x^2 +3 x+4
p(2)=49.0
q(2)=26
```

(1) Polynomial (), 也是多项式，但排列方式与 poly1d () 正好相反，其多项式阶数由小到大。

(2) 以上所表示的两个多项式 p 和 q 是同一种表达形式。

由于系数排列顺序不同，所以，函数值也不一样。如下：

$$p = \text{Polynomial}([1,2,3,4]) = 4x^3 + 3x^2 + 2x + 1 \quad (13)$$

$$p(2) = 4 \times 2^3 + 3 \times 2^2 + 2 \times 2 + 1 = 49 \quad (14)$$

$$q = \text{Poly1d}([1,2,3,4]) = 1x^3 + 2x^2 + 3x + 4 \quad (15)$$

$$q(2) = 1 \times 2^3 + 2 \times 2^2 + 3 \times 2 + 4 = 26 \quad (16)$$

在识别时一定要仔细辨别。为了简单起见，我们一般都使用 poly1d 多项式形式。

第六章
SHA256 加密函数

第一节　比特币发币原理

2008 年，Nakamoto（中本聪）发表了一篇名为《比特币：一个点对点的电子现金系统（Bitcoin：A Peer - to - Peer Electronic Cash System)》的论文，在该文中第一次提出了加密数字货币（Cryptocurrency）即比特币的概念。2009 年 1 月 3 日，比特币产生了第一笔交易，创世区块由此产生，比特币也从此由理论设计走向了现实。现在，全球加密数字货币已接近万种，它们的参考技术都离不开对于比特币所赖以生存的区块链技术及算法的借鉴。①

对于比特币发币技术的理解是理解加密数字货币的基础。

对于比特币来说，创建新币的发币机制，也称为“挖矿（Mining)”。按照比特币的设计理念，在比特币面世的最初 4 年，平均每创建一个区块，创建者将获得奖励 50BTC。为了控制总体发币数量，计算难度系数设计为每 10 分钟可以生成一个区块。如果每过 4 年为 1 个周期，则每过 1 个周期，或每生成 210000 个区块，奖励就减半，即发行的新币减半。假设变量 $A = 210000$ 表示每 4 年为一个周期所能够产生的区块总数，变量 $B = 50$BTC 表示第一个 4 年内每产生一个区块所获得的奖励，变量 $n = 0, 1, 2, \cdots$，n 表示周期数，假设比特币的发币过程一直可以继续下去，则发币总量可以由下式计算：

$$S = \lim_{n \to \infty} AB\left(\frac{1}{2^0} + \frac{1}{2^1} + \frac{1}{2^2} + \cdots + \frac{1}{2^{n-1}}\right) = 2AB = 21000000\text{BTC} \tag{1}$$

假设第 N 个周期（$N \geqslant 1$，第 1 个周期的周期号为 0）只产生 1BTC，即产生全部 210000 个区块，只得到 1 个 BTC 奖励，那么由：

$$AB\frac{1}{2^{N-1}} = 1 \tag{2}$$

---

① 了解加密数字货币，参看 https：//coinmarketcap. com/all/views/all/列表。

从而可以得到：

$$N-1=\frac{\ln(AB)}{\ln 2}\approx 23.32 \tag{3}$$

则从2009年开始，经过大约93年（=23.32×4），即到大约2102年，每4年只能产生1个BTC。至此，比特币新币的发币数量将达到其上限。

尽管如此，新区块的产生仍然不会停止，仍然会以每1个周期210000个BTC的速度增加；而产生比特币新币的数量虽然会减小，但仍然会以每1个周期产生$\frac{B}{2^n}$个BTC的速度延续下去。显然，随着时间的推移，越是往后，产生1个新BTC的难度越是加大，由于投入成本越来越多而产出越来越少，如果市场需求不减，则比特币升值将是必然的。

由于加密数字货币并不具有任何内在价值，其价值主要来源于市场供需，所以，算法设计是决定其发行数量的决定机制。

区块链是由一系列数学算法（Mathematical Algorithm）支撑起来的一个系统。

所谓“挖矿”，到底是在干什么事情呢？实际上就是在求解一个数学不等式。

假设变量x_1表示一个区块的版本号（Version），x_2表示一个区块所链接的上一个区块的哈希值（Hash Previous Block），x_3表示一个区块所链接到区块链的默克尔根哈希值（Hash Merkle Root），x_4表示一个新区块产生时的系统时间值即时间戳（Time Stamp），x_5表示一个区块的大小位值（Bits），x_6表示一个区块满足不等式条件时的随机值解（Nonce），那么，在前5个变量x_1，x_2，x_3，x_4，x_5已知的情况下，寻找新区块，就是求解不等式，寻找适合的x_6值，使其满足条件：

$$SHA256(SHA256(x_1+x_2+x_3+x_4+x_5+x_6))<\text{Target}_{New} \tag{4}$$

由于哈希值的特性，找出这样一个x_6难度很大，需要暴力搜索，一旦找到了x_6，求解者就可以广播一个新的区块，其他客户端就会验证这个新区块是否合法。如果这个新区块被接受，由于每个区块中的第一笔交易就是将新产生的$\frac{B}{2^n}$个BTC，这个“挖矿者”作为一个新区块的创建者，也因而以奖励形式获得这些比特币。

求解难度与目标值（$\text{Target}_{\text{bits}}$）密切有关，目标值越小，解出$x_6$的难度就越大。一般地，每产生最后2016个区块所需时间约为$t=14$天，如果按照大约每10分钟约为$\tau_0=600$秒产生一个区块的难度要求，系统会根据这段时间产生新区块的平均间隔调整之后的目标值来重新设置难度值不等式：

$$\text{Target}_{New}=\text{Target}_{Old}\left(\frac{t}{2016\tau_0}\right) \tag{5}$$

由于每个求解者发送获奖所得的地址是不一样的，其默克尔根值就不同。也就是说，每个求解者是从不同的初始状态开始求解的，这也是区块链去中心化的设计理念。

区块链会出现分叉，如果一部分客户端接受了A，另外一部分客户端接受了B，那么，随着某个分支变得更长，所有人就会选择链接到那个更长的分支。

第二节 MD5 和 SHA256 加密函数

Hash（哈希）函数是一种单向加密函数。加密函数是加密数字货币的算法基础。

1. 加密函数 MD5 及其性质

加密函数也不止 SHA256 一种，MD5 也是一种典型的加密函数，其性质与 SHA256 加密运算函数具有类似的性质，所不同的是 MD5 在加密字符串后会将原字符串转换为一个长度为 32 位的字符串。

```
import numpy as np
import hashlib
def md5(mystring):
    hash_ object =hashlib.md5(mystring.encode())
    print(hash_ object.hexdigest())
md5("Python")
md5("Python!")
md5("Python!!")
md5("Python!!!")
md5("Python!!!!")
md5("Python!!!!!")
a7f5f35426b927411fc9231b56382173
b4fb1ac018715d026bcf69071f8919af
c50347b56cc4ccf2ecb02bd2a398fb4b
89a94d7f2b780fc44aab37e1cc7b6995
5e269ad9393abcddc43c843990267faf
4b15860727dfbfbb373e34dc0446d63f
```

(1) import hashlib，导入哈希函数库。

(2) md5 (mystring)，定义一个 md5 哈希加密函数，其自变量是一个字符串：mystring。

(3) hashlib.md5 (mystring.encode ())，对字符串加码，并且采用 md5 函数加密。

(4) hexdigest ()，以 16 进制编码形式，输出一个具有 32 位字符的数字。

(5) 对于不同字符串测试显示，即使只增加一个!，md5 加密函数输出结果都不同。

该例中，加密函数是 MD5，它会将任意一个字符串转换成一个 32 位的 16 进制数字。

2. 加密函数 SHA256 及其性质

SHA256 加密算法是比特币加密的基本算法。SHA256 加密函数的要点在于：

第一，任何一个字符串都会被加密并转换为一个长度为64位的字符串。

第二，任意两个字符串，只要其中有任何一个字符（包括字母、数字、标点符号、空格等）不同，则经过SHA256加密运算后所形成的两个64位字符串就不同。

第三，SHA256加密函数是单向函数，其逆运算不成立。

```
import hashlib
def sha256(mystring):
    hash_ object =hashlib.sha256(mystring.encode())
    print(hash_ object.hexdigest())
sha256("Python")
sha256("Python!")
sha256("Python!!")
sha256("Python!!!")
sha256("Python!!!!")
sha256("Python!!!!!")
18885f27b5af9012df19e496460f9294d5ab76128824c6f993787004f6d9a7db
70d8fd4ffde8ace788b6a59136b6f6512b03a4f83e19e384738750eb469c38e4
80ce5baa87fa188290271bd6478781c14ff65165e15ed62388522631ecf7646f
755da4c1e335693b2954d554497445d0684ea909936bd4ac015f53833295f4fd
517e8a3146f4cf9754e1fdf3957068d81cbcd4e149c243741ddef8281c14e749
20849caa0ca80286ccddc5cbbae7120235bccbd26ab24ab1307ce907f566743c
```

（1）import hashlib，导入哈希数据函数库。

（2）sha256（mystring），定义一个sha256哈希加密函数，自变量是一个字符串：mystring。

（3）hashlib.sha256（mystring.encode（）），对字符串采用sha256加密函数加码。

（4）hexdigest（），输出一个64位具有16进制编码的数字。

SHA256加密函数是一个单向函数，任何不同的字符串，只要有任何一个字母不同，其64位输出就不同。SHA256加密算法是一个64位加密函数，它的输出值只有64位，以16进制排列。

第三节　时间戳及字符串结构调整

比特币的发币机制，完全依赖于数学算法。其发币过程的实质就是算法实现的过程。

时间戳服务器是比特币以及区块链避免数字货币重复使用、避免账务篡改、防止攻击入侵、防止逆向记账的重要手段。

1. 提取时间戳并转换为整数值

时间戳作为比特币发币过程中的一个重要变量，在“挖矿”过程中：
第一，向时间服务器提取系统当时的时间，一般为“年-月-日 时：分：秒”；
第二，为了使时间值作为变量值参与计算，还须将其转换为一个整数值。

```
import datetime
import time
Tnow = datetime.datetime.now()
Tstamp = time.mktime(Tnow.timetuple())
StampTime = datetime.datetime.fromtimestamp(Tstamp)
print("Tnow = ",Tnow)
print("Tstamp = ",Tstamp)
print("StampTime = ",StampTime)
print("Date = ",Tnow.date())
print("Time = ",Tnow.time())
print("Year = ",Tnow.year)
print("Month = ",Tnow.month)
print("Day = ",Tnow.day)
print("Hour = ",Tnow.hour)
print("Minute = ",Tnow.minute)
print("Second = ",Tnow.second)
print("Microsecond = ",Tnow.microsecond)
Tnow = 2021-05-03 09:01:53.133001
Tstamp = 1620003713.0
StampTime = 2021-05-03 09:01:53
Date = 2021-05-03
Time = 09:01:53.133001
Year = 2021
Month = 5
Day = 3
Hour = 9
Minute = 1
Second = 53
Microsecond = 133001
```

（1）import datetime，import time，引入时间函数库 datetime，time。

（2）Tnow = datetime.datetime.now ()，向计算机系统时钟读取当前 GMT 标准时间，包括日期、时间、时间后缀。

（3）Tstamp = time.mktime (Tnow.timetuple ())，将当前时间戳作为时间元变量值转换为一个整数值，带后缀。

（4）StampTime = datetime.datetime.fromtimestamp (Tstamp)，将整数值带后缀转换

为一个时间，后缀为小于秒的时间。

（5）microsecond，为时间后缀部分，表示小于秒的时间。

比特币发币过程计算一般只到日月年时分秒，秒之后的时间后缀就被忽略不计。

值得注意的是 https：//www. blockchain. com/explorer 所提供的区块，对于时间戳的表示，例如“Timestamp 2020－03－12　01：17”，时间只到分，没有秒，这就为我们验证区块增加了一些难度。好在一分钟只有 60 秒，只要算法可信，经过最多 60 次试算，一般就应该能够验证一个区块的真伪。

2. 时间结构分解

Python 关于时间函数的结构设计，涉及参数很多。为了理解比特币时间戳结构，需要对时间结构下一些主要参数加以理解。

```
import datetime
import time
TimeGoal = "2020-03-12 09:12:58"
TArray = time.strptime(TimeGoal, "%Y-%m-%d %H:%M:%S")
TimeStamp = int(time.mktime(TArray))
print("TArray = ",TArray)
print("TimeStamp = ",TimeStamp)
print("TArray.year = ",TArray.tm_year)
print("TArray.month = ",TArray.tm_mon)
print("TArray.montday = ",TArray.tm_mday)
print("TArray.weekday = ",TArray.tm_wday)
print("TArray.yearday = ",TArray.tm_yday)
print("TArray.hour = ",TArray.tm_hour)
print("TArray.minute = ",TArray.tm_min)
print("TArray.second = ",TArray.tm_sec)
print("TArray.isdst = ",TArray.tm_isdst)
TArray = time.struct_time(tm_year=2020, tm_mon=3, tm_mday=12, tm_hour=
9, tm_min=12, tm_sec=58, tm_wday=3, tm_yday=72, tm_isdst=-1)
TimeStamp = 1583975578
TArray.year = 2020
TArray.month = 3
TArray.montday = 12
TArray.weekday = 3
TArray.yearday = 72
TArray.hour = 9
TArray.minute = 12
TArray.second = 58
TArray.isdst = -1
```

(1) TimeGoal = "2020-03-12 09:12:58"，时间值被当成了一个字符串赋值给变量 TimeGoal。

(2) TArray = time.strptime(TimeGoal, "%Y-%m-%d %H:%M:%S")，按照格式重新分割时间变量 TimeGoal。

(3) TimeStamp = int (time.mktime (TArray))，将当前时间戳作为时间元变量值转换为一个整数值。

(4) tm_ isdst，时间是否为夏时制，DST 表示 Daylight Savings Time，默认值为 -1，即夏时制节省时间 1 小时。

时间值与整数值之间的转换函数，在 Excel 中也是有的。由于整数可以参与加法、减法、排序等运算，时间值也是可以的。

3. 字符串结构调整

比特币发币算法，采用了大量的字符串结构调整机制：

第一，字符串顺序倒装，即将顺序排列的字符串转化为逆排列。

第二，交换字符串中紧邻的两个字符的位置，例如将 ab 变为 ba。

第三，以 8 进制和 16 进制作为基础，字符串中字符个数均为偶数。

```
Block0 = ("12345678")
Block1 = Block0[::-1]
print("Block0 = ",Block0)
print("Block1 = ",Block1)
temp1 = Block1
temp2 = list(temp1)
temp3 = list(temp1)
print("temp1 = ",temp1)
print("temp2 = ",temp2)
print("temp3 = ",temp3)
for i in range(np.int(len(temp2)/2)):
    temp2[2 * i] = temp3[2 * i + 1]
    temp2[2 * i + 1] = temp3[2 * i]
temp0 = "".join(temp2)
Block2 = temp0
print("temp2 = ",temp2)
print("temp0 = ",temp0)
print("Block2 = ",Block2)
Block0 = 12345678
Block1 = 87654321
temp1 = 87654321
temp2 = ['8', '7', '6', '5', '4', '3', '2', '1']
temp3 = ['8', '7', '6', '5', '4', '3', '2', '1']
```

```
temp2 = ['7', '8', '5', '6', '3', '4', '1', '2']
temp0 =78563412
Block2 =78563412
```

(1) Block0 = ("12345678"), 读取初始字符串。

(2) Block1 = Block0 [:: -1],Block0 的字符串元素由顺序重排为倒序。

(3) temp2 = list (temp1), 将字符串中每个元素独立单列出来，使其与一元数组下标顺序一致。

(4) temp3 = list (temp1), 为字符串交换设置缓存数组。

(5) for i in range (np.int (len (temp2) /2)), 为奇偶位两个元素交换做准备。

(6) temp2 [2 * i] = temp3 [2 * i +1], 将奇数位元素交换到偶数位。

(7) temp2 [2 * i +1] = temp3 [2 * i], 将偶数位元素交换到奇数位。

(8) temp0 = "".join(temp2), 将单个字符串接为字符串。

显然，经过变换，原始字符串被转换为一个新字符串。

第四节　比特币区块号125553的HASH值求解过程

前面已经介绍过，计算比特币的一个新区块的哈希值，有6个自变量。我们以区块125553为例，https://www.blockchain.com/btc/block/125553，来还原其作为一个新区块的求解过程，从而来理解区块链的发币原理。

1. Version 版本号处理

版本号在相当长一段时间内是比较稳定的。

```
import datetime
import time
import hashlib
import codecs
#(1)Version
V0 =0x1
V1 =hex(V0)
V2 =V1.ljust(9,'0').replace("x","")
V3 =V2[:: -1]
V4 =str(V3)
Version =V4
Ver =Version[:: -1]
print("V0 =",V0)
print("V1 =",V1)
```

```
print("V2 = ",V2)
print("V3 = ",V3)
print("V4 = ",V4)
print("Version = ",Version)
print("Ver = ",Ver)
V0 =1
V1 =0x1
V2 =01000000
V3 =00000010
V4 =00000010
Version =00000010
Ver =01000000
```

(1) V1 = hex (V0)，将版本号表示为一个 16 进制数值。

(2) V2 = V1.ljust(9, '0').replace("x",""), 将版本号 V1 = 0x1 补足到 9 位数 0x1000000，然后去掉 x 变为 01000000。

(3) V3 = V2 [:: -1]，将 V2 = 01000000 倒排为 V3 = 00000010。

(4) Ver = Version [:: -1]，将 Version = 00000010 倒排为 Ver = 01000000。

由于网站 https://www.blockchain.com 对于版本号的表示方式由开始的数字最后变成了以 16 进制数表示，例如 Version = 0x20000000 ，它等同于 Version = 0x2，所以在处理时，按照 V0 = 0x2 计算就可以了。

2. Previous_ Block 前一区块的 HASH 值处理

在新区块出现之前，前一区块就是现在为止最高的区块。

```
#(2)Previous_ Block
import numpy as np
Previous_ Block = ("00000000000000001e8d6829a8a21adc5d38d0a473b144b6765798
e61f98bd1d")
Pre_ Block = Previous_ Block[:: -1]
temp0 = Pre_ Block
temp2 = list(temp0)
temp3 = list(temp0)
for i in range(np.int(len(temp2)/2)):
    temp2[2 * i] = temp3[2 * i +1]
    temp2[2 * i +1] = temp3[2 * i]
temp0 = "".join(temp2)
Pre_ Block = temp0
print("Previous_ Block = ",Previous_ Block)
print("Pre_ Block = ",Pre_ Block)
Previous_ Block = 00000000000000001e8d6829a8a21adc5d38d0a473b144b6765798e61
```

```
f98bd1d
    Pre_ Block =1dbd981fe6985776b644b173a4d0385ddc1aa2a829688d1e0000000000000
000
```

(1) Previous_ Block，区块 125553 前置区块 125552 的哈希值。

(2) Pre_ Block，前置区块 125552 的哈希值经过换位排列之后的值。

对于字符串中元素的换位，之前已经解释过，这里与之前例子基本一致。

前置区块的哈希值是一个已知变量，其值是确定的。

3. Merkle_ Root 默克尔根的 HASH 值处理

除了前置区块哈希值，Merkle_ Root 表示默克尔根，其 HASH 值也是已知的。Merkle_ Root 哈希值是“挖矿者”所在区块链节点所链接到的区块链网络根节点的哈希值。由于不同的挖矿者是从不同的节点上链接到区块链上的，所以，Merkle_ Root 哈希值对于不同挖矿者可能是不同的。

```
    #(3)Merkle_ Root
    Merkle_ Root = ("53fb6ea244d5f501a22c95c4c56701d70a6e115c5476ed95280cb22149
c171b3")
    Mer_ Root =Merkle_ Root[:: -1]
    temp0 =Mer_ Root
    temp2 =list(temp0)
    temp3 =list(temp0)
    for i in range(np.int(len(temp2)/2)):
        temp2[2 * i] =temp3[2 * i +1]
        temp2[2 * i +1] =temp3[2 * i]
    temp0 = "".join(temp2)
    Mer_ Root =temp0
    print("Merkle_ Root = ",Merkle_ Root)
    print("Mer_ Root = ",Mer_ Root)
    Merkle_ Root =53fb6ea244d5f501a22c95c4c56701d70a6e115c5476ed95280cb22149c
171b3
    Mer_ Root =b371c14921b20c2895ed76545c116e0ad70167c5c4952ca201f5d544a26efb
53
```

(1) Merkle_ Root，区块 125553 的 Merkle_ Root 哈希值。

(2) Mer_ Root，区块 125553 的 Merkle_ Root 哈希值经过换位排列之后的值。

这里，对于 Merkle_ Root 哈希值的处理，与前面关于 Previous_ Block 哈希值处理，算法完全一致，主要是字符串数组的元素换位操作。

4. TimeStamp 时间戳处理

时间戳处理，实际上就是对系统当时时间取年月日时分秒所表示的时间值。

```
#(4)TimeStamp
TimeGoal = "2011 -05 -22 01:30:28"
TArray = time.strptime(TimeGoal, "%Y-%m-%d %H:%M:%S")
TimeStamp = int(time.mktime(TArray))
T = TimeStamp
T16 = hex(T)[::-1]
TT16 = T16[6:8] + T16[4:6] + T16[2:4] + T16[0:2]
Number_time = TT16
Ntime = Number_time[::-1]
print("TimeGoal = ",TimeGoal)
print("TArray = ",TArray)
print("TimeStamp = ",TimeStamp)
print("T = ",T)
print("T16 = ",T16)
print("TT16 = ",TT16)
print("Number_time = ",Number_time)
print("Ntime = ",Ntime)
TimeGoal =2011 -05 -22 01:30:28
TArray = time.struct_time(tm_year =2011, tm_mon =5, tm_mday =22, tm_hour =
1, tm_min =30, tm_sec =28, tm_wday =6, tm_yday =142, tm_isdst = -1)
TimeStamp =1305999028
T =1305999028
T16 =4b6f7dd4x0
TT16 =d47d6f4b
Number_time =d47d6f4b
Ntime =b4f6d74d
```

(1) TimeGoal = "2011 -05 -22 01:30:28"，区块 125553 的时间戳取值。

(2) TimeStamp = int (time.mktime (TArray))，对时间戳取整数值。

(3) T16 = hex(T)[:: -1]，对时间戳取 16 进制值，并且倒装。

(4) TT16 = T16[6:8] + T16[4:6] + T16[2:4] + T16[0:2]，对 8 位字符两两一组进行倒排。

(5) Ntime = Number_ time [:: -1]，获取参与运算的时间戳值。

由于 https://www.blockchain.com/btc/block/125553 所提供的时间戳为 2011 -05 -22 01:30，没有秒值，这里时间戳 2011 -05 -22 01:30:28 的秒值 28 秒是根据算法测试出来的结果。即在秒值为 28 秒时，所有运行结果才符合该区块哈希值。

5. Bits 位值处理

一个区块的 Bits 位值在一段时间内会相对保持一个稳定值。

```
#(5)Number_bits
```

```
bits_ bits =440711666
Number_ bits =hex(bits_ bits).replace("0x","")
TT10 =Number_ bits
TT10 =TT10[6:8]+TT10[4:6]+TT10[2:4]+TT10[0:2]
Nbits =TT10
print("bits_ bits =",bits_ bits)
print("Number_ bits =",Number_ bits)
print("Nbits =",Nbits)
bits_ bits =440711666
Number_ bits =1a44b9f2
Nbits =f2b9441a
```

(1) bits_ bits =440711666，区块125553的大小位值，网站为440，711，666。

(2) Number_ bits =hex(bits_ bits).replace("0x","")，将位值转化为16进制。

(3) TT10 =TT10[6:8]+TT10[4:6]+TT10[2:4]+TT10[0:2]，对8位字符两两一组进行倒排。

(4) Nbits =TT10，为参与运算的位值变量赋值。

比特币的每个区块大小，最初设计是将其限制在1MB以内。但是，随着新区块产生的难度变大、在一个区块上的交易记录增多，这一限制最终已经早被突破。随着一个区块的大小大于1MB，区块大小这一概念已经被区块重量取代。按照1byte =8bits，1KB =1024bytes，1MB =1024KB，则440，711，666bits =52.54MB。

6. Nonce 随机数解

比特币的发币以及新区块的产生机制，主要就是寻找该Nonce随机数值。该例中，因为重点在于验证比特币挖矿算法，所以Nonce随机数解是已知的。

```
#(6)X_ Variable
T =2165053959
T16 =hex(T)[::-1]
TT16 =T16[6:8]+T16[4:6]+T16[2:4]+T16[0:2]
X_ Variable =TT16
XVariable =X_ Variable[::-1]
print("T =",T)
print("T16 =",T16)
print("TT16 =",TT16)
print("XVariable =",XVariable)
T =2165053959
T16 =70a1c018x0
TT16 =18c0a170
XVariable =071a0c81
```

(1) T =2165053959，区块125553的Nonce实际数解值，网站为2，165，053，959。

(2) T16 = hex(T)[:: -1]，将其转化为 16 进制。
(3) TT16 = T16[6:8] + T16[4:6] + T16[2:4] + T16[0:2]，对 8 位字符两两一组进行倒排。
(4) XVariable = X_Variable[:: -1]，为参与运算的随机数解值变量赋值。

比特币“挖矿”的难度主要在于寻找 Nonce 值。

7. 区块 HASH 值求解准备

在取得以上六个变量的位值之后，还需要将它们连接到一起。

```
#(7)Add the values of six variables
header_hex = (Ver + Pre_Block + Mer_Root + Ntime + Nbits + XVariable )
header_bin = codecs.decode(header_hex, "hex")
print("header_hex = ",header_hex)
print("Ver = ",Ver)
print("Pre_Block = ",Pre_Block)
print("Mer_Root = ",Mer_Root)
print("Ntime = ",Ntime)
print("Nbits = ",Nbits)
print("XVariable = ",XVariable)
print("header_bin = ",header_bin)
```

```
header_hex = 010000001dbd981fe6985776b644b173a4d0385ddc1aa2a829688d1e0000
000000000000b371c14921b20c2895ed76545c116e0ad70167c5c4952ca201f5d544a26efb53
b4f6d74df2b9441a071a0c81
Ver = 01000000
Pre_Block = 1dbd981fe6985776b644b173a4d0385ddc1aa2a829688d1e0000000000000
000
Mer_Root = b371c14921b20c2895ed76545c116e0ad70167c5c4952ca201f5d544a26efb53
Ntime = b4f6d74d
Nbits = f2b9441a
XVariable = 071a0c81
header_bin = b'\x01\x00\x00\x00\x1d\xbd\x98\x1f\xe6\x98Wv\xb6D\
xb1s\xa4\xd08]\xdc\x1a\xa2\xa8)h\x8d\x1e\x00\x00\x00\x00\x00\x00\
x00\x00\xb3q\xc1I!\xb2\x0c(\x95\xedvT\\\x11n\n\xd7\x01g\xc5\xc4\
x95,\xa2\x01\xf5\xd5D\xa2n\xfbS\xb4\xf6\xd7M\xf2\xb9D\x1a\x07\x1a\
x0c\x81'
```

(1) header_hex，将 6 个变量的处理值累加起来。

(2) header_bin = codecs.decode(header_hex, "hex")，按照 16 进制算法，先解码，再加码。

(3) 在定义变量 header_hex 时，如果定义 header_hex = ("01000000" + … + "071a0c81")，也可以。

显然，对于6个变量的处理，在区块链新区块产生过程中起到了关键作用。

8. 完成新区块 Hash 值求解过程

这是完成挖矿功能的最后一步，主要是产生新区块的哈希值。

```
#(8)Hash of Clockchain #125553
print("Hash = 0000000000001c0533ea776756cb6fdedbd952d3ab8bc71de3cd3f8a44cb
af85")
Hash = hashlib.sha256(hashlib.sha256(header_ bin).digest()).digest()
Hash = codecs.encode(hash[:: -1], "hex_ codec")
print("hash = ",hash)
HASH = 0000000000001c0533ea776756cb6fdedbd952d3ab8bc71de3cd3f8a44cbaf85
Hash = b'0000000000001c0533ea776756cb6fdedbd952d3ab8bc71de3cd3f8a44cbaf85'
(1) Hash，为 Blockchain #125553 的 Hash 值。
(2) Hash，为 Blockchain #125553 在6个变量处理条件下所验证的 Hash 值。
(3) 所有已知信息，参看 https://www.blockchain.com/btc/block/125553。
```

至此，验证过程就结束了。从以上过程，我们可以看到，挖币过程的算法并不是太难，理解起来还是比较容易的。由于 SHA256 加密函数的不可逆性、单向性、唯一性，保证了每个新区块的安全性。相对于新区块的产生过程，比特币交易过程加密应该具有类似的算法机制。

第五节　比特币区块号 674405 HASH 值 Python 程序

对于比特币新区块的产生机制，我们之前的分步解释过程较为繁杂，为了简化程序，我们将整个程序的各个步骤合在一起，再举一例。以区块 674405 为例，https://www.blockchain.com/btc/block/674405，来还原其作为一个新区块的求解过程。虽然整个程序较长，但有了之前的基础，还是容易理解的。

```
import datetime
import time
import hashlib
import codecs
#(1)Version
#V = 0x20000000 (等同于 V = 0x20c)
V = 0x2
V = hex(V)
V = V.ljust(9, '0').replace("x","")
```

```
#V = V[:: -1]
V = str(V)
Version = V
Ver = Version[:: -1]
print("Ver = ",Ver)
#(2)Previous_ Block
Previous_ Block = ("00000000000000000000efc2c65b6253dd0a3ef65f9d3590ecbbf6
48f1ee9f36")
Pre_ Block = Previous_ Block[:: -1]
temp0 = Pre_ Block
temp2 = list(temp0)
temp3 = list(temp0)
for i in range(np.int(len(temp2)/2)):
    temp2[2 * i] = temp3[2 * i +1]
    temp2[2 * i +1] = temp3[2 * i]
temp0 = "".join(temp2)
Pre_ Block = temp0
print("Pre_ Block = ",Pre_ Block)
#(3)Merkle_ Root
Merkle_ Root = ("218462186c95b5232c988bf0efd5ff23fc5d8447c5998502d157bdcede
848563")
Mer_ Root = Merkle_ Root[:: -1]
temp0 = Mer_ Root
temp2 = list(temp0)
temp3 = list(temp0)
for i in range(np.int(len(temp2)/2)):
    temp2[2 * i] = temp3[2 * i +1]
    temp2[2 * i +1] = temp3[2 * i]
temp0 = "".join(temp2)
Mer_ Root = temp0
print("Mer_ Root = ",Mer_ Root)
#(4)TimeStamp
TimeGoal = "2021 -03 -13 15:16:39"
TArray = time.strptime(TimeGoal, "% Y - % m - % d % H:% M:% S")
TimeStamp = int(time.mktime(TArray))
T = TimeStamp
T16 = hex(T)[:: -1]
TT16 = T16[6:8] + T16[4:6] + T16[2:4] + T16[0:2]
Number_ time = TT16
Ntime = Number_ time[:: -1]
print("Ntime = ",Ntime)
#(5)Number_ bits
```

```
bits_ bits =386736012
Number_ bits = hex(bits_ bits).replace("0x","")
TT10 = Number_ bits
TT10 = TT10[6:8] + TT10[4:6] + TT10[2:4] + TT10[0:2]
Nbits = TT10
print("Nbits = ",Nbits)
#(6)X_ Variable
T = 3847222450
T = hex(T)
T = T.ljust(9, '0').replace("x","")
T16 = T[:: -1]
#print("T16 = ",T16)
TT16 = T16[6:8] + T16[4:6] + T16[2:4] + T16[0:2]
#print("TT16 = ",TT16)
X_ Variable = TT16
XVariable = X_ Variable[:: -1]
print("XVariable = ",XVariable)
#(7) Ver + Pre_ Block + Mer_ Root + Ntime + Nbits + XVariable
header_ hex = (Ver + Pre_ Block + Mer_ Root + Ntime + Nbits + XVariable )
print("header_ hex = ",header_ hex)
header_ bin = codecs.decode(header_ hex, "hex")
#(8) 00000000000000000008c0b56a1a5f7334b71ffbbec6c4ace7606ee45bb37c32
hash = hashlib.sha256(hashlib.sha256(header_ bin).digest()).digest()
hash = codecs.encode(hash[:: -1], "hex_ codec")
print("hash = ",hash)
```

```
Ver = 00000020
Pre_ Block = 369feef148f6bbec90359d5ff63e0add53625bc6c2ef0000000000000000000
Mer_ Root = 638584decebd57d1028599c547845dfc23ffd5eff08b982c23b5956c18628421
Ntime = d7664c60
Nbits = 8c1f0d17
XVariable = b2f44fe5
header_ hex = 00000020369feef148f6bbec90359d5ff63e0add53625bc6c2ef00000000
000000000000638584decebd57d1028599c547845dfc23ffd5eff08b982c23b5956c18628421
d7664c608c1f0d17b2f44fe5
hash = b'00000000000000000008c0b56a1a5f7334b71ffbbec6c4ace7606ee45bb37c32'
```

对于比特币来说，一个新区块的产生与比特币新币的发行，是相伴相随，一起产生的。所以，理解了比特币新区块的产生机制，也就明白了比特币新币的发币机制。

对于比特币新币发币机制的认识以及对于区块链新区块产生机制的认识，都是认识加密数字货币和区块链技术的基础，作为 Python 程序的一种应用，很有意义。

第七章
Chebyshev 函数

第一节　切比雪夫多项式

根据傅里叶级数（Fourier Series）展开原理，任何一个函数都可以展开为三角级数。特别是对于具有周期性变化特点的函数，非常适合采用傅里叶级数展开形式进行模拟。由于经济变量一般都具有随着时间变化而周期性变化的特点，所以，采用傅里叶级数形式去表达这类函数，往往具有较好的拟合性。

切比雪夫多项式（Chebyshev Polynomial）是一类具有三角函数特点的特殊函数。利用切比雪夫多项式进行经济变量的函数模拟，具有独特的优势。

1. 切比雪夫多项式的基函数

假设有一个 n（≥1）阶切比雪夫多项式，其自变量的定义域为 $x \in [-1, 1]$，那么组成它的基函数的通项表达式 $T_n(x) = cos(narccos(x))$ 就可以定义为：

$$T_{n+1}(x) = 2xT_n(x) - T_{n-1}(x) \qquad (1)$$

例如，当 $n=0, 1, 2, 3, 4$ 时，切比雪夫多项式的基函数为：

$$T_0(x) = 1 \qquad (2)$$

$$T_1(x) = x + 1 \qquad (3)$$

$$T_2(x) = 2x^2 - 1 \qquad (4)$$

$$T_3(x) = 4x^3 - 3x \qquad (5)$$

$$T_4(x) = 8x^4 - 8x^2 + 1 \qquad (6)$$

一个 n 阶切比雪夫多项式一般可以表示为：

$$f(x) = \alpha_0 + \alpha_1 T_1(x) + \cdots + \alpha_n T_n(x) \qquad (7)$$

切比雪夫多项式的根在其定义域 $x \in [-1, 1]$ 内具有均匀性分布特性。由于普通多项式的排列一般是以泰勒（Taylor）级数顺序排列，所以，切比雪夫多项式与泰勒级数之间是可以互相转化的。

```
import numpy as np
import pylab as pl
from numpy.polynomial import Polynomial, Chebyshev
for i in range(10):
print("T(",i,")", Chebyshev.basis(i).convert(kind = Polynomial))
T(0) poly([1.])
T(1) poly([0.  1.])
T(2) poly([-1.  0.  2.])
T(3) poly([0.  -3.  0.  4.])
T(4) poly([1.  0.  -8.  0.  8.])
T(5) poly([0.  5.  0.  -20.  0.  16.])
T(6) poly([-1.  0.  18.  0. -48.  0.  32.])
T(7) poly([0.  -7.  0.  56.  0.  -112.  0.  64.])
T(8) poly([1.  0.  -32.  0.  160.  0. -256.  0.  128.])
T(9) poly([0.  9.  0. -120.  0.  432.  0. -576.  0.  256.])
```

(1) 切比雪夫多项式是一个正交多项式，以上是 0 至 9 阶切比雪夫多项式的基函数。

(2) 一般地，任何一个 n 阶多项式都可以表示为多个切比雪夫多项式基函数的线性组合。

(3) Chebyshev.basis (i)，表示获得一个 i 阶的切比雪夫多项式基函数。

(4) convert (kind = Polynomial)，把一个切比雪夫多项式转换成 Polynomial 多项式，从低阶往高阶排列。

(5) [-1., 1.], [-1., 1.] 是切比雪夫多项式基函数的定义域和值域。

这里要特别注意：切比雪夫多项式转化为 poly 多项式之后，阶数是从低到高；而 poly1d 多项式的阶数是从高到低。

由于切比雪夫多项式来源于三角函数的正弦和余弦函数，所以，其基函数也表现为正弦和余弦三角函数的特征。

```
import numpy as np
import pylab as pl
from numpy.polynomial import Polynomial, Chebyshev
pl.close("all")
x = np.linspace(-1, 1, 1000)
for i in range(10):
    ax = pl.plot(x, Chebyshev.basis(i)(x), lw = 1, label = "$T_%d$" % i)
pl.plot(x, 0 * x, lw = 1)
pl.ylim(-1.5, 1.5)
pl.legend(loc = 'upper center', bbox_to_anchor = (0.5, 1.08),ncol = 5, fancybox = 
True);
```

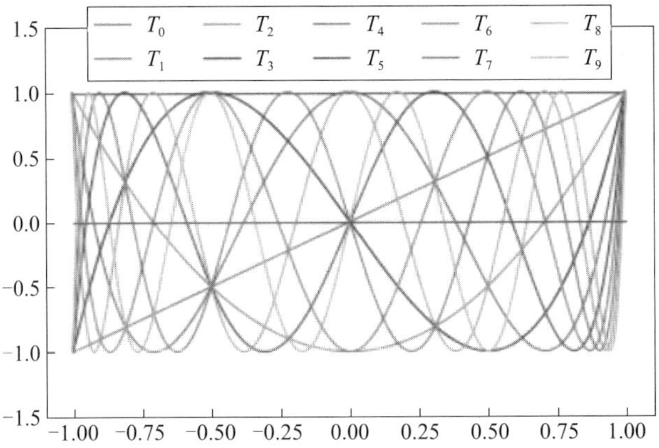

(1) 由于切比雪夫多项式脱胎于三角函数，所以，它们的图形与三角函数特别相似。
(2) 每个 n 阶切比雪夫多项式都有 n 个实数根，这是一般多项式所不具备的特征。
(3) 切比雪夫多项式基函数的定义域与值域一致，都是 [-1, 1]。

显然，切比雪夫多项式的基函数所呈现的正弦和余弦函数特征非常清晰。

2. 将切比雪夫多项式转换为一般多项式

由于一般普通多项式比较常见，所以，为了易于表达和理解，多数情况下，我们习惯于将切比雪夫多项式转化为普通多项式。

```
n = 6
for i in range(n - 1, n):
    T = Chebyshev.basis(i)
    c = T.convert(kind = Polynomial)
    print("T[", i,"] = ", T)
    print("c[", i,"] = ", c, " \n")
T[5] = cheb([0. 0. 0. 0. 0. 1.])
c[5] = poly([0. 5. 0. -20. 0. 16.])
```

(1) T = Chebyshev.basis (i)，表示 i 阶切比雪夫多项式。
(2) c = T.convert (kind = Polynomial)，将切比雪夫多项式转换成普通多项式。
(3) i 阶切比雪夫多项式被表示成了普通多项式。

这里，定义了一个 5 阶切比雪夫多项式的基函数 Chebyshev. basis (5)，表达式为

$$T_5(x) = 0T_0(x) + 0T_1(x) + 0T_2(x) + 0T_3(x) + 0T_4(x) + 1T_5(x) \tag{8}$$

$$c_5(x) = T_5(x) = 0x^0 + 5x^1 + 0x^2 - 20x^3 + 0x^4 + 16x^5 \tag{9}$$

由于今后会用到，所以这里要特别说明如何阅读以数组形式表示的多项式。

3. 多项式自变量区间之间的转换

由于切比雪夫多项式的基本函数 T_n (x) 的自变量 $x \in$ [-1, 1]，当一个变量 t 的

取值区间与变量 x 的取值区间不一致时，则如果要使用切比雪夫多项式，就必须将变量 t 的取值区间转化为适合切比雪夫多项式基本函数定义域要求的区间。

例如，假设我们已经知道 1989—2018 年的数据，则时间区间 $t\in[1989, 2018]$ 就是回归样本区间，也就是回归样本窗口。在进行预测分析时，必须注意预测区间与回归样本区间之间的不同。回归样本区间是具有实际数据来源的样本区间；预测区间是没有实际数据来源的区间。二者的时间顺序不同，研究对象目的也不同。

如果希望得到 2019—2030 年的预测数据，则时间区间 $t\in[2019, 2030]$ 就是回归预测区间，也就是回归预测窗口。

假设回归数据样本窗口为 $t\in[t_a, t_b]$，预测窗口为 $t\in[t_b+1, T_c]$，那么，全样本窗口则为 $t\in[t_a, t_b]\cup[t_b+1, T_c]$，因此，全样本窗口情况下，当 $\forall t\in[t_a, t_b]\cup[t_b+1, T_c]$，切比雪夫多项式自变量 $\forall x\in[-1, 1]$，它们之间的转换关系就是：

$$x=\frac{2(t-t_a)}{T_c-t_a}-1 \tag{10}$$

$$t=\frac{(T_c-t_a)}{2}(x+1)+t_a \tag{11}$$

两个区间之间的相互变换非常重要，不仅决定了以切比雪夫多项式来拟合要预测的时间变量的回归样本窗口的大小，而且决定了输出结果的正确性。那么，当：

$$x_b=\frac{2(t_b-t_a)}{T_c-t_a}-1 \tag{12}$$

$$x_{b+1}=\frac{2(t_b+1-t_a)}{T_c-t_a}-1 \tag{13}$$

则对于切比雪夫多项式来说，其回归样本窗口就是 $x\in[-1, x_b]$，其预测样本窗口就是 $x\in[x_{b+1}, 1]$。很显然，切比雪夫多项式的定义域 $x\in[-1, 1]$，完全是建立在全窗口区间 $t\in[t_a, T_c]$ 基础上的。这一点，是我们进行这类应用程序回归拟合与预测的关键。如果自变量区间没有区分清楚，那么，正确拟合与预测将都是不可能的。

4. 切比雪夫多项式的根

以切比雪夫多项式基函数为自变量，很容易建立单一变量的回归模型。特别是对于具有时间序列特性的经济变量，关于时间序列的回归模型，就可以转化为关于切比雪夫多项式的回归模型。

假设有 n 个切比雪夫多项式基函数 $T_0(x)$，$T_1(x)$，…，$T_n(x)$，将作为回归函数的自变量，因变量为 Y，每个变量有 m 个分量。那么，如果回归系数变量为 β_0，β_1，…，β_n，则对于任意的第 $i\in\{1, 2, \cdots, m\}$ 个元素，如果随机误差项为 ε_i，其线性回归模型为：

$$y_i = \beta_0 T_0(x_i) + \beta_1 T_1(x_i) + \beta_2 T_2(x_i) + \cdots + \beta_n T_n(x_i) + \varepsilon_i \tag{14}$$

这里，n 为自由度。假设误差项满足正态分布：

$$E(\varepsilon_i) = 0,\ Var(\varepsilon_i) = \sigma^2,\ Cov(\varepsilon_i, \varepsilon_j) = 0,\ \forall i,j \in \{1,2,\cdots,m\},\ i \neq j \tag{15}$$

这种线性模型，完全可以按照 OLS 最小二乘法来求解回归系数。事实上，由于 $T_n(x)$是变量 1，x，x^2，…，x^n 的多项式，所以，以切比雪夫多项式基本函数表达式 $T_0(x)$，$T_1(x)$，$T_2(x)$，…，$T_n(x)$ 作为自变量的回归模型，本质上是以自变量 x 的一个 n 阶多项式作为回归模型的。

```
import numpy as np
import matplotlib.pyplot as plt
from numpy.polynomial import Polynomial, Chebyshev
N = 20
R = np.arange(N, dtype = np.float64)
x = np.arange(N, dtype = np.float64)
x = np.linspace(-1, 1, N)
plt.close("all")
fig = plt.figure(figsize = (7,3))
ax = plt.subplot(111)
for i in range(N):
    R[i] = Chebyshev.basis(N).roots()[i]
    R[i] = np.int32(R[i] * 10000)/10000
    ax = plt.plot(x[i], R[i], "ro-", lw = 1)
plt.xlabel("x")
plt.ylabel("roots")
plt.title("Roots of Chebyshev basis (20)")
```

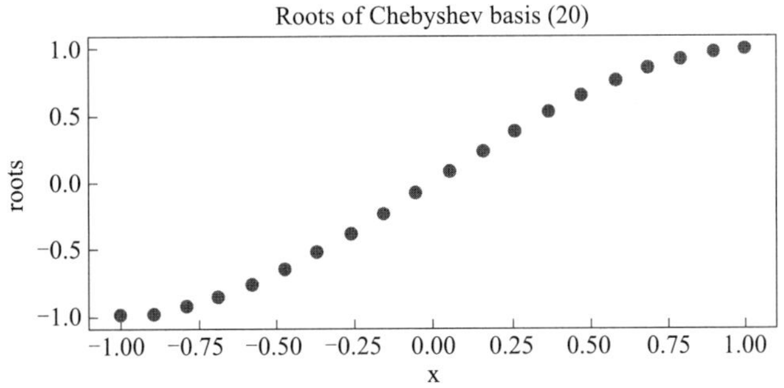

很显然，切比雪夫多项式的根在区间 [-1, 1] 之内是均匀分布的。这是一个很好的性质，在时间序列预测中，就可以使用切比雪夫多项式的根作为自变量。

5. 切比雪夫多项式的拟合

研究切比雪夫多项式的目的，主要是希望在科学计算时，能够找到拟合精度比较高的多项式函数形式。与一般多项式相比，当多项式的阶数逐渐增高时，切比雪夫多项式的收敛性是最好的。关于这一点，通过切比雪夫多项式与一般多项式之间精度比较，就可以看出来。

```
def f(x):
    return 1.0 / (1 + 25 * x ** 2)
n = 100
x1 = np.linspace(-1, 1, n)
x2 = Chebyshev.basis(n).roots()
c1 = Chebyshev.fit(x1, f(x1), n - 1, domain = [-1, 1])
c2 = Chebyshev.fit(x2, f(x2), n - 1, domain = [-1, 1])
c3 = np.polyfit(x1, f(x1), n - 1)
c4 = np.polyfit(x2, f(x2), n - 1)
xd = np.linspace(-1, 1, 200)
print("np.abs(c1(xd) - f(xd)).max() = ", np.abs(c1(xd) - f(xd)).max())
print("np.abs(c2(xd) - f(xd)).max() = ", np.abs(c2(xd) - f(xd)).max())
print("np.abs(np.polyval(c3, xd) - f(xd)).max() = ", np.abs(np.polyval(c3, xd) -
f(xd)).max())
print("np.abs(np.polyval(c4, xd) - f(xd)).max() = ", np.abs(np.polyval(c4, xd) -
f(xd)).max())
np.abs(c1(xd) - f(xd)).max() = 76.93620909248652
np.abs(c2(xd) - f(xd)).max() = 4.238602357986565e-09
np.abs(np.polyval(c3, xd) - f(xd)).max() = 79.51928075363588
np.abs(np.polyval(c4, xd) - f(xd)).max() = 0.00036657312004650944
```

(1) f (x) =1.0 /(1 +25 * x ** 2)，是一个有理函数，分母是一个多项式。

(2) n =100，是节点个数。

(3) x1 =np.linspace(-1, 1, n)，在 (-1, 1) 之间选取 n 个等距插值节点。

(4) x2 =Chebyshev.basis (n) .roots ()，取 n 阶切比雪夫函数的根，作为插值节点。

(5) c1 =Chebyshev.fit(x1, f(x1), n -1, domain = [-1, 1])，求取过点 ((x1, f (x1)) 的 Chebyshev.fit 拟合值函数。

(6) c2 =Chebyshev.fit(x2, f(x2), n -1, domain = [-1, 1])，求取过点 ((x2, f (x2)) 的 Chebyshev.fit 拟合值函数。

(7) c3 =np.polyfit (x1, f (x1), n -1)，求取过点 ((x1, f (x1)) 的 polyfit 拟合值函数。

(8) c4 =np.polyfit (x2, f (x2), n -1)，求取过点 ((x2, f (x2)) 的 polyfit 拟合值函数。

(9) 误差值结果：c2 < c4 < c1 < c3，与等距离样本点相比，以切比雪夫多项式的根作为插值点明显占优于普通多项式。

(10) 当阶数 n 较小时，结果并不是非常明显；n 越大，切比雪夫多项式精度越高。

(11) 这种拟合方法一般称作样条插值法，函数叫 interpolating spline function。

很显然，切比雪夫多项式的精度比一般多项式精度高；取切比雪夫多项式的根所得到的拟合多项式，其精度比取一般值情况下的多项式值精度更高。正因为切比雪夫多项式具有这两种特点，所以在本教材中得到了大量使用。

6. 切比雪夫多项式的精度

即使都是切比雪夫多项式，当以切比雪夫多项式的根作为样本点时，切比雪夫多项式的拟合精度仍然比取一般值情况下的多项式精度更高。通过，以切比雪夫多项式的根作为自变量值的切比雪夫多项式拟合精度比较，可以很清楚地看到这一点。

```
def f(x):
    return 1/(1 +15 * x ** 2)
n =15
x1 =np.linspace(-1, 1, n)
x2 =Chebyshev.basis(n).roots()
c1 =Chebyshev.fit(x1, f(x1), n -1, domain = [-1, 1])
c2 =Chebyshev.fit(x2, f(x2), n -1, domain = [-1, 1])
xd =np.linspace(-1, 1, 30)
pl.close("all")
fig, (ax1, ax2) =pl.subplots(1, 2, figsize = (8, 3))
ax1.plot(xd, f(xd), "-", label = "f(xd)")
ax1.plot(xd, c1(xd),"o", label = "c1(xd)")
ax1.legend(loc = "best")
ax2.plot(xd, f(xd), "-",label = "f(xd)")
ax2.plot(xd, c2(xd), "o", label = "c2(xd)")
ax2.legend(loc = "best")
```

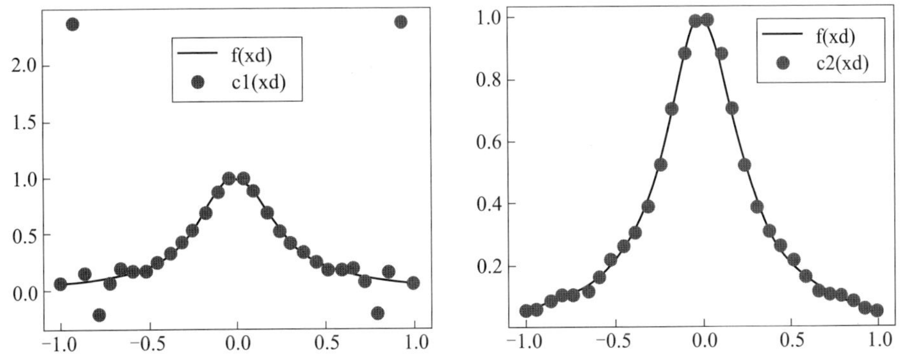

(1) x1 =np.linspace (-1, 1, n)，取普通值作为自变量。

(2) x2 =Chebyshev.basis(n).roots()，取切比雪夫多项式的根作为自变量。

(3) c1 =Chebyshev.fit (x1, f (x1), n -1, domain = [-1, 1])，以 x1 作为自变量的拟合函数。

(4) c2 =Chebyshev.fit (x2, f (x2), n -1, domain = [-1, 1])，以 x2 作为自变量的拟合函数。

可以看出，以切比雪夫多项式的根作为自变量取值，其拟合精度主要表现为在定义域的初始值取值部分和定义域的末尾值取值部分具有较好的拟合精度。或者说，以切比雪夫多项式的根作为自变量的拟合函数，其在自变量的边界部分的函数值具有很好的拟合度，这也是其他函数所不具备的特点。

这种情况相当普遍。例如，对于一国 COVID－19 确诊人数的预测，由于初期确诊人数变化很频繁，往往数据小，跳跃性大，不易捕捉，一般多项式较难精确拟合，但切比雪夫多项式拟合精度就更好，特别是对于初期数据的拟合。

第二节　实际 GDP 及其累积增长指数

由于切比雪夫多项式具有比一般多项式更好的性质，所以本节主要使用切比雪夫多项式进行拟合及预测分析。通过世界银行网站 https：//data. worldbank. org/，我们下载了 G20 国家的经济数据。假设 $i=CHN$ 表示中国，$i=USA$ 表示美国。样本数据时间区间为 1989—2018 年。我们的目的是要预测 2019—2030 年期间，G20 国家的实际 GDP 值、人均实际 GDP 值、实际 GDP 增长率值以及人均实际 GDP 增长率值。

1. 实际 GDP 增长指数

假设$GDP_Nominal_{i,t}$表示 G20 经济体中第 i 个经济体在年度 t 时的名义国内生产总值。

假设$GDP_Deflator_{i,t}$表示第 i 个经济体在年度 t 时的 GDP 价格缩减指数，基年为上年。

那么，第 i 个经济体在年度 t 时的实际国内生产总值$GDP_Real_{i,t}$就可以表示为：

$$GDP\_Real_{i,t}=\frac{GDP\_Nominal_{i,t}}{GDP\_Deflator_{i,t}} \tag{16}$$

这里，$GDP_Deflator_{i,t}$必须是以指数形式表示的通胀率指数。例如，2018 年中国的以 GDP 缩减指数表示的通货膨胀率为 2. 44%，它以百分数形式表示；那么，以指数形式表示的 GDP 缩减指数就是 1. 0244，它以指数 1 形式表示。

2. GDP 人均名义值与人均实际值

假设$Total_Population_{i,t}$表示第 i 个经济体在年度 t 时的人口总数。

假设$GDP_Nominal_PerCapita_{i,t}$表示第 i 个经济体在年度 t 时的人均名义 GDP 值。

假设$GDP_Real_PerCapita_{i,t}$表示第 i 个经济体在年度 t 时的人均实际 GDP 值。

那么，第 i 个经济体在年度 t 时的人均名义国内生产总值就可以表示为：

$$GDP\_Nominal\_PerCapita_{i,t}=\frac{GDP\_Nominal_{i,t}}{Total\_Population_{i,t}} \tag{17}$$

而且，第 i 个经济体在年度 t 时的人均实际国内生产总值就可以表示为：

$$GDP\_Real\_PerCapita_{i,t} = \frac{GDP\_Nominal\_PerCapita_{i,t}}{GDP\_Deflator_{i,t}} \tag{18}$$

3. GDP 累积实际增长指数

假设$GDP_Real_GrowthIndex_{i,t}$表示第 i 个经济体在年度 t 时的实际 GDP 增长指数。例如，2018 年，中国的实际 GDP 增长率为 6.6%，则其增长指数为 1.066。

假设$GDP_RealCumulativeGrowthIndex_{i,t}$表示第 i 个经济体在年度 t 时的累积实际 GDP 增长指数。对于$\forall t \in [a, b]$，它满足如下关系式：

$$GDP\_Real\_GrowthIndex_{i,t} = \frac{GDP\_RealCumulativeGrowthIndex_{i,t}}{GDP\_RealCumulativeGrowthIndex_{i,t-1}} \tag{19}$$

$$GDP\_RealCumulativeGrowthIndex_{i,a} = GDP\_Real\_GrowthIndex_{i,a} \tag{20}$$

例如，中国 1989—1992 年的实际 GDP 增长率分别为 4.19%、3.91%、9.29%、14.22%；因而，1989—1992 年的实际 GDP 增长指数就分别为 1.0419、1.0391、1.0929、1.1422；那么，与之相适应，以 1989 年作为基年：

1989 年的累积实际 GDP 增长指数则为 1.0419；

1990 年的累积实际 GDP 增长指数则为 1.0419 × 1.0391 = 1.0826；

1991 年的累积实际 GDP 增长指数则为 1.0826 × 1.0929 = 1.1832；

1992 年的累积实际 GDP 增长指数则为 1.1832 × 1.1422 = 1.3514。

之所以要求累积实际 GDP 增长指数，主要有两个原因：

一是像实际 GDP 增长指数这种经济变量，都具有一定的周期性特点，它的增长都是在以前年度增长基础上的增长，具有一定的累积效果。许多关于时间序列的研究，例如 AR 自相关模型、MA 移动平均模型、ARMA 自相关移动平均模型、ARDL 自相关分布滞后模型、VAR 向量自回归模型等，已经证明实际 GDP 增长指数和 GDP 增长率缩减指数都具有显著的粘性即滞后性。我们使用累积实际 GDP 增长指数这个概念，可以很好地表现这种滞后性特征。

二是像 GDP 实际增长指数这种经济变量，在预测上往往具有一定的难度。一般的时间序列模型，例如 ARMA、ARDL、VAR 等，在引入预测模型时，都仅仅在短期内有效，比如 1-2 年，中长期预测非常不容易。但是，对于 GDP 累积实际增长指数来说，其变化趋势在长期内更加明显，预测则要稍微容易一些。

如果我们能够预测到时间 $t+1$ 时的累积实际 GDP 增长指数，那么，自然就可以计算出时间 $t+1$ 时的实际 GDP 增长指数：

$$GDP\_Real\_GrowthIndex_{i,t+1} = \frac{GDP\_RealCumulativeGrowthIndex_{i,t+1}}{GDP\_RealCumulativeGrowthIndex_{i,t}} \tag{21}$$

4. GDP 人均实际增长指数

GDP 累积增长指数概念对于人均值也是有效的。假设$GDP_RealPerCapita_Index_{i,t}$表示第 i 个经济体在年度 t 时的 GDP 人均实际增长指数。

假设$GDP_RealPerCapita_CumulativeIndex_{i,t}$表示第 i 个经济体在年度 t 时的 GDP 累积

人均实际增长指数。对于 $\forall t \in [a, b]$，它满足如下关系式：

$$GDP\_RealPerCapita\_Index_{i,t} = \frac{GDP\_RealPerCapita\_CumulativeIndex_{i,t}}{GDP\_RealPerCapita\_CumulativeIndex_{i,t-1}} \tag{22}$$

$$GDP\_RealPerCapita\_CumulativeIndex_{i,a} = GDP\_RealPerCapita\_Index_{i,a} \tag{23}$$

如果我们能够预测到时间 $t+1$ 时的 GDP 累积人均实际增长指数，那么，自然就可以计算出时间 $t+1$ 时的 GDP 人均实际增长指数：

$$GDP\_RealPerCapita\_Index_{i,t+1} = \frac{GDP\_RealPerCapita\_CumulativeIndex_{i,t+1}}{GDP\_RealPerCapita\_CumulativeIndex_{i,t}} \tag{24}$$

这些概念看似简单，实则非常有用。实际上，对于各种与时间相关的增长型经济变量来说，都是有效的，都可以采取这种方式来分析。

第三节　中美两国 GDP 样本数据

应用 Python 程序，往往需要对于数据进行前期处理，Excel、Notebook、Matlab、Eviews 等都是有效的数据处理方法。Python 程序导入、导出数据类型，主要有两个类型的文件，即 xls 文件和 txt 文本文件。

1. 样本数据预处理为 Excel 文件

因为 Python 语言的二维数组与 Excel 表单形式基本一致，所以，先将数据处理成 Excel 表单形式。由于数组的列是从 0 算起，所以，按列标出 0，1，2，3，4，5，6 共 7 列排序，方便将来按列读取数据时，知道序数与列的对应关系。数据详见表 7－1。

表 7－1　中国（CHN）和美国（USA）1989—2018 年 GDP 名义总值和人均值以及 GDP 增长率缩减指数

Country	CHN	CHN	CHN	USA	USA	USA
0	1	2	3	4	5	6
Year	GDPcurrent (US $)	GDPdeflator	GDPpercurrent	GDPcurrent (US $)	GDPdeflator	GDPpercurrent
1989	347768051312	8.62	311	5641580000000	3.92	22857
1990	360857912566	5.72	318	5963144000000	3.74	23889
1991	383373318084	6.68	333	6158129000000	3.38	24342
1992	426915712711	8.20	366	6520327000000	2.28	25419
1993	444731282437	15.20	377	6858559000000	2.37	26387
1994	564324670006	20.60	473	7287236000000	2.14	27695
1995	734547898221	13.67	610	7639749000000	2.10	28691
1996	863746717504	6.50	709	8073122000000	1.83	29968
1997	961603952952	1.62	782	8577554463000	1.72	31459
1998	1029043097554	-0.89	829	9062818211000	1.13	32854

续表

Country	CHN	CHN	CHN	USA	USA	USA
0	1	2	3	4	5	6
Year	GDPcurrent (US $)	GDPdeflator	GDPpercurrent	GDPcurrent (US $)	GDPdeflator	GDPpercurrent
1999	1093997267271	-1.27	873	9630664202000	1.44	34514
2000	1211346869605	2.06	959	10252345464000	2.24	36335
2001	1339395718865	2.04	1053	10581821399000	2.19	37133
2002	1470550015082	0.60	1149	10936419054000	1.58	38023
2003	1660287965663	2.61	1289	11458243878000	1.86	39496
2004	1955347004963	6.95	1509	12213729147000	2.69	41713
2005	2285965892361	3.90	1753	13036640229000	3.11	44115
2006	2752131773355	3.93	2099	13814611414000	3.03	46299
2007	3550342425238	7.75	2694	14451858650000	2.69	47976
2008	4594306848763	7.79	3468	14712844084000	1.95	48383
2009	5101702432883	-0.21	3832	14448933025000	0.76	47100
2010	6087164527421	6.88	4550	14992052727000	1.17	48467
2011	7551500425598	8.08	5618	15542581104000	2.09	49883
2012	8532230724142	2.34	6317	16197007349000	1.92	51604
2013	9570405758740	2.16	7051	16784849190000	1.75	53107
2014	10438529153238	0.79	7651	17521746534000	1.89	55033
2015	11015542352469	0.06	8033	18219297584000	1.07	56803
2016	11137945669351	1.07	8079	18707188235000	1.09	57904
2017	12143491448186	3.88	8759	19485393853000	1.90	59928
2018	13608151864638	2.93	9771	20544343456937	2.44	62795

为方便 Python 程序调用，Excel 文件名定义为 GDP_ CHNUSA. xls。表单中：GDPcurrent 表示以现值计价的 GDP 名义值，GDPdeflator 表示以上年为基年的 GDP 增长率缩减指数，GDPpercurrent 表示以现值计价的 GDP 人均名义值。Excel 文件一般可以直接导入 Python 程序。

2. 样本数据预处理为文本文件

为了方便起见，Python 程序也可以直接调用文本文件。

对于以上 Excel 文件，也可以转化为文本文件格式保存，便于 Python 程序调用。例如，文本文件的文件名可以定义为 GDP_ CHNUSA. txt。

数据在文本文件中的存放形式与 Excel 文件一致，所不同的是有两点：一是文本文件中，表头部分前面要加上#号，表示读取数据时不被读出。二是文本文件中没有划线，数字之间的分隔符为空格。这样处理之后，在读取数据时，就可以直接读 txt 文本。

我们比较喜欢使用文本文件。之所以要直接读取 txt 文档，而不是 Excel 文档，主要是因为在程序测试过程中，标识较为简单，例如加上#号等。

第四节 中国总体和人均实际 GDP 预测

由于中国的标记为 CHN，数据排列在 txt 表中第 1、2、3 列，所以，我们以中国数据为例来解释。

1. 读取数据并准备变量

这里，我们使用 txt 文本文件。

第一，读取并且处理数据。

```
data = np.loadtxt("G20GDP/GDP_CHNUSA.txt")
R = data[:,0]
GDPcurrent = data[:,1]
GDPdeflator = 1 + (data[:,2]/100)
GDPpercurrent = data[:,3]
GDPreal = GDPcurrent/GDPdeflator
GDPrealpercap = GDPpercurrent/GDPdeflator
T = R
y1 = GDPreal
y2 = GDPrealpercap
```

(1) data = np.loadtxt("G20GDP/GDP_CHNUSA.txt")，读取相对目录文件 GDP_CHNUSA.txt，赋值给数组 data。

(2) R = data [:, 0]，将数组 data 的第 0 列赋值给变量 R，表示年份。

(3) GDPcurrent = data[:,1]，将数组 data 的第 1 列赋值给变量 GDPcurrent，表示现值名义 GDP。

(4) GDPdeflator = 1 + (data [:, 2] /100)，将数组 data 第 2 列赋值给变量 GDPdeflator，转化为指数形式。

(5) GDPpercurrent = data [:, 3]，将数组 data 的第 3 列赋值给变量 GDPpercurrent，现值人均名义 GDP。

(6) GDPreal = GDPcurrent/GDPdeflator，计算以上年为基年的实际 GDP 值。

(7) GDPrealpercap = GDPpercurrent/GDPdeflator，计算以上年为基年的人均实际 GDP 值。

(8) T = R，定义回归窗口年度变量为 T。

(9) y1 = GDPreal，定义回归窗口实际 GDP 值变量为 y1。

(10) y2 = GDPrealpercap，定义回归窗口人均实际 GDP 值变量为 y2。

读取数据、准备变量非常重要。这里实际上是要建立两个回归模型：

第一个回归模型因变量：y1。

第二个回归模型因变量：y2。

2. 时间区间相互转换

因为要用到切比雪夫多项式，所以，要把时间变量转化为切比雪夫自变量。

```
n = np.size(R)
a = R[0]
c = R[n - 1]
b = 2030
N = np.int(b - a + 1)
t0 = 2 * (T - a)/(b - a) - 1
T0 = (t0 + 1) * (b - a)/2 + a
td = np.linspace(-1, 1, N, dtype = np.float64)
TD = (td + 1) * (b - a)/2 + a
```

(1) n = np.size (R)，定义回归样本空间的窗口大小。

(2) a = R [0]，定义样本回归窗口时间区间的左端点。

(3) c = R [n - 1]，定义样本回归窗口时间区间的右端点。

(4) b = 2030，定义预测窗口时间区间的右端点。

(5) N = np.int (b - a + 1)，定义全窗口空间大小。

(6) t0 = 2 * (T - a) / (b - a) - 1，为回归窗口切比雪夫多项式定义自变量。

(7) T0 = (t0 + 1) * (b - a)/2 + a，将回归窗口切比雪夫多项式定义自变量转变为年份。

(8) td = np.linspace (- 1, 1, N, dtype = np.float64)，为全窗口切比雪夫多项式定义自变量。

(9) TD = (td + 1) * (b - a)/2 + a，将全窗口切比雪夫多项式定义自变量转换为年份。

这里，N = np. int (b - a + 1)，表示采用整数形式。全窗口包括样本区间和预测区间。

3. 切比雪夫多项式拟合方程

切比雪夫多项式拟合，包括 y_1 和 y_2。

```
deg1 = 2
deg2 = 2
c1 = Chebyshev.fit(t0, y1, deg1, domain = [-1, 1])
c11 = c1.convert(kind = Polynomial)
y1_value = c1(td)
print(c1)
print(c11)
c2 = Chebyshev.fit(t0, y2, deg2, domain = [-1, 1])
c22 = c2.convert(kind = Polynomial)
y2_value = c2(td)
print(c2)
```

```
print(c22)
cheb([1.07e+13  1.48e+13  5.01e+12])
poly([5.66e+12  1.48e+13  1.00e+13])
cheb([ 7717.44  10570.27  3526.43])
poly([ 4191.01  10570.27  7052.86])
```

(1) deg1 =2，定义拟合方程 1 的阶数，因变量是 y1 =GDPreal，表示实际 GDP 值。

(2) deg2 = 2，定义拟合方程 2 的阶数，因变量是 y2 = GDPrealpercap，表示人均实际 GDP 值。

(3) c1 =Chebyshev.fit (t0, y1, deg1, domain = [-1, 1])，建立切比雪夫多项式，系数数组为 c1。

(4) c11 = c1.convert (kind = Polynomial)，将切比雪夫多项式 c1 转换为一般多项式 c11。

(5) y1_value =c1 (td)，计算实际 GDP 预测值。

(6) c2 =Chebyshev.fit (t0, y2, deg2, domain = [-1, 1])，建立切比雪夫多项式，系数数组为 c2。

(7) c22 = c2.convert (kind = Polynomial)，将切比雪夫多项式 c2 转换为一般多项式 c22。

(8) y2_value =c2 (td)，计算人均实际 GDP 预测值。

到这里，我们就建立了两个切比雪夫多项式：

$$y_1 = 1.07 \times 10^{13} T_0(x) + 1.48 \times 10^{13} T_1(x) + 5.01 \times 10^{12} T_2(x) \tag{25}$$

$$y_2 = 7717.44 T_0(x) + 10570.27 T_1(x) + 3526.43 T_2(x) \tag{26}$$

如果用普通多项式表示，则可以表示为：

$$y_1 = 5.66 \times 10^{12} + 1.48 \times 10^{13} x + 1.00 \times 10^{13} x^2 \tag{27}$$

$$y_2 = 4191.01 + 10570.27x + 7052.86x^2 \tag{28}$$

在上述模型中，如果改变变量 deg1 或 deg2 的大小，则意味着改变多项式的阶数。通过尝试不同阶数，我们发现二阶多项式较为切合该问题的解。

4. 输出拟合图

至此，样本数据与预测数据，都可以表示在图形中。

```
pl.close("all")
plt.figure(figsize = (8, 2))
ax1 =plt.subplot(121)
ax1.plot(T0,y1,"* - ",label = "Sample Curve")
ax1.plot(TD,y1_value, "r - ",label = "Fitted Curve")
ax1.set_xlabel("Year", fontsize =10)
ax1.set_ylabel("China", fontsize =10)
ax1.legend(loc = "best")
ax1.set_title("Total GDP")
ax2 =plt.subplot(122)
```

```
ax2.plot(T0,y2,"* - ",label = "Sample Curve")
ax2.plot(TD,y2_value, "r - ",label = "Fitted Curve")
ax2.set_xlabel("Year", fontsize =10)
ax2.set_ylabel("China", fontsize =10)
ax2.legend(loc = "best")
ax2.set_title("GDP Per Capita")
plt.subplots_adjust(left =0.08, right =0.98, bottom =0.05, top =0.9, hspace =
0.5, wspace =0.3)
```

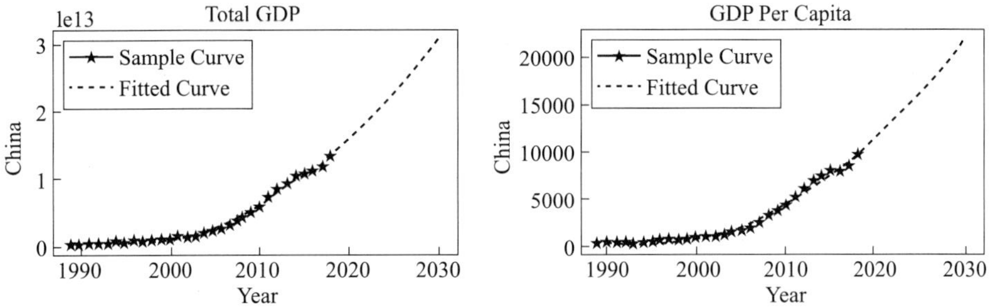

(1) ax1 =plt.subplot (121)，子图 1，显示实际 GDP 拟合曲线。
(2) ax1.plot(T0, y1, "o - ", label = "Sample Curve")，在回归区间显示样本曲线。
(3) ax1.plot(TD, y1_value, "r - ", label = "Fitted Curve")，在全区间显示拟合曲线。
(4) ax2 =plt.subplot (122)，子图 2，显示人均实际 GDP 拟合曲线。
(5) ax2.plot(T0, y2, "o - ", label = "Sample Curve")，在回归区间显示样本曲线。
(6) ax2.plot(TD, y2_value, "r - ", label = "Fitted Curve")，在全区间显示拟合曲线。

可以看出，两条曲线的拟合效果都很好。主要表现在样本区间内两条曲线重合度很高。

关于拟合效果的检测，这里将不再讨论。实际上，Eviews 等统计软件对此都有很好的处理方式，例如 t 检验、可决系数、误差率等。本书后面的举例将再做介绍。

5. 输出数据表单

报表输出有利于预测结果呈现，也为形成报告提供了条件。

```
A =np.arange(N,dtype =np.float64)
B1 =np.arange(N,dtype =np.float64)
B2 =np.arange(N,dtype =np.float64)
i =0
while(i <n):
    A[i] =R[i]
    B1[i] =y1[i]
    B2[i] =y2[i]
    i =i  +1
while(i <N and i >n -1):
```

```
        A[i] = i + a
        B1[i] = i + a
        B2[i] = i + a
        i = i  +1
    r1 = [A, B1, y1_value, B2, y2_value ]
    r1 = pd.DataFrame(r1, index = ['Year', 'TotalRealGDP', 'TotalRealGDPPre', 'RealGDP-
PerCapita', 'RealGDPPerCapitaPre']).T
    result = np.round(r1, 2)
    result.to_excel('G20GDP/CHN_GDP2030.xls')
    result
```

(1) A = np.arange (N, dtype = np.float64)，定义具有 N 个元素的数组 A，用于存放年份。

(2) B1 = np.arange (N, dtype = np.float64)，定义具有 N 个元素的数组 B1，用于存放总的实际 GDP 原值。

(3) B2 = np.arange (N, dtype = np.float64)，定义具有 N 个元素的数组 B2，用于存放人均实际 GDP 原值。

(4) while (i < n)，第一个循环语句，用于样本窗口变量的数据赋值。

(5) while (i < N and i > n - 1)，第二个循环语句，用于预测窗口变量的数据赋值。

(6) r1 = [A, B1, y1_value, B2, y2_value]，建立二维数组 r1，并且定义 5 个列向量。

(7) r1 = pd.DataFrame (r1, index = []) .T，为数组 r1 定义数据架构，雷同表头形式。

(8) result = np.round (r1, 2)，将 r1 数组值赋值给变量 result，取 2 位小数。

(9) result.to_excel ('G20GDP/CHN_GDP2030.xls')，将 result 结果输出到 Excel 表中。

这里使用了 while 循环语句。While 判断条件：代码块。while 循环结构要求，当条件语句满足某个判断条件的时候，就循环执行某个代码块，直到条件不满足即退出循环为止。

因为 Excel 表格形式是最容易查看的表单形式，也便于后续处理，所以，我们就将预测结果输出为 CHN_ GDP2030. xls。

在当前运行目录 G20GDP/CHN_ GDP2030. xls 下，打开 Excel 文件。数据详见表 7 - 2。

表 7 - 2　中国 1989—2030 年总体和人均实际 GDP 预测值 Excel 表单格式　单位：US $

Number	Year	TotalRealGDP	TotalRealGDPPre	RealGDPPerCapita	RealGDPPerCapitaPre
0	1989	320169445141	913070542097	286	674
1	1990	341333628988	679352523239	301	518
2	1991	359367564758	493344829154	312	396
3	1992	394561656849	355047459844	339	307
4	1993	386051460449	264460415307	328	252
5	1994	467930903819	221583695544	393	231
6	1995	646210872016	226417300555	536	243
7	1996	811029781694	278961230340	666	289
8	1997	946274309144	379215484899	769	368
9	1998	1038283823584	527180064232	836	481

续表

Number	Year	TotalRealGDP	TotalRealGDPPre	RealGDPPerCapita	RealGDPPerCapitaPre
10	1999	1108069753136	722854968338	885	627
11	2000	1186896795616	966240197219	940	807
12	2001	1312618305434	1257335750874	1032	1021
13	2002	1461779339047	1596141629302	1142	1268
14	2003	1618056686154	1982657832504	1256	1549
15	2004	1828281444566	2416884360481	1411	1863
16	2005	2200159665410	2898821213231	1688	2211
17	2006	2648062901333	3428468390755	2020	2592
18	2007	3294981369131	4005825893053	2500	3007
19	2008	4262275581003	4630893720125	3218	3455
20	2009	5112438553847	5303671871971	3840	3937
21	2010	5695326092273	6024160348590	4258	4453
22	2011	6986954501848	6792359149984	5198	5002
23	2012	8337141610457	7608268276151	6172	5585
24	2013	9368055754444	8471887727093	6902	6201
25	2014	10356711135269	9383217502808	7591	6851
26	2015	11008936990275	10342257603298	8029	7535
27	2016	11020031334076	11349008028561	7993	8252
28	2017	11689922456860	12403468778598	8432	9002
29	2018	13220782924937	13505639853409	9493	9786
30	2019		14655521252994		10604
31	2020		15853112977353		11455
32	2021		17098415026485		12340
33	2022		18391427400392		13259
34	2023		19732150099073		14211
35	2024		21120583122527		15196
36	2025		22556726470755		16215
37	2026		24040580143758		17268
38	2027		25572144141534		18354
39	2028		27151418464084		19474
40	2029		28778403111408		20627
41	2030		30453098083506		21814

表中，中国总的实际 GDP 值变量 TotalRealGDP 在 2019—2030 年的取值实际为空，为便于标记，我们将年份赋值给它了；类似地，中国人均实际 GDP 值变量 RealGDPPerCapita 在 2019—2030 年的取值实际为空，为便于标记，我们将年份赋值给它了。这里，也不仅仅是为了便于标记，因为在定义数组时定义了数值型数组，所以，需要赋值为数值，如果为空则可能出错。这里为了便于查看，打印报表时，把年份删除掉了。

表中，中国总的实际 GDP 预测值变量 TotalRealGDPPre 在 1989—2030 年的取值都是回归模型的拟合值；类似地，中国人均实际 GDP 预测值变量 RealGDPPerCapitaPre 在 1989—2030 年的取值都是回归模型拟合值。

观察预测值，从总体上看，到 2019 年，中国的总体 GDP 实际值大约接近 15 万亿美元；到 2027 年，中国的总体 GDP 实际值将达到大约 25.6 万亿美元；到 2030 年，中国的总体 GDP 实际值将达到大约 30 万亿美元。

观察预测值，从人均上看，到 2019 年，中国的人均 GDP 实际值大约为 1 万美元；到 2027 年，中国的人均 GDP 实际值将达到大约 1.8 万美元；到 2030 年，中国的人均 GDP 实际值将达到大约 2.1 万美元。

第五节　美国总体和人均实际 GDP 预测

由于美国的标记为 USA，数据排列在 txt 表中第 4、5、6 列，所以，我们以美国数据为例来列出完整 Python 运行程序。

```
data = np.loadtxt("G20GDP/GDP_CHNUSA.txt")
R = data[:,0]
GDPcurrent = data[:,4]
GDPdeflator = 1 + (data[:,5]/100)
GDPpercurrent = data[:,6]
GDPreal = GDPcurrent/GDPdeflator
GDPrealpercap = GDPpercurrent/GDPdeflator
T = R
y1 = GDPreal
y2 = GDPrealpercap
n = np.size(R)
a = R[0]
c = R[n - 1]
b = 2030
N = np.int(b - a + 1)
t0 = 2 * (T - a)/(b - a) - 1
T0 = (t0 + 1) * (b - a)/2 + a
td = np.linspace( - 1, 1, N)
TD = (td + 1) * (b - a)/2 + a
deg1 = 2
deg2 = 2
c1 = Chebyshev.fit(t0,y1,deg1, domain = [ - 1, 1])
c11 = c1.convert(kind = Polynomial)
y1_value = c1(td)
print(c1)
print(c11)
c2 = Chebyshev.fit(t0,y2,deg2, domain = [ - 1, 1])
c22 = c2.convert(kind = Polynomial)
y2_value = c2(td)
```

```
print(c2)
print(c22)
pl.close("all")
plt.figure(figsize = (8, 2))
ax1 = plt.subplot(121)
ax1.plot(T0,y1,"* - ",label = "Sample Curve")
ax1.plot(TD,y1_value,"r - ",label = "Fitted Curve")
ax1.set_xlabel("Year",fontsize = 10)
ax1.set_ylabel("The United States",fontsize = 10)
ax1.legend(loc = "best")
ax1.set_title("Total GDP")
ax2 = plt.subplot(122)
ax2.plot(T0,y2,"* - ",label = "Sample Curve")
ax2.plot(TD,y2_value, "r - ",label = "Fitted Curve")
ax2.set_xlabel("Year", fontsize = 10)
ax2.set_ylabel("The United States", fontsize = 10)
ax2.legend(loc = "best")
ax2.set_title("GDP Per Capita")
plt.subplots_adjust(left = 0.08, right = 0.98, bottom = 0.05, top = 0.9, hspace = 
0.5, wspace = 0.3)
A = np.arange(N,dtype = np.float64)
B1 = np.arange(N,dtype = np.float64)
B2 = np.arange(N,dtype = np.float64)
i = 0
while(i < n):
    A[i] = R[i]
    B1[i] = y1[i]
    B2[i] = y2[i]
    i = i + 1
while(i < N and i > n - 1):
    A[i] = i + a
    B1[i] = i + a
    B2[i] = i + a
    i = i + 1
r1 = [A, B1, y1_value, B2, y2_value ]
r1 = pd.DataFrame(r1, index = ['Year', 'TotalRealGDP', 'TotalRealGDPPre', 'RealGDP-
PerCapita', 'RealGDPPerCapitaPre']).T
result = np.round(r1, 2)
result.to_excel('G20GDP/USA_GDP2030.xls')
result
cheb([1.56e + 13   1.13e + 13   8.44e + 11])
poly([1.48e + 13   1.13e + 13   1.69e + 12])
```

```
cheb([49011.72  28662.99   907.43])
poly([48104.29  28662.99  1814.87])
```

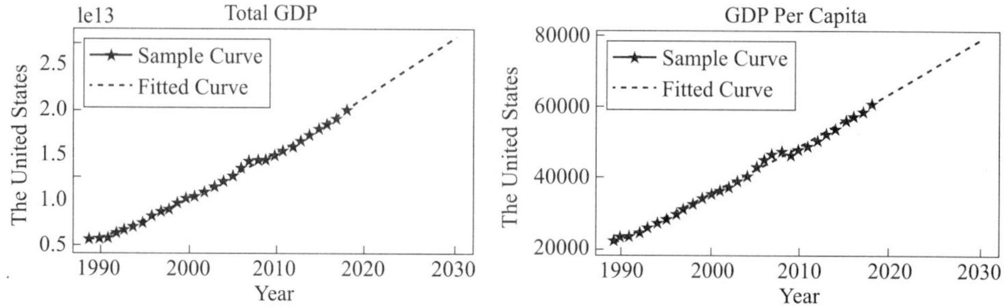

到这里，我们就建立了两个切比雪夫多项式。

$$y_1 = 1.56 \times 10^{13} T_0(x) + 1.13 \times 10^{13} T_1(x) + 8.44 \times 10^{11} T_2(x) \tag{29}$$

$$y_2 = 49011.72 T_0(x) + 28662.99 T_1(x) + 907.43 T_2(x) \tag{30}$$

如果用多项式表示，则可以表示为：

$$y_1 = 1.48 \times 10^{13} + 1.13 \times 10^{13} x + 1.69 \times 10^{12} x^2 \tag{31}$$

$$y_2 = 48104.29 + 28662.99x + 1814.87x^2 \tag{32}$$

在当前运行目录 G20GDP/ USA_ GDP2030. xls 下，打开 Excel 文件。详见表 7 - 3。

表 7 - 3　　美国 1989—2030 年总体和人均实际 GDP 预测值 Excel 表单格式　　单位：US $

	Year	TotalRealGDP	TotalRealGDPPre	RealGDPPerCapita	RealGDPPerCapitaPre
0	1989	5428772132410	5211347141458	21995	21256
1	1990	5748162714479	5600295835043	23027	22482
2	1991	5956789514413	5997282395128	23546	23716
3	1992	6374977512710	6402306821713	24852	24958
4	1993	6699774347954	6815369114798	25776	26210
5	1994	7134556491091	7236469274382	27115	27470
6	1995	7482614103820	7665607300467	28101	28738
7	1996	7928038888343	8102783193052	29429	30016
8	1997	8432515201534	8547996952137	30927	31302
9	1998	8961552665876	9001248577722	32487	32596
10	1999	9493951303233	9462538069806	34024	33899
11	2000	10027724436620	9931865428391	35539	35211
12	2001	10355045893923	10409230653476	36337	36532
13	2002	10766311334908	10894633745061	37432	37861
14	2003	11249012250147	11388074703145	38775	39198
15	2004	11893786295647	11889553527730	40620	40545
16	2005	12643429569392	12399070218815	42784	41900
17	2006	13408338749879	12916624776400	44937	43263
18	2007	14073287223683	13442217200484	46719	44636
19	2008	14431431176067	13975847491069	47457	46017
20	2009	14339949409488	14517515648154	46745	47406
21	2010	14818674238411	15067221671739	47906	48804
22	2011	15224391325301	15624965561823	48862	50211
23	2012	15891883191719	16190747318408	50631	51627
24	2013	16496166280098	16764566941493	52194	53051
25	2014	17196728367848	17346424431078	54012	54484
26	2015	18026414944098	17936319787162	56202	55925

续表

	Year	TotalRealGDP	TotalRealGDPPre	RealGDPPerCapita	RealGDPPerCapitaPre
27	2016	18505478519141	18534253009747	57280	57375
28	2017	19122074438665	19140224098832	58811	58834
29	2018	20055001422234	19754233054416	61299	60301
30	2019		20376279876501		61777
31	2020		21006364565086		63261
32	2021		21644487120170		64755
33	2022		22290647541755		66257
34	2023		22944845829840		67767
35	2024		23607081984425		69286
36	2025		24277356005509		70814
37	2026		24955667893094		72350
38	2027		25642017647179		73895
39	2028		26336405267763		75449
40	2029		27038830754848		77011
41	2030		27749294108432		78582

观察预测值，从总体上看，到 2019 年，美国的总体 GDP 实际值大约为 20 万亿美元；到 2027 年，美国的总体 GDP 实际值将达到大约 25.6 万亿美元；到 2030 年，美国的总体 GDP 实际值将达到大约 28 万亿美元。

从人均上看，到 2019 年，美国的人均 GDP 实际值大约为 6.1 万美元；到 2027 年，美国的人均 GDP 实际值将达到大约 7.4 万美元；到 2030 年，美国的人均 GDP 实际值将达到大约 7.8 万美元。

如果比较中美两国的总体实际 GDP 预测值，可以看出：大约到 2027 年，中国的总体实际 GDP 预测值将达到美国的整体水平，之后将超过美国；相反，中国的人均实际 GDP 值到 2030 年，将达到美国 1989 年的水平，大约为人均 2.1 万美元。

第六节 中美两国实际 GDP 增长预测

实际上，在有了最初的原始样本数据之后，其他来自原始数据的衍生数据都可以通过 Python 程序计算。但是，由于 Excel 对于处理一般加减乘除运算更加直接，所以，对于有些中间数据可以采用 Excel 方法。

1. 两国实际增长率及人均实际增长率数据准备

将需要在程序中调用的样本数据以 Excel 文件形式保存，文件名为 GDPGROWTH_ CHNUSA. xls。同名文本文件为 GDPGROWTH_ CHNUSA. txt，其数据格式与 Excel 文件一致，但数据之间以空格隔开，表头前面加#号。见表 7 -4。

表 7-4　　1989—2018 年中国和美国总体及人均实际 GDP 增长率　　单位：%

0	1	2	3	4
Country	CHN	CHN	USA	USA
Year	GDP_ growth	GDP_ growth_ PC	GDP_ growth	GDP_ growth_ PC
1989	4. 19	2. 60	3. 67	2. 70
1990	3. 91	2. 39	1. 89	0. 74
1991	9. 29	7. 81	-0. 11	-1. 43
1992	14. 22	12. 82	3. 52	2. 10
1993	13. 87	12. 57	2. 75	1. 41
1994	13. 05	11. 78	4. 03	2. 76
1995	10. 95	9. 75	2. 68	1. 47
1996	9. 93	8. 78	3. 77	2. 57
1997	9. 23	8. 12	4. 45	3. 20
1998	7. 84	6. 81	4. 48	3. 27
1999	7. 67	6. 74	4. 75	3. 56
2000	8. 49	7. 64	4. 13	2. 98
2001	8. 34	7. 56	1. 00	0. 00
2002	9. 13	8. 40	1. 74	0. 80
2003	10. 04	9. 35	2. 86	1. 98
2004	10. 11	9. 46	3. 80	2. 84
2005	11. 40	10. 74	3. 51	2. 56
2006	12. 72	12. 09	2. 85	1. 87
2007	14. 23	13. 64	1. 88	0. 91
2008	9. 65	9. 09	-0. 14	-1. 08
2009	9. 40	8. 86	-2. 54	-3. 39
2010	10. 64	10. 10	2. 56	1. 72
2011	9. 55	9. 03	1. 55	0. 82
2012	7. 86	7. 34	2. 25	1. 50
2013	7. 77	7. 24	1. 84	1. 14
2014	7. 30	6. 76	2. 45	1. 70
2015	6. 91	6. 36	2. 88	2. 13
2016	6. 74	6. 16	1. 57	0. 84
2017	6. 76	6. 16	2. 22	1. 56
2018	6. 57	6. 08	2. 93	2. 29

中国为 CHN，排列顺序为第 1 列，总体实际 GDP 增长率 GDP_ growth；第 2 列，人均实际 GDP 增长率 GDP_ growth_ PC。

美国为 USA，排列顺序为第 3 列，总体实际 GDP 增长率 GDP_ growth；第 4 列，人均实际 GDP 增长率 GDP_ growth_ PC。

2. 中国总体和人均实际 GDP 增长率预测

当使用 Chebyshev 多项式预测两国总体和人均实际 GDP 增长率时，程序是一致的。为了简单起见，我们先计算中国的总体和人均实际 GDP 增长率。

```
data = np.loadtxt("G20GDP/GDPGROWTH_ CHNUSA.txt")
```

```
R = data[:,0]
n = np.size(R)
GDPgrowth = data[:,1]
GDPgrowthpc = data[:,2]
GDPgrowth1 = np.ones((n))
GDPgrowthpc1 = np.ones((n))
GDPgrowth1[0] = 1 + GDPgrowth[0]/100
GDPgrowthpc1[0] = 1 + GDPgrowthpc[0]/100
for i in range(n - 1):
    GDPgrowth1[i + 1] = (GDPgrowth1[i]) * (1 + GDPgrowth[i + 1]/100)
    GDPgrowthpc1[i + 1] = (GDPgrowthpc1[i]) * (1 + GDPgrowthpc[i + 1]/100)
T = R
y1 = GDPgrowth1
y2 = GDPgrowthpc1
a = R[0]
c = R[n - 1]
b = 2030
N = np.int(b - a + 1)
t0 = 2 * (T - a)/(b - a) - 1
T0 = (t0 + 1) * (b - a)/2 + a
td = np.linspace(-1, 1, N)
TD = (td + 1) * (b - a)/2 + a
deg1 = 2
deg2 = 2
c1 = Chebyshev.fit(t0, y1, deg1, domain = [-1, 1])
c11 = c1.convert(kind = Polynomial)
y1_value = c1(td)
print(c1)
print(c11)
c2 = Chebyshev.fit(t0, y2, deg2, domain = [-1, 1])
c22 = c2.convert(kind = Polynomial)
y2_value = c2(td)
print(c2)
print(c22)
GDPgrowth2 = np.arange((N), dtype = np.float64)
GDPgrowthpc2 = np.arange((N), dtype = np.float64)
GDPgrowth2[0] = (y1_value[0] - 1) * 100
GDPgrowthpc2[0] = (y2_value[0] - 1) * 100
for i in range(N - 1):
    GDPgrowth2[i + 1] = (y1_value[i + 1]/y1_value[i] - 1) * 100
    GDPgrowthpc2[i + 1] = (y2_value[i + 1]/y2_value[i] - 1) * 100
GDPgrowth2[0] = GDPgrowth[0]
```

```
GDPgrowthpc2[0] = GDPgrowthpc[0]
pl.close("all")
plt.figure(figsize = (8,4))
ax1 = plt.subplot(221)
ax1.plot(T0,y1,"* - ",label = "Sample Curve")
ax1.plot(TD,y1_value, "r - ",label = "Fitted Curve")
ax1.set_xlabel("Year", fontsize = 10)
ax1.set_ylabel("China", fontsize = 10)
ax1.legend(loc = "best")
ax1.set_title("Cumulative Growth Rate of Total GDP")
ax2 = plt.subplot(222)
ax2.plot(T0,y2,"* - ",label = "Sample Curve")
ax2.plot(TD,y2_value, "r - ",label = "Fitted Curve")
ax2.set_xlabel("Year", fontsize = 10)
ax2.set_ylabel("China", fontsize = 10)
ax2.legend(loc = "best")
ax2.set_title("Cumulative Growth Rate of GDP per Capita")
ax3 = plt.subplot(223)
ax3.plot(T0,GDPgrowth,"* - ",label = "Sample C.")
ax3.plot(TD,GDPgrowth2, "r - ",label = "Fitted C.")
ax3.set_xlabel("Year", fontsize = 10)
ax3.set_ylabel("China", fontsize = 10)
ax3.legend(loc = "best")
ax3.set_title("Growth Rate of Total GDP")
ax4 = plt.subplot(224)
ax4.plot(T0,GDPgrowthpc,"* - ",label = "Sample C.")
ax4.plot(TD,GDPgrowthpc2, "r - ",label = "Fitted C.")
ax4.set_xlabel("Year", fontsize = 10)
ax4.set_ylabel("China", fontsize = 10)
ax4.legend(loc = "best")
ax4.set_title("Growth Rate of GDP per Capita")
plt.subplots_adjust(left = 0.08, right = 0.98, bottom = 0.05, top = 0.9, hspace = 
0.6, wspace = 0.25)
A = np.arange(N,dtype = np.float64)
B1 = np.arange(N,dtype = np.float64)
C1 = np.arange(N,dtype = np.float64)
D1 = np.arange(N,dtype = np.float64)
E1 = np.arange(N,dtype = np.float64)
B2 = np.arange(N,dtype = np.float64)
C2 = np.arange(N,dtype = np.float64)
D2 = np.arange(N,dtype = np.float64)
E2 = np.arange(N,dtype = np.float64)
```

```
i = 0
while(i < n):
    A[i] = R[i]
    B1[i] = GDPgrowth[i]
    C1[i] = GDPgrowth1[i]
    D1[i] = y1_value[i]
    E1[i] = GDPgrowth2[i]
    B2[i] = GDPgrowthpc[i]
    C2[i] = GDPgrowthpc1[i]
    D2[i] = y2_value[i]
    E2[i] = GDPgrowthpc2[i]
    i = i + 1
while(i < N and i > n - 1):
    A[i] = np.int(i + a)
    B1[i] = i + a
    C1[i] = i + a
    D1[i] = y1_value[i]
    E1[i] = GDPgrowth2[i]
    B2[i] = i + a
    C2[i] = i + a
    D2[i] = y2_value[i]
    E2[i] = GDPgrowthpc2[i]
    i = i + 1
r1 = [A,B1,C1,D1,E1,B2,C2,D2,E2]
r1 = pd.DataFrame(r1, index = ["Year","Gth","CumGth","CumGthPre","PerGthPre", "
PerGth","PerCumGth","PerCumGthPre","PerGthPre"]).T
result = np.round(r1, 4)
result.to_excel('G20GDP/GROWTH_CHN.xls')
result
cheb([11.03  13.23  3.49])
poly([ 7.53  13.23  6.99])
cheb([ 8.79  10.22  2.61])
poly([ 6.18  10.22  5.22])
```

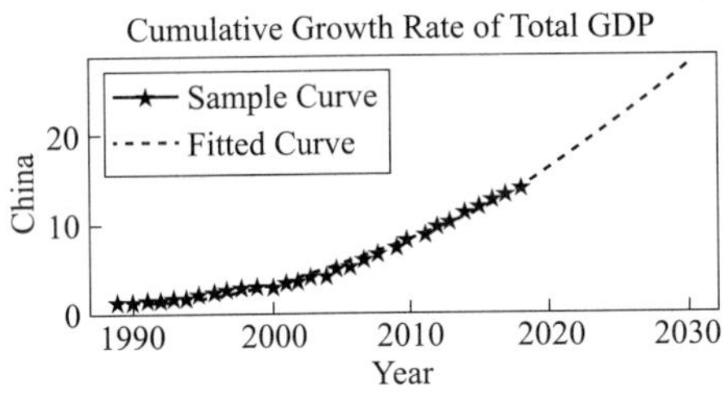

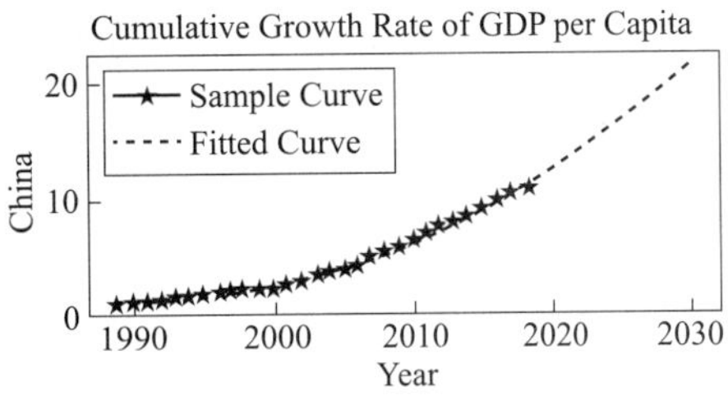

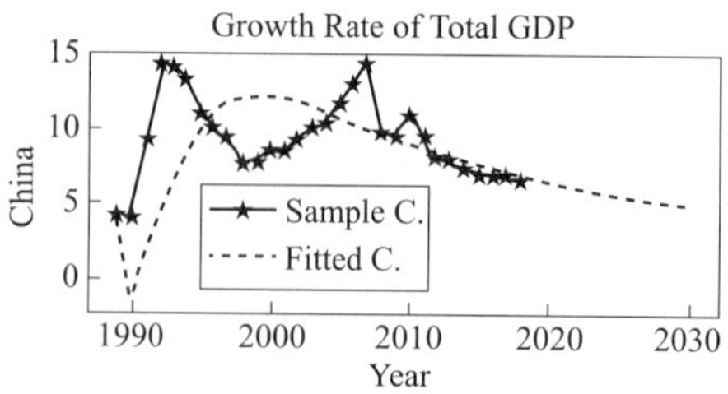

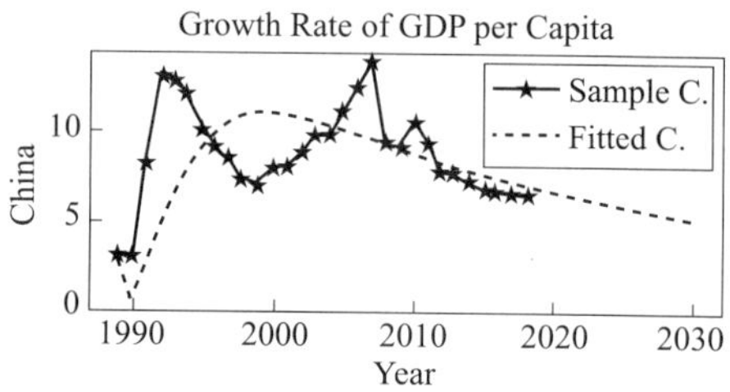

(1) data = np.loadtxt("G20GDP/GDPGROWTH_CHNUSA.txt")，提取数据并建立数组 data。

(2) R = data [:, 0]，取出年份值，赋值给数组 R。

(3) n = np.size (R)，样本数据窗口大小。

(4) GDPgrowth = data [:, 1]，原文件第 1 列，中国总体实际 GDP 增长率。

(5) GDPgrowthpc = data [:, 2]，原文件第 2 列，中国人均实际 GDP 增长率。

(6) GDPgrowth1 [0] =1 + GDPgrowth [0] /100，计算中国总体实际 GDP 增长指数。

(7) GDPgrowthpc1 [0] =1 + GDPgrowthpc [0] /100，计算中国人均实际 GDP 增长指数。

(8) GDPgrowth1[i +1] = (GDPgrowth1[i]) * (1 + GDPgrowth[i +1]/100)，总体实际增长指数累积值。

(9) GDPgrowthpc1[i +1] = (GDPgrowthpc1[i]) * (1 + GDPgrowthpc[i +1]/100)，人均实际增长指数累积值。

(10) T = R，年份变量。

(11) y1 = GDPgrowth1，中国总体实际 GDP 增长指数累积值，样本值，用于多项式预测，因变量。

(12) y2 = GDPgrowthpc1，中国人均实际 GDP 增长指数累积值，样本值，用于多项式预测，因变量。

(13) GDPgrowth2[i +1] = (y1_value[i +1]/y1_value[i] -1) * 100，从总体增长指数累积值还原增长率。

(14) GDPgrowthpc2[i +1] = (y2_value[i +1]/y2_value[i] -1) * 100，从人均增长指数累积值还原增长率。

(15) while (i < n)，所带出的程序主要在于为打印样本窗口内的变量赋值。

(16) while (i < N and i > n -1)，所带出的程序主要在于为打印预测窗口内的变量赋值。

(17) result.to_excel ('G20GDP/GROWTH_CHN.xls')，将结果输出到 Excel 表 GROWTH_CHN.xls。

Python 程序运行，将结果输出到 Excel 表。该程序使用了二阶多项式。

中国 1989—2018 年总体实际 GDP 增长率变量：Gth

中国 1989—2018 年总体实际 GDP 增长率累积值变量：CumGth

中国 1989—2030 年总体实际 GDP 增长率累积值预测变量：CumGthPre

中国 1989—2030 年总体实际 GDP 增长率预测值变量：GthPre

中国 1989—2018 年人均实际 GDP 增长率变量：PerGth

中国 1989—2018 年人均实际 GDP 增长率累积值变量：PerCumGth

中国 1989—2030 年人均实际 GDP 增长率累积值预测变量：PerCumGthPre

中国 1989—2030 年人均实际 GDP 增长率预测值变量：PerGthPre

详见表 7 - 5。

表 7-5　　1989—2030 年中国总体及人均实际 GDP 增长率预测值

No	Year	Gth	CumGth	CumGthPre	GthPre	PerGth	PerCumGth	PerCumGthPre	PerGthPre
0	1989	4.19	1.0419	1.2963	4.19	2.6	1.026	1.1858	2.60
1	1990	3.91	1.0826	1.2764	-1.54	2.39	1.0505	1.1871	0.11
2	1991	9.29	1.1832	1.2897	1.04	7.81	1.1326	1.2132	2.20
3	1992	14.22	1.3515	1.3363	3.61	12.82	1.2778	1.2643	4.20
4	1993	13.87	1.5389	1.4161	5.97	12.57	1.4384	1.3401	6.00
5	1994	13.05	1.7397	1.5292	7.99	11.78	1.6078	1.4408	7.52
6	1995	10.95	1.9302	1.6755	9.57	9.75	1.7646	1.5664	8.72
7	1996	9.93	2.1219	1.8551	10.72	8.78	1.9195	1.7169	9.60
8	1997	9.23	2.3178	2.068	11.47	8.12	2.0754	1.8922	10.21
9	1998	7.84	2.4995	2.3141	11.90	6.81	2.2167	2.0923	10.58
10	1999	7.67	2.6912	2.5935	12.07	6.74	2.3661	2.3173	10.75
11	2000	8.49	2.9197	2.9061	12.05	7.64	2.5469	2.5672	10.78
12	2001	8.34	3.1632	3.252	11.90	7.56	2.7394	2.842	10.70
13	2002	9.13	3.452	3.6312	11.66	8.4	2.9695	3.1416	10.54
14	2003	10.04	3.7986	4.0436	11.36	9.35	3.2472	3.466	10.33
15	2004	10.11	4.1826	4.4893	11.02	9.46	3.5544	3.8153	10.08
16	2005	11.4	4.6594	4.9682	10.67	10.74	3.9361	4.1895	9.81
17	2006	12.72	5.2521	5.4804	10.31	12.09	4.412	4.5886	9.52
18	2007	14.23	5.9995	6.0258	9.95	13.64	5.0138	5.0124	9.24
19	2008	9.65	6.5784	6.6045	9.60	9.09	5.4695	5.4612	8.95
20	2009	9.4	7.1968	7.2165	9.27	8.86	5.9541	5.9348	8.67
21	2010	10.64	7.9625	7.8617	8.94	10.1	6.5555	6.4333	8.40
22	2011	9.55	8.7229	8.5402	8.63	9.03	7.1475	6.9566	8.13
23	2012	7.86	9.4086	9.2519	8.33	7.34	7.6721	7.5048	7.88
24	2013	7.77	10.1396	9.9969	8.05	7.24	8.2276	8.0779	7.64
25	2014	7.3	10.8798	10.7751	7.78	6.76	8.7837	8.6758	7.40
26	2015	6.91	11.6316	11.5866	7.53	6.36	9.3424	9.2985	7.18
27	2016	6.74	12.4156	12.4314	7.29	6.16	9.9179	9.9462	6.96
28	2017	6.76	13.2549	13.3094	7.06	6.16	10.5288	10.6186	6.76
29	2018	6.57	14.1257	14.2207	6.85	6.08	11.169	11.316	6.57
30	2019	2019	2019	15.1652	6.64	2019	2019	12.0382	6.38
31	2020	2020	2020	16.143	6.45	2020	2020	12.7853	6.21
32	2021	2021	2021	17.1541	6.26	2021	2021	13.5572	6.04
33	2022	2022	2022	18.1984	6.09	2022	2022	14.354	5.88
34	2023	2023	2023	19.276	5.92	2023	2023	15.1756	5.72
35	2024	2024	2024	20.3868	5.76	2024	2024	16.0221	5.58
36	2025	2025	2025	21.5309	5.61	2025	2025	16.8935	5.44
37	2026	2026	2026	22.7082	5.47	2026	2026	17.7897	5.31
38	2027	2027	2027	23.9188	5.33	2027	2027	18.7108	5.18
39	2028	2028	2028	25.1627	5.20	2028	2028	19.6567	5.06
40	2029	2029	2029	26.4398	5.08	2029	2029	20.6275	4.94
41	2030	2030	2030	27.7501	4.96	2030	2030	21.6232	4.83

显然，这种预测方法，对于实际值进行了平滑处理，预测结果表现了经济变量的总体运行趋势；但是，对于经济变量波动的子周期却没有反映出来。所以，该类方法比较适合经济变量的变化趋势长期预测。

3. 美国总体和人均实际 GDP 增长率预测

使用 Chebyshev 多项式，预测美国总体和人均实际 GDP 增长率，方法完全一致。

```
data = np.loadtxt("G20GDP/GDPGROWTH_CHNUSA.txt")
R = data[:,0]
n = np.size(R)
GDPgrowth = data[:,3]
GDPgrowthpc = data[:,4]
(中间程序与中国程序基本一致)
result.to_excel('G20GDP/GROWTH_USA.xls')
result
cheb([1.72  0.68  -0.06])
poly([1.79  0.68  -0.12])
cheb([1.35  0.31  -0.07])
poly([1.42  0.31  -0.14])
```

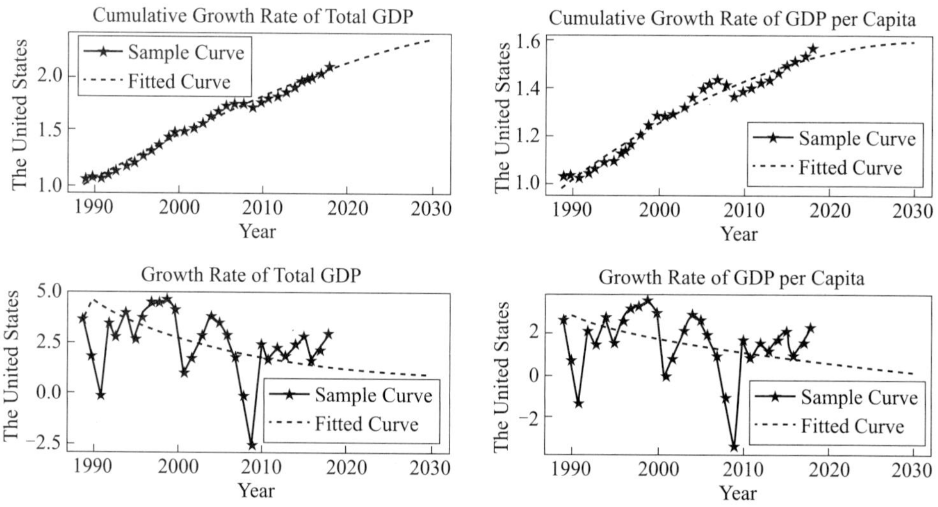

(1) GDPgrowth = data [:, 3]，原文件第 3 列，美国总体实际 GDP 增长率。

(2) GDPgrowthpc = data [:, 4]，原文件第 4 列，美国人均实际 GDP 增长率。

(3) result.to_excel ('G20GDP/GROWTH_USA.xls')，将结果输出到 Excel 表 GROWTH_USA.xls。

对美国总体和人均实际 GDP 增长率的预测与中国一致。从图形上我们很容易看出来，光滑预测曲线所反映的大趋势是正确的，但是就单个年度来说，差异较大。详见表 7 - 6。

表 7 - 6　　1989—2030 年美国总体及人均实际 GDP 增长率预测值

No	Year	Gth	CumGth	CumGthPre	GthPre	PerGth	PerCumGth	PerCumGthPre	PerGthPre
0	1989	3.67	1.0367	0.9798	3.67	2.7	1.027	0.979	2.70
1	1990	1.89	1.0563	1.0249	4.60	0.74	1.0346	1.0069	2.85
2	1991	-0.11	1.0551	1.0694	4.34	-1.43	1.0198	1.0341	2.71
3	1992	3.52	1.0923	1.1132	4.10	2.1	1.0412	1.0608	2.57
4	1993	2.75	1.1223	1.1565	3.89	1.41	1.0559	1.0867	2.45

续表

No	Year	Gth	CumGth	CumGthPre	GthPre	PerGth	PerCumGth	PerCumGthPre	PerGthPre
5	1994	4. 03	1. 1675	1. 1992	3. 69	2. 76	1. 085	1. 112	2. 33
6	1995	2. 68	1. 1988	1. 2414	3. 51	1. 47	1. 101	1. 1367	2. 22
7	1996	3. 77	1. 244	1. 2829	3. 35	2. 57	1. 1293	1. 1608	2. 11
8	1997	4. 45	1. 2994	1. 3238	3. 19	3. 2	1. 1654	1. 1841	2. 01
9	1998	4. 48	1. 3576	1. 3642	3. 05	3. 27	1. 2035	1. 2069	1. 92
10	1999	4. 75	1. 4221	1. 4039	2. 91	3. 56	1. 2464	1. 229	1. 83
11	2000	4. 13	1. 4808	1. 4431	2. 79	2. 98	1. 2835	1. 2504	1. 75
12	2001	1	1. 4956	1. 4817	2. 67	0	1. 2835	1. 2712	1. 66
13	2002	1. 74	1. 5216	1. 5197	2. 56	0. 8	1. 2938	1. 2914	1. 59
14	2003	2. 86	1. 5652	1. 5571	2. 46	1. 98	1. 3194	1. 3109	1. 51
15	2004	3. 8	1. 6246	1. 5939	2. 36	2. 84	1. 3569	1. 3298	1. 44
16	2005	3. 51	1. 6817	1. 6302	2. 27	2. 56	1. 3916	1. 348	1. 37
17	2006	2. 85	1. 7296	1. 6658	2. 19	1. 87	1. 4176	1. 3655	1. 30
18	2007	1. 88	1. 7621	1. 7009	2. 10	0. 91	1. 4305	1. 3825	1. 24
19	2008	-0. 14	1. 7596	1. 7353	2. 03	-1. 08	1. 4151	1. 3988	1. 18
20	2009	-2. 54	1. 7149	1. 7692	1. 95	-3. 39	1. 3671	1. 4144	1. 12
21	2010	2. 56	1. 7589	1. 8025	1. 88	1. 72	1. 3906	1. 4294	1. 06
22	2011	1. 55	1. 7861	1. 8352	1. 81	0. 82	1. 402	1. 4437	1. 00
23	2012	2. 25	1. 8263	1. 8673	1. 75	1. 5	1. 4231	1. 4574	0. 95
24	2013	1. 84	1. 8599	1. 8988	1. 69	1. 14	1. 4393	1. 4705	0. 90
25	2014	2. 45	1. 9055	1. 9298	1. 63	1. 7	1. 4638	1. 4829	0. 84
26	2015	2. 88	1. 9603	1. 9601	1. 57	2. 13	1. 4949	1. 4947	0. 79
27	2016	1. 57	1. 9911	1. 9899	1. 52	0. 84	1. 5075	1. 5058	0. 74
28	2017	2. 22	2. 0353	2. 019	1. 47	1. 56	1. 531	1. 5163	0. 70
29	2018	2. 93	2. 095	2. 0476	1. 42	2. 29	1. 5661	1. 5261	0. 65
30	2019	2019	2019	2. 0756	1. 37	2019	2019	1. 5353	0. 60
31	2020	2020	2020	2. 103	1. 32	2020	2020	1. 5438	0. 56
32	2021	2021	2021	2. 1298	1. 28	2021	2021	1. 5517	0. 51
33	2022	2022	2022	2. 1561	1. 23	2022	2022	1. 559	0. 47
34	2023	2023	2023	2. 1817	1. 19	2023	2023	1. 5656	0. 42
35	2024	2024	2024	2. 2068	1. 15	2024	2024	1. 5715	0. 38
36	2025	2025	2025	2. 2312	1. 11	2025	2025	1. 5768	0. 34
37	2026	2026	2026	2. 2551	1. 07	2026	2026	1. 5815	0. 30
38	2027	2027	2027	2. 2784	1. 03	2027	2027	1. 5855	0. 25
39	2028	2028	2028	2. 3011	1. 00	2028	2028	1. 5889	0. 21
40	2029	2029	2029	2. 3232	0. 96	2029	2029	1. 5916	0. 17
41	2030	2030	2030	2. 3447	0. 93	2030	2030	1. 5937	0. 13

显然，不论中国还是美国，经济下行的压力都很大。如果要使预测的精度提高，假如继续使用多项式，那么，提高多项式阶数是一个较好的办法。

第八章

Optimize. Leastsq 拟合模式

最小二乘法是回归分析模型参数估计的基本方法。Scipy 的 Optimize. Leastsq 函数可以利用最小二乘法来求解函数模型的系数，其基本原理就是以使预测值与样本值之间的差额的平方和达到最小作为条件，通过一阶导数极值条件，从而获得系数的最优解。

我们将调用 Python 的部分函数库，作为运行程序的基础。

```
% matplotlib inline
% config InlineBackend.close_ figures = False
import numpy
import numpy as np
import pylab as pl
import matplotlib.pyplot as plt
import pandas as pd
from scipy import optimize
from numpy.polynomial import Polynomial, Chebyshev
np.set_ printoptions(suppress = True, precision = 4)
```

语句 from scipy import optimize 旨在调用 Scipy 的 Optimize 优化函数库，进一步调用最小二乘函数 Optimize. Leastsq（），用于求解回归模型的系数。

第一节　二阶多项式 Leastsq 拟合

假设变量 x 为自变量，变量 y 为因变量；每个变量有 n 个分量；回归系数变量为 β_0，β_1，β_2。那么，对于任意的第 $i \in \{1, 2, \cdots, n\}$ 个分量，如果随机误差项为 ε_i，则二次多项式回归模型为：

$$y_i = \beta_0 + \beta_1 x_i + \beta_2 x_i^2 + \varepsilon_i \tag{1}$$

这里，$r=2$ 为自由度。最小二乘法原理就是寻找能够使各个元素的总体误差平方和达到最小的系数 β_0，β_1，β_2。

以中国 1989—2018 年的人均名义 GDP（单位为美元 US $）和以 GDP 缩减指数表示的通货膨胀率作为样本数据，建立人均实际 GDP 回归模型，并以此模型为基础，预测 2019—2030 年中国的人均实际 GDP。

为了建立回归模型，我们以年度数据 1989—2018 年作为时间变量或自变量；以 1989—2018 年的人均实际 GDP 作为因变量。

```
data = np.loadtxt ("CHN \ CHN_ GDPPERCAPITA19892018.txt")
Year              = data[:,0]
GDPcurrent        = data[:,1]
GDPdeflator       = data[:,2]
GDPpercurrent     = data[:,3]
RealGDPPerCapita = (GDPpercurrent / (1 + GDPdeflator /100))
PredictionYear = 2030
n = np.int(np.size(Year))
N = np.int(PredictionYear - Year[0] + 1)
X = np.arange(n,dtype = np.float64)
Y = np.arange(n,dtype = np.float64)
for i in range(n):
    X[i] = Year[i]
    Y[i] = RealGDPPerCapita[i]
x1 = X
y1 = Y
def residuals(p):
    a, b, c = p
    return Y - (a * X ** 2 + b * X + c )
r = optimize.leastsq(residuals, [1, 1, 1])
print("r = ",r)
a, b, c = r[0]
print("a,b,c = ", np.int (10000 * a)/10000, np.int (10000 * b)/10000, np.int
(10000 * c)/10000)
deg = 2
y1_ value = a * x1 ** 2 + b * x1  + c
SST_ Y1 = np.sum((y1 - np.mean(y1)) ** 2)
SSR_ Y1 = np.sum((y1_ value - np.mean(y1)) ** 2)
SSE_ Y1 = np.sum((y1 - y1_ value) ** 2)
R2_ Y1 = SSR_ Y1 / SST_ Y1
R_ Y1 = np.sqrt(SSR_ Y1 / SST_ Y1)
AdjR2_ Y1 = 1 - ((n - 1) / (n - deg - 1)) * (1 - R2_ Y1)
SER_ Y1 = np.sqrt(SSE_ Y1 / (n - deg - 1))
```

```
RMSE_Y1 = np.sqrt(SSE_Y1/n)
print("R_Square =", (np.int(10000 * R2_Y1))/10000)
print("R =", (np.int(10000 * R_Y1))/10000)
print("Adjusted R_Square =", (np.int(10000 * AdjR2_Y1))/10000)
print("Spread of the error =", (np.int(10000 * SER_Y1))/10000)
print("Root mean squared error =", (np.int(10000 * RMSE_Y1))/10000)
TD = np.arange(N,dtype = np.float64)
for i in range(N):
    TD[i] = X[0] + i
x2 = TD
y2_value = a * x2 ** 2 + b * x2  + c
pl.close("all")
fig = plt.figure(figsize = (7.5, 2))
ax1 = plt.subplot(111)
ax1.plot(x1,y1,". -",label = "Sample Curve")
ax1.plot(x2,y2_value, "r -",label = "Fitted Curve")
ax1.set_title("2 -Order Polinomial Regression Model for Chinese Real GDP Per
Capita", fontsize = 12)
ax1.set_xlabel("Year", fontsize = 12)
ax1.set_ylabel("Real GDP Per Capita", fontsize = 12)
ax1.legend(loc = "best")
T1 = np.arange(N,dtype = np.float64)
A1 = np.arange(N,dtype = np.float64)
B1 = np.arange(N,dtype = np.float64)
C1 = np.arange(N,dtype = np.float64)
i = 0
while(i < n):
    A1[i] = x1[i]
    B1[i] = y1[i]
    C1[i] = y1_value[i]
    i = i  +1
while(i < N and i > n - 1):
    A1[i] = i + X[0]
    B1[i] = i + X[0]
    C1[i] = i + X[0]
    i = i +1
r1 = [A1, B1, C1, x2, y2_value]
r1 = pd.DataFrame(r1, index = ["Year","GDPPerCapita","GDPPerCapitaPre","Year_
Pre","GDPPerCapitaPre"]).T
result = np.round(r1, 4)
result.to_excel('CHN \ CHN_GDPPC_POLINOMIAL2.xls')
result
```

```
r = (array([16.7825, -66933.2972,66737349.9387]), 3)
a,b,c = 16.7825   -66933.2971   66737349.9386
R_ Square = 0.9839
R = 0.9919
Adjusted R_ Square = 0.9827
Spread of the error = 396.6713
Root mean squared error = 376.3154
```

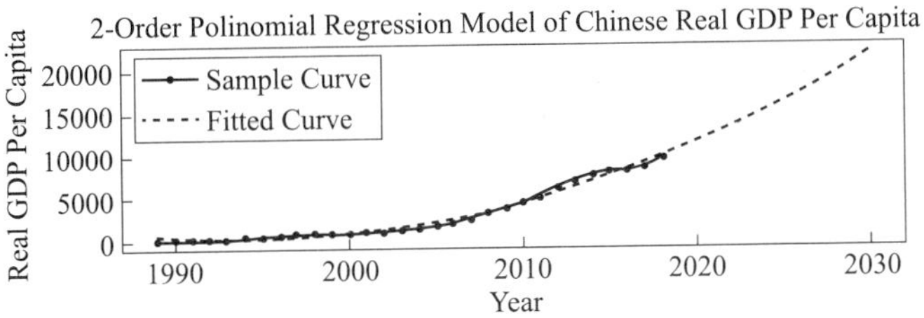

（1）data = np.loadtxt("CHN \ CHN_ GDPPERCAPITA19892018.txt")，读取文本文件数据。

（2）RealGDPPerCapita = (GDPpercurrent / (1 + GDPdeflator / 100))，计算人均实际 GDP 值。

（3）PredictionYear = 2030，预测数据最大年度值。

（4）n = np.int (np.size (Year))，样本窗口大小。

（5）N = np.int (PredictionYear - Year [0] + 1)，包括样本窗口和预测窗口的全样本窗口大小。

（6）x1 = X，样本自变量。

（7）y1 = Y，样本因变量。

（8）def residuals (p)，定义回归多项式模型误差函数，二次多项式系数为 a，b，c = p。

（9）r = optimize.leastsq (residuals, [1, 1, 1])，求解二次多项式系数。

（10）a, b, c = r [0]，取出已经得到求解的二次多项式系数值。

（11）y1_ value = a * x1 ** 2 + b * x1 + c，计算样本窗口的预测值。

（12）TD = np.arange (N, dtype = np.float64)，为预测值准备自变量，全窗口。

（13）y2_ value = a * x2 ** 2 + b * x2 + c，计算全窗口预测值。

（14）result.to_ excel ('CHN \ CHN_ GDPPC_ POLINOMIAL2.xls')，输出预测结果到 Excel 文件。

这里，我们建立了一个以时间年分值为自变量的二次多项式回归模型：

$$y_t = 66737349.9387 - 66933.2972x_t + 16.7825x_t^2 + \varepsilon_t \tag{2}$$

对于该模型，如果将自变量的取值范围延长至 2019—2030 年，则可以得到预测值。该预测程序求解，也得到了预测值列表输出值，这里不再列示。不过，经过计算，2019 年，中国人均实际 GDP 为 10604 美元；到 2030 年，中国人均实际 GDP 将达到 21814 美元。这一预测结果与我们通过其他模型得到的预测结果基本一致。

第二节　三阶多项式 Leastsq 拟合

假设变量 x 为自变量，变量 y 为因变量；每个变量有 n 个分量；回归系数变量为 β_0，

β_1，β_2，β_3。那么，对于任意的第 $i \in \{1, 2, \cdots, n\}$ 个分量，如果随机误差项为 ε_i，则三次多项式回归模型为：

$$y_i = \beta_0 + \beta_1 x_i + \beta_2 x_i^2 + \beta_3 x_i^3 + \varepsilon_i \tag{3}$$

这里，$r=3$ 为自由度。最小二乘法原理就是寻找能够使各个元素的总体误差平方和达到最小的系数 β_0，β_1，β_2，β_3。

仍然以中国 1989—2018 年的人均名义 GDP（单位为美元 US \$）和以 GDP 缩减指数表示的通货膨胀率作为样本数据，建立人均实际 GDP 值回归模型，并以此模型为基础，预测 2019—2030 年中国的人均实际 GDP。

```
data = np.loadtxt ("CHN \ CHN_ GDPPERCAPITA19892018.txt")
Year              = data[:,0]
GDPcurrent        = data[:,1]
GDPdeflator       = data[:,2]
GDPpercurrent     = data[:,3]
RealGDPPerCapita = (GDPpercurrent / (1 + GDPdeflator / 100))
PredictionYear = 2030
n = np.int(np.size(Year))
N = np.int(PredictionYear - Year[0] + 1)
X = np.arange(n,dtype = np.float64)
Y = np.arange(n,dtype = np.float64)
for i in range(n):
    X[i] = Year[i]
    Y[i] = RealGDPPerCapita[i]
x1 = X
y1 = Y
def residuals(p):
    a, b, c, d = p
    return Y - (a * X ** 3 + b * X ** 2   + c * X + d )
r = optimize.leastsq(residuals, [1, 1, 1,1])
print ("r = ",r)
a, b, c, d = r[0]
print(" a b c d = ", a, b, c, d)
deg = 3
y1_ value = a * x1 ** 3 + b * x1 ** 2 + c * x1 + d
SST_ Y1 = np.sum((y1 - np.mean(y1)) ** 2)
SSR_ Y1 = np.sum((y1_ value - np.mean(y1)) ** 2)
SSE_ Y1 = np.sum((y1 - y1_ value) ** 2)
R2_ Y1 = SSR_ Y1 / SST_ Y1
R_ Y1 = np.sqrt(SSR_ Y1 / SST_ Y1)
AdjR2_ Y1 =1 - ((n - 1) / (n - deg - 1)) * (1 - R2_ Y1)
SER_ Y1 = np.sqrt(SSE_ Y1 / (n - deg - 1))
```

```
RMSE_Y1 = np.sqrt(SSE_Y1/n)
print("R_Square = ", (np.int(10000 * R2_Y1))/10000)
print("R = ", (np.int(10000 * R_Y1))/10000)
print("Adjusted R_Square = ", (np.int(10000 * AdjR2_Y1))/10000)
print("Spread of the error = ", (np.int(10000 * SER_Y1))/10000)
print("Root mean squared error = ", (np.int(10000 * RMSE_Y1))/10000)
TD = np.arange(N,dtype = np.float64)
for i in range(N):
    TD[i] = X[0] + i
x2 = TD
y2_value = a * x2 ** 3 + b * x2 ** 2 + c * x2 + d
pl.close("all")
fig = plt.figure(figsize = (7.5, 2))
ax1 = plt.subplot(111)
ax1.plot(x1, y1, ". - ", label = "Sample Curve")
ax1.plot(x2, y2_value, "r - ", label = "Fitted Curve")
ax1.set_title("3 - Order Polinomial Regression Model for Chinese Real GDP Per
Capita", fontsize = 12)
ax1.set_xlabel("Year", fontsize = 12)
ax1.set_ylabel("Real GDP Per Capita", fontsize = 12)
ax1.legend(loc = "best")
T1 = np.arange(N,dtype = np.float64)
A1 = np.arange(N,dtype = np.float64)
B1 = np.arange(N,dtype = np.float64)
C1 = np.arange(N,dtype = np.float64)
i = 0
while(i < n):
    A1[i] = x1[i]
    B1[i] = y1[i]
    C1[i] = y1_value[i]
    i = i + 1
while(i < N and i > n - 1):
    A1[i] = i + X[0]
    B1[i] = i + X[0]
    C1[i] = i + X[0]
    i = i + 1
r1 = [A1, B1, C1, x2, y2_value]
r1 = pd.DataFrame(r1, index = ["Year","GDPPerCapita","GDPPerCapitaPre","Year_
Pre","GDPPerCapitaPre"]).T
result = np.round(r1, 4)
result.to_excel('CHN\CHN_GDPPC_POLINOMIAL3.xls')
result
```

```
r = (array([1.2189e-01, -7.1582e+02, 1.4008e+06, -9.1345e+08]), 1)
a b c d = 0.12188706593897634 -715.819532250803 1400818.1583292047 -
        913453855.6870583
R_ Square = 0.9843
R = 0.9921
Adjusted R_ Square = 0.9825
Spread of the error = 400.4516
Root mean squared error = 372.8001
```

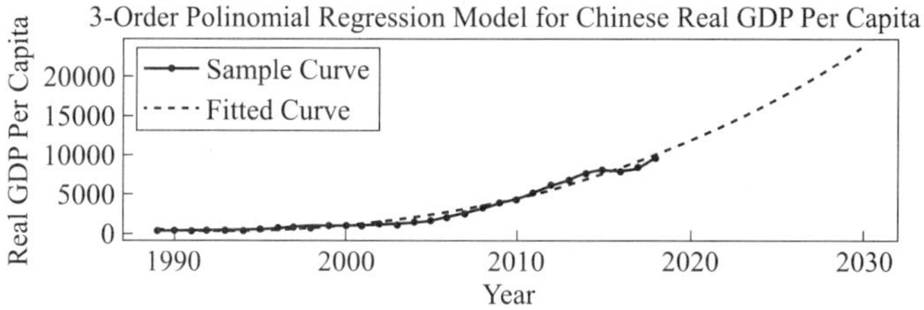

(1) data = np.loadtxt("CHN \ CHN_ GDPPERCAPITA19892018.txt")，读取数据。

(2) RealGDPPerCapita = (GDPpercurrent /(1 + GDPdeflator/100))，y1 = Y，因变量。

(3) X = np.arange (n, dtype = np.float64)，x1 = X，自变量。

(4) def residuals (p)，a, b, c, d = p，定义三次多项式回归误差和系数变量。

(5) r = optimize.leastsq (residuals, [1, 1, 1, 1])，最小二乘法优化回归模型。

(6) print("r = ",r),a, b, c, d = r[0]，取得回归系数。

(7) y1_ value = a * x1 ** 3 + b * x1 ** 2 + c * x1 + d，计算样本区间预测值。

(8) x2 = TD，y2_ value = a * x2 ** 3 + b * x2 ** 2 + c * x2 + d，计算全样本区间预测值。

(9) result.to_ excel ('CHN \ CHN_ GDPPC_ POLINOMIAL3.xls')，输出预测结果到 Excel 表。

这里，我们建立了一个以时间年度为自变量的三阶多项式回归模型：

$$y_t = 913453855 + 1400818x_t - 715.82x_t^2 + 0.12189x_t^3 + \varepsilon_t \tag{4}$$

该预测程序求解，也得到了预测值列表输出值，这里不再列示。经过计算，2019 年，中国人均实际 GDP 为 10803 美元；到 2030 年，中国人均实际 GDP 将达到 23467 美元。

第三节 二阶切比雪夫多项式 Leastsq 拟合

切比雪夫多项式与普通多项式最大的区别有两个地方：一是切比雪夫多项式主要是基于其基本函数；二是切比雪夫多项式的定义域为 $x \in [-1, 1]$。

假设变量 x 为自变量，变量 y 为因变量；每个变量有 n 个分量；回归系数变量为 β_0，β_1，β_2；$T_0(x)$，$T_1(x)$，$T_2(x)$ 为切比雪夫多项式基函数。那么，对于任意的第 $i \in \{1, 2, \cdots, n\}$ 个分量，如果随机误差项为 ε_i，则二次切比雪夫多项式回归模型为：

$$y_i = \beta_0 T_0(x_i) + \beta_1 T_1(x_i) + \beta_2 T_2(x_i) + \varepsilon_i \tag{5}$$

这里采取了最为原始的切比雪夫多项式定义形式，即把切比雪夫多项式基函数作为自变量。仍然以中国1989—2018年的人均名义GDP和以GDP缩减指数表示的通货膨胀率作为样本数据，建立人均实际GDP值回归模型，并以此模型为基础，预测2019—2030年中国的人均实际GDP。

```
data = np.loadtxt("CHN \ CHN_GDPPERCAPITA19892018.txt")
Year = data[:,0]
GDPcurrent = data[:,1]
GDPdeflator = data[:,2]
GDPpercurrent = data[:,3]
RealGDPPerCapita = (GDPpercurrent/(1 + GDPdeflator/100))
PredictionYear = 2030
n = np.int(np.size(Year))
N = np.int(PredictionYear - Year[0] + 1)
T = np.arange(n,dtype = np.float64)
X = np.arange(n,dtype = np.float64)
Y = np.arange(n,dtype = np.float64)
for i in range(n):
    T[i] = Year[i]
    X[i] = 2 * (T[i] - T[0])/(PredictionYear - T[0]) - 1
    Y[i] = RealGDPPerCapita[i]
T0 = 1
T1 = X
T2 = 2 * X ** 2 - 1
T3 = 4 * X ** 3 - 3 * X
y1 = Y
def residuals(p):
    a, b, c = p
    return Y - (a * T2 + b * T1 + c * T0 )
r = optimize.leastsq(residuals, [1, 1, 1])
print("r = ",r)
a, b, c = r[0]
print("a b c = ", a, b, c)
deg = 2
y1_value = a * T2 + b * T1 + c * T0
SST_Y1 = np.sum((y1 - np.mean(y1)) ** 2)
SSR_Y1 = np.sum((y1_value - np.mean(y1)) ** 2)
SSE_Y1 = np.sum((y1 - y1_value) ** 2)
R2_Y1 = SSR_Y1/SST_Y1
R_Y1 = np.sqrt(SSR_Y1/SST_Y1)
```

```
    AdjR2_Y1 =1 - ((n -1)/(n - deg -1)) * (1 - R2_Y1)
    SER_Y1 = np.sqrt(SSE_Y1/(n - deg -1))
    RMSE_Y1 = np.sqrt(SSE_Y1/n)
    print("R_Square = ", (np.int(10000 * R2_Y1))/10000)
    print("R = ", (np.int(10000 * R_Y1))/10000)
    print("Adjusted R_Square = ", (np.int(10000 * AdjR2_Y1))/10000)
    print("Spread of the error = ", (np.int(10000 * SER_Y1))/10000)
    print("Root mean squared error = ", (np.int(10000 * RMSE_Y1))/10000)
    TD = np.arange(N,dtype = np.float64)
    XD = np.arange(N,dtype = np.float64)
    for i in range(N):
        TD[i] = T[0] + i
        XD[i] =2 * (TD[i] - T[0])/(PredictionYear - T[0]) -1
    TD0 =1
    TD1 = XD
    TD2 =2 * XD ** 2 -1
    TD3 =4 * XD ** 3 -3 * XD
    y2_value = a * TD2 + b * TD1 + c * TD0
    pl.close("all")
    fig = plt.figure(figsize = (7.5, 2))
    ax1 = plt.subplot(111)
    ax1.plot(T, y1, ". - ", label = "Sample Curve")
    ax1.plot(TD, y2_value, "r - ", label = "Fitted Curve")
    ax1.set_title("2 - Order Chebyshev Regression Model for Chinese Real GDP Per
Capita", fontsize =12)
    ax1.set_xlabel("Year", fontsize =12)
    ax1.set_ylabel("Real GDP Per Capita", fontsize =12)
    ax1.legend(loc = "best")
    T1 = np.arange(N,dtype = np.float64)
    A1 = np.arange(N,dtype = np.float64)
    B1 = np.arange(N,dtype = np.float64)
    C1 = np.arange(N,dtype = np.float64)
    i =0
    while(i < n):
        A1[i] = T[i]
        B1[i] = y1[i]
        C1[i] = y1_value[i]
        i = i +1
    while(i < N and i > n -1):
        A1[i] = i + T[0]
        B1[i] = i + T[0]
        C1[i] = i + T[0]
```

```
        i = i + 1
    r1 = [A1, B1, C1, TD, y2_value]
    r1 = pd.DataFrame(r1, index = ["Year","GDPPerCapita","GDPPerCapitaPre","Year_
Pre","GDPPerCapitaPre"]).T
    result = np.round(r1, 4)
    result.to_excel('CHN \ CHN_GDPPC_CHEBYSHEV2.xls')
    result
    r = (array([3526.4255, 10570.2558, 7717.4888]), 1)
    a b c = 3526.4255298229928 10570.25584964455 7717.488773957141
    R_Square = 0.9839
    R = 0.9919
    Adjusted R_Square = 0.9827
    Spread of the error = 396.6713
    Root mean squared error = 376.3154
```

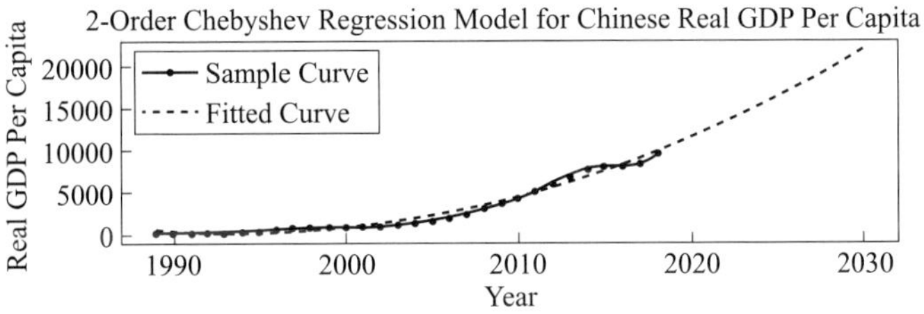

(1) data = np.loadtxt("CHN \ CHN_GDPPERCAPITA19892018.txt")，读取数据。

(2) X[i] = 2 * (T[i] - T[0])/(PredictionYear - T[0]) - 1，计算切比雪夫多项式自变量。

(3) T0 = 1,T1 = X,T2 = 2 * X ** 2 - 1，定义切比雪夫多项式的基函数。

(4) y1 = Y，定义因变量。

(5) def residuals (p)，a, b, c = p，定义二阶切比雪夫多项式的误差、系数变量。

(6) r = optimize.leastsq (residuals, [1, 1, 1])，建立最小二乘回归模型。

(7) a, b, c = r [0]，取得回归系数。

(8) y1_value = a * T2 + b * T1 + c * T0，计算样本区间因变量预测值。

(9) XD[i] = 2 * (TD[i] - T[0])/(PredictionYear - T[0]) - 1，计算全样本区间切比雪夫多项式自变量。

(10) TD0 = 1,TD1 = XD,TD2 = 2 * XD ** 2 - 1，计算切比雪夫多项式基函数。

(11) y2_value = a * TD2 + b * TD1 + c * TD0，计算全区间因变量预测值。

(12) result.to_excel ('CHN \ CHN_GDPPC_CHEBYSHEV2.xls')，输出结果到 Excel 表。

这里，我们建立了一个二阶切比雪夫多项式回归模型：

$$y_t = 7717.4888T_0 + 10570.2558T_1 + 3526.4255T_2 + \varepsilon_t \tag{6}$$

经过计算，2019 年，中国人均实际 GDP 为 10604 美元；到 2030 年，中国人均实际 GDP 将达到 21814 美元。这一预测结果与通过一般二阶多项式模型得到的预测结果一致。

第四节　三阶切比雪夫多项式 Leastsq 拟合

假设变量 x 为自变量，变量 y 为因变量；每个变量有 n 个分量；回归系数变量为 β_0，β_1，β_2，β_3；$T_0(x)$，$T_1(x)$，$T_2(x)$，$T_3(x)$ 为切比雪夫多项式基函数。那么，对于任意的第 $i \in \{1, 2, \cdots, n\}$ 个分量，如果随机误差项为 ε_i，则三阶切比雪夫多项式回归模型为：

$$y_i = \beta_0 T_0(x) + \beta_1 T_1(x) + \beta_2 T_2(x) + \beta_3 T_3(x) + \varepsilon_i \tag{7}$$

仍然以中国 1989—2018 年的人均名义 GDP 和以 GDP 缩减指数表示的通货膨胀率作为样本数据，建立人均实际 GDP 值回归模型，并以此模型为基础，预测 2019—2030 年中国的人均实际 GDP。

```
data = np.loadtxt("CHN \ CHN_ GDPPERCAPITA19892018.txt")
Year = data[:,0]
GDPcurrent = data[:,1]
GDPdeflator = data[:,2]
GDPpercurrent = data[:,3]
RealGDPPerCapita = (GDPpercurrent / (1 + GDPdeflator / 100))
PredictionYear = 2030
n = np.int(np.size(Year))
N = np.int(PredictionYear - Year[0] + 1)
T = np.arange(n,dtype = np.float64)
X = np.arange(n,dtype = np.float64)
Y = np.arange(n,dtype = np.float64)
for i in range(n):
    T[i] = Year[i]
    X[i] = 2 * (T[i] - T[0]) / (PredictionYear - T[0]) - 1
    Y[i] = RealGDPPerCapita[i]
T0 = 1
T1 = X
T2 = 2 * X ** 2 - 1
T3 = 4 * X ** 3 - 3 * X
y1 = Y
def residuals(p):
    a, b, c, d = p
    return Y - (a * T3 + b * T2 + c * T1 + d * T0 )
r = optimize.leastsq(residuals, [1, 1, 1, 1])
print("r = ",r)
```

```
    a, b, c, d = r[0]
    print("a b c d =", a, b, c, d)
    deg = 3
    y1_value = a * T3 + b * T2 + c * T1 + d * T0
    SST_Y1 = np.sum((y1 - np.mean(y1)) ** 2)
    SSR_Y1 = np.sum((y1_value - np.mean(y1)) ** 2)
    SSE_Y1 = np.sum((y1 - y1_value) ** 2)
    R2_Y1 = SSR_Y1 / SST_Y1
    R_Y1 = np.sqrt(SSR_Y1 / SST_Y1)
    AdjR2_Y1 = 1 - ((n - 1) / (n - deg - 1)) * (1 - R2_Y1)
    SER_Y1 = np.sqrt(SSE_Y1 / (n - deg - 1))
    RMSE_Y1 = np.sqrt(SSE_Y1 / n)
    print("R_Square = ", (np.int(10000 * R2_Y1)) / 10000)
    print("R = ", (np.int(10000 * R_Y1)) / 10000)
    print("Adjusted R_Square = ", (np.int(10000 * AdjR2_Y1)) / 10000)
    print("Spread of the error = ", (np.int(10000 * SER_Y1)) / 10000)
    print("Root mean squared error = ", (np.int(10000 * RMSE_Y1)) / 10000)
    TD = np.arange(N,dtype = np.float64)
    XD = np.arange(N,dtype = np.float64)
    for i in range(N):
        TD[i] = T[0] + i
        XD[i] = 2 * (TD[i] - T[0]) / (PredictionYear - T[0]) - 1
    TD0 = 1
    TD1 = XD
    TD2 = 2 * XD ** 2 - 1
    TD3 = 4 * XD ** 3 - 3 * XD
    y2_value = a * TD3 + b * TD2 + c * TD1 + d * TD0
    pl.close("all")
    fig = plt.figure(figsize = (7.5, 2))
    ax1 = plt.subplot(111)
    ax1.plot(T, y1, ". - ", label = "Sample Curve")
    ax1.plot(TD, y2_value, "r - ", label = "Fitted Curve")
    ax1.set_title("3 - Order Chebyshev Regression Model for Chinese Real GDP Per
Capita", fontsize = 12)
    ax1.set_xlabel("Year", fontsize = 12)
    ax1.set_ylabel("Real GDP Per Capita", fontsize = 12)
    ax1.legend(loc = "best")
    T1 = np.arange(N,dtype = np.float64)
    A1 = np.arange(N,dtype = np.float64)
    B1 = np.arange(N,dtype = np.float64)
    C1 = np.arange(N,dtype = np.float64)
    i = 0
```

```
    while(i<n):
        A1[i]=T[i]
        B1[i]=y1[i]
        C1[i]=y1_value[i]
        i=i +1
    while(i<N and i>n-1):
        A1[i]=i+T[0]
        B1[i]=i+T[0]
        C1[i]=i+T[0]
        i=i+1
    r1 = [A1, B1, C1, TD, y2_value]
    r1=pd.DataFrame(r1,index = ["Year","GDPPerCapita","GDPPerCapitaPre","Year_
Pre","GDPPerCapitaPre"]).T
    result=np.round(r1, 4)
    result.to_excel('CHN\CHN_GDPPC_CHEBYSHEV3.xls')
    result
    r = (array([222.029 , 3916.3301, 11180.0234, 8046.3756]), 1)
    a b c d=222.02902181713895 3916.3301487386902 11180.023352262957
            8046.375600802078
    R_Square=0.9842
    R=0.9920
    Adjusted R_Square=0.9823
    Spread of the error=400.321
    Root mean squared error=372.6786
```

(1) X[i]=2*(T[i]-T[0])/(PredictionYear-T[0])-1，计算切比雪夫多项式自变量样本值。

(2) T0=1,T1=X,T2=2*X**2-1,T3=4*X**3-3*X，切比雪夫多项式基函数。

(3) Y [i] =RealGDPPerCapita [i], y1=Y，回归函数因变量样本值。

(4) def residuals (p), a, b, c, d=p，回归切比雪夫多项式误差、回归系数。

(5) r=optimize.leastsq (residuals, [1, 1, 1, 1])，取得优化解。

(6) a, b, c, d=r [0]，取得参数值。

(7) XD [i] =2* (TD [i] -T [0]) /(PredictionYear-T [0]) -1，计算全样本区间自变量值。

(8) TD0=1, TD1=XD, TD2=2*XD**2-1, TD3=4*XD**3-3*XD，计算基函数值。

(9) y2_value=a*TD3+b*TD2+c*TD1+d*TD0，计算全样本预测值。

这里，我们建立了一个三阶切比雪夫多项式回归模型：

$$y_t = 8046.3756T_0 + 11180.0234T_1 + 3916.3301T_2 + 222.029T_3 + \varepsilon_t \tag{8}$$

该预测程序求解，也得到了预测值列表输出值，这里不再列示。经过计算，2019年，中国人均实际GDP为10772美元；到2030年，中国人均实际GDP将达到23364美元。

第五节 四个多项式 Leastsq 拟合对比

前面，我们以中国 1989—2018 年的人均名义 GDP 和以 GDP 缩减指数表示的通货膨胀率作为样本数据，建立了四个人均实际 GDP 值回归模型；并以这四个模型为基础，预测了 2019—2030 年中国的人均实际 GDP。那么，哪种情况下的预测值更加适合实际情况呢？我们需要进行比较。

```
data = np.loadtxt("CHN \ CHN_ GDPPC_ SUM.txt")
Year = data[:,0]
GDPPerCapita = data[:,1]
GDPPerCapitaPre_ poly3 = data[:,2]
GDPPerCapitaPre_ poly2 = data[:,3]
GDPPerCapitaPre_ Cheby3 = data[:,4]
GDPPerCapitaPre_ Cheby2 = data[:,5]
N = np.int(np.size(Year))
n = np.int(2018 - 1989 + 1)
T = np.arange(N,dtype = np.float64)
t0 = np.arange(n,dtype = np.float64)
y0 = np.arange(n,dtype = np.float64)
for i in range(n):
    t0[i] = Year[i]
    y0[i] = GDPPerCapita[i]
for i in range(N):
    T[i] = Year[i]
pl.close("all")
plt.figure(figsize = (7.5, 2))
ax1 = plt.subplot(111)
ax1.plot(t0,y0,"o",label = "Real GDP Per Capita")
ax1.plot(T,GDPPerCapitaPre_poly2, "b - ", label = "GDP Per Capita Prediction in
2 - Order Polynomial")
ax1.plot(T,GDPPerCapitaPre_poly3, "r - ", label = "GDP Per Capita Prediction in
3 - Order Polynomial")
ax1.plot(T,GDPPerCapitaPre_ Cheby2,"b. ", label = "GDP Per Capita Prediction in
2 - Order Chebyshev")
ax1.plot(T,GDPPerCapitaPre_ Cheby3,"r. ", label = "GDP Per Capita Prediction in
3 - Order Chebyshev")
ax1.set_xlabel("Year", fontsize = 10)
ax1.set_ylabel("Real GDP Per Capita", fontsize = 10)
```

```
ax1.legend(loc = "best")
ax1.set_title("Comparison curves between four models")
```

（1）data = np.loadtxt("CHN\CHN_GDPPC_SUM.txt")，读取数据。

（2）GDPPerCapita = data [:, 1]，人均实际 GDP 值。

（3）GDPPerCapitaPre_poly3 = data [:, 2]，3 阶普通多项式下的人均实际 GDP 预测值。

（4）GDPPerCapitaPre_poly2 = data [:, 3]，2 阶普通多项式下的人均实际 GDP 预测值。

（5）GDPPerCapitaPre_Cheby3 = data [:, 4]，3 阶切比雪夫多项式下人均实际 GDP 预测值。

（6）GDPPerCapitaPre_Cheby2 = data [:, 5]，2 阶切比雪夫多项式下人均实际 GDP 预测值。

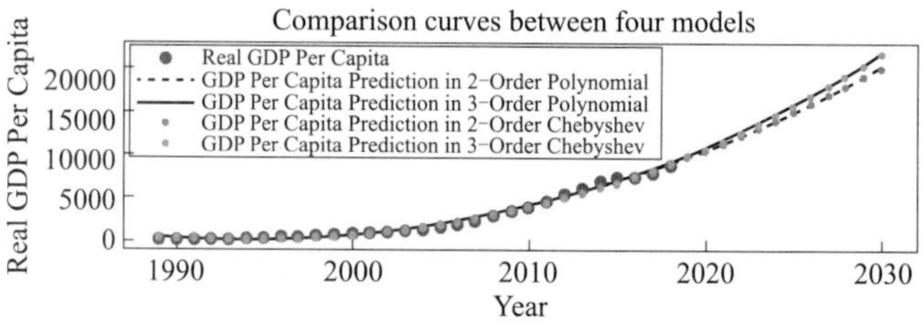

很显然，三阶普通多项式与三阶切比雪夫多项式的预测结果非常相似；而二阶普通多项式与二阶切比雪夫多项式的预测结果非常相似。产生这一结果的主要原因是四种多项式的自变量都是时间，虽然普通多项式直接使用年度，而切比雪夫多项式使用了由年度转化得到的适合其定义域的自变量取值，但是，其基本自变量是一致的。

第九章
常见非线性函数

第一节　常见非线性函数

线性函数只是我们所用到的函数中的极少数部分，大量的函数都是非线性函数。尽管如此，不少非线性函数通过线性化转换都可以被转化成线性函数、并且被当成线性函数来处理。这类可以被转化为线性函数的非线性函数使用很广泛。

1. 幂函数

假设 x（>0）为自变量，a，b 为参数，则一般的幂函数可以表示为：

$$y = ax^b \tag{1}$$

如果 $a>0$，$x>0$，那么，通过两边取对数，幂函数就可以化简为线性函数：

$$\ln y = \ln a + b\ln x \tag{2}$$

幂函数一般分两种情况来讨论：$b>0$ 和 $b<0$。

在进入正式程序之前，总是要先调用 Python 的有关库函数。

```
import numpy as np
import pandas as pd
import pylab as pl
import matplotlib.pyplot as plt
from scipy.optimize import curve_fit
from numpy.polynomial import Polynomial, Chebyshev
```

这里，最主要的库函数就是 Polynomial、Chebyshev。虽然 curve_fit 函数一时还用不上，但调用也无妨，主要是为今后调用时做准备。

幂函数的性质在 $b>0$ 和 $b<0$ 情况下，可以通过幂函数的图形直观显示出来。

```
def func(x, p):
    a, b = p
    return a * (x) ** b
x = np.linspace(0, 1.5, 20, dtype = np.float64)
a0, b0 = 1, 1.0
a1, b1 = 1, 0.5
a2, b2 = 1, 2.0
y0 = func(x, [a0,b0])
y1 = func(x, [a1,b1])
y2 = func(x, [a2,b2])
fig = plt.figure(figsize = (7,2))
ax1 = plt.subplot(121)
ax1.plot(x,y0/y0, "k.")
ax1.plot(x/x,y0,"k.")
ax1.plot(x,y0, "b-", label = "y0 ($a = {:g}$, $b = {:g}$)".format(a0,b0))
ax1.plot(x,y1, ".-", label = "y1 ($a = {:g}$, $b = {:g}$)".format(a1,b1))
ax1.plot(x,y2, "o-", label = "y2 ($a = {:g}$, $b = {:g}$)".format(a2,b2))
ax1.set_xlabel("x", fontsize = 15)
ax1.set_ylabel("y", fontsize = 15)
ax1.legend(loc = "best");
x = np.linspace(0.5, 1.5, 20, dtype = np.float64)
a3, b3 = 1, -1.0
a4, b4 = 1, -0.5
a5, b5 = 1, -2.0
y3 = func(x, [a3,b3])
y4 = func(x, [a4,b4])
y5 = func(x, [a5,b5])
ax2 = plt.subplot(122)
ax2.plot(x,y0/y0, "k.")
ax2.plot(x/x,y0,"k.")
ax2.plot(x,y3, "b-", label = "y3 ($a = {:g}$, $b = {:g}$)".format(a3,b3))
ax2.plot(x,y4, ".-", label = "y4 ($a = {:g}$, $b = {:g}$)".format(a4,b4))
ax2.plot(x,y5, "o-", label = "y5 ($a = {:g}$, $b = {:g}$)".format(a5,b5))
ax2.set_xlabel("x", fontsize = 15)
ax2.set_ylabel("y", fontsize = 15)
ax2.legend(loc = "best");
fig.subplots_adjust(left = 0.00, right = 1.00, bottom = 0.00, top = 1.00, hspace = 
0.5, wspace = 0.3)
```

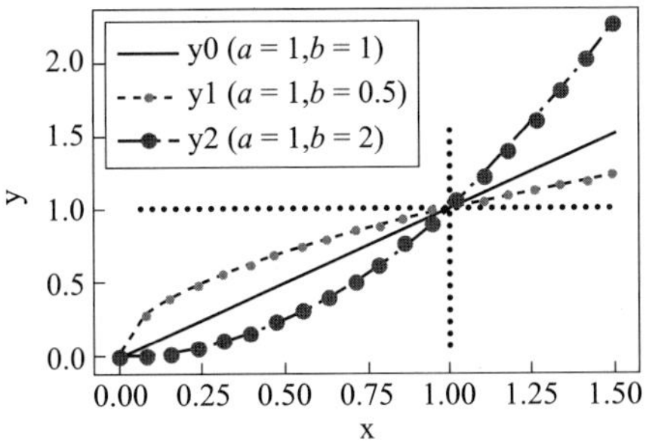

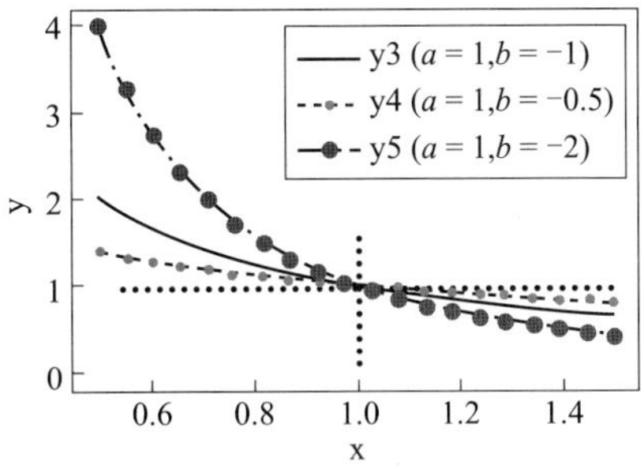

(1) def func (x, p)，定义幂函数。

(2) x = np.linspace (0, 1.5, 20, dtype = np.float64)，为 b > 0 准备自变量。

(3) x = np.linspace (0.5, 1.5, 20, dtype = np.float64)，为 b < 0 准备自变量。

(4) 准备不同自变量，主要是为了在显示图形时，对比更加强烈。

幂函数的最大特点是增长或者下降的速度很快，所谓以幂级数速度变化。

2. 指数函数

假设 x 为自变量，a，b 为参数，则一般的指数函数可以表示为：

$$y = ae^{bx} \tag{3}$$

如果 $a > 0$，那么，通过两边取对数，就可以化简为线性函数：

$$\ln y = \ln a + bx \tag{4}$$

指数函数一般分两种情况来讨论：$b > 0$ 和 $b < 0$。

```
def func(x, p):
    a, b = p
    return a * (np.e) ** (b * x)
x = np.linspace(-2, 2, 20, dtype = np.float64)
a0, b0 = 1, 1.1
y0 = func(x, [a0,b0])
fig = plt.figure(figsize = (7,2))
ax1 = plt.subplot(121)
ax1.plot(x,y0 * 0,  "k - ", lw = 0.5)
ax1.plot(x * 0,y0,  "k - ", lw = 0.5)
ax1.plot(x,y0, "o - ", label = "y0 ( $ a = {:g} $ , $ b = {:g} $ )".format(a0,b0))
ax1.set_xlabel("x", fontsize = 12)
ax1.set_ylabel("y", fontsize = 12)
ax1.legend(loc = "best");
a1, b1 = 1, -1.1
y1 = func(x, [a1,b1])
ax2 = plt.subplot(122)
ax2.plot(x,y0 * 0,  "k - ", lw = 0.5)
ax2.plot(x * 0,y0,  "k - ", lw = 0.5)
```

```
ax2.plot(x,y1, "o-", label="y1 ($a={:g}$, $b={:g}$)".format(a1,b1))
ax2.set_xlabel("x", fontsize=12)
ax2.set_ylabel("y", fontsize=12)
ax2.legend(loc="best");
```

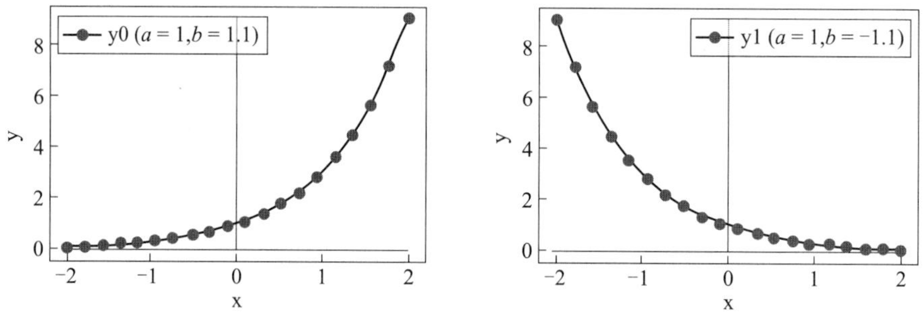

(1) def func (x, p)，定义指数函数。

(2) x=np.linspace (-2, 2, 20, dtype=np.float64)，为 b>0 准备自变量。

(3) x=np.linspace (-2, 2, 20, dtype=np.float64)，为 b<0 准备自变量。

(4) 从图形可以看出，不同参数下，函数图形差异很大。

指数函数使用频率很高，由于增长较快，所以，往往转化为对数函数来处理。

3. 对数函数

假设 x 为自变量，a，b 为参数，则一般的对数函数可以表示为：

$$y = a + b\ln x \tag{5}$$

对数函数一般分两种情况来讨论：$b>0$ 和 $b<0$。

```
def func(x, p):
    a, b = p
    return a + b * np.log(x)
x = np.linspace(0, 2, 20, dtype=np.float64)
a0, b0 = 1, 1.1
y0 = func(x, [a0,b0])
fig = plt.figure(figsize=(7,2))
ax1 = plt.subplot(121)
ax1.plot(x/x,y0,  "k-",  lw=0.5)
ax1.plot(x,y0/y0,  "k-",  lw=0.5)
ax1.plot(x,y0, "o-", label="y0 ($a={:g}$, $b={:g}$)".format(a0,b0))
ax1.set_xlabel("x", fontsize=12)
ax1.set_ylabel("y", fontsize=12)
ax1.legend(loc="best");
a1, b1 = 1, -1.1
y1 = func(x, [a1,b1])
ax2 = plt.subplot(122)
```

```
ax2.plot(x/x,y0,  "k-",  lw=0.5)
ax2.plot(x,y0/y0,  "k-",  lw=0.5)
ax2.plot(x,y1, "o-", label="y1 ($a={:g}$,$b={:g}$)".format(a1,b1))
ax2.set_xlabel("x", fontsize=12)
ax2.set_ylabel("y", fontsize=12)
ax2.legend(loc="best");
```

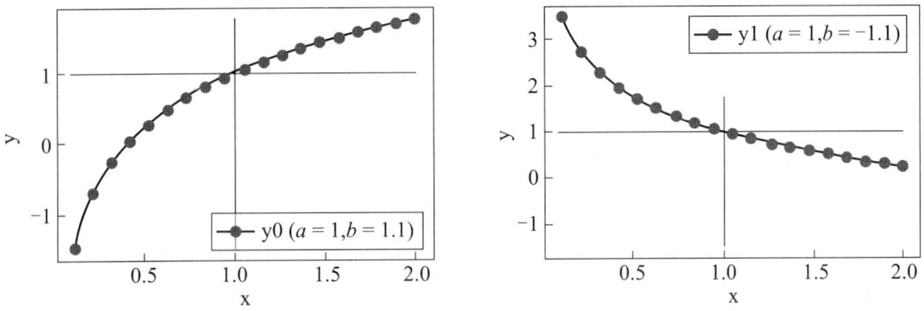

(1) def func (x, p)，定义对数函数。

(2) a0, b0 =1, 1.1, 设计 b >0 参数。

(3) a1, b1 =1, -1.1, 设计 b <0 参数。

(4) 由于 1 的对数为零，所以当 x =1 时，函数值为常数。

对数函数一般要求自变量大于零，所以，在采用对数函数式时，需要首先考虑自变量的取值范围。对经济变量的分析一般适用对数函数。

4. 增长函数

假设 x 为自变量，a，b 为参数，则一般的增长函数可以表示为：

$$y = ae^{\frac{b}{x}} \tag{6}$$

如果 $a>0$，那么，通过两边取对数，就可以化简为线性函数：

$$\ln y = \ln a + \frac{b}{x} \tag{7}$$

增长函数一般分两种情况来讨论：$b>0$ 和 $b<0$。

```
def func(x, p):
    a, b = p
    return a * np.exp(b/x)
x = np.linspace(0, 50, 20, dtype = np.float64)
a0, b0 = 35000, 1.1
y0 = func(x, [a0,b0])
pl.close("all")
fig = plt.figure(figsize = (7,2))
ax1 = plt.subplot(121)
ax1.plot(x,a0 * y0/y0,  "k-",  lw=0.5)
```

```
ax1.plot(x,y0, "o-", label="y0 ($a={:g}$,$b={:g}$)".format(a0,b0))
ax1.set_xlabel("x", fontsize=12)
ax1.set_ylabel("y", fontsize=12)
ax1.legend(loc="best");
a1, b1 =35000, -1.1
y1 = func(x, [a1,b1])
ax2 =plt.subplot(122)
ax2.plot(x,a1*y0/y0,  "k-",  lw=0.5)
ax2.plot(x,y1, "o-", label="y1 ($a={:g}$,$b={:g}$)".format(a1,b1))
ax2.set_xlabel("x", fontsize=12)
ax2.set_ylabel("y", fontsize=12)
ax2.legend(loc="best");
```

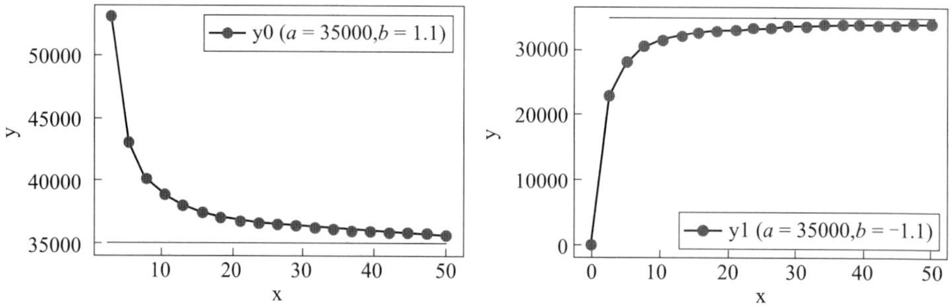

(1) def func (x, p)，定义增长函数。

(2) a0，b0 =35000，1.1，参数 b >0，参数 a 就是函数值的下限。

(3) a1，b1 =35000，-1.1，参数 b <0，参数 a 就是函数值的上限。

(4) 增长函数的其他变化形式与此类似。

在采用增长函数进行模拟时，表示函数值上限或者下限的参数 a 的选择很重要。

第二节　常见非线性函数高阶化

在上一节，我们主要介绍了如何将常见的非线性函数转化为一阶线性多项式。事实上，常见非线性函数不仅可以被转化为一阶线性多项式，也可以被转化为高阶线性多项式。一阶线性多项式应用是常见非线性函数最为普通的应用。但是，是否需要转化为高阶多项式，当然要根据需要酌情确定。非线性函数，因其多样性变化特点，在实践中有着广泛的应用。

以往，由于受到计算能力的限制，非线性多项式的转化形式基本都局限在一阶多项式范围内。

现在，使用 Python 方法，让函数变换更加简单化。特别是，因为所有函数都可以被转化为多项式，而以常见非线性函数为基础的高阶非线性多项式变换，具有一些很好的特点。

1. 幂函数

假设 x（>0）为自变量，a，b 为参数，那么，幂函数的基本形式为：

$$y = e^{a} x^{b} \tag{8}$$

采用变换：

$$Y = \ln y,\ X = \ln x \tag{9}$$

这样，如果 $i \in \{1, 2, \cdots, m\}$ 表示样本的第 i 个分量，就可以得到基本变化模型：

$$Y_i = a + b X_i + \varepsilon_i \tag{10}$$

更一般地，可以采用一般多项式形式来建立更高阶的线性回归方程：

$$Y_i = \alpha_0 + \alpha_1 X_i + \alpha_2 X_i^2 + \cdots + \alpha_n X_i^n + \varepsilon_i \tag{11}$$

该模型相当于：

$$\ln y_i = \alpha_0 + \alpha_1 \ln x_i + \alpha_2 (\ln x_i)^2 + \cdots + \alpha_n (\ln x_i)^n + \varepsilon_i \tag{12}$$

如果已经得到了变量 Y 的预测值，那么，很容易得到其原值：

$$y = e^{Y}, x = e^{X} \tag{13}$$

由于负数和 0 不能取对数，所以，当样本取到负值或者 0 时，可以采用如下办法来处理样本值对数问题。那么，只要能够保证 $y + |\theta_y| > 0$，$x + |\theta_x| > 0$，则在对变量 x，y 取对数时，可以采取如下方式：

$$Y = \ln(y + |\theta_y|), X = \ln(x + |\theta_x|) \tag{14}$$

这样，在模型取值计算出来之后，就采用如下形式回复数据原型：

$$y = e^{Y} - |\theta_y|, x = e^{X} - |\theta_x| \tag{15}$$

其他如指数函数、对数函数等，凡是需要取对数，都可以按照这种办法去处理。

2. 指数函数

假设 x 为自变量，a，b 为参数，则一般的指数函数可以表示为：

$$y = e^{a + bx} \tag{16}$$

采用变换：

$$Y = \ln y,\ X = x \tag{17}$$

这样，如果 $i \in \{1, 2, \cdots, m\}$ 表示样本的第 i 个分量，就可以得到基本变化模型：

$$\ln y_i = \alpha_0 + \alpha_1 x_i + \alpha_2 x_i^2 + \cdots + \alpha_n x_i^n + \varepsilon_i \tag{18}$$

如果已经得到了变量 Y 的预测值，那么，就很容易得到其原值：

$$y = e^{Y},\ x = X \tag{19}$$

3. 对数函数

假设 x 为自变量，a，b 为参数，则一般的对数函数可以表示为：

$$y = a + b\ln x \tag{20}$$

采用变换：

$$Y = y,\ X = \ln x \tag{21}$$

这样，如果 $i \in \{1, 2, \cdots, m\}$ 表示样本的第 i 个分量，就可以得到基本变化模型：

$$y_i = \alpha_0 + \alpha_1 \ln x_i + \alpha_2 (\ln x_i)^2 + \cdots + \alpha_n (\ln x_i)^n + \varepsilon_i \tag{22}$$

如果已经得到了变量 Y 的预测值，那么，就很容易得到其原值：

$$y = Y, x = e^X \tag{23}$$

4. 指数型增长函数

假设 x 为自变量，a，b 为参数，则一般的指数型增长函数可以表示为：

$$y = e^{a + \frac{b}{x}} \tag{24}$$

采用变换：

$$Y = \ln y,\ X = \frac{1}{x} \tag{25}$$

这样，如果 $i \in \{1, 2, \cdots, m\}$ 表示样本的第 i 个分量，就可以得到基本变化模型：

$$\ln y_i = \alpha_0 + \alpha_1 \left(\frac{1}{x_i}\right) + \alpha_2 \left(\frac{1}{x_i}\right)^2 + \cdots + \alpha_n \left(\frac{1}{x_i}\right)^n + \varepsilon_i \tag{26}$$

如果已经得到了变量 Y 的预测值，那么，就很容易得到其原值：

$$y = e^Y,\ x = \frac{1}{X} \tag{27}$$

5. 具有上限的增长函数

假设 x 为自变量，参数 K 为增长函数的上限，则具有增长上限的增长函数可表示为：

$$y = \frac{K}{1 + e^x} \tag{28}$$

采用变换：

$$e^x = \frac{K}{y} - 1 \tag{29}$$

$$Y = \ln\left(\frac{K}{y} - 1\right),\ X = x \tag{30}$$

这样，如果 $i \in \{1, 2, \cdots, m\}$ 表示样本的第 i 个分量，就可以得到基本变化模型：

$$\ln\left(\frac{K}{y_i} - 1\right) = \alpha_0 + \alpha_1 x_i + \alpha_2 x_i^2 + \cdots + \alpha_n x_i^n + \varepsilon_i \tag{31}$$

如果已经得到了变量 Y 的预测值，那么，就很容易得到其原值：

$$y = \frac{K}{e^Y + 1}, x = X \tag{32}$$

以上，$i \in \{1, 2, \cdots, m\}$ 表示样本个数；多项式阶数 $r = n$ 表示自由度大小。

第三节 常见非线性函数 Polyfit 拟合

在这里，我们主要以将常见非线性函数转化为一阶线性多项式为例，来进行介绍。当作为一阶多项式拟合时，只要将多项式的阶数定义为 1 就行，即选择参数 $deg = 1$。以此类推，如果要选择使用高阶多项式，则只要将多项式的阶数定义为 n（>1）就行，即选择参数 $deg = n$。

1. 幂函数应用

我们以中国 1989—2018 年的名义 GDP 值和 GDP 缩减指数为基础，预测 2030 年中国实际 GDP 值。

```
data = np.loadtxt("CHNUSA\CHN19892018.txt")
Year = data[:,0]
CurrentGDP = data[:,1]
GDPDeflator = data[:,2]
TotalRealGDP = (CurrentGDP/(1 + GDPDeflator/100))
PredictionYear = 2030
n = np.int(np.size(Year))
N = np.int(PredictionYear - Year[0] + 1)
T = np.arange(n,dtype = np.float64)
Y = np.arange(n,dtype = np.float64)
for i in range(n):
    T[i] = Year[i]
    Y[i] = TotalRealGDP[i]
y0 = Y
x1 = np.log(T)
y1 = np.log(Y)
deg = 1
p1 = np.polyfit(x1, y1, deg)
p11 = np.poly1d(p1)
print("Regression coefficient [b,a] = ",p1)
print("Regression logarithm polynomial = ",p11)

y1_value = np.polyval(p1, x1)
SST_Y1 = np.sum((y1 - np.mean(y1)) ** 2)
SSR_Y1 = np.sum((y1_value - np.mean(y1)) ** 2)
```

```
SSE_Y1 = np.sum((y1  - y1_value) ** 2)
R2_Y1 = SSR_Y1 / SST_Y1
R_Y1 = np.sqrt(SSR_Y1 / SST_Y1)
AdjR2_Y1 = 1 - ((n - 1) / (n - deg - 1)) * (1 - R2_Y1)
SER_Y1 = np.sqrt(SSE_Y1 / (n - deg - 1))
RMSE_Y1 = np.sqrt(SSE_Y1 / n)
print("R_Square = ", np.int32(10000 * R2_Y1)/10000)
print("R = ", np.int32(10000 * R_Y1)/10000)
print("Adjusted R_Square = ", np.int32(10000 * AdjR2_Y1)/10000)
print("Spread of the error = ", np.int32(10000 * SER_Y1)/10000)
print("Root mean squared error = ", np.int32(10000 * RMSE_Y1)/10000)
TD = np.arange(N,dtype = np.float64)
for i in range(N):
    TD[i] = T[0] + i
x11 = np.log(TD)
y11_value = np.polyval(p1, x11)
x12 = np.exp(x11)
y12_value = np.exp(y11_value)
pl.close("all")
fig = plt.figure(figsize = (8, 3))
ax1 = plt.subplot(121)
ax1.plot(x1,  y1,          ". - ",   label = "Sample Curve")
ax1.plot(x11, y11_value, "r - ",   label = "Fitted Curve")
ax1.set_title("Power Function Model", fontsize = 12)
ax1.set_xlabel("Year in Logarithm Value", fontsize = 12)
ax1.set_ylabel("Total Real GDP in Logarithm", fontsize = 12)
ax1.legend(loc = "best")
ax2 = plt.subplot(122)
ax2.plot(T,  y0,          ". - ",   label = "Sample Curve")
ax2.plot(TD, y12_value, "r - ",   label = "Fitted Curve")
ax2.set_title("Power Function Model", fontsize = 12)
ax2.set_xlabel("Year", fontsize = 12)
ax2.set_ylabel("Total Real GDP", fontsize = 12)
ax2.legend(loc = "best")
fig.subplots_adjust(left = 0.08, right = 0.98, bottom = 0.05, top = 0.9, hspace = 
0.3, wspace = 0.2)
T1 = np.arange(N,dtype = np.float64)
A1 = np.arange(N,dtype = np.float64)
B1 = np.arange(N,dtype = np.float64)
C1 = np.arange(N,dtype = np.float64)
i = 0
while(i < n):
```

```
        A1[i] = y0[i]
        B1[i] = x1[i]
        C1[i] = y1[i]
        i = i +1
    while(i < N and i > n -1):
        A1[i] = i + T[0]
        B1[i] = i + T[0]
        C1[i] = i + T[0]
        i = i +1
    r1 = [TD, A1, B1, C1, x11, y11_value, x12,y12_value]
    r1 = pd.DataFrame(r1, index = ["T","Y","logT","logY","logT Pre","logY Pre","T Pre","Y Pre"]).T
    result = np.round(r1, 4)
    result.to_excel('CHNUSA \ CHN_TOTALGDP_Power.xls')
    result
    Regression coefficient [b,a] = [281.8  -2114. ]
    Regression logarithm polynomial = 281.8 x -2114
    R_Square = 0.9888
    R = 0.9943
    Adjusted R_Square = 0.9884
    Spread of the error = 0.1339
    Root mean squared error = 0.1294
```

按照计算结果，知道 $a=-2114$，$b=281.8$。因此，模型为以下二种形式：

$$\ln y=-2114+281.8\ln x \tag{33}$$

$$y=e^{-2114}x^{281.8} \tag{34}$$

这里，x 是时间变量，以年度表示；y 表示实际 GDP。拟合度很高，增长趋势陡峭。输出结果中，报表和图形略去。这里，多项式阶数被定义为 1。

2. 指数函数应用

仍然以中国的名义 GDP 和 GDP 缩减指数为基础，利用指数函数预测 2030 年的实际 GDP。

```
    data = np.loadtxt("CHNUSA \ CHN19892018.txt")
    Year = data[:,0]
    CurrentGDP = data[:,1]
    GDPDeflator = data[:,2]
    TotalRealGDP = (CurrentGDP/(1 + GDPDeflator/100))
    PredictionYear = 2030
    n = np.int(np.size(Year))
    N = np.int(PredictionYear - Year[0] +1)
```

```
T = np.arange(n,dtype = np.float64)
Y = np.arange(n,dtype = np.float64)
for i in range(n):
    T[i] = Year[i]
    Y[i] = TotalRealGDP[i]
y0 = Y
x1 = T
y1 = np.log(Y)
deg = 1
p1 = np.polyfit(x1,y1, deg)
p11 = np.poly1d(p1)
print("Regression coefficient [b,a] = ",p1)
print("Regression logarithm polynomial = ",p11)
y1_value = np.polyval(p1, x1)
SST_Y1 = np.sum((y1 - np.mean(y1)) ** 2)
SSR_Y1 = np.sum((y1_value - np.mean(y1)) ** 2)
SSE_Y1 = np.sum((y1 - y1_value) ** 2)
R2_Y1 = SSR_Y1 / SST_Y1
R_Y1 = np.sqrt(SSR_Y1 / SST_Y1)
AdjR2_Y1 = 1 - ((n - 1) / (n - deg - 1)) * (1 - R2_Y1)
SER_Y1 = np.sqrt(SSE_Y1 / (n - deg - 1))
RMSE_Y1 = np.sqrt(SSE_Y1 / n)
print("R_Square = ", np.int32(10000 * R2_Y1)/10000)
print("R = ", np.int32(10000 * R_Y1)/10000)
print("Adjusted R_Square = ", np.int32(10000 * AdjR2_Y1)/10000)
print("Spread of the error = ", np.int32(10000 * SER_Y1)/10000)
print("Root mean squared error = ", np.int32(10000 * RMSE_Y1)/10000)
TD = np.arange(N,dtype = np.float64)
for i in range(N):
    TD[i] = T[0] + i
x11 = TD
y11_value = np.polyval(p1, x11)
x12 = x11
y12_value = np.exp(y11_value)
pl.close("all")
fig = plt.figure(figsize = (8, 3))
ax1 = plt.subplot(121)
ax1.plot(x1,y1, ". - ", label = "Sample Curve")
ax1.plot(x11, y11_value, "r - ", label = "Fitted Curve")
ax1.set_title("Exponential Function Model", fontsize = 12)
ax1.set_xlabel("Year", fontsize = 12)
ax1.set_ylabel("Total Real GDP in Logarithm Value", fontsize = 12)
```

```
ax1.legend(loc = "best")
ax2 = plt.subplot(122)
ax2.plot(T, y0, ". - ", label = "Sample Curve")
ax2.plot(TD, y12_value, "r - ", label = "Fitted Curve")
ax2.set_title("Exponential Function Model", fontsize = 12)
ax2.set_xlabel("Year", fontsize = 12)
ax2.set_ylabel("Total Real GDP", fontsize = 12)
ax2.legend(loc = "best")
fig.subplots_adjust(left = 0.08, right = 0.98, bottom = 0.05, top = 0.9, hspace =
0.3, wspace = 0.2)
T1 = np.arange(N,dtype = np.float64)
A1 = np.arange(N,dtype = np.float64)
B1 = np.arange(N,dtype = np.float64)
C1 = np.arange(N,dtype = np.float64)
i = 0
while(i < n):
    A1[i] = y0[i]
    B1[i] = x1[i]
    C1[i] = y1[i]
    i = i  + 1
while(i < N and i > n - 1):
    A1[i] = i + T[0]
    B1[i] = i + T[0]
    C1[i] = i + T[0]
    i = i + 1
r1 = [TD, A1, B1, C1, x11, y11_value, x12,y12_value]
r1 = pd.DataFrame(r1, index = ["T","Y","T","logY","T Pre","logY Pre","T Pre","Y
Pre"]).T
result = np.round(r1, 4)
result.to_excel('CHNUSA \ CHN_TOTALGDP_Exponential.xls')
result
Regression coefficient [b,a] = [0.1407  -253.4]
Regression logarithm polynomial = 0.1407 x - 253.4
R_Square = 0.9888
R = 0.9944
Adjusted R_Square = 0.9884
Spread of the error = 0.1336
Root mean squared error = 0.1291
```

结果是 $a = -253.4$，$b = 0.1407$。实际拟合指数函数具有如下形式：

$$\ln y = -253.4 + 0.1407x \tag{35}$$

$$y = e^{-253.4 + 0.1407x} \tag{36}$$

这里，x 是时间变量，以年度表示；y 表示 GDP 实际值。拟合结果很好，趋势偏陡峭。

输出结果中，报表和图形略去。这里，多项式阶数被定义为 1。

3. 对数函数应用

仍然以到 2030 年中国实际 GDP 预测程序为例，来表现对数函数用法。

```
data = np.loadtxt("CHNUSA \ CHN19892018.txt")
Year = data[:,0]
CurrentGDP = data[:,1]
GDPDeflator = data[:,2]
TotalRealGDP = (CurrentGDP / (1 + GDPDeflator/100))
PredictionYear = 2030
n = np.int(np.size(Year))
N = np.int(PredictionYear - Year[0] + 1)
T = np.arange(n,dtype = np.float64)
Y = np.arange(n,dtype = np.float64)
for i in range(n):
    T[i] = Year[i]
    Y[i] = TotalRealGDP[i]
y0 = Y
x1 = np.log(T)
y1 = Y
deg = 1
p1 = np.polyfit(x1,  y1, deg)
p11 = np.poly1d(p1)
print("Regression coefficient [b,a] = ",p1)
print("Regression logarithm polynomial = ",p11)
y1_value = np.polyval(p1, x1)
SST_Y1 = np.sum((y1 - np.mean(y1)) ** 2)
SSR_Y1 = np.sum((y1_value - np.mean(y1)) ** 2)
SSE_Y1 = np.sum((y1 - y1_value) ** 2)
R2_Y1 = SSR_Y1 / SST_Y1
R_Y1 = np.sqrt(SSR_Y1 / SST_Y1)
AdjR2_Y1 = 1 - ((n - 1) / (n - deg - 1)) * (1 - R2_Y1)
SER_Y1 = np.sqrt(SSE_Y1 / (n - deg - 1))
RMSE_Y1 = np.sqrt(SSE_Y1 / n)
print("R_Square = ", np.int32(10000 * R2_Y1)/10000)
print("R = ", np.int32(10000 * R_Y1)/10000)
print("Adjusted R_Square = ", np.int32(10000 * AdjR2_Y1)/10000)
print("Spread of the error = ", SER_Y1 )
```

```
print("Root mean squared error = ", RMSE_Y1)
TD = np.arange(N,dtype = np.float64)
for i in range(N):
    TD[i] = T[0] + i
x11 = np.log(TD)
y11_value = np.polyval(p1, x11)
x12 = np.exp(x11)
y12_value = y11_value

pl.close("all")
fig = plt.figure(figsize = (8, 3))
ax1 = plt.subplot(121)
ax1.plot(x1,y1,". - ",label = "Sample Curve")
ax1.plot(x11, y11_value, "r - ",label = "Fitted Curve")
ax1.set_title("Logarithm Function Model", fontsize =12)
ax1.set_xlabel("Year in Logarithm Value", fontsize =12)
ax1.set_ylabel("Total Real GDP", fontsize =12)
ax1.legend(loc = "best")
ax2 = plt.subplot(122)
ax2.plot(T,y0,". - ",label = "Sample Curve")
ax2.plot(TD, y12_value, "r - ",label = "Fitted Curve")
ax2.set_title("Logarithm Function Model", fontsize =12)
ax2.set_xlabel("Year", fontsize =12)
ax2.set_ylabel("Total Real GDP", fontsize =12)
ax2.legend(loc = "best")
fig.subplots_adjust(left =0.08, right =0.98, bottom =0.05, top =0.9, hspace =
0.3, wspace =0.3)
T1 = np.arange(N,dtype = np.float64)
A1 = np.arange(N,dtype = np.float64)
B1 = np.arange(N,dtype = np.float64)
C1 = np.arange(N,dtype = np.float64)
i =0
while(i <n):
     A1[i] =y0[i]
     B1[i] =x1[i]
     C1[i] =y1[i]
     i =i  +1
while(i <N and i >n -1):
     A1[i] =i +T[0]
     B1[i] =i +T[0]
     C1[i] =i +T[0]
     i =i +1
```

```
r1 = [TD, A1, B1, C1, x11, y11_value, x12,y12_value]
r1 = pd.DataFrame(r1, index = ["T","Y","logT","Y","logT Pre","Y Pre","T Pre","Y
Pre"]).T
result = np.round(r1, 4)
result.to_excel('CHNUSA \ CHN_ TOTALGDP_ Loarithm.xls')
result
Regression coefficient [b,a] = [ 8.6929e +14  -6.6049e +15]
Regression logarithm polynomial = 8.693e +14 x - 6.605e +15
R_ Square = 0.8331
R = 0.9127
Adjusted R_ Square = 0.8271
Spread of the error = 1739842460837.3054
Root mean squared error = 1680847505267.3826
```

结果表明，$a = -6.6049 \times 10^{15}$，$b = 8.6929 \times 10^{14}$，具体模型为：

$$y = -6.6049 \times 10^{15} + 8.6929 \times 10^{14} \ln x \tag{37}$$

这里，x 是时间变量，以年度表示；y 表示 GDP 实际值。拟合度很高，趋势偏平缓。与之前的程序不同，由于因变量没有取对数值，所以 SER、RMSE 值偏高。

输出结果中，报表和图形略去。这里，多项式阶数被定义为 1。

4. 增长函数应用

通过预测 2030 年中国 GDP 实际值，应用增长函数。

```
data = np.loadtxt("CHNUSA \ CHN19892018.txt")
Year = data[:,0]
CurrentGDP = data[:,1]
GDPDeflator = data[:,2]
TotalRealGDP = (CurrentGDP / (1 + GDPDeflator /100))
PredictionYear = 2030
n = np.int(np.size(Year))
N = np.int(PredictionYear - Year[0] + 1)
T = np.arange(n,dtype = np.float64)
Y = np.arange(n,dtype = np.float64)
for i in range(n):
    T[i] = Year[i]
    Y[i] = TotalRealGDP[i]
y0 = Y
x1 = 1 / T
y1 = np.log(Y)
deg = 1
p1 = np.polyfit(x1,y1, deg)
```

```
p11 = np.poly1d(p1)
print("Regression coefficient [b,a] = ",p1)
print("Regression logarithm polynomial = ",p11)
y1_value = np.polyval(p1, x1)
SST_Y1 = np.sum((y1 - np.mean(y1)) ** 2)
SSR_Y1 = np.sum((y1_value - np.mean(y1)) ** 2)
SSE_Y1 = np.sum((y1 - y1_value) ** 2)
R2_Y1 = SSR_Y1 / SST_Y1
R_Y1 = np.sqrt(SSR_Y1 / SST_Y1)
AdjR2_Y1 = 1 - ((n - 1) / (n - deg - 1)) * (1 - R2_Y1)
SER_Y1 = np.sqrt(SSE_Y1 / (n - deg - 1))
RMSE_Y1 = np.sqrt(SSE_Y1 / n)
print("R_Square = ", np.int32(10000 * R2_Y1)/10000)
print("R = ", np.int32(10000 * R_Y1)/10000)
print("Adjusted R_Square = ", np.int32(10000 * AdjR2_Y1)/10000)
print("Spread of the error = ", np.int32(10000 * SER_Y1)/10000)
print("Root mean squared error = ", np.int32(10000 * RMSE_Y1)/10000)
TD = np.arange(N,dtype = np.float64)
for i in range(N):
    TD[i] = T[0] + i
x11 = 1 / TD
y11_value = np.polyval(p1, x11)
x12 = 1 / x11
y12_value = np.exp(y11_value)
pl.close("all")
fig = plt.figure(figsize = (8, 3))
ax1 = plt.subplot(121)
ax1.plot(x1,y1,". - ",label = "Sample Curve")
ax1.plot(x11, y11_value, "r - ",label = "Fitted Curve")
ax1.set_title("Growth Function Model", fontsize = 12)
ax1.set_xlabel("Year in Inverse Value", fontsize = 12)
ax1.set_ylabel("Total Real GDP in Logarithm Value", fontsize = 12)
ax1.legend(loc = "best")
ax2 = plt.subplot(122)
ax2.plot(T,y0,". - ",label = "Sample Curve")
ax2.plot(TD, y12_value, "r - ",label = "Fitted Curve")
ax2.set_title("Growth Function Model", fontsize = 12)
ax2.set_xlabel("Year", fontsize = 12)
ax2.set_ylabel("Total Real GDP", fontsize = 12)
ax2.legend(loc = "best")
fig.subplots_adjust(left = 0.08, right = 0.98, bottom = 0.05, top = 0.9, hspace =
0.3, wspace = 0.2)
```

```
T1 = np.arange(N,dtype = np.float64)
A1 = np.arange(N,dtype = np.float64)
B1 = np.arange(N,dtype = np.float64)
C1 = np.arange(N,dtype = np.float64)
i = 0
while(i < n):
    A1[i] = y0[i]
    B1[i] = x1[i]
    C1[i] = y1[i]
    i = i + 1
while(i < N and i > n - 1):
    A1[i] = i + T[0]
    B1[i] = i + T[0]
    C1[i] = i + T[0]
    i = i + 1
r1 = [TD, A1, B1, C1, x11, y11_value, x12,y12_value]
r1 = pd.DataFrame(r1, index = ["T","Y","1/T","logY","1/T Pre","logY Pre","T Pre","Y Pre"]).T
result = np.round(r1, 4)
result.to_excel('CHNUSA\CHN_TOTALGDP_Growth.xls')
result
Regression coefficient [b,a] = [-564545.359   310.1399]
Regression logarithm polynomial = -564545.359 x + 310.1399
R_Square = 0.9887
R = 0.9943
Adjusted R_Square = 0.9883
Spread of the error = 0.1342
Root mean squared error = 0.1296
```

增长函数的参数为 $a = 310.1399$，$b = -564545.359$，增长函数具体形式为：

$$\ln y = 310.1399 - \frac{564545.359}{x} \tag{38}$$

$$y = e^{310.1399 + \frac{-564545.359}{x}} \tag{39}$$

这里，x 表示时间变量，以年度表示；y 表示实际 GDP 值。拟合效果好，但趋势陡峭。输出结果中，报表和图形略去。这里，多项式阶数被定义为 1。

5. 切比雪夫多项式应用

为了比较预测结果，我们同时采用二阶切比雪夫多项式，来预测 2030 年中国实际 GDP 值，以便比较哪种预测结果更好。

```
data = np.loadtxt("CHNUSA\CHN19892018.txt")
```

```
Year = data[:,0]
CurrentGDP = data[:,1]
GDPDeflator = data[:,2]
TotalRealGDP = (CurrentGDP/(1 + GDPDeflator/100))
PredictionYear = 2030
n = np.int(np.size(Year))
N = np.int(PredictionYear - Year[0] + 1)
T = np.arange(n,dtype = np.float64)
Y = np.arange(n,dtype = np.float64)
for i in range(n):
    T[i] = Year[i]
    y1[i] = TotalRealGDP[i]
a = T[0]
b = PredictionYear
t0 = 2 * (T - a)/(b - a) - 1
T0 = (t0 + 1) * (b - a)/2 + a
td = np.linspace(-1, 1, N)
TD = (td + 1) * (b - a)/2 + a
deg1 = 2
c1 = Chebyshev.fit(t0,y1,deg1, domain = [-1, 1])
c11 = c1.convert(kind = Polynomial)
y1_value = c1(t0)
y2_value = c1(td)
print(c1)
print(c11)
SST_Y1 = np.sum((y1 - np.mean(y1)) ** 2)
SSR_Y1 = np.sum((y1_value - np.mean(y1)) ** 2)
SSE_Y1 = np.sum((y1 - y1_value) ** 2)
R2_Y1 = SSR_Y1/SST_Y1
R_Y1 = np.sqrt(SSR_Y1/SST_Y1)
AdjR2_Y1 = 1 - ((n - 1)/(n - deg - 1)) * (1 - R2_Y1)
SER_Y1 = np.sqrt(SSE_Y1/(n - deg - 1))
RMSE_Y1 = np.sqrt(SSE_Y1/n)
print("R_Square = ", np.int32(10000 * R2_Y1)/10000)
print("R = ", np.int32(10000 * R_Y1)/10000)
print("Adjusted R_Square = ", np.int32(10000 * AdjR2_Y1)/10000)
print("Spread of the error = ", SER_Y1)
print("Root mean squared error = ", RMSE_Y1 ,"\n")
pl.close("all")
plt.figure(figsize = (8, 3))
ax1 = plt.subplot(121)
ax1.plot(T0, y1, "o - ", label = "Sample Curve")
```

```
ax1.plot(TD, y2_value, "r-", label="Fitted Curve")
ax1.set_xlabel("Year", fontsize=10)
ax1.set_ylabel("China Real GDP", fontsize=10)
ax1.legend(loc="best")
ax1.set_title("Total GDP")
A=np.arange(N,dtype=np.float64)
B0=np.arange(N,dtype=np.float64)
B1=np.arange(N,dtype=np.float64)
i=0
while(i<n):
    A[i]=T[i]
    B0[i]=y1[i]
    B1[i]=y1_value[i]
    i=i +1
while(i<N and i>n-1):
    A[i]=i+a
    B0[i]=i+a
    B1[i]=i+a
    i=i +1
r1 = [A, B0, B1, y2_value]
r1=pd.DataFrame(r1, index=['Year', 'TotalRealGDP', 'TotalRealGDPPre t0', 'Total-RealGDPPre td']).T
result=np.round(r1, 2)
result.to_excel('CHNUSA\CHN_TOTALGDP_Chebyshev.xls')
result
cheb([1.0671e+13 1.4771e+13 5.0132e+12])
poly([5.6580e+12 1.4771e+13 1.0026e+13])
R_Square=0.9849
R=0.9924
Adjusted R_Square=0.9838
Spread of the error=532118751352.04645
Root mean squared error=504812171987.1807
```

切比雪夫多项式函数及其转化为普通多项式后的具体形式为：

$$y = 1.0671 \times 10^{13} T_0 + 1.4771 \times 10^{13} T_1 + 5.013 \times 10^{12} T_2 \tag{40}$$

$$y = 5.6580 \times 10^{12} + 1.4771 \times 10^{13} x + 1.0026 \times 10^{13} x^2 \tag{41}$$

这里，$x \in [0, 1]$ 是时间变量，已经由年度表示的时间变量转换为切比雪夫多项式变量；y 表示实际 GDP 值。模型拟合度高，趋势适中。

输出结果中，报表和图形略去。这里，多项式阶数被定义为 2。

6. 五种模型的拟合结果对比

以上采用了五种拟合方式来预测中国 2019—2030 年的实际 GDP 值。那么，到底哪种函数下的拟合结果更加合理一些呢？我们将所有输出结果预测值放在一起进行比较。

```
data = np.loadtxt("CHNUSA \ CHN_ TOTALGDP_ SUM.txt")
Year = data[:,0]
TotalRealGDP = data[:,1]
GDP_ Chebyshev = data[:,2]
GDP_ Exponential = data[:,3]
GDP_ Growth = data[:,4]
GDP_ Logarithm = data[:,5]
GDP_ Power = data[:,6]
N = np.int(np.size(Year))
n = np.int(2018 - 1989 + 1)
T = np.arange(N,dtype = np.float64)
t0 = np.arange(n,dtype = np.float64)
for i in range(n):
    t0[i] = Year[i]
    y0[i] = TotalRealGDP[i]
for i in range(N):
    T[i] = Year[i]
pl.close("all")
plt.figure(figsize = (8, 3))
ax1 = plt.subplot(111)
ax1.plot(t0,y0,"o",label = "Sample Curve")
ax1.plot(T, GDP_ Chebyshev,"* - ",label = "GDP_ Chebyshev")
ax1.plot(T, GDP_ Logarithm,". - ",label = "GDP_ Logarithm")
ax1.plot(T, GDP_ Exponential,"r - ",label = "GDP_ Exponential")
ax1.plot(T, GDP_ Growth,"b - ",label = "GDP_ Growth")
ax1.plot(T, GDP_ Power,"k - ",label = "GDP_ Power")
ax1.set_ xlabel("Year", fontsize = 10)
ax1.set_ ylabel("Total Real GDP", fontsize = 10)
ax1.legend(loc = "best")
ax1.set_ title("Comparison curves between five models")
```

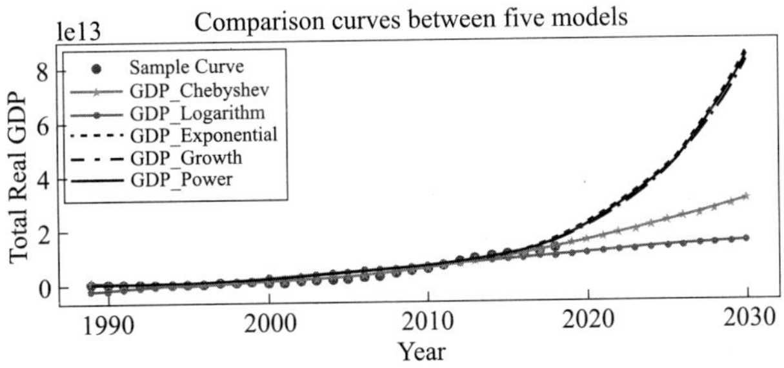

很明显，对数函数预测值最小，二阶切比雪夫多项式预测值居中，其他三种函数如指数函数、增长函数、幂函数的预测值最高。

这里，切比雪夫多项式的预测结果较为合理，不是最高，也不是最低，趋于中间。按照这个模型，即到2030年中国总的实际GDP值可能达到30万亿美元，从2019年的大约15万亿美元翻一番。

在以上的五种函数对比中，对于每个单一种类的函数，由于其可决系数值都很高，可以简单地认为所有五种回归函数都是可用的。但是，最终选择切比雪夫多项式结果，不仅仅是因为其可决系数值较高，而主要是因为其预测值在增长逻辑上较为合理，比较符合中国经济总量（GDP）每10年翻一番的预期。

第十章
环境 EKC 曲线

第一节 线性回归模型

假设有 r 个自变量 x_1，x_2，…，x_r；有 1 个因变量 y。假设每个变量 x_i 都有 n 个分量，这里 $i\in\{0, 1, 2, \cdots, n-1\}$。假设回归系数为 β_0，β_1，…，β_r，那么，对于任意的第 i 个元素，如果随机误差项为 ε_i，则线性回归模型为：

$$y_i=\beta_0+\beta_1x_{i1}+\beta_2x_{i2}+\cdots+\beta_rx_{ir}+\varepsilon_i \tag{1}$$

这里，r 为自由度。假设 $\forall i, j\in\{0, 1, 2, \cdots, n-1\}$，$i\neq j$，有：

$$E(\varepsilon_i)=0,\ Var(\varepsilon_i)=\sigma^2,\ Cov(\varepsilon_i,\varepsilon_j)=0 \tag{2}$$

则原序列预测模型期望值就可以假设为：

$$\hat{y}_i=E(y_i)=\beta_0+\beta_1x_{i1}+\beta_2x_{i2}+\cdots+\beta_rx_{ir} \tag{3}$$

这里，$\varepsilon_i=y_i-\hat{y}_i$，其矩阵形式可以表示为：

$$E(Y)=XE(\beta) \tag{4}$$

$$E(\beta)=(X^TX)^{-1}X^TE(Y) \tag{5}$$

采用最小二乘法求解，相关误差项可以表示为：

$$(y_i-\bar{y})^2=[(y_i-\hat{y}_i)+(\hat{y}_i-\bar{y})]^2 \tag{6}$$

$$(y_i-\bar{y})^2=(\hat{y}_i-\bar{y})^2+2(\hat{y}_i-\bar{y})(y_i-\hat{y}_i)+(y_i-\hat{y}_i)^2 \tag{7}$$

假设 $E[(\hat{y}_i-\bar{y})(y_i-\hat{y}_i)]=0$，那么：

$$\sum_{i=1}^{n}(y_i-\bar{y})^2=\sum_{i=1}^{n}(\hat{y}_i-\bar{y})^2+\sum_{i=1}^{n}(y_i-\hat{y}_i)^2 \tag{8}$$

定义总体误差平方和 SST、回归误差平方和 SSR、回归残差平方和 SSE 为：

$$SST=\sum_{i=1}^{n}(y_i-\bar{y})^2 \tag{9}$$

$$SSR=\sum_{i=1}^{n}(\hat{y}_i-\bar{y})^2 \tag{10}$$

$$SSE = \sum_{i=1}^{n} (y_i - \hat{y}_i)^2 = \sum_{i=1}^{n} \varepsilon_i^2 \quad (11)$$

所以，就有关系式：

$$SST = SSR + SSE \quad (12)$$

$$R^2 = \frac{SSR}{SST} = 1 - \frac{SSE}{SST} \quad (13)$$

$$-1 \leqslant R \leqslant 1 \quad (14)$$

如果拟合度越好，则可决系数 R^2 具有性质：

$$R^2 \to 1 \quad (15)$$

对于自由度 $r \geqslant 1$，则调整好的可决系数为：

$$Adjusted\ R^2 = 1 - \frac{\frac{SSE}{n-r-1}}{\frac{SST}{n-1}} = 1 - \frac{(n-1)}{(n-r-1)}(1 - R^2) \quad (16)$$

残差平方和的无偏估计为：

$$MSR = \frac{SSR}{r} \quad (17)$$

方差 σ^2 的无偏估计为：

$$s^2 = MSE = \frac{SSE}{n-r-1} \quad (18)$$

残差标准差 σ 或者回归误差分布离散度（Spread of the error distribution of regression，SER）为：

$$s = SER = \sqrt{\frac{SSE}{n-r-1}} = \sqrt{\frac{1}{n-r-1} \sum_{i=1}^{n} \varepsilon_i^2} \quad (19)$$

误差平方和均值平方根（root mean squared error，RMSE）为：

$$RMSE = \sqrt{\frac{SSE}{n}} = \sqrt{\frac{1}{n} \sum_{i=1}^{n} \varepsilon_i^2} \quad (20)$$

显然，自变量的个数即自由度 r 的取值对于误差值影响很大。误差理论值是对于回归过程中矩阵阶数考虑之后的误差值。误差检验，是判断一个回归模型是否为优的一个基本检验模式。从理论上对误差值进行定义，对于辨别误差的类别有比较大的作用。

由于 Python 程序直接调用算法库程序，例如 Polyfit、chebyshev. fit 等拟合函数，在应用时都是直接调用库函数，所以，其误差定义与理论上的定义往往会有一些不同。不过，为了简单起见，我们仍然使用理论公式。

误差检验公式很多，用法也不一样，要根据实际情况来进行设计。最小二乘法是根据误差平方和最小的原理来设计的，但当不同阶数多项式之间进行比较时，往往由于较高阶多项式会具有较小的误差，会使我们产生多项式阶数越高越好的认识，这是不对的，必须寻找合适的多项式阶数。

第二节 2030年中国碳减排目标

为了抵御全球气候变化，发展低碳经济，2014年11月11日，中国国家主席习近平向世界宣布：中国的CO_2排放量将最迟大约在2030年左右达到顶峰；到2030年，单位GDP下的CO_2排放量将比2005年的水平下降60%—65%。2015年11月30日至12月11日，《联合国气候变化框架公约》第21次缔约方会议即巴黎世界气候大会召开，中国的碳减排目标得到了大会的认可。

环境库兹涅茨曲线（Environmrtal Kuznets Curve，EKC）是研究碳排放问题的常见方法。用变量y_t表示一国的人均碳排放量，变量x_t表示一国的人均实际GDP，那么，环境库兹涅茨曲线就可以由一个二次回归多项式来表示：

$$y_t = ax_t^2 + bx_t + c + \varepsilon_t \tag{21}$$

如果该二次多项式满足$a<0$且$b>0$，那么，其二次曲线图形将会开口向下，顶点朝上，具有一个极大值点。这个极大值点就是二次曲线的转折点（Turning Point），在该点之前，人均GDP增长，碳排放增长；该点之后，人均GDP增长，碳排放下降。

环境库兹涅茨曲线理论是当一国的经济处于农业经济向工业经济的发展时期，需要大量使用化石能源，碳排放在经济增长过程中也会增加；但是，当工业化发展到一定程度之后，随着新技术的引用，以及新能源等清洁替代能源的增加，化石能源的使用量会逐渐减少，碳排放也会减少。因此，建立有效的EKC曲线，并且求出转折点，就是研究环境库兹涅茨曲线的重点。

那么，对于中国的碳排放在大约2030年前后是否会达到其峰值（Peak）的估计，并且比2005年水平下降60%—65%，可以有二个方面的考虑：一是人均碳排放；二是总的碳排放。以人均碳排放为例，要进行判断，则需要四个步骤：

第一，建立人均碳排放与人均GDP增长之间的二次多项式回归模型，判断其是否为有效（Validity）库兹涅茨曲线；如果是，则计算其极大值。

第二，建立人均GDP预测曲线，预测2030年每年的人均GDP值。

第三，计算与人均GDP预测值相对应的碳排放预测值，计算出最大排放量。

第四，将2030年碳排放预测值与2005年实际值进行比较，计算下降幅度。

以总体碳排放为例，要进行判断，也需要四个步骤，与人均碳排放一致。

由于单位GDP下的CO_2排放量可以表示为：

$$\text{单位 GDP 碳排放量} = \frac{\text{碳排放量}}{\text{GDP 总值}} = \frac{\text{碳排放量/人口总量}}{\text{GDP 总值/人口总量}} = \frac{\text{人均碳排放量}}{\text{人均 GDP 值}} \tag{22}$$

所以，单位GDP碳排放值与人均GDP人均碳排放值是一致的。

对于人均GDP预测值的估计，我们将采用切比雪夫多项式来解决。

第三节 环境库兹涅茨曲线

库兹涅茨曲线模型就是表现人均碳排放随着人均 GDP 变化而变化的二次曲线方程模型。有效的库兹涅茨曲线一般具有满足二次曲线开口向下、转折点为极值点的特点。

由于碳排放是化石能源燃烧所造成的结果，所以，能源库兹涅茨曲线往往与碳排放库兹涅茨曲线一样重要，即二氧化碳排放的峰值，在理论上应该与化石能源使用的峰值一致。为了比较二者是否一致，我们也将对两类库兹涅茨曲线进行比较。

为了进行实证分析，建立回归模型，首先要准备好数据。假如以中国的数据为主，回归数据窗口为 1989—2018 年，年度样本数据包括：以现值表示的 GDP 总值，单位为美元（或 US $）；以上年为基年的通货膨胀率，以 GDP 增长率缩减指数表示，单位%；CO_2 排放总量，单位为千克或 kg；人口总量，单位为人；人均能源消耗量，以石油单位表示，单位为千克或 kg。这些数据首先以文本文件形式保存在运行程序目录下。

我们的目标是建立二条库兹涅茨曲线：

$$y_{1,t} = a_1 x_t^2 + b_1 x_t + c_1 + \varepsilon_{1,t} \tag{23}$$

$$y_{2,t} = a_2 x_t^2 + b_2 x_t + c_2 + \varepsilon_{2,t} \tag{24}$$

其中，x_t 表示人均实际 GDP 值，$y_{1,t}$表示人均 CO_2 排放量，$y_{2,t}$表示人均能源消耗。a_1，b_1，c_1 和 a_2，b_2，c_2 为回归多项式系数，$\varepsilon_{1,t}$，$\varepsilon_{2,t}$为误差项。

为了预测 2019—2030 年的人均 CO_2 排放量和人均能源消耗，需要预测人均实际 GDP 值。对于人均 GDP 实际值的预测，可以采用切比雪夫多项式：

$$x_t = \beta_0 T_0(\tau_t) + \beta_1 T_1(\tau_t) + \beta_2 T_2(\tau_t) + \varepsilon_t \tag{25}$$

这里，变量 $\tau_t \in [-1, 1]$，是由年度值转化而来的切比雪夫多项式的时间变量。

1. 读取数据

使用 Python 程序来测试中国所承诺的 2030 年碳排放目标是否可以实现，就是基于过去数据编制预测程序，并判断预测值是否满足承诺要求。

```
data = np.loadtxt("CHNUSA \ CHN19892018.txt")
Year = data[:,0]
CurrentGDP = data[:,1]
GDPDeflator = data[:,2]
CO2Emissions = data[:,3]
TotalPopulation = data[:,4]
EnergyPerCapita = data[:,5]
RealGDPPerCapita = (CurrentGDP /(1 + GDPDeflator /100)) /TotalPopulation
CO2EmissionsPerCapita = CO2Emissions /TotalPopulation
R1 = Year
```

```
X1 = RealGDPPerCapita
C1 = CO2EmissionsPerCapita
E1 = EnergyPerCapita
```

(1) data = np.loadtxt("CHNUSA19602018CO2 \ CHN.txt")，读取数据文件，赋值给数组 data。

(2) Year = data [:, 0]，表示年份。

(3) CurrentGDP = data [:, 1]，以现值表示的名义 GDP，单位：US $。

(4) GDPDeflator = data [:, 2]，GDP 增长率缩减指数，代表通货膨胀率，用100% 表示。

(5) CO2Emissions = data [:, 3]，二氧化碳排放总量，以千克为单位，单位：kg。

(6) TotalPopulation = data [:, 4]，人口总量，单位：人。

(7) EnergyPerCapita = data [:, 5]，人均能源消耗量，单位：kg。

(8) RealGDPPerCapita = (CurrentGDP/(1 + GDPDeflator/100)) /TotalPopulation，人均实际 GDP，单位 US $ /人。

(9) CO2EmissionsPerCapita = CO2Emissions/TotalPopulation，人均二氧化碳排放量，单位 kg/人。

这里，我们希望建立两条库兹涅茨曲线，它们的自变量是人均 GDP 实际值；两个因变量分别为人均 CO_2 排放量和人均能源消耗量。

2. 将样本数据赋值给预测变量

为了建立回归方程，需要准备好样本数据，并正确为变量赋值。

```
n = np.int(np.size(R1))
T = np.arange(n,dtype = np.float64)
x = np.arange(n,dtype = np.float64)
y1 = np.arange(n,dtype = np.float64)
y2 = np.arange(n,dtype = np.float64)
for i in range(n):
    T[i] = R1[i]
    x[i] = X1[i]
    y1[i] = C1[i]
    y2[i] = E1[i]
```

(1) n = np.int (np.size (R1))，样本空间大小。

(2) T [i] = R1 [i]，定义年份时间变量。

(3) x [i] = X1 [i]，定义人均实际 GDP 值变量。

(4) y1 [i] = C1 [i]，定义人均二氧化碳排放量变量。

(5) y2 [i] = E1 [i]，定义人均能源消耗变量。

为了建立人均实际 GDP 的预测模型、人均二氧化碳排放量库兹涅茨曲线、人均能源消耗库兹涅茨曲线，需要这三个变量的样本值。

3. 预测人均实际 GDP 值

人均实际 GDP 值，是我们所要建立方程的自变量。在预测人均二氧化碳排放量和人均能源消耗量时，如果要以人均 GDP 实际值作为基础，自然必须先预测人均实际 GDP 值。

```
print("Chebyshev polinomial prediction model for real GDP per capita")
a = T[0]
b = 2030
t = 2 * (T - a)/(b - a) - 1
N = np.int(b - a + 1)
t0 = np.linspace(-1, 1, n, dtype = np.float64)
for i in range(n):
    t0[i] = t[i]
deg1 = 2
c1 = Chebyshev.fit(t0,x,deg1,domain = [-1, 1])
c11 = c1.convert(kind = Polynomial)
print("Chebyshev_ fit = ",c1)
print("Convert_ Polynomial = ",c11," \ n")
print("Test of fitness")
x_ value = c1(t0)
SST_ X = np.sum((x - np.mean(x)) ** 2)
SSR_ X = np.sum((x_ value - np.mean(x)) ** 2)
SSE_ X = np.sum((x - x_ value) ** 2)
R2_ X = SSR_ X/SST_ X
R_ X = np.sqrt(SSR_ X/SST_ X)
AdjR2_ X = 1 - ((n - 1)/(n - deg1 - 1)) * (1 - R2_ X)
SER_ X = np.sqrt(SSE_ X/(n - deg1 - 1))
RMSE_ X = np.sqrt(SSE_ X/n)
print("R_ Square = ", np.int(10000 * R2_ X)/10000)
print("R = ", np.int(10000 * R_ X)/10000)
print("Adjusted R_ Square = ", np.int(10000 * AdjR2_ X)/10000)
print("Spread of the error = ", np.int(10000 * SER_ X)/10000)
print("Root mean squared error = ", np.int(10000 * RMSE_ X)/10000)
```

（1）t = 2 * (T - a)/(b - a) - 1，为切比雪夫多项式准备自变量，它来源于时间变量。

（2）c1 = Chebyshev.fit(t0,x,deg1,domain = [-1, 1])，拟合切比雪夫多项式。

（3）c11 = c1.convert（kind = Polynomial)，将切比雪夫多项式转化为一般多项式形式。

（4）拟合切比雪夫多项式，是为了预测人均实际 GDP 值。

```
Chebyshev polinomial prediction model for real GDP per capita
Chebyshev_ fit = cheb([7718.0024  10571.0622  3526.8754])
Convert_ Polynomial = poly([4191.1271  10571.0622  7053.7508])
```

```
Test of fitness
R_Square = 0.9839
R = 0.9919
Adjusted R_Square = 0.9827
Spread of the error = 396.6206
Root mean squared error = 376.2673
```

从以上结果，我们知道，人均实际 GDP 值的切比雪夫多项式为：

$$x_t = 7718.0024T_0(\tau_t) + 10571.0622T_1(\tau_t) + 3526.8754T_2(\tau_t) + \varepsilon_t \tag{26}$$

如果将以上切比雪夫多项式转化为一般多项式，则有：

$$x_t = 4191.1271 + 10571.0622\tau_t + 7053.7508\tau_t^2 + \varepsilon_t \tag{27}$$

自变量定义域为 $\tau_t \in [-1, 1]$，它是切比雪夫多项式自变量，为年度时间转换值。

4. 建立人均二氧化碳排放量 EKC 函数

有了人均实际 GDP 值作为自变量，那么，就可以建立以人均二氧化碳排放量作为因变量的库兹涅茨曲线。

```
print("General polinomial prediction model for CO2 emissions per capita")
deg2 = 2
p1 = np.polyfit(x,y1,deg2)
p11 = np.poly1d(p1)
p1_order1 = p11.deriv(1)
p11_order1 = np.poly1d(p1_order1)
r1 = np.roots(p1_order1)
r1_value = np.polyval(p1, r1)
p1_order2 = p11.deriv(2)
p11_order2 = np.poly1d(p1_order2)
print("Regression polynomial = \n", p11)
print("1st order polinomial = ", p11_order1)
print("2nd order polinomial = ", p11_order2)
print("Extreme point Independent = ", r1)
print("Extreme point Dependent = ", r1_value," \n")
print("Test of fitness")
y_1_value = np.polyval(p1, x)
SST_Y1 = np.sum((y1 - np.mean(y1)) ** 2)
SSR_Y1 = np.sum((y_1_value - np.mean(y1)) ** 2)
SSE_Y1 = np.sum((y1 - y_1_value) ** 2)
R2_Y1 = SSR_Y1 / SST_Y1
R_Y1 = np.sqrt(SSR_Y1 / SST_Y1)
AdjR2_Y1 = 1 - ((n - 1) / (n - deg2 - 1)) * (1 - R2_Y1)
SER_Y1 = np.sqrt(SSE_Y1 / (n - deg2 - 1))
```

```
RMSE_Y1 = np.sqrt(SSE_Y1/n)
print("R_Square = ", np.int(10000 * R2_Y1)/10000)
print("R = ", np.int(10000 * R_Y1)/10000)
print("Adjusted R_Square = ", np.int(10000 * AdjR2_Y1)/10000)
print("Spread of the error = ", np.int(10000 * SER_Y1)/10000)
print("Root mean squared error = ", np.int(10000 * RMSE_Y1)/10000)
```

(1) p1 = np.polyfit (x, y1, deg2)，建立以人均实际 GDP 为自变量、人均二氧化碳排放量为因变量的多项式。

(2) p11 = np.poly1d (p1)，将所求得的回归多项式转化为按照从高阶到低阶形式排列的普通多项式形式。

(3) p1_order1 = p11.deriv (1)，求多项式的一阶导数。

(4) p11_order1 = np.poly1d (p1_order1)，将一阶导函数排列为多项式形式。

(5) r1 = np.roots (p1_order1)，求解一阶导函数函数值为零的极值点，这一点即实际人均 GDP 值。

(6) r1_value = np.polyval (p1, r1)，计算极值点因变量值，即人均二氧化碳排放量。

(7) p1_order2 = p11.deriv (2)，计算函数二阶导数值。

(8) p11_order2 = np.poly1d (p1_order2)，重新排列二阶导函数得函数形式，如果值小于零，则有极大值。

```
General polinomial prediction model for CO2 emissions per capita
Regression polynomial = -6.463 ×10^-5 x^2 +1.323x +1909
1st order polinomial = -1.293 ×10^-4 x +1.323
2nd order polinomial = -1.293 ×10^-4
Extreme point Independent = [10233.3313]
Extreme point Dependent = [8677.1371]
Test of fitness
R_Square = 0.9746
R = 0.9872
Adjusted R_Square = 0.9727
Spread of the error = 392.4463
Root mean squared error = 372.3073
```

这里，人均二氧化碳排放量与人均实际 GDP 之间的 EKC 关系模型为：

$$y_{1,t} = -6.463 \times 10^{-5} x_t^2 + 1.323 x_t + 1909 + \varepsilon_{1,t} \tag{28}$$

库兹涅茨曲线的极大值点为（10233，8677），即人均实际 GDP 值为 10233 美元；人均 CO_2 排放量为 8677kg。这就是库兹涅茨曲线的转折点。

5. 建立人均能源消耗量 EKC 函数

建立人均能源消耗量与人均实际 GDP 之间的能源库兹涅茨曲线。

```
print("General polinomial prediction model for energy use per capita")
deg3 = 2
```

```
p2 =np.polyfit(x,y2, deg3)
p22 =np.poly1d(p2)
p2_order1 =p22.deriv(1)
p22_order1 =np.poly1d(p2_order1)
r2 =np.roots(p2_order1)
r2_value =np.polyval(p2,r2)
p2_order2 =p22.deriv(2)
p22_order2 =np.poly1d(p2_order2)
print("Regression polynomial = \n",p22)
print("1st order polinomial = ",p22_order1)
print("2nd order polinomial = ",p22_order2)
print("Extreme point Independent = ",r2)
print("Extreme point Dependent = ",r2_value," \n")
print("Test of fitness")
y_2_value =np.polyval(p2, x)
SST_Y2 =np.sum((y2 -np.mean(y2)) ** 2)
SSR_Y2 =np.sum((y_2_value -np.mean(y2)) ** 2)
SSE_Y2 =np.sum((y2 -y_2_value) ** 2)
R2_Y2 =SSR_Y2 /SST_Y2
R_Y2 =np.sqrt(SSR_Y2 /SST_Y2)
AdjR2_Y2 =1 -((n -1)/(n -deg3 -1)) * (1 -R2_Y2)
SER_Y2 =np.sqrt(SSE_Y2 /(n -deg3 -1))
RMSE_Y2 =np.sqrt(SSE_Y2 /n)
print("R_Square = ", np.int(10000 * R2_Y2)/10000)
print("R = ", np.int(10000 * R_Y2)/10000)
print("Adjusted R_Square = ", np.int(10000 * AdjR2_Y2)/10000)
print("Spread of the error = ", np.int(10000 * SER_Y2)/10000)
print("Root mean squared error = ", np.int(10000 * RMSE_Y2)/10000)
```

(1) p2 =np.polyfit (x, y2, deg3)，人均能源消耗量多项式拟合。

(2) p22 =np.poly1d (p2)，将多项式转化为poly1d形式。

(3) 该段程序与人均二氧化碳排放拟合一致。

```
General polinomial prediction model for energy use per capita
Regression polynomial = -1.499 ×10^-5 x^2 +0.347x +671.5
1st order polinomial = -2.997 ×10^-5 x +0.347
2nd order polinomial = -2.997 ×10^-5
Extreme point Independent = [11577.2978]
Extreme point Dependent = [2680.2257]
Test of fitness
R_Square =0.9719
R =0.9858
Adjusted R_Square =0.9698
Spread of the error =116.9638
```

```
Root mean squared error =110.9616
```

这里，人均能源消耗量与人均实际 GDP 之间的 EKC 关系模型为：

$$y_{2,t} = -1.499\times 10^{-5}x_t^2 + 0.347x_t + 671.5 + \varepsilon_{2,t} \tag{29}$$

库兹涅茨曲线的极大值点为（11577，2680），即人均实际 GDP 为 11577 美元；人均能源消耗为 2680 千克。

6. 绘制相关图形

主要有三条曲线，即人均实际 GDP 值曲线、人均 CO_2 排放量 EKC 曲线、人均能源消耗 EKC 曲线，包括样本值和预测值。

```
td=np.linspace(-1,1,N)
TD=(td+1)*(b-a)/2+a
T0=(t0+1)*(b-a)/2+a
x_value=c1(td)
y1_value=np.polyval(p1,c1(td))
y2_value=np.polyval(p2,c1(td))
pl.close("all")
fig=plt.figure(figsize=(9,2 ))
ax1=plt.subplot(131)
ax1.plot(T0,x,".-",label="Sample")
ax1.plot(TD,x_value,"r-",label="Fitted")
ax1.set_xlabel("Year",fontsize=12)
ax1.set_ylabel("Real GDP Per Capita",fontsize=12)
ax1.legend(loc="best")
ax2=plt.subplot(132)
ax2.plot(T0,y1,".-",label="Sample")
ax2.plot(TD,y1_value,"r-",label="Fitted")
ax2.set_xlabel("Year",fontsize=12)
ax2.set_ylabel("CO2 Emissions Per Capita",fontsize=12)
ax2.legend(loc="best")
ax3=plt.subplot(133)
ax3.plot(T0,y2,".-",label="Sample")
ax3.plot(TD,y2_value,"r-",label="Fitted")
ax3.set_xlabel("Year",fontsize=12)
ax3.set_ylabel("Energy Use Per Capita",fontsize=12)
ax3.legend(loc="best")
fig.subplots_adjust(left=0.08,right=0.98,bottom=0.05,top=0.9,hspace=
0.2,wspace=0.5)
```

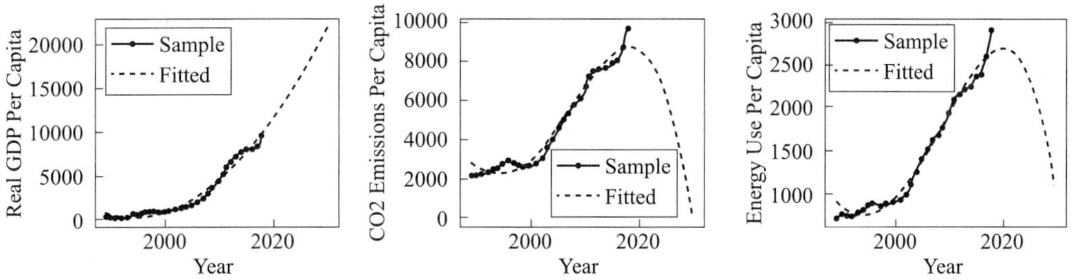

(1)td = np.linspace(-1, 1, N),为全区间定义切比雪夫多项式自变量.

(2)TD = (td + 1) * (b - a)/2 + a，将全区间切比雪夫多项式自变量转化成年份。

(3) T0 = (t0 + 1) * (b - a)/2 + a，将样本区间切比雪夫多项式自变量转化成年份。

(4) x_value = c1 (td)，计算全区间内人均实际 GDP 预测值。

(5) y1_value = np.polyval (p1, c1 (td))，基于全区间内人均实际 GDP 预测值，计算人均二氧化碳预测值。

(6) y2_value = np.polyval (p2, c1 (td))，基于全区间内人均实际 GDP 预测值，计算人均能源消耗预测值。

人均实际 GDP（Real GDP Per Capita）图形表现了切比雪夫多项式预测功能。

人均 CO_2 排放量（CO2 Emissions Per Capita）与人均能源消耗量（Energy Use Per Capita）图形表现了有效 EKC 曲线功能。

7. 输出预测结果

预测结果报表输出，作为图形的有效补充，可以使结果呈现更加清楚。

```
T1 = np.arange(N,dtype = np.float64)
A1 = np.arange(N,dtype = np.float64)
B1 = np.arange(N,dtype = np.float64)
C1 = np.arange(N,dtype = np.float64)
i = 0
while(i < n):
    T1[i] = T[i]
    A1[i] = x[i]
    B1[i] = y1[i]
    C1[i] = y2[i]
    i = i + 1
while(i < N and i > n - 1):
    T1[i] = i + a
    A1[i] = i + a
    B1[i] = i + a
    C1[i] = i + a
    i = i + 1
r1 = [T1, A1,x_value,B1,y1_value,C1,y2_value]
```

```
    r1 = pd.DataFrame(r1, index = ["Year","GDP Per","GDP Pre","CO2 Per","CO2 Pre","
Energy Per","Energy Pre"]).T
    result = np.round(r1, 4)
    result.to_excel('CHNUSA \ CHN_ EKC.xls')
    result
```

这里，人均二氧化碳排放量与人均实际 GDP 预测结果见表 10 - 1。

表 10 - 1　中国人均实际 GDP、人均 CO_2 排放量、人均能源消耗量样本值和预测值

（单位：US $ 、kg）

Year	GDP Per	GDP Pre	CO_2 Per	CO_2 Pre	Energy Per	Energy Pre	$\frac{CO_2 Pre}{4523}$	$\frac{CO_2 Pre}{4523}-1$
1989	286	674	2153	2771	724	898	0. 6126	- 38. 74%
1990	301	518	2152	2577	767	847	0. 5697	- 43. 03%
1991	312	396	2229	2422	737	807	0. 5355	- 46. 45%
1992	339	307	2309	2309	753	777	0. 5105	- 48. 95%
1993	328	252	2443	2238	788	758	0. 4949	- 50. 51%
1994	393	231	2566	2211	816	751	0. 4887	- 51. 13%
1995	536	243	2756	2226	867	755	0. 4922	- 50. 78%
1996	666	289	2844	2285	882	770	0. 5052	- 49. 48%
1997	769	368	2821	2387	872	797	0. 5277	- 47. 23%
1998	836	481	2677	2530	869	835	0. 5593	- 44. 07%
1999	885	627	2649	2713	879	883	0. 5998	- 40. 02%
2000	940	807	2697	2934	899	942	0. 6487	- 35. 13%
2001	1032	1021	2742	3191	929	1010	0. 7056	- 29. 44%
2002	1142	1268	3007	3482	985	1087	0. 7698	- 23. 02%
2003	1256	1548	3524	3802	1118	1173	0. 8406	- 15. 94%
2004	1411	1863	4038	4148	1268	1266	0. 9172	- 8. 28%
2005	1688	2211	4523	4517	1394	1365	1. 0000	0. 00%
2006	2020	2592	4980	4903	1515	1470	1. 0840	8. 40%
2007	2500	3007	5335	5302	1630	1579	1. 1722	17. 22%
2008	3218	3455	5702	5708	1673	1692	1. 2620	26. 20%
2009	3840	3937	6010	6115	1778	1805	1. 3520	35. 20%
2010	4257	4453	6561	6518	1955	1920	1. 4410	44. 10%
2011	5198	5002	7242	6909	2086	2032	1. 5274	52. 74%
2012	6173	5585	7425	7281	2155	2142	1. 6097	60. 97%
2013	6902	6202	7557	7626	2214	2247	1. 6862	68. 62%
2014	7591	6851	7544	7938	2237	2346	1. 7550	75. 50%
2015	8028	7535	7921	8207	2360	2435	1. 8144	81. 44%
2016	7993	8252	7965	8423	2387	2515	1. 8624	86. 24%
2017	8432	9003	8636	8579	2602	2581	1. 8968	89. 68%
2018	9495	9787	9634	8664	2916	2632	1. 9156	91. 56%
2019		10605		8668		2666	1. 9165	91. 65%
2020		11456		8581		2680	1. 8971	89. 71%
2021		12341		8390		2671	1. 8550	85. 50%
2022		13259		8085		2638	1. 7876	78. 76%
2023		14212		7654		2576	1. 6923	69. 23%
2024		15197		7085		2484	1. 5663	56. 63%

续表

Year	GDP Per	GDP Pre	CO_2 Per	CO_2 Pre	Energy Per	Energy Pre	$\frac{CO_2 Pre}{4523}$	$\frac{CO_2 Pre}{4523}-1$
2025		16216		6363		2358	1.4069	40.69%
2026		17269		5478		2195	1.2110	21.10%
2027		18356		4413		1992	0.9757	-2.43%
2028		19475		3156		1745	0.6978	-30.22%
2029		20629		1692		1452	0.3741	-62.59%
2030		21816		6		1109	0.0013	-99.87%

变量 GDP Per 表示人均实际 GDP 样本值，单位为 US $ /Per Capita。

变量 GDP Pre 表示人均实际 GDP 预测值，单位为 US $ /Per Capita。

变量 CO2 Per 表示人均 CO_2 排放量样本值，单位为 kg/Per Capita。

变量 CO2 Pre 表示人均 CO_2 排放量预测值，单位为 kg/Per Capita。

变量 Energy Per 表示人均能源消耗样本值，单位为 kg/Per Capita。

变量 Energy Pre 表示人均能源消耗预测值，单位为 kg/Per Capita。

以上为输出的 Excel 报表所包含的项目。有如下结论：

中国人均 CO_2 排放量的最大值应该在 2019 年到达。库兹涅茨曲线的极值点为人均实际 GDP 样本值为 10233 美元，这与 2019 年人均实际 GDP 样本值一致；极值点人均 CO_2 排放量为 8677 千克，也与 2019 年的预测值接近。

中国人均能源消耗量的最大值应该在 2020 年到达。库兹涅茨曲线的极值点为人均实际 GDP 样本值 11577 美元，这与 2020 年人均实际 GDP 样本值一致；极值点人均能源消耗量为 2680 千克，也与 2020 年的预测值接近。

那么，中国在大约 2030 年，单位 GDP 碳排放量是否可以比 2005 年的水平降低 60%—65% 呢？

因为 2005 年中国人均 CO_2 排放量样本值为 4523 千克，那么，计算比值（CO_2 Pre）/4523 就可以看出，从 1989 年到 2005 年，中国人均 CO_2 排放量一直在增长，其比率从 1989 年的 0.6126 到 2005 年的 1，增长从未停止；一直到 2019 年，达到顶点 1.9165。从 2019 年开始，中国人均 CO_2 排放量预测值比 2005 年的比例在达到最高值后开始下降，一直到 2027 年才可以下降到与 2005 年相当的水平，到 2029 年，才可以比 2005 年的水平下降 60%—65%。

比率（CO_2 Pre）/4523 - 1 表现了中国人均 CO_2 排放量预测值在各个年度比 2005 年水平下降的幅度，正数表示增加，负数表示减少或者下降，可以看出，到 2029 年，人均 CO_2 排放量预测值将比 2005 年的水平下降 62.59%，所以，根据预测，巴黎气候大会有关人均二氧化碳排放比 2005 年水平下降的目标是可以实现的。

第十一章

科布—道格拉斯函数

第一节　科布—道格拉斯函数及其性质

科布—道格拉斯函数也称为生产函数（Cobb-Douglas Product Function，CD 函数），它是特指一类满足指数函数特征的多元函数。由于 CD 函数具有一些非常特殊的性质，所以，在经济分析中常常被用来分析经济变量之间的特殊关系。

1. CD 函数基本形式

假设变量 x_1，x_2，x_3 为三个不同类别的投入要素，y 表示投入要素所带来的产出，那么，产出函数可以表示为如下形式：

$$y=f(x)=f(x_1,x_2,x_3)=Ax_1^{\alpha}x_2^{\beta}x_3^{\gamma},\ \alpha+\beta+\gamma=\theta \tag{1}$$

这里，参数 α，β，γ 表示投入要素 x_1，x_2，x_3 的边际弹性，一般要求大于零。

参数 $A>0$，表示技术发展水平对于产出的影响，或者称为技术进步因子。由于技术进步与时间变量 t 有关，所以，如果将技术进步因子表示为时间 t 的函数，那么，CD 函数就可以表示为：

$$y=f(t,x_1,x_2,x_3)=e^{g(t)}x_1^{\alpha}x_2^{\beta}x_3^{\gamma},\ \alpha+\beta+\gamma=\theta \tag{2}$$

参数 $A=e^{g(t)}$ 表示技术进步因子，可以由一个指数函数来表示。函数 $g(t)$ 可以是一个多项式，也可以是一个其他类型的函数。这样表示的生产函数具有一定的动态特征。

2. CD 函数生产规模效应

假设有参数 $\lambda>1$ 为任意实数，那么，当投入要素以倍数 λ 变化时：

$$f(\lambda x)=f(\lambda x_1,\lambda x_2,\lambda x_3)=A\lambda^{\alpha+\beta+\gamma}x_1^{\alpha}x_2^{\beta}x_3^{\gamma}=\lambda^{\alpha+\beta+\gamma}f(x)=\lambda^{\theta}f(x) \tag{3}$$

规模报酬问题，有三种情况：规模报酬递增（Increasing Returns to Scale）：

$$f(\lambda x)=\lambda^{\theta}f(x)>\lambda f(x),\theta=\alpha+\beta+\gamma>1 \tag{4}$$

规模报酬不变（Constant Returns to Scale）：

$$f(\lambda x)=\lambda^{\theta}f(x)=\lambda f(x),\theta=\alpha+\beta+\gamma=1 \tag{5}$$

规模报酬递减（Decreasing Returns to Scale）：

$$f(\lambda x)=\lambda^{\theta}f(x)<\lambda f(x),\theta=\alpha+\beta+\gamma<1 \tag{6}$$

3. CD 函数边际产出（Marginal Product）

边际产出，就是当某个投入要素增加一个单位时，总产出所能够增加多少单位。边际产出，其实质就是对生产函数求一阶偏导数：

$$MP_1=\frac{\partial y}{\partial x_1}=\alpha Ax_1^{\alpha-1}x_2^{\beta}x_3^{\gamma}=\frac{\alpha y}{x_1} \tag{7}$$

$$MP_2=\frac{\partial y}{\partial x_2}=\beta Ax_1^{\alpha}x_2^{\beta-1}x_3^{\gamma}=\frac{\beta y}{x_2} \tag{8}$$

$$MP_3=\frac{\partial y}{\partial x_3}=\gamma Ax_1^{\alpha}x_2^{\beta}x_3^{\gamma-1}=\frac{\gamma y}{x_3} \tag{9}$$

4. CD 函数边际弹性（Marginal Elasticity）

边际弹性就是当某种投入要素按照某一增长率增长时产出所应该拥有的增长率。边际弹性可以由微分关系式来表示。如果生产函数只有一个投入要素，那么，边际弹性与经济学中弹性的意义完全一致。

$$e_1=\frac{dy}{y}\Big/\frac{dx_1}{x_1}=\alpha \tag{10}$$

$$e_2=\frac{dy}{y}\Big/\frac{dx_2}{x_2}=\beta \tag{11}$$

$$e_3=\frac{dy}{y}\Big/\frac{dx_3}{x_3}=\gamma \tag{12}$$

这是一个非常重要的结果，它揭示了生产函数的参数 α，β，γ 的性质。

很显然，关系式$\frac{dy}{y}$表现了产出变量的增长率；$\frac{dx_1}{x_1}$，$\frac{dx_2}{x_2}$，$\frac{dx_3}{x_3}$表现了投入要素 x_1，x_2，x_3 的增长率。所以，产出的边际弹性，就是产出的增长率与其各个投入要素增长率的比率。

如果 $\alpha+\beta+\gamma=1$，那么，边际弹性 α，β，γ 就表示每种投入要素对总产出的贡献率所占的份额。所以，在实际样本分析过程中，如果已经知道投入要素 x_1，x_2，x_3 的平均增长率和产出 y 的平均增长率，那么，二类平均增长率之间的比率，就可以近似地表示边际弹性 α，β，γ 的值。

5. CD 函数边际技术替代率（Marginal Rate of Technical Substitution）

两个投入要素之间的边际技术替代率，就是它们各自的边际产出之间的比率：

$$MRTS_{1,2}=\frac{MP_1}{MP_2}=\frac{\frac{\alpha y}{x_1}}{\frac{\beta y}{x_2}}=\frac{x_2/\beta}{x_1/\alpha}=\frac{\alpha}{\beta}\left(\frac{x_2}{x_1}\right) \tag{13}$$

$$MRTS_{1,3}=\frac{MP_1}{MP_3}=\frac{x_3/\gamma}{x_1/\alpha}=\frac{\alpha}{\gamma}\left(\frac{x_3}{x_1}\right) \tag{14}$$

$$MRTS_{2,3}=\frac{MP_1}{MP_2}=\frac{x_3/\gamma}{x_2/\beta}=\frac{\beta}{\gamma}\left(\frac{x_3}{x_2}\right) \tag{15}$$

边际技术替代率表现了两种投入要素对于产出的不同影响程度，即对于相同产出来说，不同投入要素之间的变化如果相互替代所应该遵守的比率关系。

6. CD 函数边际技术替代弹性（Marginal Elasticity of Technical Substitution）

边际技术替代弹性表现了两个投入要素投入数量之间的比率变化与它们之间的边际产出之间的比率变化之间的比率。由于：

$$dln(MRTS_{1,2})=dln\left(\frac{MP_1}{MP_2}\right)=dln\left(\frac{\alpha}{\beta}\frac{x_2}{x_1}\right)=dln\left(\frac{x_2}{x_1}\right) \tag{16}$$

所以，两个投入要素之间的边际技术替代弹性为：

$$\sigma_{1,2}=-\frac{dln\left(\frac{x_1}{x_2}\right)}{dln\left(\frac{MP_1}{MP_2}\right)}=1 \tag{17}$$

$$\sigma_{1,3}=-\frac{dln\left(\frac{x_1}{x_3}\right)}{dln\left(\frac{MP_1}{MP_3}\right)}=1 \tag{18}$$

$$\sigma_{2,3}=-\frac{dln\left(\frac{x_2}{x_3}\right)}{dln\left(\frac{MP_2}{MP_3}\right)}=1 \tag{19}$$

CD 函数的边际技术替代弹性为 1，这是一个非常好的性质。这说明，对于不同投入要素 x_1，x_2，x_3，从技术进步的角度来说，它们之间的地位是平等的，并不因为投入比例不同而使得某一个投入要素显得更加重要。

7. CD 函数全要素生产率（Total Factor Productivity）

全要素生产率就是指技术进步，它无法由投入要素直接表示。具体推导如下：

$$y=f(x)=f(x_1,x_2,x_3)=Ax_1^{\alpha}x_2^{\beta}x_3^{\gamma} \tag{20}$$

$$dy=A(MP_1dx_1+MP_2dx_2+MP_3dx_3) \tag{21}$$

$$\frac{dy}{y}=A\left(\frac{MP_1}{y}dx_1+\frac{MP_2}{y}dx_2+\frac{MP_3}{y}dx_3\right) \tag{22}$$

$$\frac{MP_1}{y}=\frac{\alpha}{x_1},\ \frac{MP_2}{y}=\frac{\beta}{x_2},\ \frac{MP_3}{y}=\frac{\gamma}{x_3} \tag{23}$$

$$\frac{dy}{y}=A\left(\frac{\alpha}{x_1}dx_1+\frac{\beta}{x_2}dx_2+\frac{\gamma}{x_3}dx_3\right) \tag{24}$$

$$\frac{dy}{y}=A\left(\alpha\frac{dx_1}{x_1}+\beta\frac{dx_2}{x_2}+\gamma\frac{dx_3}{x_3}\right) \tag{25}$$

$$A=\frac{\frac{dy}{y}}{\alpha\frac{dx_1}{x_1}+\beta\frac{dx_2}{x_2}+\gamma\frac{dx_3}{x_3}} \tag{26}$$

技术进步系数 A 表现了当投入要素 x_1，x_2，x_3 的增长率分别以 α，β，γ 为权重增加变化时，产出 y 的变化率，也叫全要素生产率。全要素生产率反映了在所有生产要素按照一定增长率以及相应权重变化时，产出增长率的变化。

如果考虑时间因素，动态技术进步因子应该表示为时间的函数。

8. CD 函数利润最大化原则（Profit Maximization Rule）

假如投入要素的价格分别为 p_1，p_2，p_3，那么利润函数 R 最大化的条件为：

$$\text{Maximize:}\{R=y-p_1x_1-p_2x_2-p_3x_3\} \tag{27}$$

$$\text{Subjectto:}y=f(x_1,x_2,x_3)=Ax_1^{\alpha}x_2^{\beta}x_3^{\gamma} \tag{28}$$

建立拉格朗日函数，假设 λ 为拉格朗日乘子（Lagrange multiplier），则：

$$L=y-p_1x_1-p_2x_2-p_3x_3+\lambda(y-f(x_1,x_2,x_3)) \tag{29}$$

使利润函数取到极大值的极值条件为一阶偏导数为 0：

$$\frac{\partial L}{\partial x_1}=-p_1-\lambda\frac{\partial f}{\partial x_1}=-p_1-\lambda MP_1=0 \tag{30}$$

$$\frac{\partial L}{\partial x_2}=-p_2-\lambda\frac{\partial f}{\partial x_2}=-p_2-\lambda MP_2=0 \tag{31}$$

$$\frac{\partial L}{\partial x_3}=-p_3-\lambda\frac{\partial f}{\partial x_3}=-p_3-\lambda MP_3=0 \tag{32}$$

$$\frac{\partial L}{\partial y}=1+\lambda=0 \tag{33}$$

从而当 $\lambda=-1$ 时，有：

$$MP_1=p_1 \tag{34}$$

$$MP_2=p_2 \tag{35}$$

$$MP_3=p_3 \tag{36}$$

所以，生产函数要实现利润最大化或者成本最小化条件，必须满足的条件是：投入要素的边际产出等于投入要素的价格。

第二节　科布—道格拉斯函数的适用性

关于劳动力和资本对于产出的贡献，是科布—道格拉斯函数最典型的应用。以中国国家统计局网站所提供的数据为例，选择2000—2018年的数据为样本，三个自变量包括劳动力总量（万人）、固定资本形成总额（亿元）、化石能源消费总量（万吨标准煤）；一个因变量包括支出法国内生产总值（亿元）。如果建立了它们之间的科布—道格拉斯函数，则可以据以分析三个投入要素对产出的影响。

但是，并不是所有数据之间的关系都符合科布—道格拉斯函数，因为建立拟合函数容易，分析结果难。如果根据函数模型所得到的结果与现实的实际经济运行结果差距太大，则模型分析的意义就没有了。所以，对于科布—道格拉斯函数的拟合，在运用之前，必须考虑到一个问题：这类函数是否适合我们所选择的经济变量？

为了回归获得有意义的科布—道格拉斯函数，需要对数据的性质有一个基本的预期。例如，假设变量 t 为年度时间变量，变量 x_1，x_2，x_3 分别代表劳动力、固定资本、化石能源投入，变量 y 代表国内生产总值。如果它们之间的函数关系具有如下形式：

$$y = f(t)\,x_1^{\alpha} x_2^{\beta} x_3^{\gamma} \tag{37}$$

那么，按照关系式 $MP_1 = p_1$，$MP_2 = p_2$，$MP_3 = p_3$，则劳动力的边际产出应该与劳动力的价格即劳动力年度平均收入一致；资本的边际产出应该与资本的价格即年度平均利率一致；能源的边际产出应该与能源的年度平均价格一致。

因为劳动力的年度平均收入即平均工资、固定资本的年度平均利率、能源的年度平均价格，都有相应的统计数据来支持。所以，从模型所得到的相关分析数据应该具有现实意义。如果得到的数据与实际的统计数据之间相差太大，则不具有合理性。因此，在使用科布—道格拉斯函数之前，对于样本数据的分析，应该放在第一步。

对于我们所讨论的问题，三个投入要素，可以做如下考虑。

第一，劳动力价格。按照国家统计局的数据，2018年，我国各行业员工的平均工资，最高为计算机软件行业，人均年收入151050元；最低为住宿餐饮行业，人均年收入47656元。但是，国家统计局没有对于农业劳动力的收入统计，按照常理，农业劳动力年均收入应该低于城镇劳动力平均工资收入水平。所以，如果将所有劳动人口作为样本，那么，2018年，在全部80567万劳动人口中，26%属于第一产业，28%属于第二产业，46%属于第三产业，即将近2亿农村劳动力，他们的人均工资收入应该更低。所以，如果模型分析得到的2018年我国8亿劳动人口平均工资在5万元上下应该较为合理的。

第二，能源价格。按照2018年12月我国大宗商品期货价格牌价，我国化石能源包括动力煤、炼焦煤、石油焦、焦炭、甲醇、二甲醚、沥青、液化气、燃料油、液化天然气、柴油、石脑油、汽油的价格每吨581—6500元。国家统计局是以万吨标准煤作为单位来统计所有化石燃料价格的，对每吨标准煤的价格却没有任何统计数据来支撑。尽管从理论上来说我们可以按照每种燃料的消耗量和价格来计算所有化石能源的平均价格，但是实际上难度很大。在这种情况下，如果模型所得到的每吨标准煤价格为 581—6500 元，基本可以认为是合理的。

第三，固定资本价格。按照中国人民银行公布的国有银行贷款利率表，2007—2018 年期间，1—3 年贷款利率持续下降，从 2007 年的 7.56% 下降到 2018 年的 4.75%。但是，网上有些公开报价的房屋二次抵押贷款或汽车二次抵押贷款利率在 10%—20%。所以，如果模型所得到的 2018 年固定资本价格在 10% 上下，应该属于合理的区间，基本可以接受。

除了考虑以上三条，还有一条就是要求 $\alpha+\beta+\gamma=1$。满足该条件，表示规模报酬不变。因为 α，β，γ 表示三个投入要素的边际弹性，所以，当它们的和等于 1 时，三个边际弹性之间的对比就可以直接对比。

如果满足条件 $\alpha+\beta+\gamma=1$，那么，三个参数实际上就变为两个参数，因为第三个参数完全可以由前两个参数线性表出，例如 $\gamma=1-\alpha-\beta$。

一般来说，最优化回归求解，其优化参数的选择原则上应该与迭代过程中所给的初值无关。

但是，根据我们进行回归分析的经验，许多回归过程都往往会受到初值的影响。这种情况在多数统计软件中都存在。

因此，以上这些考虑，对于选择合理的优化解都是至关重要的。

第三节　中国的 CD 函数（2000—2018）

以中国 2000—2018 年的数据为样本，采用 scipy. optimize. curve_ fit 库函数拟合功能，建立劳动力、固定资本、化石能源投入与总产出之间的 Cobb—Douglas 函数。

1. 具有动态技术进步系数的 CD 函数定义

对于一个具有三个投入要素的科布—道格拉斯函数，函数的指数部分的结构相对来说是基本一致的，所不同的是技术进步系数的选择。假设我们选择：

$$g(t)=e^{at^2+bt+c} \tag{38}$$

那么，这类技术进步指数实际上就是一个动态函数，它的值随着时间的变化而变化。这里，时间变量 t 既可以是年份，也可以是由年份转化后符合切比雪夫多项式自变量定义域的时间取值。

对于 2000—2018 年中国的统计数据，我们选择采用这类技术进步函数，自变量采用切比雪夫多项式定义域。其数学函数为：

$$y = e^{at^2 + bt + c} x_1^{\alpha} x_2^{\beta} x_3^{\gamma} \tag{39}$$

实际模拟结果为：

$$y = e^{-0.0562t^2 + 0.4961t + 5.8518} x_1^{0.4306} x_2^{0.4830} x_3^{0.0865} \tag{40}$$

2. 导入 Curve_ fit 函数库

Curve_ fit 函数库是 Python 的主要计算模块 Scipy 的子模块。在使用 Curve_ fit 之前，需要先导入函数库。

```
% matplotlib inline
% config InlineBackend.close_ figures = False
import numpy as np
import pandas as pd
import matplotlib.pyplot as plt
from scipy.optimize import curve_ fit
np.set_ printoptions(suppress = True, precision = 4)
```

导入 scipy. optimize. curve_ fit 函数库，就可以使用其功能。

3. 读取数据

主要是导入年份、三个投入要素、一个总产出等变量数据。

```
data = np.loadtxt("CHN_ YLKE \ CHNYLKE20002018.txt")
Year = data[:,0]
TotalLabor = data[:,1]
GrossFixedFormation = data[:,2]
TotalFossilEnergyUsed = data[:,3]
GDPExpenditureApproach = data[:,4]
n = np.int(np.size(Year))
x0 = np.arange(n,dtype = np.int32)
x1 = np.arange(n,dtype = np.float64)
x2 = np.arange(n,dtype = np.float64)
x3 = np.arange(n,dtype = np.float64)
z = np.arange(n,dtype = np.float64)
for i in range(n):
    x0[i] = np.int(Year[i])
    x1[i] = TotalLabor[i] * 10000
    x2[i] = GrossFixedFormation[i] * 100000000
    x3[i] = TotalFossilEnergyUsed[i] * 10000
    z[i] = GDPExpenditureApproach[i] * 100000000
```

（1）数据在文本文件中的列按读取顺序保存。

（2）data = np.loadtxt("CHN_ YLKE \ CHNYLKE20002018.txt")，读取数据，在当前目录下的 txt 文件中。

(3) x0[i] = np.int(Year[i])，定义年度变量，并定义为整型。

(4) x1[i] = TotalLabor[i] * 10000，劳动力投入要素，原单位为万人，这里直接转化为单位人。

(5) x2[i] = GrossFixedFormation[i] * 100000000，资本投入要素，原单位为亿元，转化为单位元。

(6) x3[i] = TotalFossilEnergyUsed[i] * 10000，能源投入要素，原单位万吨标准煤，转化为吨标准煤。

(7) z[i] = GDPExpenditureApproach[i] * 100000000，因变量，GDP 单位为亿元，这里转化为单位元。

由于输入和输出数据样本的原单位较大，这里均转化为基本统计单位。

4. 定义 Cobb - Douglas 函数

按照前面的定义，该函数有 5 个系数参数。其中，3 个参数是为技术进步系数函数；2 个参数是为 Cobb - Douglas 函数的 3 个投入变量，总共有 5 个参数需要估计。

```
y = z
t = np.linspace(-1, 1, n)
a = x0[0]
b = x0[n-1]
for i in range(n):
    t[i] = 2 * (x0[i] - a)/(b - a) - 1
def func(X, a, b, c, d, e):
    x1,x2,x3 = X
    g = np.exp(a * t ** 2 + b * t + c)
    return g * (x1 ** d) * (x2 ** e) * (x3 ** (1 - d - e))
```

(1) y = z，重新定义函数因变量。

(2) t[i] = 2 * (x0[i] - a)/(b - a) - 1，定义时间变量，将普通年份转变为定义域 [-1, 1] 要求的变量。

(3) def func(X, a, b, c, d, e)，定义 Cobb - Douglas 函数。

(4) x1,x2,x3 = X，定义函数自变量。

(5) g = np.exp(a * t ** 2 + b * t + c)，定义技术进步系数为一个二次函数。

(6) return g * (x1 ** d) * (x2 ** e) * (x3 ** (1 - d - e))，定义 Cobb - Douglas 函数完整形式。

由于假设三个投入要素的边际弹性 $\alpha+\beta+\gamma=1$，所以，只有 2 个独立参数需要通过回归过程进行求解。这里定义的技术进步系数是一个指数为二次多项式的指数函数，由于考虑了时间变量，所以为动态变化技术进步系数。

5. Curve_ fit 回归拟合

为了取得 Cobb—Douglas 函数的 5 个系数参数，需要使用 curve_ fit () 函数。

```
p0 = np.random.randint(1,100,5)/100
popt, pcov = curve_fit(func, (x1,x2,x3), y, p0)
print("popt = ", popt, "1 - d - e = ",format(1 - popt[3] - popt[4], ".8f"))
popt = [-0.0562  0.4961  5.8518  0.4306  0.483 ]  1 - d - e = 0.08649504
```

(1) p0 = np.random.randint (1, 100, 5) /100，为优化函数 curve_fit () 定义初值。初值对于优化结果是有影响的，为了减少影响，这里选取随机值。

(2) popt, pcov = curve_fit (func, (x1, x2, x3), y, p0)，通过引用优化函数 curve_fit () 模拟过程，获得函数参数。

(3) print("popt = ", popt, "1 - d - e = ",format(1 - popt[3] - popt[4], ".8f"))，打印函数参数。

Python 的 scipy. optimize 库，提供了 curve_ fit 函数库功能，该库函数较好地解决了具有多个自变量的函数的回归拟合问题。

6. 计算边际弹性与回归函数值

Cobb—Douglas 函数的边际弹性，其实就是函数的 2 个弹性系数参数。

```
(a, b, c, d, e) = popt
alpha = d
beta = e
gama = 1 - alpha - beta
print("Elasticity: e1 = alpha = ",format(alpha,  ".4f"))
print("Elasticity: e2 = beta = ",format(beta,    ".4f"))
print("Elasticity: e3 = gama = ",format(gama,    ".4f"))
g = np.exp(a * t ** 2 + b * t + c)
fitData = g * (x1 ** alpha) * (x2 ** beta) * (x3 ** gama)
Elasticity: e1 = alpha = 0.4306
Elasticity: e2 = beta = 0.4830
Elasticity: e3 = gama = 0.0865
```

(1) (a, b, c, d, e) = popt,alpha = d,beta = e,gama = 1 - alpha - beta，读取回归参数。

(2) Elasticity: e1 = alpha = 0.4306，表示劳动力投入每增加 1%，则总产出增加 0.4306%。

(3) Elasticity: e2 = beta = 0.4830，表示固定资本投入每增加 1%，则总产出增加 0.4830%。

(4) Elasticity: e3 = gama = 0.0865，表示能源投入每增加 1%，则总产出增加 0.0865%。

(5) 由于样本区间为 2000—2018，所以，边际弹性表现了在此时间区间下的平均弹性值。

(6) 边际弹性反映出，在 2000—2018 年期间，中国的固定资本投入对于总产出的贡献率排在第 1 位，劳动力投入排在第二位，能源投入排在第 3 位。

(7) g = np.exp (a * t ** 2 + b * t + c)，计算技术进步系数函数值。

(8) fitData = g * (x1 ** alpha) * (x2 ** beta) * (x3 ** gama)，计算 Cobb—Douglas 回归函数值。

取得了参数，Cobb—Douglas 函数的基本性质及其特征就清楚了。

7. 模型误差水平检验

回归函数的拟合水平，主要是进行回归系数和误差水平测试。

```
y1 = y
deg = 3
y1_value = fitData
SST_Y1 = np.sum((y1 - np.mean(y1)) ** 2)
SSR_Y1 = np.sum((y1_value - np.mean(y1)) ** 2)
SSE_Y1 = np.sum((y1 - y1_value) ** 2)
R2_Y1 = 1 /(SSR_Y1 / SST_Y1)
R_Y1 = np.sqrt(1 / (SSR_Y1 / SST_Y1))
AdjR2_Y1 = 1 - ((n - 1) / (n - deg - 1)) * (1 - R2_Y1)
SER_Y1 = np.sqrt(SSE_Y1 / (n - deg - 1))
RMSE_Y1 = np.sqrt(SSE_Y1 / n)
print("R_Square = ", R2_Y1)
print("R = ", R_Y1)
print("Adjusted R_Square = ", AdjR2_Y1)
print("Spread of the error = ", SER_Y1)
print("Root mean squared error = ", RMSE_Y1 ,"\n")
R_Square = 0.9979736349925865
R = 0.9989863037062052
Adjusted R_Square = 0.9975683619911038
Spread of the error = 735646692671.4276
Root mean squared error = 653639239246.6621
```

这里，计算可决系数的办法与统计学常见解释稍有不同，因为预测值与样本值具有相同的样本个数，考虑自由度，与一般回归模型的解决办法有些不一样。

8. 计算 Cobb—Douglas 函数边际产出

对于 Cobb—Douglas 函数来说，边际产出分析是最为常见的分析功能。

```
MP1 = np.arange(n,dtype = np.float64)
MP2 = np.arange(n,dtype = np.float64)
MP3 = np.arange(n,dtype = np.float64)
for i in range(n):
    MP1[i] = alpha * y[i] / x1[i]
    MP2[i] = beta * y[i] / x2[i]
    MP3[i] = gama * y[i] / x3[i]
```

（1）MP1 = p1，表示劳动力每增加 1 个单位，所带来的产出增加多少；也表示劳动力的年收入价格。

（2）MP2 = p2，表示固定资本每增加 1 个单位，所带来的产出增加多少；也表示固定资本的年均利率。

（3）MP3 = p3，表示能源每增加 1 个单位，所带来的产出增加多少；也表示能源的年均价格。

（4）2000—2018 年，我国劳动力价格从年均 5807 元/人增加到 48939 元/人。

（5）2000—2018 年，我国资本价格经历了由高到低变化的过程，2010 年触底之后，反弹不大。

（6）2000—2018 年，我国能源价格经历了由低到高的增长过程，近 20 年间增长幅度为大约 3 倍。

由于 Cobb—Douglas 函数的边际产出与投入要素价格一致，往往放在一起分析。这里的计算公式，实际上是动态值。

9. 计算 Cobb—Douglas 函数边际技术替代率

由于按照公式，每年都会计算出相应的值，所以是动态值。

```
MRTS12 = np.arange(n,dtype = np.float64)
MRTS13 = np.arange(n,dtype = np.float64)
MRTS23 = np.arange(n,dtype = np.float64)
for i in range(n):
    MRTS12[i] = (alpha/beta) * (x2[i]/x1[i])
    MRTS13[i] = (alpha/gama) * (x3[i]/x1[i])
    MRTS23[i] = (beta/gama) * (x3[i]/x2[i])
```

（1）MRTS12 = MP1/MP2 = P1/P2，表现了投入要素劳动力与资本的边际产出之比，或者价格之比。例如 2018 年，每减少 1 单位劳动力投入，需要增加 43580 元资本投入。

（2）MRTS13 = MP1/MP3 = P1/P3，表现了投入要素劳动力与能源的边际产出之比，或者价格之比。例如 2018 年，每减少 1 单位劳动力投入，需要增加 25 单位能源投入。

（3）MRTS23 = MP2/MP3 = P2/P3，表现了投入要素资本与能源的边际产出之比，或者价格之比。例如 2018 年，每减少 1 单位资本投入，需要增加 0.00056374 单位能源投入。

（4）边际技术替代率表现了两种投入要素之间的可替代性，其替代率与它们之间的价格比率一致，一种投入的减少，必然以另外一种投入的增加为条件。

除了 Cobb—Douglas 函数的边际技术替代率之外，还有一个概念叫边际技术替代弹性。Cobb—Douglas 函数的边际技术替代弹性值为 1。

两个投入要素之间的边际技术替代弹性反映了两个要素值之间的数量之比与其价格之比之间的比例关系。

边际技术替代弹性等于 1，表示两个投入要素价格的相对变化必然带来同比例数量的相对变化。

10. 计算 Cobb—Douglas 函数动态技术进步系数函数

一般的 Cobb—Douglas 函数，往往使用常数即使用静态分析方式来表达技术进步系数。这里，我们使用动态技术进步系数。

```
Tech = np.arange(n,dtype = np.float64)
for i in range(n):
    Tech[i] = g[i]
```

（1）Tech [i] =g [i]，计算技术进步系数值。

（2）技术进步系数，反映了技术进步对于产出的影响，它无法由投入要素直接表示出来。

（3）g = f (t)，是一个随着时间变化的动态函数，表现了技术进步随着时间的变化而变化。

（4）技术进步系数，有时候也被称为全要素生产率，表示当投入要素的增长率按照 alpha、beta、gama 权重变化时，产出增长率的变化幅度。

（5）从 2000—2018 年，中国的技术进步系数一直在上升。

技术进步系数表现了技术进步对于产出的影响。

一般来说，除了 Cobb—Douglas 函数方程中所列明的投入要素，技术进步是对于产出影响最大的影响因素。

由于并没有一个明确的统计数据在这里可以作为表现技术进步的函数，所以，需要通过模拟来估计其形式。

这也是 Cobb—Douglas 函数变化较多、性质特征较为独特的重要原因。实际上，技术进步系数反映了投入要素之外的众多因素对于产出的影响。

11. 输出图形

在经过回归得到 Cobb—Douglas 函数之后，就可以将回归值以及表现函数性质的有关参数值计算出来，并予以图示。

```
plt.close("all")
fig = plt.figure(figsize = (7.5,8))
ax1 = plt.subplot(421)
ax1.plot(x0, g, label = 'Dynamic technology progress', linestyle = '- -')
ax1.legend( loc = 'best')
ax2 = plt.subplot(422)
ax2.plot(x0, y,label = 'Curve of Original Dara',marker = 'o', linestyle = 'none' )
ax2.plot(x0, fitData, label = 'Curve of Fitted Data', linestyle = '- -')
ax2.legend( loc = 'best')
fig.subplots_adjust(left = 0.00, right = 1.00, bottom = 0.00, top = 1.00, hspace = 
0.5, wspace = 0.3)
ax3 = plt.subplot(423)
ax3.plot(x0, MP1, label = 'Marginal Product of Labor', linestyle = '- -')
ax3.legend( loc = 'best')
ax4 = plt.subplot(424)
ax4.plot(x0, MP2, label = 'Marginal Product of Capital', linestyle = '- -')
```

```
ax4.legend(loc='best')
ax5 = plt.subplot(425)
ax5.plot(x0, MP3, label='Marginal Product of Energy', linestyle='--')
ax5.legend(loc='best')
ax6 = plt.subplot(426)
ax6.plot(x0, MRTS12, label='MRTS of Labor and Capital', linestyle='--')
ax6.legend(loc='best')
ax7 = plt.subplot(427)
ax7.plot(x0, MRTS13, label='MRTS of Labor and Energy', linestyle='--')
ax7.legend(loc='best')
ax8 = plt.subplot(428)
ax8.plot(x0, MRTS23, label='MRTS of Capital and Energy', linestyle='--')
ax8.legend(loc='best')
fig.subplots_adjust(left=0.00, right=1.00, bottom=0.00, top=1.00, hspace=
0.3, wspace=0.23)
```

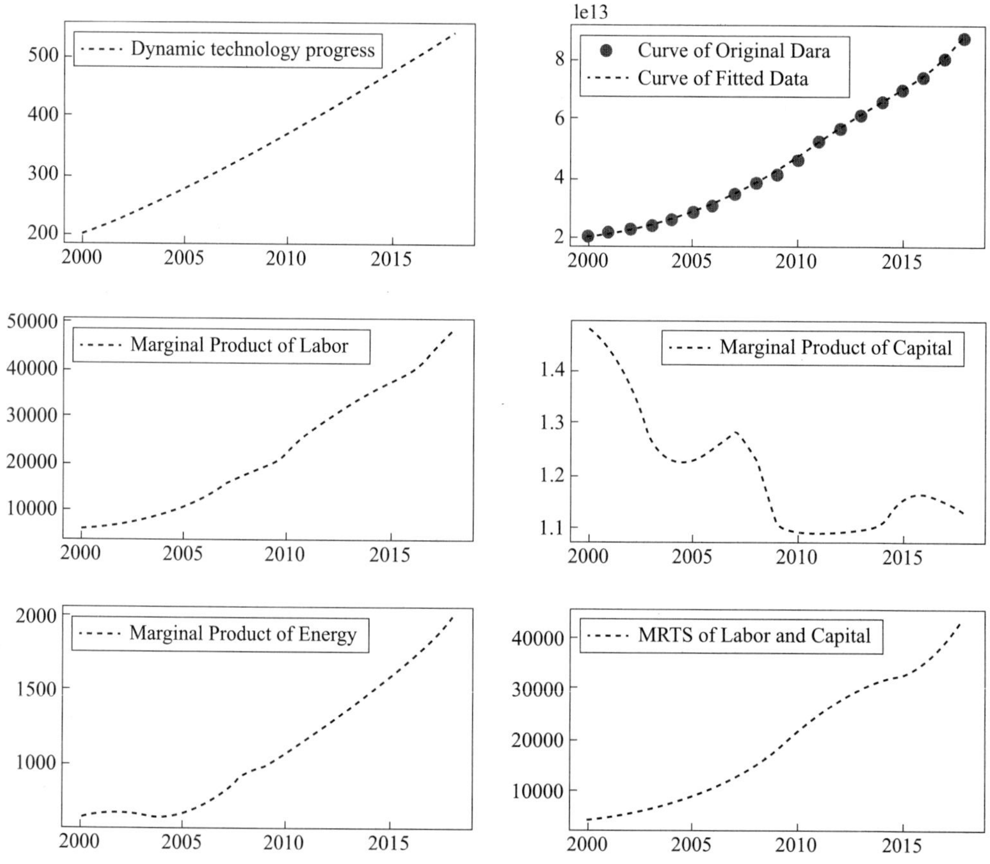

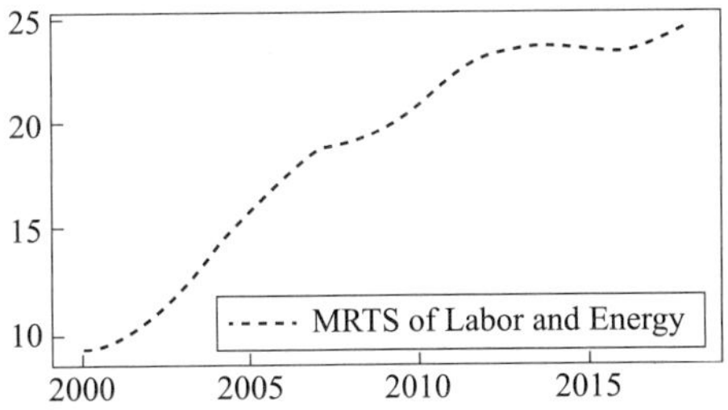

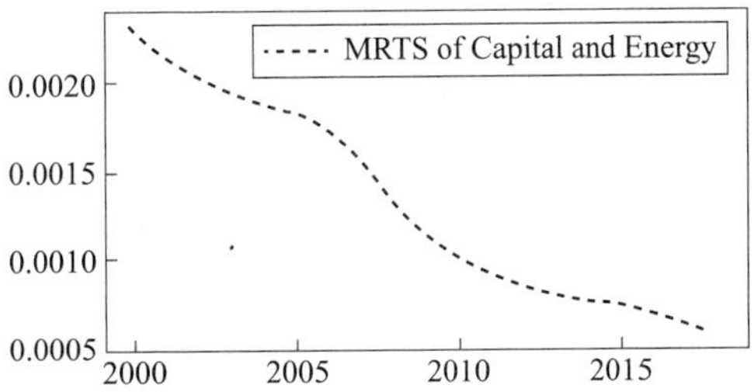

以上图形从动态角度解释了 CD 函数的主要特性。

12. 输出报表

采用 Pandas 的 DataFrame（）格式，可以输出 Excel 表格形式的报表。

```
o = np.arange(n,dtype = np.float64)
for i in range(n): o[i] = 1
r1 = [x0, x1, x2, x3, z, fitData, o * alpha,o * beta,o * gama,MP1, MP2, MP3,MRTS12,
MRTS13,MRTS23,Tech]
r1 = pd.DataFrame(r1, index = ["x0", "x1", "x2", "x3", "z","fitData", "alpha","be-
ta","gama","MP1", "MP2", "MP3","MRTS12","MRTS13","MRTS23","Tech"]).T
result = np.round(r1, 4)
result.to_excel('CHN_YLKE \ CHNYLKE_CD1.xls')
result
```

(1) o = np.arange(n,dtype = np.float64),for i in range(n): o[i] = 1，为变量 α，β，γ 值的输出准备数组。

(2) r1 = [x0, x1, x2, x3, z, o * alpha,o * beta,o * gama,MP1, MP2, MP3,MRTS12, MRTS13,MRTS23,Tech]，输出报表的表体

(3) r1 = pd.DataFrame(r1, index = ["x0", "x1", "x2", "x3", "z", "alpha","beta"," gama","MP1", "MP2", "MP3","MRTS12","MRTS13","MRTS23","Tech"]).T，输出报表的表头。

(4) result = np.round (r1, 4)，输出报表数据，4 位小数。

(5) result.to_excel ('CHN_YLKE \ CHNYLKE_CD1.xls')，输出报表。

由于以 Excel 格式输出了报表，所以，可以按照需要进行处理。详见表 11－1。

表 11－1　中国 2000—2018 年度劳动力、固定资本和化石能源投入柯布—道格拉斯函数分析

Year	x1	x2	x3	z	MP1	MP2	MP3	MRTS12	MRTS13	MRTS23	Tech
2000	73992	32669	136236	99799	5807	1.4754	634	3936	9	0.0023	200
2001	73884	37088	142481	110388	6433	1.4375	670	4475	10	0.0021	214
2002	74492	42672	155672	121327	7012	1.3731	674	5107	10	0.0020	229
2003	74911	52575	182499	137147	7882	1.2598	650	6257	12	0.0019	244
2004	75290	63975	212780	161356	9227	1.2181	656	7575	14	0.0019	260
2005	76120	73852	242028	187658	10614	1.2272	671	8649	16	0.0018	276
2006	76315	84979	265268	219598	12389	1.2480	716	9927	17	0.0017	293
2007	76531	102345	288084	270499	15218	1.2765	812	11922	19	0.0016	311

续表

Year	x1	x2	x3	z	MP1	MP2	MP3	MRTS12	MRTS13	MRTS23	Tech
2008	77046	124701	293680	318068	17774	1.2318	937	14429	19	0.0013	329
2009	77510	152691	307555	347650	19311	1.0996	978	17562	20	0.0011	348
2010	78388	181041	326747	408505	22437	1.0897	1081	20590	21	0.0010	367
2011	78579	214017	354531	484109	26525	1.0924	1181	24281	22	0.0009	387
2012	78894	238321	363131	539040	29417	1.0924	1284	26930	23	0.0009	408
2013	79300	263980	374388	596345	32378	1.0910	1378	29677	24	0.0008	429
2014	79690	282242	377690	646548	34932	1.1063	1481	31574	24	0.0007	450
2015	80091	289970	377887	692094	37205	1.1527	1584	32277	23	0.0007	472
2016	80694	310145	377855	745981	39802	1.1616	1708	34264	23	0.0007	495
2017	80686	348300	386632	828983	44236	1.1495	1855	38483	24	0.0006	517
2018	80567	393848	397648	915774	48939	1.1230	1992	43580	25	0.0006	540

注：（1）x1 是劳动力总数，单位万人；（2）x2 是固定资本投入，单位亿元；（3）x3 是化石能源投入，单位吨标准煤；（4）z 是 GDP 总值，单位亿元；（5）alpha = 0.4306，beta = 0.4830，gama = 0.0865。

第十二章
可扩展 Richards 模型与 CES 模型

第一节　切比雪夫多项式根的应用

对于一个时间序列，当我们使用非线性函数对其进行预测分析时，往往需要将非线性函数转化为线性函数。

一般地，我们会选择时间变量数据或者时间顺序值作为自变量，而以时间序列数据作为因变量来建模。

但是，在不少情况下，当以时间变量作为自变量时，随着时间变量值的增大，预测数值往往不能收敛到预期的结果值。这个问题解决起来相当困难。

经过反复模拟试验，我们发现，利用切比雪夫多项式根的性质，不仅可以解决时间变量的顺序取值问题，而且可以利用切比雪夫多项式根的特性，为在高阶多项式拟合中预测值的收敛问题提供解决方案。

1. 高阶切比雪夫多项式

假设变量 x 是自变量，它的定义域是 $x\in[-1, 1]$。假设变量 $T_i(x)$ 是切比雪夫多项式的一个 i 阶基函数，当 $T_0(x)=1$，$T_1(x)=x$，那么，如果 $i\geqslant 2$，则基函数的通项公式为：

$$T_i(x)=2xT_{i-1}(x)-T_{i-2}(x) \tag{1}$$

对于任何一个函数 $f(x)$，当 $x\to 0$ 时，都可以表出为一个 q 阶切比雪夫多项式：

$$f(x)=\alpha_0T_0(x)+\alpha_1T_1(x)+\cdots+\alpha_qT_q(x)+o(T_q(x)) \tag{2}$$

参数 α_0，α_1，…，α_q 是切比雪夫基函数 $T_0(x)$，$T_1(x)$，…，$T_q(x)$ 的系数。末尾项 $o(T_q(x))$ 是一个无穷小项，表明多项式的误差项将小于项 $T_q(x)$ 的值。参数 q 是多项式的阶数，也是系数矩阵的自由度。

因为切比雪夫基函数 $T_q(x)$ 与幂函数 x^q 具有相同的阶数，所以，对于任意函数 $f(x)$，如果其可以被表出为一个切比雪夫多项式，则自然可以被转化为普通多项式：

$$f(x)=\beta_0+\beta_1 x+\beta_2 x^2+\cdots+\beta_q x^q+o(x^q) \tag{3}$$

由于普通多项式更容易被接受，所以，在回归拟合生成切比雪夫多项式之后，为了便于识别，也可以被转化为普通多项式。

当任意时间变量 $t\in(0,\infty)$ 被作为函数 $f(x(t))$ 的自变量时，按照 Taylor 展式定义，表示自变量的函数 $x(t)$ 必须满足：

$$\lim_{t\to\infty} x(t)=0 \tag{4}$$

显然，满足该条件的自变量函数 $x(t)$ 可以很自然地被定义为：

$$x(t)=\frac{1}{t+1} \tag{5}$$

这样，不论是切比雪夫多项式，还是普通多项式，都可以被表示为时间 t 的函数。

如果普通时间变量的定义域为 $t\in[a,b]\subset(-\infty,\infty)$，则当其被作为切比雪夫多项式的自变量时，需要进行转换，转换后的时间变量的定义域为 $x\in[-1,1]$，它们之间的转换函数可以定义为：

$$t=\frac{1}{2}(b-a)(x+1)+a \tag{6}$$

假设离散时间变量为 $t_i\in\{0,1,2,\cdots,n\}$，$n<N$，$x_i=x(t_i)=1/t_i+1$，则离散型切比雪夫多项式可以定义为：

$$Y_i=f(x_i)=\alpha_0 T_0(x_i)+\alpha_1 T_1(x_i)+\cdots+\alpha_q T_q(x_i)+\varepsilon_i \tag{7}$$

相应地，该切比雪夫多项式也可以被转化为一个 q 阶普通离散型多项式：

$$Y_i=f(x_i)=\beta_0+\beta_1 x_i+\beta_2 x_i^2+\cdots+\beta_q x_i^q+\varepsilon_i \tag{8}$$

误差项 ε_i 是回归模型预测值与样本实际值的差额，假设其期望值为零，方差为常数。

实证结果发现，对于低阶多项式，时间变量的这种变换可以保证预测函数值的收敛性。但是，对于较高阶的多项式，时间变量的这种变换就很难保证预测函数值的收敛性。如果预测函数值不收敛，则可能趋于无穷大或者无穷小。

2. 切比雪夫多项式的根

一般来说，对于 N 阶切比雪夫基函数 $T_N(x)$，它有 N 个实数根 x_1^*，x_2^*，…，x_N^*。那么，对于任意一个实数根 $x_i^*\in[-1,1]$，则存在关系式 $T_N(x_i^*)=0$，$i=1,2,\cdots,q,\cdots,N$。

切比雪夫多项式基函数 $T_N(x)$ 的 N 个实数根，会均匀地分布在区间 $[-1,1]$ 内，且它们之间的关系满足不等式 $x_1^*<x_2^*<\cdots<x_N^*$。所以，当被转换成普通时间变量时，对于任意的一个根 $x_i^*\in[-1,1]$，则可以被转换成一个实际时间点 $t_i^*\in[a,b]$，并且能够保证存在关系式 $t_1^*<t_2^*<\cdots<t_N^*$。根据：

$$t_i^*=\frac{1}{2}(b-a)(x_i^*+1)+a \tag{9}$$

可以认为 t_i^* 也近似均匀地分布在区间 $[a,b]$ 内。这样，离散型时间变量与切比雪夫多项式的根之间就建立起来了一个一一对应的关系。虽然不能够保证由切比雪夫多项式的根所转化成的时间变量 t_i^* 与实际时间变量 t_i 保持完全相等，但可以保证它们的顺序一致，且 $t_i^* \in [t_i, t_{i+1}]$。假设：

$$x_i^* = x(t_i^*) = \frac{1}{t_i^* + 1} \tag{10}$$

那么，由切比雪夫多项式的根所组成的切比雪夫多项式为：

$$Y_i = f(x_i^*) = \alpha_0 T_0(x_i^*) + \alpha_1 T_1(x_i^*) + \cdots + \alpha_q T_q(x_i^*) + \varepsilon_i \tag{11}$$

将其转化为普通多项式，则有：

$$Y_i = f(x_i^*) = \beta_0 + \beta_1 x_i^* + \beta_2 (x_i^*)^2 + \cdots + \beta_q (x_i^*)^q + \varepsilon_i \tag{12}$$

一旦根据切比雪夫多项式的根得到拟合多项式，那么，只需把时间变量 $t_i^* \in [a, b]$ 代入所得到的拟合多项式，就可以得到相应的预测值。

以上在实际编程时，由于 Python 的数组变量的下标从 0 开始计数，所以，为了防止出现分母为 0，分母用 $t+1$ 代替 t。

3. 时间窗口设计

假设全样本窗口（Full sample window）大小为 n_0；实证样本窗口（Empirical sample window）大小为 n；测试窗口（Test window）大小为 m。回归模型的建立将依赖于实证样本窗口。

当测试窗口的大小变化为 $m=0, 1, \cdots, m$ 时，则 $n = n_0, n_0-1, \cdots, n_0-m$ 表示实证样本窗口的大小变化范围。对于 COVID－19 新增确诊人数或者新增死亡人数的预测，在建立模型时，按照 14 天观察期要求，可以假设 $m=0, 1, \cdots, 14$。

假设预测窗口（Forecasting window）大小为 NN，则如果我们已经根据实证样本窗口数据获得了回归模型，那么，只要将预测窗口（Forecasting window）时间变量代入模型，就可以得到预测值。详见图 12－1。

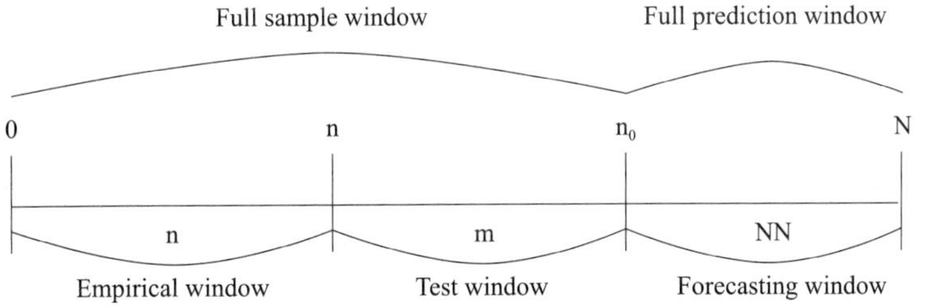

图 12－1 时间窗口结构图

我们以美国的 COVID－19 数据为样本，来建立相应的预测模型。

2020 年 1 月 20 日，美国首次出现了 5 例 COVID－19 确诊病例；350 天之后，到 2021 年 1 月 3 日，美国当天新增确诊病例为 396196 例，累计确诊病例达到 19974413 例。

如果我们的数据样本就到此为止，那么，从 2021 年 1 月 4 日起，139 天以后，到 2021 年 5 月 22 日，美国当天的新增确诊病例和累计确诊病例可能是多少呢？

2020 年 3 月 3 日，美国出现了 2 例 COVID－19 死亡病例；306 天之后，到 2021 年 1 月 3 日，美国当天新增死亡病例为 5703 例，累计死亡病例达到 345253 例。

如果我们的数据样本就到此为止，那么，从 2021 年 1 月 4 日起，139 天以后，到 2021 年 5 月 22 日，美国当天的新增死亡病例和累计死亡病例可能是多少呢？

为了简单起见，在计算死亡人数时，也可以从 2020 年 1 月 20 日开始，即选择与确诊人数相同的样本空间，只是在 2020 年 3 月 3 日之前的死亡人数为 0。

4. 美国 COVID－19 确诊人数切比雪夫多项式模型预测

按照前面的分析，建立程序，很容易获得美国 COVID－19 预测值。

我们也尝试使用一般时间变量而不使用切比雪夫多项式的根来建立回归模型，结果发现在多项式阶数不断升高的情况下，预测值无法收敛到理想预期值。所以，我们将使用切比雪夫多项式及其根来建立回归模型。

```
%matplotlib inline
%config InlineBackend.close_figures = False
import numpy as np
import pylab as pl
import pandas as pd
from numpy.polynomial import Polynomial, Chebyshev
np.set_printoptions(suppress = True, precision = 4)
data = np.loadtxt("AUS20210103C1.txt")
No = data[:,0]
Totalconfirmed = data[:,1]
Newcases = data[:,2]
Totaldeaths = data[:,3]
Newdeaths = data[:,4]
n0 = np.int(np.size(No))
NN = 139
N = np.int(n0 + NN)
Y0 = np.arange(n0, dtype = np.float64)
T0 = np.arange(n0, dtype = np.float64)
a = 0
b = N
TR = np.arange(N, dtype = np.float64)
TR = Chebyshev.basis(N).roots()
TRC = np.arange(N, dtype = np.float64)
for i in range(N):
    TRC[i] = (b - a) * (TR[i] + 1)/2 + a
    #print(i,TR[i],TRC[i])
for i in range(n0):
    T0[i] = 1/(TRC[i] + 1)
    Y0[i] = Newcases[i]
x0 = T0
```

```
    y0 = Y0
    m = 5
    n = np.int(n0 - m)
    deg = 81
    print("n0 = ",n0)
    print("NN = ",NN)
    print("N = ",N)
    print("m = ",m)
    print("n = ",n)
    print("deg = ",deg)
    T = np.arange(n, dtype = np.float64)
    Y = np.arange(n, dtype = np.float64)
    for i in range(n):
        T[i] = 1/(TRC[i] + 1)
        Y[i] = Y0[i]
    x1 = T
    y1 = Y
    p1 = Chebyshev.fit(x1, y1, deg)
    p11 = p1.convert(kind = Polynomial)
    r1 = [p1,p11]
    r1 = pd.DataFrame(r1, index = ["Chebyshev","Polynomial"]).T
    result = np.round(r1,6)
    result.to_excel('ChebyEquation_USA.xls')
    result
    y1_value = p1(x1)
    SST_Y1 = np.sum((y1 - np.mean(y1)) ** 2)
    SSR_Y1 = np.sum((y1_value - np.mean(y1)) ** 2)
    SSE_Y1 = np.sum((y1 - y1_value) ** 2)
    R2_Y1 = SSR_Y1/SST_Y1
    R_Y1 = np.sqrt(R2_Y1)
    AdjR2_Y1 = 1 - ((n - 1)/(n - deg - 1)) * (1 - R2_Y1)
    MSE_Y1 = SSE_Y1/(n - deg - 1)
    RMSE_Y1 = np.sqrt(MSE_Y1)
    MSR_Y1 = SSR_Y1/(n - deg - 1)
    RMSR_Y1 = np.sqrt(SSR_Y1)
    MAE_Y1 = np.sum(np.abs(y1_value - y1))/n
    MAPE_Y1 = np.sum(np.abs(y1_value - y1)/(y1 + 1))/n
    r1 = [R2_Y1, R_Y1, AdjR2_Y1, MSE_Y1, RMSE_Y1, MSR_Y1, RMSR_Y1, MAE_Y1, MAPE_
Y1]
    r1 = pd.DataFrame(r1, index = ["R2", "R", "AdjR2", "MSE", "RMSE", "MSR", "RMSR",
"MAE","MAPE"]).T
    result = np.round(r1,6)
    result.to_excel('ChebyTest_USA.xls')
```

```
result
TD = np.arange(N,dtype = np.float64)
for i in range(N):
    TD[i] = 1/(TRC[i] + 1)
x2 = TD
y2_value = p1(x2)
pl.close("all")
fig = plt.figure(figsize = (8, 3))
ax1 = plt.subplot(111)
ax1.plot(1/x0 - 1, y0, "b* - ", label = "Full sample curve")
ax1.plot(1/x1 - 1, y1, "y. - ", label = "Empirical sample curve")
ax1.plot(1/x2 - 1, y2_value,"r - ", label = "Fitted Curve")
ax1.set_title("Chebyshev Polynomial Function", fontsize = 12)
ax1.set_xlabel("Independent Variable", fontsize = 12)
ax1.set_ylabel("Dependent Variable", fontsize = 12)
ax1.legend(loc = "best")
TN1 = np.arange(N,dtype = np.float64)
for i in range(N):
    TN1[i] = p1(x2[i])
TT1 = np.arange(N,dtype = np.float64)
TT1[0] = TN1[0]
for i in range(1,N):
    TT1[i] = TT1[i - 1] + TN1[i]
TT0 = np.arange(N,dtype = np.float64)
TN0 = np.arange(N,dtype = np.float64)
i = 0
TT0[0] = Y0[0]
TN0[0] = Y0[0]
for i in range(1,n0):
    TT0[i] = TT0[i - 1] + Y0[i]
    TN0[i] = Y0[i]
    i = i + 1
for i in range(n0, N):
    TT0[i] = i
    TN0[i] = i
    i = i + 1
r1 = [TT0, TN0, TT1, TN1]
r1 = pd.DataFrame(r1, index = ["TT0", "TN0","TT1", "TN1"]).T
result = np.round(r1, 0)
result.to_excel('ChebyPrediction_USA.xls')
result
n0 = 350        NN = 139        N = 489
m = 5           n = 345         deg = 81
```

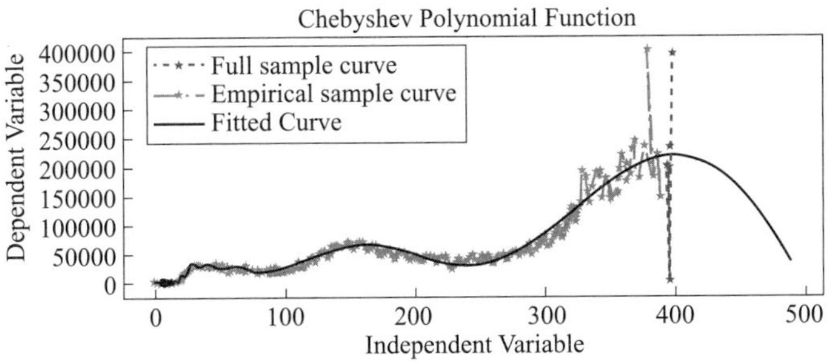

(1) TT0，表示每口累计确诊人数，样本值。
(2) TN0，表示每日新增确诊人数，样本值。
(3) TT1，表示每日累计确诊人数，预测值。
(4) TN1，表示每日新增确诊人数，预测值。

该程序的执行结果，将产生一个 81 阶的多项式。由于多项式的阶数很高，所以，虽然程序会产生一个系数列表，但由于切比雪夫多项式一共有 82 个系数值，相应地一般多项式也有 82 个系数值，这里不再列出。

该程序也会输出一个测试结果列表，主要结果是 $R^2=0.9294$，$R=0.9640$，$Adj.R^2=0.9076$，$RMSE=18387$。其他结果这里不再罗列。

从 2021 年 1 月 4 日起，139 天以后，到 2021 年 5 月 22 日，美国当天的新增确诊病例预测值为 34595 例，累计确诊病例预测值为 37434549 例。这一结果比实际值稍高。

当 $m=0, 1, \cdots, 14$ 时，会得到不同的模型和预测结果。同时，多项式阶数的变化也会产生不同的结果。当然，毕竟是对未来的预期，到底选择哪种模型，还需要进行敏感性分析，即选择不同的滞后阶数 m 值和多项式阶数 q 值，再进行判断。

5. 美国 COVID－19 死亡人数预测

对于完全相同的程序，只要把 COVID－19 确诊人数样本序列改换成 COVID－19 死亡人数样本序列，就会得到类似的预测结果。

```
n0 =350        NN =139        N =489
m =4           n =346         deg =91
```

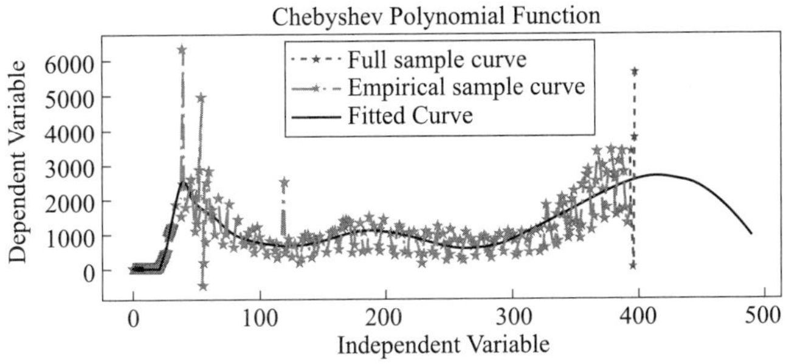

该程序的执行结果会输出一个模型系数列表，将产生一个具有 91 阶的切比雪夫多

项式，以及一个具有 91 阶的一般多项式。

该程序也会输出一个测试结果列表，主要结果是 $R^2=0.6690$，$R=0.8179$，$Adj.\ R^2=0.5504$，$RMSE=570$。其他结果不再列出。

从 2021 年 1 月 4 日起，139 天以后，到 2021 年 5 月 22 日，美国当天的 COVID－19 新增死亡病例预测值为 964 例，累计死亡病例预测值为 603186 例。预测值比实际值稍高。

在测试实践中，我们也发现，像 COVID－19 这种变化较为频繁、多次出现周期性反复现象的时间序列数据，对其正确预测确有一定难度。这里所介绍的方法，是一种比较好的方法。特别是切比雪夫多项式根的应用，起到了意想不到的较好效果。

值得注意的是，在将切比雪夫多项式的根转化为时间点时，虽然时间顺序值基本一致，但是仍然稍有差异，这在图形显示时会产生些微错位，关于这一点，需要对程序稍做改动，这里就不再详细介绍了。

第二节　可扩展 Richards 模型

1. 符合一阶常微分方程的增长函数

一般来说，许多增长模型都符合一阶常微分方程（First order ordinary differential equation，ODE）。在生物现象研究中，这种模型应用尤其广泛，如病菌的繁殖与生长现象研究。

假设 $y(x)$ 表示一种生物现象的增长函数，$r(x)$ 表示其相对增长速度的速度函数，那么，在任何一个时间函数点 $x(t)$，其一阶常微分方程表达式就是：

$$y'(x)=\frac{dy(x)}{dx}=r(x)y(x) \tag{13}$$

符合这种类型的一阶 ODE 方程具有很多解。对任何一个增长函数 $y(x)$ 及其增长率函数 $r(x)$，只要它们之间的函数对 $(y(x), r(x))$ 满足一阶 ODE 方程，就可以被用来描述一个增长过程。

如果增长率函数 $r(x)=k$ 是一个常数，那么，增长函数 $y(x)$ 的通解就容易得到。

如果增长率函数 $r(x)=r(y(x))$ 也是 $y(x)$ 的函数，那么，虽然增长函数能够更好地表现样本数据的过程和性质，但其通解却不容易得到。

Koya & Goshu 定义了一个符合一阶 ODE 方程的特殊函数：

$$y(x)=A\left[1-Be^{-k\left(\frac{x-\mu}{\delta}\right)^{v}}\right]^{m}, A=\lim_{x\to\infty}y(x) \tag{14}$$

该方程中，自变量 x 的最高阶数是 mv。如果将函数中的指数部分取出来单独看待，那么，函数的指数部分可以被看成是关于变量 x 的一个多项式，且变量 x 的最高阶数是 v。参数 A 可以被看成是函数 $y(x)$ 的上限。参数 k，μ，δ 可以被当成常数。

由于参数可以有不同的选择，所以，当参数变化时，就会有许多不同的函数形式。

如果 $v=1$，$\delta=1$，$\mu=0$，$m\to-\infty$，那么，就会得到 Gompertz 函数的定义：

$$y(x)=Ae^{-Be^{-kx}} \tag{15}$$

如果 $v=1$，$\delta=1$，$\mu=0$，$m=1$，那么，就会得到一种简易函数，也可以被称为 Brody 函数、Monomolecular 函数、或者 Mitscherlish 函数：

$$y(x)=A[1-Be^{-kx}] \tag{16}$$

如果 $v=1$，$\delta=1$，$\mu\neq0$，$m=3$，那么，就会得到 Von Bertalanffy 函数：

$$y(x)=A[1-Be^{-k(x-\mu)}]^3 \tag{17}$$

如果 $v=1$，$\delta=1$，$\mu\neq0$，那么，就会得到 Generalized Logistic 函数：

$$y(x)=A[1-Be^{-k(x-\mu)}]^m \tag{18}$$

如果 $A=1$，$B=1$，$k=1$，$m=1$，那么，就会得到 Weibull 函数：

$$y(x)=1-e^{-\left(\frac{x-\mu}{\delta}\right)^v} \tag{19}$$

如果 $v=1$，$\delta=1$，$\mu=0$，m 是任何实数，那么，就会得到 Richards 函数：

$$y(x)=A[1-Be^{-kx}]^m \tag{20}$$

如果 $v=1$，$\delta=1$，$\mu=0$，$m=-1$，那么，就会得到 Classical Logistic 函数：

$$y(x)=\frac{A}{1+Be^{-kx}} \tag{21}$$

显然，这些模型都与参数 A，B，k，v，δ，μ，m 有关。如果利用 Python 程序来拟合这些函数，也是可以的。

2. 可扩展 Richards 模型

更一般地，假设存在一个多项式 $g(x)$，构造如下增长函数：

$$y(x)=A[1-e^{-g(x)}]^m \tag{22}$$

当 $B>0$，假设 $B=e^{-b}$，则 $Be^{-kx}=e^{-b-kx}$，所以，如果定义 $g(x)=b+kx$，则该模型就是 Richards 模型。当然，通过适当假设，该模型也可以被转化为其他模型。

对于任意自变量 x，定义函数 $g(x)$ 为一个一般多项式：

$$g(x)=\alpha_0+\alpha_1x+\alpha_2x^2+\cdots+\alpha_qx^q \tag{23}$$

则更一般形式的增长函数可以被定义成：

$$y(x)=A[1-e^{-g(x)}]^m=A[1-e^{-\alpha_0-\alpha_1x-\alpha_2x^2-\cdots-\alpha_qx^q}]^m \tag{24}$$

如果定义 $B=e^{-\alpha_0}$，则增长函数一般形式也可以写为：

$$y(x)=A[1-Be^{-\alpha_1x-\alpha_2x^2-\cdots-\alpha_qx^q}]^m \tag{25}$$

与原始 Richards 模型相比，该模型可以被定义为可扩展 Richards 模型（Augmented Richards model，ARM）。

如果 $q=1$，则可扩展 Richards 模型就是原始 Richards 模型。

如果 $q>1$，则可扩展 Richards 模型将能够满足更一般的功能需要。

当参数 q 表示多项式的阶数，则函数 $g(x)$ 的一阶导函数为 $g'(x)$。

假设函数 $G(x)$ 被定义为：

$$G(x)=1-e^{-g(x)} \tag{26}$$

那么，函数 $G(x)$ 的一阶导函数就是：

$$G'(x)=\frac{dG(x)}{dx}=g'(x)e^{-g(x)} \tag{27}$$

因此，如果定义：

$$y(x)=A[G(x)]^m \tag{28}$$

是一阶常微分方程的解，则其一阶导函数为：

$$y'(x)=\frac{dy(x)}{dx}=mA[G(x)]^{m-1}G'(x)=\frac{m\,G'(x)}{G(x)}A[G(x)]^m=r(x)y(x) \tag{29}$$

显然，满足 ODE 方程条件，只要定义增长函数 $y(x)$ 的增长率函数 $r(x)$ 为：

$$r(x)=\frac{m\,G'(x)}{G(x)} \tag{30}$$

假设 $x=x(t)$ 是时间变量 t 的函数，存在关系式：

$$\lim_{t\to\infty}x(t)=\lim_{t\to\infty}\frac{1}{t+1}=0 \tag{31}$$

则函数 $g(x)$ 就可以是任意函数的 Taylor 展式。因此，函数 $y(x)$ 有一条渐近线：

$$A_0=\lim_{t\to\infty}y(x(t))=A[1-B]^m=A[1-e^{-\alpha_0}]^m \tag{32}$$

如果 $A_0=0$，则说明当 $t\to\infty$ 时，函数 $y(x)$ 的值趋近于零。

如果 $A_0>0$，则说明当 $t\to\infty$ 时，函数 $y(x)$ 的值趋近于一个常数。

对于增长率函数 $r(x)$，也存在关系式：

$$r_0=\lim_{t\to\infty}r(x(t))=\lim_{t\to\infty}m\left[\frac{G'(x(t))}{G(x(t))}\right]=\lim_{t\to\infty}m\left[\frac{g'(x(t))e^{-g(x(t))}}{1-e^{-g(x(t))}}\right]=m\left[\frac{\alpha_1 e^{-\alpha_0}}{1-e^{-\alpha_0}}\right] \tag{33}$$

因为参数 A，α_0，m 在函数 $y(x(t))$ 中具有相互依赖的关系，如果我们定义 $A=1$，那么，参数 α_0 和 m 将在回归中得到调整。这时，可扩展 Richards 模型就转化为：

$$y(x)=[1-e^{-g(x)}]^m=[1-e^{-\alpha_0-\alpha_1x-\alpha_2x^2-\cdots-\alpha_qx^q}]^m \tag{34}$$

由于多项式的阶数 $q=1,2,\cdots$，我们无法穷尽所有的可能，但可以尝试取值。

为了提高预测函数的收敛效果，我们将利用切比雪夫多项式的根的性质。

可扩展 Richards 模型一共有 $q+2$ 个参数，包括 α_0，α_1，α_2，…，α_q，m，回归模型需要估计这些参数。由于选择不同的参数会得到不同的预期值，所以，对于不同模型之间的效果对比，还需要进行进一步地分析。

3. 中国 COVID－19 趋势预测

像 COVID－19 病毒这样反复性比较大的时间变量，要预测其发展趋势是比较难的。如果不考虑病理学基础以及病毒溯源等医学知识，单单从数据出发进行分析，就要选择合适的模型。

实证测试发现，与 Richards 模型类似的增长函数模型，在大多数情况下，都只能适合对于具有一个单周期趋势的时间变量建模。

对于像美国那样的 COVID－19 发展趋势出现二次和三次反弹情况的时间变量，Richards 模型等类似模型都很难拟合，除非进行分段处理。前面我们采用切比雪夫多项式来预测美国的 COVID－19 发展趋势，基本上是在很多次试验之后所能够得到的最好模型，而当我们采用可扩展 Richards 模型对美国的 COVID－19 数据进行拟合时，都很不理想，只有进行分段拟合才会稍有改进。

所以，为了使用可扩展 Richards 模型，我们将以中国 COVID－19 数据为样本进行分析。众所周知，中国成功地控制住了疫情，COVID－19 在中国只出现过一个高峰，之后再也没有出现大规模反弹现象。

2019 年 12 月 8 日，中国检测出第 1 例 COVID－19 病例；两天以后，12 月 10 日，又检测出 1 例；到 12 月 30 日，中国正式向世卫组织报告，已经检测出总共 40 例 COVID－19 病例。2020 年 1 月 10 日，中国出现第 1 例 COVID－19 死亡病例。在中国检测出第 1 例 COVID－19 病毒 42 天以后，2020 年 1 月 20 日，世卫组织发布了第 1 份 COVID－19 报告，当天中国报告确诊病例 423 例。COVID－19 在中国蔓延的高峰出现在 68 天以后的 2020 年 2 月 13 日，当日确诊病例达到 17382 例；死亡病例高峰出现在 78 天以后，2020 年 2 月 23 日，当日死亡病例为 150 例。

我们以中国 2019 年 12 月 8 日至 2020 年 5 月 9 日的 COVID－19 病例为样本，来测试可扩展 Richards 模型的拟合效果。预测周期为 2020 年 5 月 10 日至 2020 年 9 月 1 日，共计 115 天。

全样本窗口、实证样本窗口、预测窗口设计与之前的介绍一致。

我们选择一个较为简单的可扩展 Richards 模型：

$$y(x) = [1 - e^{-g(x)}]^h = [1 - e^{-\alpha_0 - \alpha_1 x - \alpha_2 x^2}]^h \tag{35}$$

试验发现，在使用 Python 的 curve_ fit 库函数功能进行拟合时，如果将 h 当成未知数来拟合，也可以得到相应的结果，但是，拟合函数的收敛性很不好。如果事先给定 h 值，那么，拟合的效果要好很多。

```
data = np.loadtxt("COVID19_CHN_C.txt")
No = data[:,0]
Totalconfirmed = data[:,1]
Newcases = data[:,2]
Totaldeaths = data[:,3]
Newdeaths = data[:,4]
n0 = np.int(np.size(No))
NN = 115
N = np.int(n0 + NN)
m = 89
n = np.int(n0 - m)
a = 0
b = N
TR = np.arange(N, dtype = np.float64)
TRC = np.arange(N, dtype = np.float64)
TR = Chebyshev.basis(N).roots()
for i in range(N):
    TRC[i] = (b - a) * (TR[i] + 1)/2 + a
Y0 = np.arange(n0, dtype = np.float64)
```

```
T0 = np.arange(n0, dtype = np.float64)
for i in range(n0):
    T0[i] = 1 / (TRC[i] + 1)
    Y0[i] = Newcases[i]
    #Y0[i] = Newdeaths[i]
x0 = T0
y0 = Y0
T = np.arange(n, dtype = np.float64)
Y = np.arange(n, dtype = np.float64)
for i in range(n):
    T[i] = 1 / (TRC[i] + 1)
    Y[i] = Y0[i]
x1 = T
y1 = Y + 1
deg = 3
h = 20
def func(X, b0, b1, b2):
    g = b0 + b1 * X + b2 * X ** 2
    G = 1 - np.exp( - g)
    f = (G) ** ( - h)
    return f
print("n0 = ", n0)
print("NN = ", NN)
print("N = ", N )
print("m = ", m )
print("n = ", n )
print("h = ", h )
print("deg = ", deg )
nr.seed(42)
p0 = np.random.randint(1,100,deg)/100
popt, pcov = curve_fit(func, (x1), y1, p0)
(b0, b1, b2 ) = popt
print("popt = ",popt)
y1_value = func(x1, * popt)
SSE_Y1 = np.sum((y1 - y1_value) ** 2)
SSR_Y1 = np.sum((y1_value - np.mean(y1)) ** 2)
SST_Y1 = np.sum((y1 - np.mean(y1)) ** 2)
R2_Y1 = SSR_Y1 / SST_Y1
R_Y1 = np.sqrt(R2_Y1 )
AdjR2_Y1 = 1 - ((n - 1) / (n - deg - 1)) * (1 - R2_Y1)
F_Y1 = (1 / deg) * (((n - 1) / (1 - R2_Y1 )) - (n - deg - 1))
MSE_Y1 = SSE_Y1 / (n - deg - 1)
RMSE_Y1 = np.sqrt(SSE_Y1 / n)
STD_Y1 = np.sqrt(SST_Y1 / n)
```

```
SER_Y1 = np.sqrt(SSR_Y1/(n))
MAE_Y1 = np.sum(np.abs(y1 - y1_value))/n
MAPE_Y1 = np.sum(np.abs(y1 - y1_value)/(y1 + 1))/n
print("\nR_Square = ", format(R2_Y1,".8f"))
TD = np.arange(N,dtype = np.float64)
for i in range(N):
    TD[i] = 1/(TRC[i] + 1)
x2 = TD
y2_value = func(x2, *popt)
pl.close("all")
fig = plt.figure(figsize = (8, 3))
ax1 = plt.subplot(111)
ax1.plot(1/x0 - 1,y0,"b* - ",label = "Full sample")
ax1.plot(1/x1 - 1,y1 - 1,"r. - ",label = "Empirical sample")
ax1.plot(1/x2 - 1,y2_value - 1,"k - ",label = "Fitted Curve")
#ax1.set_title("General Polynomial Function Model", fontsize = 12)
ax1.set_xlabel("Time Order (CHINA COVID - 19)", fontsize = 12)
ax1.set_ylabel("Total confirmed new cases", fontsize = 12)
ax1.legend(loc = "best")
TN1 = np.arange(N,dtype = np.float64)
for i in range(N):
    TN1[i] = y2_value[i]
TT1 = np.arange(N,dtype = np.float64)
TT1[0] = TN1[0]
for i in range(1,N):
    TT1[i] = TT1[i - 1] + TN1[i]
TT0 = np.arange(N,dtype = np.float64)
TN0 = np.arange(N,dtype = np.float64)
TN0[0] = Y0[0]
TT0[0] = Y0[0]
for i in range(1,n0):
    TT0[i] = TT0[i - 1] + Y0[i]
    TN0[i] = Y0[i]
    i = i + 1
for i in range(n0, N):
    TT0[i] = i
    TN0[i] = i
r1 = [b0, b1, b2, h, m]
r1 = pd.DataFrame(r1, index = ["b0", "b1", "b2", "h", "m"]).T
result = np.round(r1, 4)
result.to_excel('CHN_POPT.xls')
result
```

```
r1 = [R2_ Y1, R_ Y1, AdjR2_ Y1, F_ Y1, n, deg, MSE_ Y1, RMSE_ Y1, STD_ Y1, SER_ Y1,
MAE_ Y1, MAPE_ Y1]
r1 = pd.DataFrame(r1, index = ["R2", "R", "AdjR2", "F", "n", "deg","MSE", "RMSE", "
STD","SER", "MAE","MAPE"]).T
result = np.round(r1,6)
result.to_ excel('CHN_ TEST.xls')
result
r1 = [TT0, TN0, TT1, TN1]
r1 = pd.DataFrame(r1, index = ["TT0","TN0","TT1","TN1"]).T
result = np.round(r1, 0)
result.to_ excel('CHN_ PREDICTION.xls')
result
n0 = 150          NN = 115      N = 265h = 20
m = 89            n = 61        deg = 3
popt = [1.9132    -46.3334     659.4436]
```

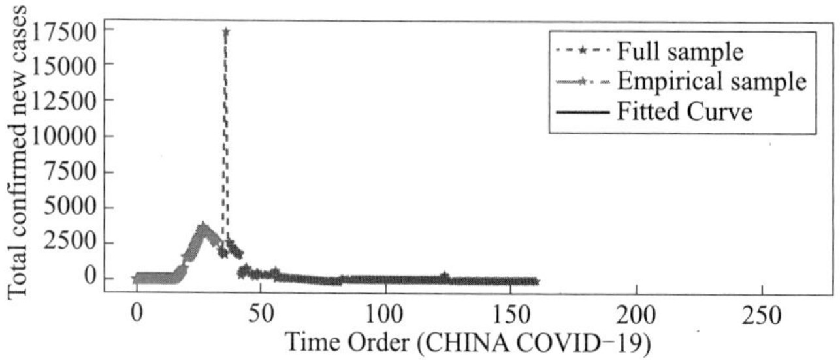

(1) TT0，表示每日累计确诊人数，样本值。

(2) TN0，表示每日新增确诊人数，样本值。

(3) TT1，表示每日累计确诊人数，预测值。

(4) TN1，表示每日新增确诊人数，预测值。

我们选择一个较为简单的可扩展 Richards 模型：

$$y(x) = [1 - e^{-g(x)}]^h = [1 - e^{-1.9132 + 46.3334x - 659.4436x^2}]^{20} \tag{36}$$

参数 h 是可以变化的，当选择不同的 h 值时，拟合图形的效果将是不同的。

参数 m 表现了样本测试窗口的大小，当 m 值很大时，实际参与实证拟合的样本数会减少很多。所以，参数 m 的变化，反映了在不同拟合窗口样本大小情况下，拟合模型的实际效果，因此，也是敏感性分析的基础。

参数 NN 表现了预测窗口的大小，对于单峰样本，其值取得大一些影响不大。

对于多项式 $g(x)$ 阶数的选择，也是可以调整的，具体选择只能通过尝试去试验。更好的试验结果是将 $g(x)$ 拟合作为重点，这里不再介绍。

第三节 CES 不变替代弹性函数

1. CES 不变替代弹性函数的性质

CES 函数指不变替代弹性（Constant elasticity of substitution，CES）生产函数。

第一，定义生产函数。假设变量 x_1，x_2，x_3 表示三种输入要素；参数 δ_1，δ_2，δ_3 为三种投入要素在总投入中的比重，它们满足条件 $\delta_1+\delta_2+\delta_3=1$。$g$ 为技术进步系数，那么，定义生产数：

$$Y=Y(x_1,x_2,x_3)=[g(\delta_1x_1^{\rho}+\delta_2x_2^{\rho}+\delta_3x_3^{\rho})]^{\frac{1}{\phi}} \tag{37}$$

对该函数，假设实数 λ（>1）为投入要素的倍增系数，那么：

$$Y(\lambda x_1,\lambda x_2,\lambda x_3)=(\lambda)^{\frac{\rho}{\phi}}Y(x_1,x_2,x_3) \tag{38}$$

其规模报酬效应具有如下性质：

$$Y(\lambda x_1,\lambda x_2,\lambda x_3)\begin{cases}>\lambda Y, & \dfrac{\rho}{\phi}>1,\rho>\phi, \quad \textit{increasing return to scale}\\ =\lambda Y, & \dfrac{\rho}{\phi}=1,\rho=\phi, \quad \textit{constant return to scale}\\ <\lambda Y, & \dfrac{\rho}{\phi}<1,\rho<\phi, \quad \textit{decreasing return to scale}\end{cases} \tag{39}$$

如果 $\rho=\phi$，则该生产函数的规模报酬不变。为了分析简单起见，假设：

$$A=A(x_1,x_2,x_3)=g(\delta_1x_1^{\rho}+\delta_2x_2^{\rho}+\delta_3x_3^{\rho}) \tag{40}$$

则原生产函数可以写为：

$$Y=Y(x_1,x_2,x_3)=A^{\frac{1}{\phi}} \tag{41}$$

第二，计算边际产出。则生产函数关于每个投入要素的边际产出就可以导出为：

$$MP_1=\frac{\partial Y}{\partial x_1}=\frac{\rho}{\phi}g\,\delta_1x_1^{\rho-1}A^{\frac{1}{\phi}-1} \tag{42}$$

$$MP_2=\frac{\partial Y}{\partial x_2}=\frac{\rho}{\phi}g\,\delta_2x_2^{\rho-1}A^{\frac{1}{\phi}-1} \tag{43}$$

$$MP_3=\frac{\partial Y}{\partial x_3}=\frac{\rho}{\phi}g\,\delta_3x_3^{\rho-1}A^{\frac{1}{\phi}-1} \tag{44}$$

第三，计算边际产出弹性。生产函数关于每个投入要素的边际弹性为：

$$e_1=\frac{\frac{dY}{Y}}{\frac{dx_1}{x_1}}=\frac{dY}{dx_1}\left(\frac{x_1}{Y}\right)=MP_1\left(\frac{x_1}{Y}\right)=\frac{\rho}{\phi}\left[\frac{\delta_1x_1^{\rho}}{\delta_1x_1^{\rho}+\delta_2x_2^{\rho}+\delta_3x_3^{\rho}}\right] \tag{45}$$

$$e_2 = \frac{\frac{dY}{Y}}{\frac{dx_2}{x_2}} = \frac{dY}{dx_2}\left(\frac{x_2}{Y}\right) = MP_2\left(\frac{x_2}{Y}\right) = \frac{\rho}{\phi}\left[\frac{\delta_2 x_2^\rho}{\delta_1 x_1^\rho + \delta_2 x_2^\rho + \delta_3 x_3^\rho}\right] \tag{46}$$

$$e_3 = \frac{\frac{dY}{Y}}{\frac{dx_3}{x_3}} = \frac{dY}{dx_3}\left(\frac{x_3}{Y}\right) = MP_3\left(\frac{x_3}{Y}\right) = \frac{\rho}{\phi}\left[\frac{\delta_3 x_3^\rho}{\delta_1 x_1^\rho + \delta_2 x_2^\rho + \delta_3 x_3^\rho}\right] \tag{47}$$

如果 $\rho=\phi$，则投入要素的边际产出弹性就是该投入要素的投入总数占全部投入要素投入总数的比重。

第四，计算边际技术替代率。两种投入要素之间的边际技术替代率为：

$$MRTS_{12} = \frac{MP_1}{MP_2} = \frac{\delta_1 x_1^{\rho-1}}{\delta_2 x_2^{\rho-1}} = \frac{\delta_1}{\delta_2}\left(\frac{x_1}{x_2}\right)^{\rho-1} \tag{48}$$

$$MRTS_{23} = \frac{MP_2}{MP_3} = \frac{\delta_2 x_2^{\rho-1}}{\delta_3 x_3^{\rho-1}} = \frac{\delta_2}{\delta_3}\left(\frac{x_2}{x_3}\right)^{\rho-1} \tag{49}$$

$$MRTS_{13} = \frac{MP_1}{MP_3} = \frac{\delta_1 x_1^{\rho-1}}{\delta_3 x_3^{\rho-1}} = \frac{\delta_1}{\delta_3}\left(\frac{x_1}{x_3}\right)^{\rho-1} \tag{50}$$

第五，计算边际技术替代弹性。两种投入要素之间的边际技术替代弹性为：

$$\sigma_{12} = METS_{12} = -\frac{dln\left(\frac{x_1}{x_2}\right)}{dln(MRTS_{12})} = \frac{1}{1-\rho} \tag{51}$$

$$\sigma_{23} = METS_{23} = -\frac{dln\left(\frac{x_2}{x_3}\right)}{dln(MRTS_{23})} = \frac{1}{1-\rho} \tag{52}$$

$$\sigma_{13} = METS_{13} = -\frac{dln\left(\frac{x_1}{x_3}\right)}{dln(MRTS_{13})} = \frac{1}{1-\rho} \tag{53}$$

显然，该生产函数的边际技术替代弹性是一个常数：

$$\sigma = \sigma_{12} = \sigma_{23} = \sigma_{13} = \frac{1}{1-\rho} \tag{54}$$

由于三种投入要素之间的边际技术替代弹性相等，所以，这类生产函数也被称为不变替代弹性函数。不变替代弹性表示：当两种投入要素的价格之间按照一定比例发生变化时，它们的投入数量也会按照相应的比例发生变化。

第六，不变规模效应下的 CES 生产函数。由于存在关系：

$$\rho = \frac{\sigma-1}{\sigma}, \sigma = \frac{1}{1-\rho}, \frac{1-\rho}{\rho} = \frac{1}{\sigma-1} \tag{55}$$

所以，当 $\rho=\phi$，原生产函数就可以写为：

$$Y = Y(x_1, x_2, x_3) = [g(\delta_1 x_1^\rho + \delta_2 x_2^\rho + \delta_3 x_3^\rho)]^{\frac{1}{\rho}} \tag{56}$$

如果将替代弹性代入，CES 生产函数就可以写为：

$$Y = Y(x_1, x_2, x_3) = [g(\delta_1 x_1^{\frac{\sigma-1}{\sigma}} + \delta_2 x_2^{\frac{\sigma-1}{\sigma}} + \delta_3 x_3^{\frac{\sigma-1}{\sigma}})]^{\frac{\sigma}{\sigma-1}} \tag{57}$$

有时候也可以写为：

$$Y = Y(x_1, x_2, x_3) = [g(\delta_1 x_1^{-\frac{1-\sigma}{\sigma}} + \delta_2 x_2^{-\frac{1-\sigma}{\sigma}} + \delta_3 x_3^{-\frac{1-\sigma}{\sigma}})]^{-\frac{\sigma}{1-\sigma}} \tag{58}$$

CES 函数在可计算一般均衡模型（Computable general equilibrium，CGE）应用中往往被用来计算两种投入要素之间的替代弹性，从而确定要素的最优投入数量。

2. CES 函数下的要素投入价格

要素投入最优解的选择，一般是在价格已知情况下的数量配置。假设变量 p_1，p_2，p_3 是投入要素 x_1，x_2，x_3 的价格；变量 τ_1，τ_2，τ_3 是投入要素 x_1，x_2，x_3 的增值税率。那么，投入要素的成本函数就是：

$$C = C(x_1, x_2, x_3) = (1+\tau_1)p_1 x_1 + (1+\tau_2)p_2 x_2 + (1+\tau_3)p_3 x_3 \tag{59}$$

则投入要素的最优解必须满足成本最小化条件：

$$Minimize: C(x_1, x_2, x_3) = (1+\tau_1)p_1 x_1 + (1+\tau_2)p_2 x_2 + (1+\tau_3)p_3 x_3 \tag{60}$$

$$Subject\ to: Y_0 = Y(x_1, x_2, x_3) = [g(\delta_1 x_1^{\rho} + \delta_2 x_2^{\rho} + \delta_3 x_3^{\rho})]^{\frac{1}{\phi}} \tag{61}$$

假设生产函数 Y（x_1，x_2，x_3）和成本函数 C（x_1，x_2，x_3）具有连续的一阶偏导数；定义参数 λ 为拉格朗日乘子（Lagrange multiplier）。则拉格朗日函数为：

$$\mathcal{L}(x_1, x_2, x_3, \lambda) = C(x_1, x_2, x_3) + \lambda[Y_0 - Y(x_1, x_2, x_3)] \tag{62}$$

其最优解的一阶极值条件（First order condition，FOC）为：

$$\frac{\partial \mathcal{L}}{\partial x_1} = (1+\tau_1)p_1 - \lambda \frac{\rho}{\phi} g\,\delta_1 x_1^{\rho-1} A^{\frac{1}{\phi}-1} = 0 \tag{63}$$

$$\frac{\partial \mathcal{L}}{\partial x_2} = (1+\tau_2)p_2 - \lambda \frac{\rho}{\phi} g\,\delta_2 x_2^{\rho-1} A^{\frac{1}{\phi}-1} = 0 \tag{64}$$

$$\frac{\partial \mathcal{L}}{\partial x_3} = (1+\tau_3)p_3 - \lambda \frac{\rho}{\phi} g\,\delta_3 x_3^{\rho-1} A^{\frac{1}{\phi}-1} = 0 \tag{65}$$

当 $\lambda = 1$，且 $\tau_1 = 0$，$\tau_2 = 0$，$\tau_3 = 0$，$\rho = \phi$ 时：

$$p_1 = \frac{\partial \mathcal{L}}{\partial x_1} = g\,\delta_1 x_1^{\rho-1} A^{\frac{1-\rho}{\rho}} \tag{66}$$

$$p_2 = \frac{\partial \mathcal{L}}{\partial x_2} = g\,\delta_2 x_2^{\rho-1} A^{\frac{1-\rho}{\rho}} \tag{67}$$

$$p_3 = \frac{\partial \mathcal{L}}{\partial x_3} = g\,\delta_3 x_3^{\rho-1} A^{\frac{1-\rho}{\rho}} \tag{68}$$

显然，与 Cobb Douglas 函数类似，CES 生产函数下，一个投入要素的价格就是其关于生产函数的边际产出。

根据以上结果，当 $\tau_1 = 0$，$\tau_2 = 0$，$\tau_3 = 0$ 时，就可以解出投入要素（x_1，x_2，x_3）成本最小化问题的最优解，这里不再讨论。

在使用 Python 程序进行实际拟合过程中，我们发现当定义 $\rho = \phi$ 时，很难产生理想的拟合结果，使得 $\delta_1 + \delta_2 + \delta_3 = 1$，$\delta_1 > 0$，$\delta_2 > 0$，$\delta_3 > 0$。尽管如此，我们仍然希望能够得到预期的拟合效果。

从以上定义可以看出，三个投入要素（x_1，x_2，x_3）的权重（δ_1，δ_2，δ_3）都是常数。在实践中，随着时间的变化，权重也会随着时间变化，这就是动态权重。

假设 t 为时间变量，$x=x\ (t)$ 表示时间变量函数；$g\ (x)$ 代表技术进步函数，表示随着时间变化所带来的技术进步对投入要素所占权重的影响，也表示技术进步对于生产函数的产出所带来的影响。那么，假设：

$$g(x)=\alpha_0+\alpha_1 x+\alpha_2 x^2+\cdots+\alpha_q x^q \tag{69}$$

相应地，则可以计算边际产出、边际弹性、边际技术替代率等测试变量的值。

3. CES 函数应用

以中国 2000—2018 年数据为样本，建立劳动力、固定资本、化石能源等三种要素投入与总产出之间的 CES 函数关系。

由于不同初值有可能带来不同的拟合结果，在判断优化解时，除了采用一般测试方法进行判断之外，合乎经济规律以及数据逻辑也是重要的判断标准。

```
import numpy as np
from numpy import random as nr
import pandas as pd
import matplotlib.pyplot as plt
from scipy.optimize import curve_fit
np.set_printoptions(suppress=True, precision=8)
data=np.loadtxt("CHNYLKE20002018.txt")
Year=data[:,0]
TotalLabor=data[:,1]
GrossFixedFormation=data[:,2]
TotalFossilEnergyUsed=data[:,3]
GDPExpenditureApproach=data[:,4]
n=np.int(np.size(Year))
R=np.arange(n,dtype=np.int32)
x1 =np.arange(n,dtype=np.float64)
x2 =np.arange(n,dtype=np.float64)
x3 =np.arange(n,dtype=np.float64)
z=np.arange(n,dtype=np.float64)
for i in range(n):
    R[i]=np.int(Year[i])
    x1[i]=TotalLabor[i]*10000
    x2[i]=GrossFixedFormation[i]*100000000
    x3[i]=TotalFossilEnergyUsed[i]*10000
    z[i]=GDPExpenditureApproach[i]*100000000
n=np.size(R)
t=np.linspace(-1, 1, n)
a=R[0]
b=R[n-1]
for i in range(n):
```

```
    t[i] = 2 * (R[i] - a) / (b - a) - 1
def func(X, a, b, c, d, e, f):
    x1,x2,x3 = X
    g = np.exp(a * t ** 2 + b * t + c)
    A = g * ( d * x1 ** f + e * x2 ** f + (1 - d - e) * x3 ** f)
    return ( A) ** (1 / f)
nr.seed(42)
p0 = np.random.randint(1,100,6)/100000
popt, pcov = curve_fit(func, (x1,x2,x3), z, p0)
print("popt = ", popt)
print("1 - d - e = ",1 - popt[3] - popt[4])
print("sigma = ",1 / (1 - popt[5]))
(a, b, c, d, e, f) = popt
#Marginal product
MP1 = np.arange(n,dtype = np.float64)
MP2 = np.arange(n,dtype = np.float64)
MP3 = np.arange(n,dtype = np.float64)
g = np.arange(n,dtype = np.float64)
A = np.arange(n,dtype = np.float64)
for i in range(n):
    g[i] = np.exp(a * t[i] ** 2 + b * t[i] + c)
    A[i] = g[i] * (d * x1[i] ** f + e * x2[i] ** f + (1 - d - e) * x3[i] ** f)
    MP1[i] = g[i] * (A[i] ** (1 / f - 1)) * d * (x1[i] ** (f - 1))
    MP2[i] = g[i] * (A[i] ** (1 / f - 1)) * e * (x2[i] ** (f - 1))
    MP3[i] = g[i] * (A[i] ** (1 / f - 1)) * (1 - d - e) * (x3[i] ** (f - 1))
#Marginal elasticity
e1 = np.arange(n,dtype = np.float64)
e2 = np.arange(n,dtype = np.float64)
e3 = np.arange(n,dtype = np.float64)
e1 = (d * x1 ** f) / ( d * x1 ** f + e * x2 ** f + (1 - d - e) * x3 ** f)
e2 = (e * x2 ** f) / ( d * x1 ** f + e * x2 ** f + (1 - d - e) * x3 ** f)
e3 = ((1 - d - e) * x3 ** f) / ( d * x1 ** f + e * x2 ** f + (1 - d - e) * x3 ** f)
#Marginal technical rate of substitution
MRTS12 = np.arange(n,dtype = np.float64)
MRTS23 = np.arange(n,dtype = np.float64)
MRTS13 = np.arange(n,dtype = np.float64)
MRTS12 = (d/e) * (x1 / x2) ** (f - 1)
MRTS23 = (e / (1 - d - e)) * (x2 / x3) ** (f - 1)
MRTS13 = (d / (1 - d - e)) * (x1 / x3) ** (f - 1)
#Marginal technical elasticity of substitution
sigma = np.arange(n,dtype = np.float64)
sigma = 1 / (1 - f)
```

```
deg = 6
y1 = z
y1_value = func((x1,x2,x3), *popt)
plt.close("all")
fig = plt.figure(figsize = (10,2))
ax1 = plt.subplot(111)
ax1.plot(R, z,"o - ", label = 'Sample curve: GDP')
ax1.plot(R, y1_value, "r - ", label = 'Fit curve: GDP')
ax1.legend( loc = 'best')
SSE_Y1 = np.sum((y1 - y1_value) ** 2)
SSR_Y1 = np.sum((y1_value - np.mean(y1)) ** 2)
SST_Y1 = np.sum((y1 - np.mean(y1)) ** 2)
R2_Y1 = SSR_Y1 / SST_Y1
R_Y1 = np.sqrt(R2_Y1 )
AdjR2_Y1 = 1 - ((n - 1) / (n - deg - 1)) * (1 - R2_Y1)
F_Y1 = (1 / deg) * (((n - 1) / (1 - R2_Y1 )) - (n - deg - 1))
MSE_Y1 = SSE_Y1 / (n - deg - 1)
RMSE_Y1 = np.sqrt(SSE_Y1 / n)
STD_Y1 = np.sqrt(SST_Y1 / n)
SER_Y1 = np.sqrt(SSR_Y1 / (n))
MAE_Y1 = np.sum(np.abs(y1 - y1_value)) / n
MAPE_Y1 = np.sum(np.abs(y1 - y1_value) / (y1 + 1)) / n
print(" \ nR_Square = ", format(R2_Y1,".8f"))
r1 = [R2_Y1, R_Y1, AdjR2_Y1, F_Y1, n, deg, MSE_Y1, RMSE_Y1, STD_Y1, SER_Y1,
MAE_Y1, MAPE_Y1]
r1 = pd.DataFrame(r1, index = ["R2", "R", "AdjR2", "F", "n", "deg","MSE", "RMSE", "
STD","SER", "MAE","MAPE"]).T
result = np.round(r1,6)
result.to_excel('CHN_TEST.xls')
result
o = np.arange(n,dtype = np.float64)
for i in range(n):
    o[i] = 1
r1 = [R, x1, x2, x3, z, y1_value, o * d, o * e, o * (1 - d - e), o * f, o * sigma,MP1,
MP2, MP3,e1, e2, e3, MRTS12,MRTS13,MRTS23,g, A]
r1 = pd.DataFrame(r1, index = ["R", "x1", "x2", "x3", "z","y1_value", "d", "e", "1 -
d - e","f", "sigma","MP1", "MP2", "MP3","e1", "e2", "e3", "MRTS12","MRTS13","MRTS23",
"g", "A"]).T
result = np.round(r1, 4)
result.to_excel('CHNYLKE_CD1.xls')
result
popt = [ - 0.000011   0.000098   0.001158   0.430958   0.482400   0.000197]
```

```
1-d-e=0.086641        sigma=1.000197       R_Square=0.997969
```

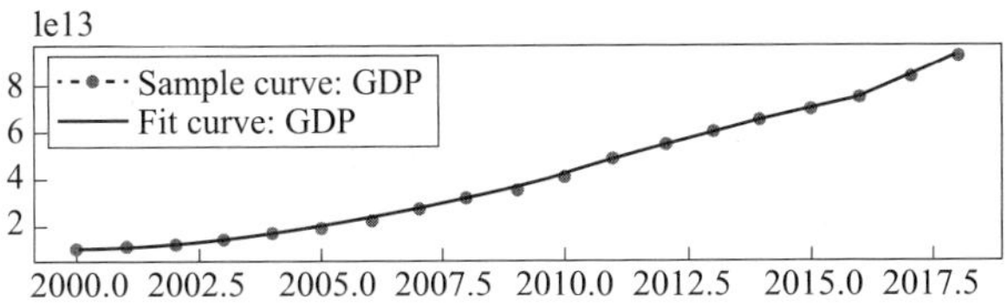

根据拟合结果，可知 CES 函数为：

$$Y=[g(0.430958x_1^{0.000197}+0.482400x_2^{0.000197}+0.086641x_3^{0.000197})]^{\frac{1}{0.000197}} \tag{70}$$

$$g(t)=0.001158+0.000098t-0.000011t^2 \tag{71}$$

三个投入要素 x_1，x_2，x_3 分别代表劳动力、资本形成、化石能源。

时间变量 $t\in[-1, 1]$ 是由年度变量转化而成的，类似于区间映射方法。

实证结果表明权重参数δ_1，δ_2，δ_3 的大小分别为 0.430958，0.482400，0.086641；边际产出弹性 e_1，e_2，e_3 的大小分别为 0.4306，0.4828，0.0866。

技术进步函数 $g(t)$ 的大小从 1.0011 逐渐上升到 1.0012。

不变技术替代弹性大小为 $\sigma=1.000197$，这与 Cobb-Douglas 函数的技术替代弹性 1 非常接近。不仅如此，我们使用 CES 函数计算的结果与使用 Cobb Douglass 函数计算的结果非常相近，说明两种方法具有类似的性质。详见表 12－1。

表 12－1　中国 2000—2018 年劳动力、固定资本和化石能源投入的 CES 函数分析

Year	x1	x2	x3	z	y1_ value	MP1	MP2	MP3	MRTS12	MRTS13	MRTS23
2000	73992	32669	136236	99799	89948	5235	1.3293	572	3938	9	0.0023
2001	73884	37088	142481	110388	102582	5979	1.3354	623	4477	10	0.0021
2002	74492	42672	155672	121327	118525	6851	1.3411	659	5109	10	0.0020
2003	74911	52575	182499	137147	142055	8165	1.3046	674	6259	12	0.0019
2004	75290	63975	212780	161356	168884	9658	1.2746	687	7577	14	0.0019
2005	76120	73852	242028	187658	195544	11061	1.2785	700	8652	16	0.0018
2006	76315	84979	265268	219598	224208	12650	1.2740	732	9929	17	0.0017
2007	76531	102345	288084	270499	262257	14754	1.2373	788	11924	19	0.0016
2008	77046	124701	293680	318068	306891	17150	1.1883	905	14432	19	0.0013
2009	77510	152691	307555	347650	360209	20008	1.1391	1014	17564	20	0.0011
2010	78388	181041	326747	408505	417154	22912	1.1127	1105	20592	21	0.0010
2011	78579	214017	354531	484109	480787	26342	1.0848	1174	24282	22	0.0009
2012	78894	238321	363131	539040	535300	29211	1.0847	1276	26931	23	0.0008
2013	79300	263980	374388	596345	594271	32263	1.0871	1374	29678	23	0.0008
2014	79690	282242	377690	646548	646388	34920	1.1059	1482	31575	24	0.0007
2015	80091	289970	377887	692094	688250	36996	1.1462	1577	32277	23	0.0007
2016	80694	310145	377855	745981	746928	39850	1.1630	1711	34264	23	0.0007
2017	80686	348300	386632	828983	827717	44164	1.1476	1853	38483	24	0.0006
2018	80567	393848	397648	915774	918881	49100	1.1267	2001	43578	25	0.0006

注：（1）x1 是劳动力总数，单位万人；（2）x2 是固定资本投入，单位亿元；（3）x3 是化石能源投入，单位吨标准煤；（4）z 是 GDP 总值，单位亿元；（5）y1_ value 是 GDP 总值预测值，单位亿元。

在使用 CES 函数和 Cobb-Douglass 函数来进行投入产出分析时，我们发现在只有两个投入要素的时候，对于任意随机数作为初值，都很容易得到理想拟合结果。

但是，当投入要素数量增长到3个时，对于不同随机初值选择，往往会得到不同拟合结果，主要表现为不变技术替代弹性大小为 σ 的值在1上下波动，而其他值基本保持稳定。这说明，对于3个及以上投入要素CES函数拟合来说，当不变技术替代弹性 σ 的值接近1时，其取值范围的敏感性很强。对于这一问题，要根据实际情况来判断，这里不再讨论。

第十三章

灰色系统模型

第一节　GM（1，1）微分方程的通解

灰色系统模型（Grey System Model，GM），实际上是一个指数模型。GM（1，1）模型是最简单的灰色系统模型，其基础是常微分方程的解析解。

假设有一个变量 x（t）是时间变量 t 的函数，它满足一阶常微分方程条件：

$$\frac{dx(t)}{dt} + ax(t) = b \tag{1}$$

该一阶常微分方程可以写为：

$$x(t)' + ax(t) = b \tag{2}$$

两边同乘以 g（t），有：

$$x(t)'g(t) + ax(t)g(t) = bg(t) \tag{3}$$

根据求导公式：

$$[x(t)g(t)]' = x(t)'g(t) + x(t)g(t)' \tag{4}$$

如果存在等式：

$$x(t)'g(t) + x(t)g(t)' = x(t)'g(t) + ax(t)g(t) \tag{5}$$

那么就有：

$$g(t)' = ag(t) \tag{6}$$

从而：

$$g(t) = e^{at} \tag{7}$$

因此，原微分方程就可以简化为：

$$[x(t)e^{at}]' = be^{at} \tag{8}$$

对微分方程两边求解不定积分：

$$\int d(x(t)e^{at}) = \int be^{at}dt \tag{9}$$

不定积分结果为：

$$x(t)e^{at} = \frac{b}{a}e^{at} + C \tag{10}$$

最终求解结果为：

$$x(t) = \frac{b}{a} + Ce^{-at} \tag{11}$$

关于常数项 C 的确定，假设：

$$x(0) = \frac{b}{a} + C \tag{12}$$

得到常数项 C 的确定值：

$$C = x(0) - \frac{b}{a} \tag{13}$$

这样就得到了微分方程的通解：

$$x(t) = \frac{b}{a} + \left(x(0) - \frac{b}{a}\right)e^{-at} \tag{14}$$

该函数具有指数函数的特征，由于其对于参数 a 和 b 的依赖性很强，而参数 a 和 b 又是未知的，且在正常情况下不易估计，因此，该模型也被称为灰色系统。由于只有一个变量 $x(t)$，且是一阶微分，所以记为 GM（1，1）。

在实证分析中，我们发现对于最优解初值的选取，对我们最后得到最优解 a，b 有一定的影响。为了取得稳定的最优解，初值解取随机数较为合适。与 GM（2，1）相比，由于 GM（1，1）模型只有 a，b 两个系数，收敛速度较快，比较容易得到最优解 a，b 的值。

第二节　GM（1，1）的邓聚龙估计法

根据文献“Introduction to Grey System Theory（Deng Julong，The Journal of Grey System，1，1989，1－24）”，邓聚龙创建了一个近似矩阵求解的方式来估计灰色系统 GM（1，1）的参数。该求解方法预测精度并不高，但因为其应用较为广泛，所以，这里仍然加以介绍。

假设变量 $x(t)$ 的原始离散序列为 $X^{(0)}$，是一个非负序列，具有形式：

$$X^{(0)} = \{X_0^{(0)}, \cdots, X_{n-1}^{(0)}\}, (n \geqslant 3; X_i^{(0)} \geqslant 0; i = 0, 1, 2, \cdots, n-1) \tag{15}$$

假设离散序列 $X^{(1)}$ 为序列 $X^{(0)}$ 的一次累加序列（Accumulating Generation Operation，AGO），具有如下形式：

$$X^{(1)} = \{X_0^{(1)}, \cdots, X_{n-1}^{(1)}\} (n \geqslant 3; X_i^{(1)} \geqslant X_{i-1}^{(1)}; i = 1, 2, \cdots, n-1) \tag{16}$$

$$X_i^{(1)} = X_0^{(0)} + X_1^{(0)} + X_2^{(0)} + \cdots + X_i^{(0)} = \sum_{l=0}^{i} X_l^{(0)} \tag{17}$$

$$X_i^{(1)} = X_{i-1}^{(1)} + X_i^{(0)} \tag{18}$$

$$X_0^{(1)} = X_0^{(0)} \tag{19}$$

假设离散序列$Z^{(1)}$为一个均值序列：

$$Z^{(1)}=\{Z_1^{(1)},\cdots,Z_{n-1}^{(1)}\},(n\geqslant 3;i=1,2,\cdots,n-1) \tag{20}$$

$$Z_i^{(1)}=\frac{1}{2}(X_{i-1}^{(1)}+X_i^{(1)}) \tag{21}$$

那么，关于序列$x^{(0)}(t)$的一阶常微分方程求解过程，就被转化成如下形式的一阶微分方程求解过程：

$$\frac{dx^{(1)}(t)}{dt}+ax^{(0)}(t)=b \tag{22}$$

其参数（a，b）估计问题，就等价于一个对于离散序列$X_k^{(1)}$，（$k=1$，2，…，$n-1$）的 GM（1，1）灰色差分模型（grey differential model）过程求解问题：

$$X_k^{(0)}+a\,Z_k^{(1)}=b,(k=1,2,\cdots,n-1) \tag{23}$$

其参数（a，b）可以根据最小二乘法来估计：

$$\hat{a}=\begin{pmatrix}a\\b\end{pmatrix}=(B^TB)^{-1}B^Ty_N \tag{24}$$

$$B=\begin{pmatrix}-Z_1^{(1)} & 1\\ \cdots & \cdots\\ -Z_{n-1}^{(1)} & 1\end{pmatrix},\ y_N=\begin{pmatrix}X_1^{(0)}\\ \cdots\\ X_{n-1}^{(0)}\end{pmatrix} \tag{25}$$

相应于等价微分方程，离散序列$X^{(1)}$的估计值解可以由下式定义：

$$\hat{X}_i^{(1)}=\frac{b}{a}+\left(X_1^{(0)}-\frac{b}{a}\right)e^{-a(i-1)} \tag{26}$$

$$\hat{X}_i^{(0)}=\hat{X}_i^{(1)}-\hat{X}_{i-1}^{(1)} \tag{27}$$

前面介绍的模型只有一个变量。假设有 N 个变量（$i=1$，2，…，N），那么，灰色模型就为 G（1，N），由于公式推导和应用都较为复杂，这里不再讨论。

第三节 GM（2，1）微分方程的辨识

假设变量$x(t)$是关于时间t的二阶常微分方程的解，满足条件：

$$\frac{d^2x(t)}{dt^2}+a\frac{dx(t)}{dt}+bx(t)=0 \tag{28}$$

则该微分方程的通解为：

$$x(t)=C_1e^{\frac{(-a-\sqrt{a^2-4b})t}{2}}+C_2e^{\frac{(-a+\sqrt{a^2-4b})t}{2}} \tag{29}$$

为了编程方便，我们对该通解关系式予以简化，使得：

$$x(t)=C_1e^{mt}+C_2e^{kt} \tag{30}$$

那么，存在关系式：

$$m=\frac{-a-\sqrt{a^2-4b}}{2} \tag{31}$$

$$k = \frac{-a + \sqrt{a^2 - 4b}}{2} \tag{32}$$

$$C_1 = \frac{x(0)e^k - x(1)}{e^k - e^m} \tag{33}$$

$$C_2 = \frac{x(1) - x(0)e^m}{e^k - e^m} \tag{34}$$

这里实际上只有两个参数 a，b，其他参数都是派生参数。因为参数 C_1，C_2 可以通过求解特解得到。如果使用两个特解条件，当 $t=0$，1 时：

$$x(0) = C_1 + C_2 \tag{35}$$

$$x(1) = C_1 e^m + C_2 e^k \tag{36}$$

对于该二阶常微分方程通解的验证较为容易，因为：

$$\frac{dx(t)}{dt} = C_1 m e^{mt} + C_2 k e^{kt} \tag{37}$$

$$\frac{d^2x(t)}{dt^2} = C_1 m^2 e^{mt} + C_2 k^2 e^{kt} \tag{38}$$

重新代入二阶常微分方程，就会得到关系式：

$$m^2 + am + b = (m + \frac{a}{2})^2 - \frac{a^2 - 4b}{4} = 0 \tag{39}$$

$$k^2 + ak + b = (k + \frac{a}{2})^2 - \frac{a^2 - 4b}{4} = 0 \tag{40}$$

所以，很容易求证微分方程的关系式为零。由于只有一个变量 x（t），但是微分方程为二阶，所以记为 GM（2，1）。

第四节 GM（1，1）模型的通解拟合

由于 GM（1，1）模型具有指数函数特点，且只有 a，b 两个参数，所以比较适合使用最小二乘法求解。我们将使用 Curve-Fit 函数拟合方法来求解。

假设我们以中国 1990—2018 年的年度劳动力总数（单位：人）、固定资本形成总额（单位：美元）、能源总消耗（单位：千克）、国民生产总值（单位：美元）作为样本数据库，选择其中任意一个数据序列作为样本数据序列，来拟合 GM（1，1）灰色模型。

我们将对这 4 个序列分别进行测试，最后选择 1 个序列的测试结果予以呈现，以表现 GM（1，1）模型的效果。

1. 调用库函数

因为要使用 Scipy 模块的 curve_ fit 函数方法，所以在程序开始之前，首先必须调用 Python 的相关函数库，特别是 from scipy. optimize import curve_ fit。

```
%matplotlib inline
%config InlineBackend.close_figures=False
import numpy as np
import pandas as pd
import matplotlib.pyplot as plt
from scipy.optimize import curve_fit
np.set_printoptions(suppress=True, precision=8)
```

与 Polyfit 函数方法不同，Curve_ fit 函数方法需要在求解之前先赋予参数初值。有了初值，Curve_ fit 函数将根据初值，采取逐渐迭代的方法，最后拟合出一个优化解。

由于优化解求解对于初值选择具有很强敏感性，所以，初值选择非常重要。

一般地，选择随机数作为初值是比较合理的，如果在任何初值条件下，最优解都是一致的，那么，就说明最优解与初值没有关系。

但是，在实际拟合中，往往还是有关系的，正因为初值会影响最优解，所以，即使以随机数为初值，也可以在每次拟合时以上次所求取的最优解作为初值，来调整初值的取值。

2. Curve_ fit 函数方法

为了实现使用 Python 程序来拟合 GM（1，1）灰色预测模型，Python 程序主要包含了读取数据、解函数定义、测试模块定义、最优解参数求取、拟合效果测试、计算预测值、输出预测值等功能。

我们以能源消耗总量为例，来说明 Curve_ fit 函数方法的应用。由于千克单位太小，我们会对数据单位稍作处理。

```
data=np.loadtxt("CHN_1990_2018_LKEG.txt")
Year=data[:,0]
TotalLable=data[:,1]
TotalGrossFixedCapitalFormation=data[:,2]
TotalEnergyUse=data[:,3]
TotalGDP=data[:,4]
n=np.int(np.size(Year))
x=np.arange(n, dtype=np.float64)
t=np.arange(n, dtype=np.float64)
for i in range(n):
    t[i]=Year[i]-Year[0]
    #x[i]=TotalLable[i]/1e+4
    #x[i]=TotalGrossFixedCapitalFormation[i]/1e+8
    x[i]=TotalEnergyUse[i]/1e+9
    #x[i]=TotalGDP[i]/1e+8
```

```
def func(X, a, b):
    t = X
    return b/a + (x[0] - b/a) * np.exp( - a * t)
def test(x, x_value):
    x = x
    x_value = x_value
    deg1 = 1
    SST_X = np.sum((x - np.mean(x)) ** 2)
    SSR_X = np.sum((x_value - np.mean(x)) ** 2)
    SSE_X = np.sum((x - x_value) ** 2)
    R2_X = SSR_X/SST_X
    R_X = np.sqrt(SSR_X/SST_X)
    AdjR2_X = 1 - ((n - 1)/(n - deg1 - 1)) * (1 - R2_X)
    SER_X = np.sqrt(SSE_X/(n - deg1 - 1))
    RMSE_X = np.sqrt(SSE_X/n)
    print("R_Square = ",R2_X)
    print("R_Square_Sqrt = ",R_X)
    print("Adjusted R_Square = ",AdjR2_X)
    print("Spread of the error = ",SER_X)
    print("Root mean squared error = ",RMSE_X ," \n")
    return (R_X,RMSE_X)
i = 0
h = 5
x_value = np.linspace(0,1, n * h,dtype = np.float64).reshape(n,h)
ab_value = np.linspace(0,1, 2 * h,dtype = np.float64).reshape(2,h)
while i < h:
    p0 = np.random.randint(1,1000,2)
    popt, pcov = curve_fit(func, (t), x, p0)
    a = popt[0]
    b = popt[1]
    print(i,"a = ",format(a,".2f"),"b = ",format(b,".2f"))
    x_value[:,i] = func((t), * popt)
    ab_value[:,i] = popt
    TEST = test(x, x_value[:,i])
    i = i + 1
print("ab_value.T = \n",ab_value.T)
#print(x_value.T)
NN = 12
N1 = n + NN
t1 = np.arange(N1, dtype = np.float64)
x1 = np.arange(N1, dtype = np.float64)
yr = np.arange(N1, dtype = np.float64)
```

```
    for i in range(n):
        t1[i] = i
        x1[i] = x[i]
    for i in range(n,N1):
        t1[i] = i
        x1[i] = i
    x_valuePre = np.linspace(0,1, N1 * h,dtype = np.float64).reshape(N1,h)
    plt.close("all")
    fig = plt.figure(figsize = (7,2))
    fig.subplots_adjust(left = 0.00, right = 1.00, bottom = 0.00, top = 1.00, hspace = 
0.5, wspace = 0.3)
    ax1 = plt.subplot(111)
    ax1.plot(t + Year[0],x,'o',lw = 1, label = "Sample Curve")
    for i in range(h):
        popt = ab_value[:,i]
        x_valuePre[:,i] = func((t1), * popt)
        ax1.plot(t1 + Year[0], x_valuePre[:,i],'. -', lw = 1, label = "Fitted Curve 
        ${:g}$".format(i))
        ax1.legend(loc = 'best')
    r1 = [t1 + Year[0], x1, x_valuePre[:,0], x_valuePre[:,1], x_valuePre[:,2], x_
valuePre[:,3], x_valuePre[:,4]]
    r1 = pd.DataFrame(r1, index = ["Year","Original","F0","F1","F2","F3","F4"]).T
    result = np.round(r1, 4)
    result.to_excel('GM11.xls')
    result
    0   a = -0.07   b = -23.25
    R_Square = 0.8926611242794996
    R_Square_Sqrt = 0.9448074535478113
    Adjusted R_Square = 0.8886856103639256
    Spread of the error = 159.86339783460394
    Root mean squared error = 154.25239741221608
    ……(由于 h = 5, 所以应该有 5 个测试结果, 这里仅列 1 个, 序号为 0)
    ab_value.T =
    [[ -0.06756183   -23.25237817]
    [ -0.0675619     -23.25246821]
    [ -0.06756216   -23.25283832]
    [ -0.06756186   -23.25240838]
    [ -0.06756166   -23.25212897]]
```

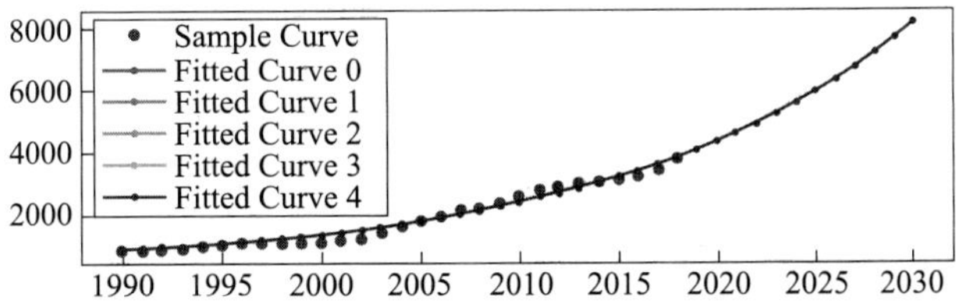

（1）文件数据列排列顺序与读取顺序一致。

（2）data = np.loadtxt（"CHN_1990_2018_LKEG.txt"），从文本文件中读取数据，总共包括5列。

（3）for i in range(n): t[i] = Year[i] - Year[0]，定义函数自变量样本；

（4）x[i] = TotalEnergyUse[i]/1e+9，函数因变量，能源消耗总额，原单位千克，转化为10亿千克。

（5）def func（X, a, b），定义GM（1，1）解函数，包括两个待拟合的参数a、b。

（6）def test（x, x_value），定义测试函数模块，包括可决系数和误差项的取得。

（7）i = 0，h = 5，while i < h，定义拟合次数h，观察在不同随机数初值之下，参数a，b的收敛效果。

（8）p0 = np.random.randint（1，1000，2），定义参数a，b的初值，这里是随机数值。

（9）popt, pcov = curve_fit（func,（t），x, p0），正式拟合，拟合参数a = popt［0］，b = popt［1］。

（10）x_value[:,i] = func((t), *popt), TEST = test(x, x_value[:,i])，进行拟合度测试。

（11）ab_value［:, i］= popt，拟合次数h > 1，所以，将每次拟合值存储进2行h列数组ab_value。

（12）NN = 12，预测值窗口大小。

（13）N1 = n + NN，全窗口大小，为样本窗口大小加上预测窗口大小。

（14）for i in range(h):popt = ab_value[:,i],x_valuePre[:,i] = func((t1), *popt)，预测值。

（15）result = np.round（r1, 4），result.to_excel（'GM11.xls'），输出报表。

虽然我们定义 $h=5$，即进行了5次拟合，但是，拟合结果 a，b 的5组取值除了小数点第5位后有些微差异之外，大小相差不大。

这说明，虽然每次拟合都选取了不同的随机数初值，但是，拟合结果都收敛到了同样的值。

3. 五次拟合结果对比

因为进行了五次拟合测试，所以有五组预测值。由于以时间变量 t 作为自变量，其取值为以1990年为0的序数值，所以，在解函数的系数得到之后，很容易通过解函数求得预测值。详见表13-1。

表13-1　　GM（1，1）灰色预测模型5次拟合结果列表

Year	Original	F0	F1	F2	F3	F4
1990	871	871.0000	871.0000	871.0000	871.0000	871.0000
1991	848	907.8239	907.8239	907.8237	907.8239	907.8240
1992	877	947.2217	947.2216	947.2214	947.2217	947.2219
1993	929	989.3732	989.3731	989.3727	989.3732	989.3735
1994	973	1034.4710	1034.4709	1034.4703	1034.4710	1034.4714
1995	1040	1082.7210	1082.7208	1082.7201	1082.7209	1082.7214
1996	1070	1134.3434	1134.3432	1134.3424	1134.3434	1134.3440
1997	1070	1189.5741	1189.5739	1189.5730	1189.5740	1189.5747
1998	1080	1248.6652	1248.6650	1248.6639	1248.6651	1248.6659

续表

Year	Original	F0	F1	F2	F3	F4
1999	1100	1311.8866	1311.8863	1311.8852	1311.8865	1311.8874
2000	1140	1379.5269	1379.5266	1379.5254	1379.5268	1379.5277
2001	1180	1451.8950	1451.8947	1451.8934	1451.8949	1451.8959
2002	1260	1529.3214	1529.3211	1529.3197	1529.3213	1529.3224
2003	1440	1612.1596	1612.1593	1612.1579	1612.1595	1612.1606
2004	1640	1700.7880	1700.7876	1700.7861	1700.7878	1700.7890
2005	1820	1795.6111	1795.6107	1795.6093	1795.6110	1795.6121
2006	1990	1897.0620	1897.0617	1897.0602	1897.0619	1897.0630
2007	2150	2005.6040	2005.6036	2005.6022	2005.6039	2005.6049
2008	2220	2121.7326	2121.7323	2121.7310	2121.7325	2121.7335
2009	2370	2245.9783	2245.9780	2245.9768	2245.9782	2245.9791
2010	2610	2378.9083	2378.9080	2378.9070	2378.9082	2378.9090
2011	2800	2521.1296	2521.1294	2521.1285	2521.1295	2521.1301
2012	2910	2673.2916	2673.2915	2673.2909	2673.2916	2673.2920
2013	3000	2836.0893	2836.0892	2836.0890	2836.0892	2836.0894
2014	3050	3010.2659	3010.2659	3010.2661	3010.2659	3010.2657
2015	3095	3196.6168	3196.6170	3196.6176	3196.6168	3196.6163
2016	3230	3395.9930	3395.9933	3395.9945	3395.9931	3395.9921
2017	3437	3609.3049	3609.3053	3609.3072	3609.3050	3609.3036
2018	3767	3837.5265	3837.5271	3837.5298	3837.5267	3837.5247
2019	29	4081.6999	4081.7008	4081.7044	4081.7002	4081.6975
2020	30	4342.9403	4342.9414	4342.9460	4342.9407	4342.9372
2021	31	4622.4404	4622.4418	4622.4475	4622.4408	4622.4365
2022	32	4921.4765	4921.4782	4921.4853	4921.4771	4921.4717
2023	33	5241.4142	5241.4163	5241.4249	5241.4149	5241.4084
2024	34	5583.7144	5583.7169	5583.7272	5583.7153	5583.7075
2025	35	5949.9402	5949.9431	5949.9553	5949.9412	5949.9319
2026	36	6341.7638	6341.7673	6341.7816	6341.7650	6341.7541
2027	37	6760.9745	6760.9786	6760.9953	6760.9758	6760.9632
2028	38	7209.4865	7209.4912	7209.5107	7209.4881	7209.4734
2029	39	7689.3479	7689.3534	7689.3759	7689.3497	7689.3327
2030	40	8202.7499	8202.7562	8202.7820	8202.7520	8202.7324

注：（1）Original 表示原始样本数据，这里为能源消耗总量，单位为 10 亿千克；（2）F0、F1、F2、F3、F4 表示样本预测值，由于模拟了 5 次，所以，这里列出了 5 次的预测结果。

很显然，拟合效果还是比较好的，参数 a，b 的 5 组取值所得到的预测值差异很小，如果不考虑小数位，基本可以认为是完全一致的。

第五节 GM（1，1）的邓聚龙解拟合

对于 GM（1，1）模型的邓聚龙解法，前面已经对算法进行了解释。邓聚龙解法是

一种近似的转换算法，它将原来对于原始离散序列$X^{(0)}$的一阶微分方程的求解过程转化成了对其一次累加序列（Accumulating Generation Operation，AGO）$X^{(1)}$和$X^{(0)}$的一阶微分方程，从而最终通过线性代数来求解一个线性矩阵方程，获得参数（a，b）的估计值。这种方式完全基于算法的逻辑步骤来求解，而与通过 Curve - Fit 函数拟合方法来求解完全不同。由于其求解过程与微分方程解析解求解逻辑稍有差异，所以，邓聚龙解法的误差较大。

由于之前应用广泛，也不失为一种较好的对比办法。

仍然以中国 1990—2018 年的能源总消耗（单位：千克）作为样本数据，来拟合 GM（1，1）灰色预测模型，方法采用邓聚龙算法。

```
def prediction(b):
    x1_value = np.arange(N1, dtype = np.float64)
    x0_value = np.arange(N1, dtype = np.float64)
    xx0 = np.arange(N1, dtype = np.float64)
    tt0 = np.arange(N1, dtype = np.float64)
    T = np.arange(N1, dtype = np.float64)
    x1_value[0] = x0[0]
    x0_value[0] = x0[0]
    for i in range(0,N1):
        T[i] = i
    for i in range(1,N1):
        x1_value[i] = (x0[1] - b[1]/b[0]) * np.exp(-b[0] * T[i -1]) + b[1]/b[0]
        x0_value[i] = x1_value[i] - x1_value[i -1]
    for i in range(0,n):
        xx0[i] = x0[i]
        tt0[i] = i + Year[0]
    for i in range(n,N1):
        xx0[i] = i + Year[0]
        tt0[i] = i + Year[0]
    #for i in range(0,N1):
        #print(tt0[i],"  ",xx0[i],"  ",x0_value[i])
    return(tt0,xx0,x0_value)
def test(b):
    n = np.int(np.size(x0))
    x1_value = np.arange(n, dtype = np.float64)
    x0_value = np.arange(n, dtype = np.float64)
    x1_value[0] = x0[0]
    x0_value[0] = x0[0]
    for i in range(1,n):
        x1_value[i] = (x0[1] - b[1]/b[0]) * np.exp(-b[0] * t[i -1]) + b[1]/b[0]
        x0_value[i] = x1_value[i] - x1_value[i -1]
```

```
    #for i in range(0,n):print(i + Year[0]," ",x0[i]," ",x0_value[i])
    x = x0
    x_value = x0_value
    deg1 = 1
    SST_X = np.sum((x - np.mean(x)) ** 2)
    SSR_X = np.sum((x_value - np.mean(x)) ** 2)
    SSE_X = np.sum((x - x_value) ** 2)
    R2_X = SSR_X/SST_X
    R_X = np.sqrt(SSR_X/SST_X)
    AdjR2_X = 1 - ((n - 1)/(n - deg1 - 1)) * (1 - R2_X)
    SER_X = np.sqrt(SSE_X/(n - deg1 - 1))
    RMSE_X = np.sqrt(SSE_X/n)
    print("R_Square = ",R2_X)
    print("R = ",R_X)
    print("Adjusted R_Square = ",AdjR2_X)
    print("Spread of the error = ",SER_X)
    print("Root mean squared error = ",RMSE_X ,"\n")
    return (R2_X, R_X, AdjR2_X, SER_X, RMSE_X  )
def Identification_Algorithm(x0):
    x0 = x0
    n = np.int(np.size(x0))
    x1 = np.zeros(n)
    x1 = np.cumsum(x0)
    z1 = np.zeros(n)
    B = np.zeros((n - 1) * 2).reshape((n - 1),2)
    Y = np.zeros((n - 1))
    for i in range(1,n):
        z1[i] = (x1[i - 1] + x1[i] ) /2
        B[i - 1][0] = - z1[i]
        B[i - 1][1] = 1
        Y[i - 1] = x0[i]
    A1 = np.dot(B.T,B)
    A2 = np.linalg.inv(A1)
    A3 = np.dot(A2,B.T)
    a = np.dot(A3,Y)
    return np.transpose(a)
data = np.loadtxt("CHN_1990_2018_LKEG.txt")
Year = data[:,0]
TotalLable = data[:,1]
TotalGrossFixedCapitalFormation = data[:,2]
TotalEnergyUse = data[:,3]
TotalGDP = data[:,4]
```

```
n = np.int(np.size(Year))
x0 = np.arange(n, dtype = np.float64)
t = np.arange(n, dtype = np.float64)
for i in range(n):
    t[i] = Year[i] - Year[0]
    #x0[i] = TotalLable[i]/1e + 4
    #x0[i] = TotalGrossFixedCapitalFormation[i]/1e + 8
    x0[i] = TotalEnergyUse[i]/1e + 9
    #x0[i] = TotalGDP[i]/1e + 8
NN = 12
N1 = np.int(n + NN)
tt = np.arange(N1, dtype = np.float64)
xx0_value = np.arange(N1,dtype = np.float64)
b = Identification_Algorithm(x0)
print('b =', b)
TEST = test(b)
PREDICT = prediction(b)
plt.close("all")
fig = plt.figure(figsize = (7,2))
fig.subplots_adjust(left = 0.00, right = 1.00, bottom = 0.00, top = 1.00, hspace = 
0.5, wspace = 0.3)
ax1 = plt.subplot(111)
ax1.plot(t + Year[0], x0,'ro',lw = "1", label = "Sample Curve", linestyle = " - ")
ax1.plot(PREDICT[0],PREDICT[2],  'b* -', label = "Fitted Curve", linestyle = " - ")
plt.legend(loc = "best")
r1 = [PREDICT[0], PREDICT[1], PREDICT[2]]
r1 = pd.DataFrame(r1, index = ["Year","Original","Prediction"]).T
result = np.round(r1, 4)
result.to_excel('GM11_D.xls')
result
b = [ -0.0589 710.7498]
R_Square = 0.9695857080868484
R = 0.9846754328644787
Adjusted R_Square = 0.9684592528308058
Spread of the error = 248.1916803422279
Root mean squared error = 239.48047038362188
```

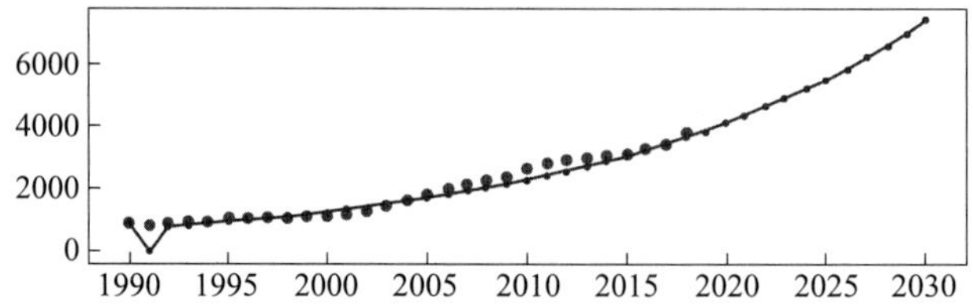

(1) def prediction (b)，定义预测函数。在参数 b = (b[0],b[1]) = (a,b)已知情况下，计算 N1 拟合值。

(2) def test (b)，定义测试函数。在已经得到参数 b = (b[0],b[1]) = (a,b)的情况下，拟合窗口 n。

(3) def Identification_Algorithm (x0)，定义识别算法函数，旨在求解参数 a = (a[0],a[1]) = (a,b)。

(4) return np.transpose (a)，返回参数 a = (a[0],a[1]) = (a,b)，与模型公式中的参数 (a, b) 相对应。

(5) data = np.loadtxt("CHN_1990_2018_LKEG.txt")，读取数据，源文件仍然为文本文件。

(6) x0[i] = TotalEnergyUse[i]/1e+9，年度能源总消耗量为原始样本序列，单位换算为10亿千克。

(7) NN = 12，定义预测窗口大小，这里为12年，即2019-2030年。

(8) N1 = np.int (n + NN)，定义全窗口大小。

(9) b = Identification_Algorithm(x0)，调用识别算法函数，返回值参数为 b = (b[0],b[1]) = (a,b)。

(10) TEST = test (b)，引入参数 b = (b[0],b[1]) = (a,b)，计算可决系数和误差项。

(11) PREDICT = prediction (b),，引入参数 b = (b[0],b[1]) = (a,b)，计算预测值，输出图形。

(12) result.to_excel ('GM11_D.xls')，输出报表。

这里，我们仅仅拟合了 1 次，得到的参数是(a, b) = (−0.0589, 710.7498)。这个结果与前一节采用 Curve − Fit 函数得到的结果(a, b) = (−0.0675, −23.2523)完全不同。造成这种结果差异的主要原因是邓聚龙算法与 Curve − Fit 函数算法完全不同，主要表现在两点：

第一，Curve − Fit 函数采用的是最小二乘法，而邓聚龙算法采用的是矩阵乘法和求逆矩阵算法。

第二，Curve − Fit 函数直接处理的是原始样本序列，而邓聚龙算法是通过间接处理原始样本数据的一次累加序列来求解。

所以，两种方法下得到的最优解是不同的。不仅如此，邓聚龙算法所得的预测值偏小。不过，拟合度挺高。详见表 13 − 2。

表 13 − 2　　GM (1, 1) 灰色预测模型邓聚龙算法拟合结果列表

Year	Original	Prediction	Year	Original	Prediction
1990	871.000	871.000	2010	2610.000	2262.405
1991	848.000	−23.000	2011	2800.000	2399.682
1992	877.000	783.556	2012	2910.000	2545.289
1993	929.000	831.100	2013	3000.000	2699.731
1994	973.000	881.529	2014	3050.000	2863.543
1995	1040.000	935.018	2015	3095.000	3037.296
1996	1070.000	991.753	2016	3230.000	3221.592
1997	1070.000	1051.930	2017	3437.000	3417.070
1998	1080.000	1115.758	2018	3767.000	3624.409

续表

Year	Original	Prediction	Year	Original	Prediction
1999	1100.000	1183.460	2019		3844.329
2000	1140.000	1255.269	2020		4077.593
2001	1180.000	1331.436	2021		4325.011
2002	1260.000	1412.224	2022		4587.442
2003	1440.000	1497.914	2023		4865.797
2004	1640.000	1588.804	2024		5161.041
2005	1820.000	1685.208	2025		5474.200
2006	1990.000	1787.462	2026		5806.361
2007	2150.000	1895.921	2027		6158.676
2008	2220.000	2010.961	2028		6532.369
2009	2370.000	2132.981	2029		6928.737
			2030		7349.156

注：（1）Original 表示原始样本数据，这里为能源消耗总量，单位为 10 亿千克；（2）Prediction 表示样本预测值。

邓聚龙算法是一种较为简易的算法，其逻辑不如求解 GM（1，1）模型的通解来得更加直接。所以，可以作为一种参考方法，加以对比。

第六节　GM（2，1）模型优化解拟合

对于 GM（2，1）模型的应用，由于有 4 个中间参数 m，k，C_1，C_2 和 2 个目标参数 a，b，所以，在拟合时，不同初值条件下的拟合参数收敛问题就变得非常重要。

那么，假如拟合 20 次，每次以不同的随机数作为目标参数 a，b 的初值，是否可以得到一致的收敛解呢？这个问题，我们将通过 Curve－Fit 函数拟合，来观察 4 个中间参数 m，k，C_1，C_2 和 2 个目标参数 a，b 的取值。

仍然以中国 1990—2018 年的能源总消耗（单位：千克）作为样本数据，来拟合 GM（2，1）灰色预测模型，方法采用解析解法。

```
data = np.loadtxt("CHN_1990_2018_LKEG.txt")
Year = data[:,0]
TotalLable = data[:,1]
TotalGrossFixedCapitalFormation = data[:,2]
TotalEnergyUse = data[:,3]
TotalGDP = data[:,4]
n = np.int(np.size(Year))
x = np.arange(n, dtype = np.float64)
t = np.arange(n, dtype = np.float64)
for i in range(n):
    t[i] = Year[i] - Year[0]
```

```
    #x[i] = TotalLable[i]/1e + 4
    #x[i] = TotalGrossFixedCapitalFormation[i]/1e + 8
    x[i] = TotalEnergyUse[i]/1e + 9
    #x[i] = TotalGDP[i]/1e + 8
def func(X, a, b):
    t = X
    deltta = a ** 2 - 4 * b
    delta = np.abs(deltta)
    m = ( - a - np.sqrt(delta))/2
    k = ( - a + np.sqrt(delta))/2
    C1 = (x[0] * np.exp(k) - x[1])/(np.exp(k) - np.exp(m))
    C2 = (x[1] - x[0] * np.exp(m))/(np.exp(k) - np.exp(m))
    return C1 * np.exp(m * t) + C2 * np.exp(k * t)
def test(x, x_value):
    x = x
    x_value = x_value
    deg1 = 1
    SST_X = np.sum((x       - np.mean(x)) ** 2)
    SSR_X = np.sum((x_value - np.mean(x)) ** 2)
    SSE_X = np.sum((x       - x_value) ** 2)
    R2_X = SSR_X/SST_X
    R_X = np.sqrt(SSR_X/SST_X)
    AdjR2_X = 1 - ((n - 1)/(n - deg1 - 1)) * (1 - R2_X)
    SER_X = np.sqrt(SSE_X/(n - deg1 - 1))
    RMSE_X = np.sqrt(SSE_X/n)
    #print("R_Square = ",R2_X)
    #print("R_Sqrt = ",R_X)
    #print("Adjusted R_Square = ",AdjR2_X)
    #print("Spread of the error = ",SER_X)
    #print("Root mean squared error = ",RMSE_X ,"\n")
    return (R2_X, R_X, AdjR2_X, SER_X, RMSE_X)
i = 0
h = 20
x_value = np.linspace(0,1, n * h,dtype = np.float64).reshape(n,h)
ab_value = np.linspace(0,1, 11 * h,dtype = np.float64).reshape(11,h)
while i < h:
    p0 = np.random.randint(1,100,2)
    popt, pcov = curve_fit(func, (t), x, p0)
    a = popt[0]
    b = popt[1]
    #print(i,"  a = ",format(a,".2f"),"  b = ",format(b,".2f"))
    deltta = a ** 2 - 4 * b
    if deltta > 0:
```

```
            delta = np.abs(deltta)
            m = ( - a - np.sqrt(delta))/2
            k = ( - a + np.sqrt(delta))/2
            C1 = (x[0] * np.exp(k) - x[1])/(np.exp(k) - np.exp(m))
            C2 = (x[1] - x[0] * np.exp(m))/(np.exp(k) - np.exp(m))
            AVE = np.mean(C1 * np.exp(m * t) + C2 * np.exp(k * t))
            x_value[:,i] = func((t), * popt)
            ab_value[0,i] = format(popt[0], ".8f")
            ab_value[1,i] = format(popt[1], ".8f")
            ab_value[2,i] = format(m,       ".8f")
            ab_value[3,i] = format(k,       ".8f")
            ab_value[4,i] = format(C1,      ".8f")
            ab_value[5,i] = format(C2,      ".8f")
            TEST = test(x, x_value[:,i])
            ab_value[6,i] = format(TEST[0], ".8f")
            ab_value[7,i] = format(TEST[1], ".8f")
            ab_value[8,i] = format(TEST[2], ".8f")
            ab_value[9,i] = format(TEST[3], ".8f")
            ab_value[10,i] = format(TEST[4], ".8f")
            i = i + 1
        else:
            i = i
    #print("ab_value.T = a,b,m,k,C1,C2,R2, R, AdjR2, SER, RMSE \n",ab_value.T)
    #print(x_value.T)
    NN = 12
    N1 = n + NN
    t1 = np.arange(N1, dtype = np.float64)
    x1 = np.arange(N1, dtype = np.float64)
    yr = np.arange(N1, dtype = np.float64)
    for i in range(n):
        t1[i] = i
        x1[i] = x[i]
    for i in range(n,N1):
        t1[i] = i
        x1[i] = i
    x_valuePre = np.linspace(0,1, N1 * h,dtype = np.float64).reshape(N1,h)
    plt.close("all")
    fig = plt.figure(figsize = (7,2))
    fig.subplots_adjust(left = 0.00, right = 1.00, bottom = 0.00, top = 1.00, hspace =
0.5, wspace = 0.3)
    ax1 = plt.subplot(111)
    ax1.plot(t + Year[0], x, 'o', lw = 1, label = "Sample Curve")
    for i in range(5):
```

```
        popt[0] = ab_value[0,i]
        popt[1] = ab_value[1,i]
        x_valuePre[:,i] = func((t1), *popt)
        ax1.plot(t1 + Year[0], x_valuePre[:,i],'. -', lw = 1, label = "Fitted Curve
 ${:g}$".format(i))
        ax1.legend(loc = 'best');
    r1 = [t1 + Year[0], x1, x_valuePre[:,0], x_valuePre[:,1], x_valuePre[:,2], x_
valuePre[:,3], x_valuePre[:,4]]
    r1 = pd.DataFrame(r1, index = ["Year","Original","F0","F1","F2","F3","F4"]).T
    result1 = np.round(r1, 4)
    result1.to_excel('GM210.xls')
    r2 = [ab_value[0,:],ab_value[1,:],ab_value[2,:],ab_value[3,:],ab_value[4,:],
ab_value[5,:],ab_value[6,:],ab_value[7,:],ab_value[8,:],ab_value[9,:],ab_val-
ue[10,:]]
    r2 = pd.DataFrame(r2, index = ["a","b","m","k","C1","C2","R2", "R", "AdjR2", "
SER", "RMSE"]).T
    result2 = np.round(r2, 4)
    result2.to_excel('GM212.xls')
    #result1
    result2
```

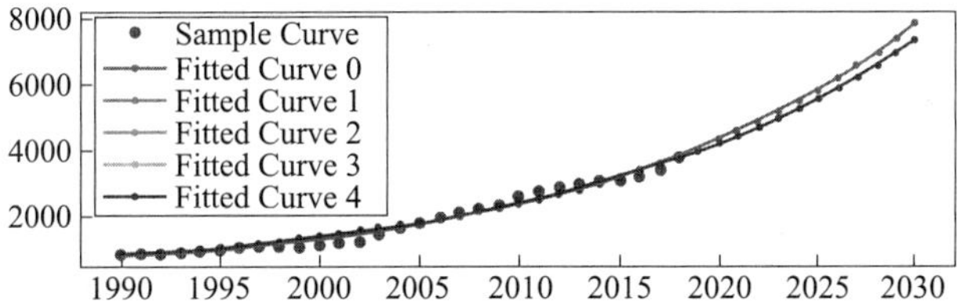

（1）data = np.loadtxt（" CHN_1990_2018_LKEG.txt"），从文本文件读取数据。

（2）n，样本窗口大小。

（3）t [i] = Year [i] - Year [0]，灰色模型 GM（2，1）解析解自变量数据赋值，为以序数表示的时间变量。

（4）x [i] = TotalEnergyUse [i] /1e + 9，灰色模型 GM（2，1）解析解因变量数据赋值，为能源消耗总量。

（5）def func（X，a，b），定义灰色模型 GM（2，1）解析解函数，返回值为 return C1 * np.exp（m * t）+ C2 * np.exp（k * t）。

（6）deltta = a ** 2 - 4 * b，由于可能为负值，为了避免负数开平方，所以，需要取绝对值以便于计算可以持续，delta = np.abs（deltta）。

（7）m、k、C1、C2，为主要的中间参数；目标参数为（a，b）。

（8）def test（x，x_value），定义样本窗口拟合值检验，取得可决系数和误差值。

（9）h = 20，表示模拟次数。因为存在多个参数，包括 m、k、C1、C2，以及 a，b，我们需要检验在不同初值之下，每次拟合是否可以得到一致的收敛解。

（10）popt，pcov = curve_fit（func，(t)，x，p0），a = popt [0]，b = popt [1]，取得目标参数的拟合值。

(11) deltta = a ** 2 - 4 * b, if deltta > 0，表示只有满足正数开平方情况下，才保存有效解。

(12) x_value[:,i] = func((t), * popt),ab_value[0,i] = format(popt[0], ".8f"),…, ab_value[10,i] = format(TEST[4], ".8f")，将中间参数和检测结果赋值给数组变量 x_value, ab_value 的维度为 (11, h)。

(13) for i in range (5)，以前 5 次模拟所得到的目标参数 (a, b) 值为参数，计算预测值，并且以图示形式输出。

(14) r1 = pd.DataFrame(r1, index = ["Year","Original","F0","F1","F2","F3","F4"]).T，输出前 5 次拟合的预测值。

(15) r2 = pd.DataFrame(r2, index = ["a","b","m","k","C1","C2","R2", "R", "AdjR2", "SER", "RMSE"]).T，输出所有 h 次拟合的参数解。

这里，通过 Curve - Fit 函数的 20 次拟合，得到了 20 组参数：a，b，m，k，C_1，C_2。事实上，真正的参数只有 a，b 两个；其他参数 m，k，C_1，C_2 都是派生参数。

从 20 组参数可以看出，目标参数 a，b 完全不能收敛到同一组值，即 20 组参数各不相同；类似的，20 组 m 参数的取值也完全不同。但是，相反地，20 组参数中，有 19 组参数 k，C_1，C_2 的值都非常接近。这说明，尽管参数 a，b，m 的值不收敛，但是，参数 k，C_1，C_2 的值是收敛的。

在程序中，if else 语句用来表示条件。if 表达式：代码块 1；else：代码块 2。这里，当条件满足表达式的时候，就执行代码块 1；否则执行代码块 2。详见表 13 - 3。

表 13 - 3　GM (2, 1) 灰色预测模型 20 次拟合在不同初值下的参数值和可决系数及误差

No	a	b	m	k	C1	C2	R^2	R	Adj R^2	SER	RMSE
0	4981.47	-274.92	-4981.52	0.0552	68.5312	802.4688	0.8949	0.9460	0.8910	149.9294	144.67
1	0.60	-0.04	-0.66	0.0593	140.4441	730.5559	0.9625	0.9811	0.9611	139.2454	134.36
2	171741.98	-9478.07	-171742.03	0.0552	68.5313	802.4687	0.8949	0.9460	0.8910	149.9294	144.67
3	3335.61	-184.09	-3335.66	0.0552	68.5310	802.4690	0.8948	0.9460	0.8909	149.9294	144.67
4	159.25	-8.79	-159.31	0.0552	68.5311	802.4689	0.8948	0.9460	0.8910	149.9294	144.67
5	27.44	-1.52	-27.50	0.0552	68.5313	802.4687	0.8949	0.9460	0.8910	149.9294	144.67
6	59.45	-3.28	-59.51	0.0552	68.5313	802.4687	0.8949	0.9460	0.8910	149.9294	144.67
7	977196.73	-53929.09	-977196.79	0.0552	68.5311	802.4689	0.8948	0.9460	0.8910	149.9294	144.67
8	692.45	-38.22	-692.50	0.0552	68.5313	802.4687	0.8949	0.9460	0.8910	149.9294	144.67
9	4190.36	-231.26	-4190.41	0.0552	68.5315	802.4685	0.8949	0.9460	0.8910	149.9294	144.67
10	6006.11	-331.47	-6006.17	0.0552	68.5313	802.4687	0.8949	0.9460	0.8910	149.9294	144.67
11	564.29	-31.15	-564.35	0.0552	68.5313	802.4687	0.8949	0.9460	0.8910	149.9294	144.67
12	1015.02	-56.02	-1015.08	0.0552	68.5313	802.4687	0.8949	0.9460	0.8910	149.9294	144.67
13	1754.90	-96.85	-1754.95	0.0552	68.5311	802.4689	0.8948	0.9460	0.8910	149.9294	144.67
14	28914.63	-1595.74	-28914.68	0.0552	68.5313	802.4687	0.8949	0.9460	0.8910	149.9294	144.67
15	509.45	-28.12	-509.50	0.0552	68.5312	802.4688	0.8949	0.9460	0.8910	149.9294	144.67
16	4190.36	-231.26	-4190.41	0.0552	68.5315	802.4685	0.8949	0.9460	0.8910	149.9294	144.67
17	9974.14	-550.45	-9974.19	0.0552	68.5313	802.4687	0.8949	0.9460	0.8910	149.9294	144.67
18	33091.82	-1826.27	-33091.88	0.0552	68.5313	802.4687	0.8949	0.9460	0.8910	149.9294	144.67
19	131.45	-7.26	-131.50	0.0552	68.5313	802.4687	0.8949	0.9460	0.8910	149.9294	144.67

虽然参数 a，b，m 的值不收敛，但是，从前 5 次测试的预测结果可以看出，预测值都比较接近。虽然进行了 20 次测试，但我们仅仅列出 5 次测试的结果，其他 15 次测试

结果基本类似。详见表 13-4。

表 13-4　GM (2, 1) 灰色预测模型 20 次拟合下的前 5 次拟合预测值

	Year	Original	F0	F1	F2	F3	F4
0	1990	871	871	871	871	871	871
1	1991	848	848	848	848	848	848
2	1992	877	896.1147	896.1145	896.1147	896.1147	896.1148
3	1993	929	946.9593	946.959	946.9594	946.9593	946.9595
4	1994	973	1000.689	1000.688	1000.689	1000.689	1000.689
5	1995	1040	1057.467	1057.466	1057.467	1057.467	1057.467
6	1996	1070	1117.467	1117.466	1117.467	1117.467	1117.467
7	1997	1070	1180.871	1180.869	1180.871	1180.871	1180.871
8	1998	1080	1247.872	1247.87	1247.872	1247.872	1247.873
9	1999	1100	1318.675	1318.673	1318.675	1318.675	1318.676
10	2000	1140	1393.495	1393.493	1393.496	1393.495	1393.496
11	2001	1180	1472.561	1472.558	1472.562	1472.561	1472.562
12	2002	1260	1556.112	1556.109	1556.113	1556.112	1556.114
13	2003	1440	1644.405	1644.401	1644.406	1644.405	1644.406
14	2004	1640	1737.706	1737.702	1737.708	1737.707	1737.709
15	2005	1820	1836.302	1836.297	1836.304	1836.302	1836.305
16	2006	1990	1940.492	1940.487	1940.494	1940.492	1940.495
17	2007	2150	2050.594	2050.588	2050.595	2050.594	2050.597
18	2008	2220	2166.942	2166.935	2166.944	2166.942	2166.946
19	2009	2370	2289.892	2289.885	2289.895	2289.893	2289.896
20	2010	2610	2419.819	2419.81	2419.821	2419.819	2419.823
21	2011	2800	2557.117	2557.107	2557.119	2557.117	2557.121
22	2012	2910	2702.205	2702.194	2702.208	2702.205	2702.21
23	2013	3000	2855.525	2855.514	2855.529	2855.526	2855.531
24	2014	3050	3017.545	3017.532	3017.549	3017.545	3017.551
25	2015	3095	3188.758	3188.743	3188.762	3188.758	3188.764
26	2016	3230	3369.684	3369.669	3369.689	3369.685	3369.692
27	2017	3437	3560.877	3560.859	3560.882	3560.877	3560.885
28	2018	3767	3762.918	3762.898	3762.923	3762.918	3762.927
29	2019	29	3976.422	3976.401	3976.428	3976.422	3976.432
30	2020	30	4202.04	4202.017	4202.046	4202.04	4202.051
31	2021	31	4440.459	4440.434	4440.466	4440.46	4440.472
32	2022	32	4692.407	4692.379	4692.414	4692.407	4692.42
33	2023	33	4958.649	4958.619	4958.657	4958.65	4958.663
34	2024	34	5239.998	5239.965	5240.007	5239.998	5240.014
35	2025	35	5537.31	5537.275	5537.32	5537.311	5537.327
36	2026	36	5851.492	5851.453	5851.502	5851.492	5851.51
37	2027	37	6183.499	6183.457	6183.511	6183.5	6183.519
38	2028	38	6534.345	6534.299	6534.357	6534.346	6534.367
39	2029	39	6905.097	6905.047	6905.111	6905.098	6905.121
40	2030	40	7296.885	7296.832	7296.9	7296.886	7296.911

注：(1) Original 表示原始样本数据，这里为能源消耗总量，单位为 10 亿千克；(2) F0、F1、F2、F3、F4 表示样本预测值，总共模拟了 20 次，这里列出了前 5 次的预测结果。

从以上实证，我们可以看出，对于 GM (2, 1) 模型来说，其最优解并不唯一，应该有许多，这也说明对于 GM (2, 1) 模型比对于 GM (1, 1) 模型求解更加复杂。

第十四章
人工神经网络

人工神经网络（Artificial Neural Network，ANN）求解的过程，实际上是首先将一个一般的线性方程组通过作用激活函数转化为一个新的方程组，然后对这个被激活函数作用过的方程组进行求解的过程。带有激活函数的方程组求解的过程，是一种通过初值尝试、迭代求解的过程。方程组求解的初值，往往通过取随机数来获得。一般来说，随机数作为初值解，只是一个引子，最优解的获得，需要经过多次迭代以便使误差值越来越小，最后逐渐收敛到预期最优解。

由于三层以上的人工神经网络算法较为复杂，我们主要应用二层人工神经网络。

第一节　不考虑常数项扰动

没有常数项的线性方程组，实际上是一个齐次线性方程组。

1. 齐次线性方程组求解问题

假设一个输入数据集A_{mn}包含 n 个列向量，每个列向量有 m 个元素，则共有 $m\times n$ 个元素。假设输出数据集Y_{m1}包含 1 个列向量，该列向量有 m 个元素。那么，对于一个没有常数项的齐次方程组：

$$\begin{cases} a_{11}x_1+a_{12}x_2+\cdots+a_{1n}x_n=y_1 \\ a_{21}x_1+a_{22}x_2+\cdots+a_{2n}x_n=y_2 \\ \cdots \\ a_{m1}x_1+a_{m2}x_2+\cdots+a_{mn}x_n=y_m \end{cases} \tag{1}$$

如果X_{n1}表示方程组的解，是 1 个包含了 n 个元素的向量，则方程组的矩阵形式为：

$$A_{mn}X_{n1}=Y_{m1} \tag{2}$$

人工神经网络方法没有直接求解方程组，而是定义了一个激活函数 f，把直接求解转化成了间接求解，即求解方程：

$$f(A_{mn}X_{n1})=Y_{m1} \tag{3}$$

人工神经网络求解方法为原问题的求解提供了另外一条路径。这里，问题的关键是激活函数。经过激活函数作用之后，方程组就具有了激活函数的某些性质。

2. 激活函数作用下齐次方程组求解

假设齐次方程式的矩阵形式可以表示为：

$$U_{m1} = A_{mn} X_{n1} \tag{4}$$

那么，经过激活函数 f 作用之后，方程式可以表示为：

$$f(U_{m1}) = Y_{m1} \tag{5}$$

假设 E_{m1} 为误差项，满足关系式：

$$E_{m1} = Y_{m1} - f(U_{m1}) \tag{6}$$

那么，如果 $E_{m1} = 0$，则 X_{n1} 就是带有激活函数的方程组的最优解。

3. 通过反向传播（Backward Propagation，BP）调解，求最优解

如果误差项的值不为零，即 $E_{m1} \neq 0$，那么假设存在一个调节量 δ_{n1}，满足：

$$X_{n1} = X_{n1} + \delta_{n1} \tag{7}$$

则经过调解量修正之后，就能够使误差项等于0，即满足 $E_{m1} = 0$。如果将调节量 δ_{n1} 引入方程，重新作用激活函数，则满足条件：

$$f(A_{mn}(X_{n1} + \delta_{n1})) = f(U_{m1} + A_{mn}\delta_{n1}) = Y_{m1} \tag{8}$$

按照 Taylor 展式，对激活函数按照一阶 Taylor 展式展开，则有：

$$f(U_{m1} + A_{mn}\delta_{n1}) = f(U_{m1}) + f'(U_{m1})[A_{mn}\delta_{n1}] = Y_{m1} \tag{9}$$

那么就有：

$$f'(U_{m1})[A_{mn}\delta_{n1}] = Y_{m1} - f(U_{m1}) \tag{10}$$

因此有：

$$f'(U_{m1}) A_{mn}\delta_{n1} = E_{m1} \tag{11}$$

则有：

$$A_{mn}\delta_{n1} = \frac{E_{m1}}{f'(U_{m1})} \tag{12}$$

$$A_{mn}^T A_{mn}\delta_{n1} = A_{mn}^T \left[\frac{E_{m1}}{f'(U_{m1})}\right] \tag{13}$$

$$(A_{mn}^T A_{mn})^{-1} A_{mn}^T A_{mn}\delta_{n1} = (A_{mn}^T A_{mn})^{-1} A_{mn}^T \left[\frac{E_{m1}}{f'(U_{m1})}\right] \tag{14}$$

$$\delta_{n1} = (A_{mn}^T A_{mn})^{-1} A_{mn}^T \left[\frac{E_{m1}}{f'(U_{m1})}\right] \tag{15}$$

这样，只要重复上述过程，则可以逐步迭代，直到取得最优解。实际上，这个最优解就是在指定迭代次数情况下的最优解，如果迭代次数变化了，最优解也会变化。

第二节 考虑常数项扰动

有常数项的线性方程组，实际上是一个非齐次线性方程组，其解法要稍微复杂一些。

1. 非齐次线性方程组求解问题

这里要解的，实际上是一个具有常数项的非齐次线性方程组：

$$\begin{cases} a_{11}x_1 + a_{12}x_2 + \cdots + a_{1n}x_n + h = y_1 \\ a_{21}x_1 + a_{22}x_2 + \cdots + a_{2n}x_n + h = y_2 \\ \cdots \\ a_{m1}x_1 + a_{m2}x_2 + \cdots + a_{mn}x_n + h = y_m \end{cases} \tag{16}$$

方程组的矩阵表示形式为：

$$A_{mn}X_{n1} + I_{m1}h = Y_{m1} \tag{17}$$

二层人工神经网络方法没有直接求解方程组，而是定义了一个激活函数f，把直接求解转化成了间接求解，即求解方程：

$$f(A_{mn}X_{n1} + I_{m1}h) = Y_{m1} \tag{18}$$

激活函数通过变换，把原来的线性方程组转换成了一个新的方程组。

2. 正向方程求解逻辑

假设矩阵U_{m1}定义如下：

$$U_{m1} = A_{mn}X_{n1} + I_{m1}h \tag{19}$$

那么，经过激活函数f作用之后，方程式可以表示为：

$$f(U_{m1}) = Y_{m1} \tag{20}$$

假设E_{m1}为误差项，满足关系式：

$$E_{m1} = Y_{m1} - f(U_{m1}) \tag{21}$$

如果$E_{m1}=0$，则X_{n1}和h就是带有激活函数的方程的解。简要来说，方程的求解问题就是寻找满足以下关系式的X_{n1}和h的最优解：

$$\min_{X_{n1},h}\{E_{m1} = Y_{m1} - f(A_{mn}X_{n1} + I_{m1}h)\} \tag{22}$$

3. 通过反向传播（Backward Propagation，BP）调解，求最优解

如果误差项的值不为0，即$E_{m1}\neq 0$，则通过对解X_{n1}和h增加调节量：

$$X_{n1} = X_{n1} + \delta_{n1} \tag{23}$$

$$h = h + \tau \tag{24}$$

那么，经过激活函数调解之后能够使误差项等于0，则满足条件：

$$f(A_{mn}(X_{n1}+\delta_{n1})+I_{m1}(h+\tau))=f(U_{m1}+A_{mn}\delta_{n1}+I_{m1}\tau)=Y_{m1} \tag{25}$$

那么，原方程的求解问题就被转化为如下问题：

$$\min_{X_{n1},h,\delta_{n1},\tau}\{E_{m1}=Y_{m1}-f(A_{mn}X_{n1}+I_{m1}h+A_{mn}\delta_{n1}+I_{m1}\tau)\} \tag{26}$$

按照 Taylor 展式，对激活函数按照一阶 Taylor 展式展开，则有：

$$f(U_{m1}+A_{mn}\delta_{n1}+I_{m1}\tau)=f(U_{m1})+f'(U_{m1})[A_{mn}\delta_{n1}+I_{m1}\tau]=Y_{m1} \tag{27}$$

那么就有：

$$f'(U_{m1})[A_{mn}\delta_{n1}+I_{m1}\tau]=Y_{m1}-f(U_{m1})=E_{m1} \tag{28}$$

4. 调节变量δ_{n1}和τ取值的确定

由于有关系式：

$$A_{mn}\delta_{n1}+I_{m1}\tau=\frac{E_{m1}}{f'(U_{m1})} \tag{29}$$

假如$\tau=0$，则有：

$$A_{mn}\delta_{n1}=\frac{E_{m1}}{f'(U_{m1})} \tag{30}$$

$$A_{mn}^{T}A_{mn}\delta_{n1}=A_{mn}^{T}\left[\frac{E_{m1}}{f'(U_{m1})}\right] \tag{31}$$

$$(A_{mn}^{T}A_{mn})^{-1}A_{mn}^{T}A_{mn}\delta_{n1}=(A_{mn}^{T}A_{mn})^{-1}A_{mn}^{T}\left[\frac{E_{m1}}{f'(U_{m1})}\right] \tag{32}$$

$$\delta_{n1}=(A_{mn}^{T}A_{mn})^{-1}A_{mn}^{T}\left[\frac{E_{m1}}{f'(U_{m1})}\right] \tag{33}$$

假如$\tau\neq0$，从而，常数项的调解量就可以是：

$$I_{m1}\tau=\frac{E_{m1}}{f'(U_{m1})}-A_{mn}\delta_{n1} \tag{34}$$

$$I_{m1}^{T}I_{m1}\tau=I_{m1}^{T}\left\{\frac{E_{m1}}{f'(U_{m1})}-A_{mn}\delta_{n1}\right\} \tag{35}$$

$$(I_{m1}^{T}I_{m1})^{-1}I_{m1}^{T}I_{m1}\tau=(I_{m1}^{T}I_{m1})^{-1}I_{m1}^{T}\left\{\frac{E_{m1}}{f'(U_{m1})}-A_{mn}\delta_{n1}\right\} \tag{36}$$

整理后得到：

$$\tau=(I_{m1}^{T}I_{m1})^{-1}I_{m1}^{T}\left\{\frac{E_{m1}}{f'(U_{m1})}-A_{mn}\delta_{n1}\right\} \tag{37}$$

这样，只要重复上述过程，则可以逐步迭代，直到使得增加了调节量的X_{n1}和h的值，完成指定的迭代次数后，也就成为具有扰动项的方程组的最优解。

第三节 两种常见激活函数

由于激活函数是人工神经网络运算所必不可少的一环，所以，激活函数的选择就显得非常重要。如果希望采用人工神经网络方法来解决预测问题，那么，就要考虑样本数据的处理必须满足激活函数的自变量定义域与因变量值域的取值范围要求。

因为任何一个函数都有其适合的自变量和因变量取值空间，所以，一个样本数据序列是否适合某类激活函数，许多情况下，往往需要对样本数据进行适当的限制性处理。

1. 值域介于 0 和 1 之间的激活函数

这类函数很多，最常见的是借助于具有指数函数性质的有理函数。假设：

$$f(x)=\frac{1}{1+e^{-x}}=\begin{cases}0 & x\to-\infty\\ \frac{1}{2}, & x\to 0\\ 1 & x\to+\infty\end{cases} \tag{38}$$

显然，该函数的定义域为 $x\in(-\infty,\infty)$，而值域为 $y\in(0,1)$。该函数是上限为 1 的一类增长函数。函数 $f(x)$ 的一阶导函数为：

$$f'(x)=\frac{e^{-x}}{(1+e^{-x})^2} \tag{39}$$

由于上述函数的值域上限为 1，所以，当作为因变量的样本数据的值域范围超过 1 时，就不能直接使用该函数作为激活函数。在这种情况下，根据因变量序列的取值范围，把函数 $f(x)$ 表达式中的分子 1 变为某个常数 K 也是符合一般增长函数规律的。例如：

$$f(x)=\frac{K}{1+e^{-x}}=\begin{cases}0 & x\to-\infty\\ \frac{K}{2}, & x\to 0\\ K & x\to+\infty\end{cases} \tag{40}$$

虽然这种安排在理论上满足了样本数据，即不必对样本数据进行任何处理，就可以直接使用该激活函数，但是，在进行实证分析时，我们发现这种方式并不可取，特别是当 K 取值较大的时候。主要原因是 K 值太大时，迭代过程的收敛速度降低。

一般来说，对一个正数序列 $\{y_1, y_2, \cdots, y_i, \cdots, y_n\}$，假设其上限值 $K>0$，具有：

$$K=\max_{i=1,2,\cdots,n}\{y_1,y_2,\cdots,y_i,\cdots,y_n\} \tag{41}$$

则对原样本值重新进行处理，使：

$$Y_i=\frac{y_i}{K},(i=1,2,\cdots,n) \tag{42}$$

那么，这样得到的新序列一定是符合激活函数值域 $y_i \in (0, 1)$ 区间要求的。

但是，必须记住，在取得最优解之后，如果要求得原序列的预测值并且进行图示，则必须还原新序列为与原值取值范围一致的序列：

$$y_i = K Y_i, (i = 1, 2, \cdots, n) \tag{43}$$

这样，样本序列既符合几何函数值域要求，其预测目的也不受任何影响。对于此类问题，一般都可以这样处理。

2. 值域介于 -1 和 1 之间的激活函数

这类函数也很多，值域介于 -1 和 1 之间的激活函数，最典型的例子就是：

$$f(x) = \frac{e^x - e^{-x}}{e^x + e^{-x}} = \begin{cases} -1 & x \to -\infty \\ 0, & x \to 0 \\ 1 & x \to +\infty \end{cases} \tag{44}$$

显然，该函数的定义域为 $x \in (-\infty, \infty)$，而值域为 $y \in (-1, 1)$。函数 $f(x)$ 的一阶导函数为：

$$f'(x) = \frac{4}{(e^x + e^{-x})^2} \tag{45}$$

对于样本值不属于 $x \in (-\infty, \infty)$ 区间的情形，简单的办法就是进行变换，即选择一个最大值 K，先对样本值进行调整，使其取值范围满足激活函数要求，然后再作用。

激活函数类型很多，以上二类函数，具有一定的相似性，即都使用了指数函数。两种函数的具体应用效果，我们在进行股票指数预测时，发现它们之间的效果类似，并无明显优劣。

由于神经网络算法中的激活函数是已知的，所以，不能包含任何未知参数。到底哪种激活函数是最适用的，也只能在实证过程中去辨别。

第四节 时间序列预测设计

时间序列预测问题，是计量经济学中的一个基本问题。在计量经济学中，向量自回归模型（Vector Auto Regression，VAR）是最为典型的分析模型。一般地，在进行 VAR 模型分析之前，必须先进行时间序列的自相关性检验（Auto Correlation Test）、单位根检验（Unit Root Test）。在 Python 的二层神经网络程序介绍中，我们将不做这些检验，而是假设时间序列具有自相关性，没有单位根。

假设有一个由样本数据组成的时间序列共有 N_1 个元素，其一维行向量为：

$$S_0 = \{a_0, a_1, \cdots, a_{n-2}, a_{n-1}, a_n, \cdots, a_{n_0-1}, a_{n_0}, a_{n_0+1}, \cdots, a_{N_1-1}\} \tag{46}$$

假设整个样本窗口被划分成两个子窗口：模型拟合窗口、模型测试窗口。假设模型拟合窗口的大小为 n_0，其所对应的样本序列为：

$$S_0 = \{a_0, a_1, \cdots, a_{n-2}, a_{n-1}, a_n, \cdots, a_{n_0-1}\} \tag{47}$$

为了使用二层人工神经网络模型来解决时间序列的预测问题，可以先将该样本序列转换成一个具有循环矩阵性质的卷积矩阵：

$$A=\begin{pmatrix} a_0 & a_1 & \cdots & a_j & \cdots & a_{n-2} \\ a_1 & a_2 & \cdots & a_{j+1} & \cdots & a_{(n-2)+1} \\ a_2 & a_3 & \cdots & a_{j+2} & \cdots & a_{(n-2)+2} \\ \cdots & \cdots & \cdots & \cdots & \cdots & \cdots \\ a_i & a_{1+i} & \cdots & a_{j+i} & \cdots & a_{(n-2)+i} \\ \cdots & \cdots & \cdots & \cdots & \cdots & \cdots \\ a_{m-1} & a_{1+(m-1)} & \cdots & a_{j+(m-1)} & \cdots & a_{(n-2)+(m-1)} \end{pmatrix}_{mn-1} \tag{48}$$

$$X=\begin{pmatrix} x_0 \\ x_1 \\ \cdots \\ x_j \\ \cdots \\ x_{n-2} \end{pmatrix}_{n-1},\ Y=\begin{pmatrix} a_{n-1} \\ a_{(n-1)+1} \\ a_{(n-1)+2} \\ \cdots \\ a_{(n-1)+i} \\ \cdots \\ a_{(n-1)+(m-1)} \end{pmatrix}_{mn} \tag{49}$$

因此，元素下标具有如下关系：

$$(n-1)+(m-1)=n_0-1\text{或 } m=n_0-n+1 \tag{50}$$

使用矩阵形式，以人工神经网络形式表示的向量自回归模型可以表示为：

$$f(AX+H)=Y \tag{51}$$

这个模型采用了一个自循环卷积矩阵，使输入矩阵和输出矩阵来源于同一个样本数据序列，但是在排列上有所区别。当 $i=0,\ 1,\ \cdots,\ m-1$，$j=0,\ 1,\ \cdots,\ n-2$，则方程组的一般通项公式为：

$$f(a_i x_0+a_{1+i}x_1+\cdots+a_{j+i}x_j+\cdots+a_{(n-2)+i}x_{n-2}+h)=a_{(n-1)+i} \tag{52}$$

如果 $i-(n-1)>0$，那么，将以上通项公式加以改写，也可以写为：

$$a_i=f(a_{i-(n-1)}x_0+\cdots+a_{(j+i)-(n-1)}x_j+\cdots+a_{(n-2)+i-(n-1)}x_{n-2}+h) \tag{53}$$

该公式也是元素 a_i 的预测公式，更一般地，可以写为：

$$a_i=f\left(\sum_{j=0}^{n-2}a_{(j+i)-(n-1)}x_j+h\right) \tag{54}$$

在对该模型进行实际编程时，需要对样本数据进行适当分割，以便能够检验最优解的效果，并且能够对未来的走向进行预测。详见图 14－1。

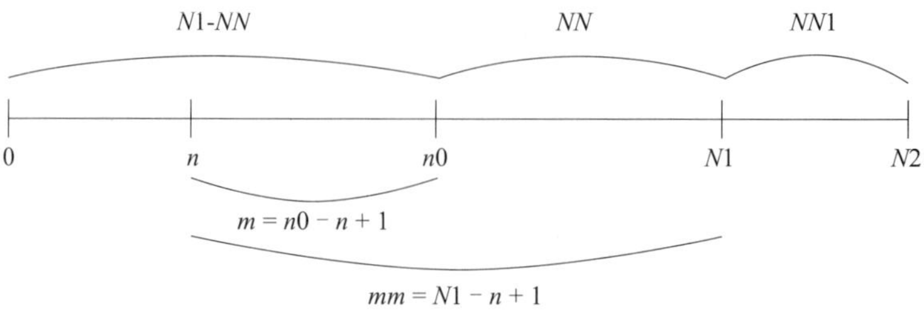

图 14－1　VAR 模型的人工神经网络预测程序样本窗口变量取舍示意图

样本总数为 $N1$；模型测试窗口大小为 $NN = N1 - n0$。

模型拟合窗口大小为 $n0 = N1 - NN$，如果输入矩阵列数为 $n-1$，那么行数则为 $m = n0 - n + 1$。

对于模型测试窗口，如果输入矩阵列数为 $n-1$，则行数为 $mm = N1 - n + 1$。

如果在模拟窗口 $n0$ 下，我们可以得到 $n-1$ 个最优解 x_0，x_1，…，x_{n-2}，h，那么，只要将其代入全样本窗口 $N1$，自然就可以计算出区间（n，$N1$）下的预测值，则测试区间（$n0$，$N1$）下的预测值，也就会得到了。

因为对于股票指数预测来说，对于上涨或者下跌趋势的预测往往比对于股票指数值接近的预测更有意义，所以，我们需要对于预测效果进行测试。

假设集合 $\{y_t\}$ 由序列原值组成，集合 $\{\hat{y}_t\}$ 由序列预测值组成，那么，如果表示二者增长趋势的变量之间的乘积大于 0，则证明预测值与原值的变化趋势一定是一致的，即会发生同升或者同降的情况：

$$Trend_t = \left(\frac{y_t}{y_{t-1}} - 1\right)\left(\frac{\hat{y}_t}{y_{t-1}} - 1\right) > 0 \tag{55}$$

这种情况，证明预测结果是比较理想的，假如预测值为股票价格上涨而实际值也是上涨，或者预测值为股票价格下降而实际值也是下降，这就证明实际所发生的结果与预期趋势一致，则说明预期与结果都是是理想的。

反之，如果表示二者增长趋势的变量之间的乘积小于零，则证明预测值与原值的变化趋势可能是不一致的，即会发生一升一降或者一降一升的情况：

$$Trend_t = \left(\frac{y_t}{y_{t-1}} - 1\right)\left(\frac{\hat{y}_t}{y_{t-1}} - 1\right) < 0 \tag{56}$$

这种情况，证明预测结果是不理想的，因为理想的预测应该是预测值与实际值一致，随着时间变化二者之间具有相同的升降趋势。

所以，在股票指数预测中，其实存在两个问题：一是指数值的大小接近程度，即预测值是否非常逼近实际值？二是上升或者下降的趋势，即二者是否会具有同升或者同降的相同增长趋势？一般来说，图形趋势就可以较好地反映第一个问题的答案，而回答第二个问题则需要使用百分比。

假设在区间（$n0$，$N1$）内，总共有 $N1 - n0$ 个样本值。如果出现 $Trend_t > 0$ 的次数为 $Positive$，而出现 $Trend_t < 0$ 的次数为 $Negative$，那么，百分数：

$$Forecasting\ with\ the\ Same\ Trend = \frac{Positive}{N1 - n0} \times 100\% \tag{57}$$

该式表示在预测区间内实际值与预测值具有一致升降性的概率值。反之：

$$Forecasting\ with\ Different\ Trend = \frac{Negative}{N1 - n0} \times 100\% \tag{58}$$

该式表示在预测区间内实际值与预测值具有不一致升降性的概率值。

类似地，对于样本区间（n，$n0$），总共有 $n0 - n$ 个样本值，也可以就实际值与预测值之间是否具有一致性进行检验。

实证发现，当样本个数 $n0$ 和滞后阶数 $n-1$ 都很大时，例如 $n0 > 3500$，$n > 1000$ 时，程序执行速度相当慢。这个时候，输入矩阵达到 2500 行 1000 列，其矩阵转置、乘法、求逆等运算都变得非常慢。如果此时设计迭代次数为10000次，那么，计算结果就需要较长的时间。那么，究竟如何选择样本呢？只能通过试验去积累经验，没有统一的选择办法。不过，样本个数 $n0<1500$ 时，运行速度很快。

最优解 x_0，x_1，…，x_{n-2}，h 的初值选择，一般来说，解的初值都是以读取随机数的方法来取得，以便使最后获得的最优解具有普遍性。在实证过程中，我们也发现初值对于最优解的的获得还是有影响的。关于这个问题，就不再讨论了。不过，一般来说，取随机数还是较好的、具有普遍性的初值策略。

在取得神经网络函数的解之后，就可以计算今后的预测值。如果选择未来预测区间为 $NN1=N2-N1$，由于缺乏样本值作为滞后项，所以一次只能计算一个最近的预测项值；之后，以此为滞后项，再计算下一个项的预测值。

第五节　道琼斯工业指数预测

我们以美国道琼斯一般工业指数（U. S. Dow Jones General Industrials Index，USDJ-GI）为例，通过应用二层人工神经网络（2 Layer Neural Network）算法，来预测道琼斯指数的变化趋势。假设时间区间为2013年1月4日至2014年10月30日，全样本个数为426天。关于有关参数窗口的选择，我们将在程序中予以定义。

1. Python 的 as_ strided 库函数调用

在进入正式程序运行之前，总是要先调用 Python 的有关库函数。

```
% matplotlib inline
% config InlineBackend.close_ figures = False
import numpy as np
from numpy.lib.stride_ tricks import as_ strided
import pandas as pd
from pandas import Series
from pandas import DataFrame
import matplotlib.pyplot as plt
np.set_ printoptions(suppress = True, precision = 8)
```

（1）from numpy.lib.stride_ tricks import as_ strided，引入 Numpy 的 stride_ tricks 库函数，目的是构造具有循环矩阵特征的卷积矩阵。

（2）本程序中，输入矩阵 A 和输出矩阵 Y 将被统一在一个循环矩阵中，但在传递进入激活函数之前，输入矩阵取前 n - 1 列，而输出矩阵取第 n 列。

（3）Python 的 as_ strided 函数是一种将一个一维数组向量转化为多维数组向量的卷积函数库，其参数定义依需要而不同。

库函数 as_ strided 的引用，在这里非常有用，它能够使我们很容易地就可以将一个 VAR 向量自回归模型转化为矩阵表达式。

2. 函数 as_ strided 的基本用法

由于参数的选择非常重要，所以，在进入正式程序之前，我们首先对参数选择的技巧加以说明。假设总样本个数为 $n0$，卷积矩阵阶数为 m 行 n 列，那么，为了保证所有样本元素刚好都用到而又不产生重复，必须满足 $m = n0 - n + 1$。

```
n0 =10
A = np.arange(n0, dtype = np.float64)
print("A = ",A)
n =4
m = n0 - n +1
B = as_strided(A, shape = (m, n),strides = (A.itemsize,A.itemsize))
print("B = "," \n",B)
s = B.shape
print("B.shape: "," s[0] = ", s[0], "s[1] = ",s[1])
A = [0. 1. 2. 3. 4. 5. 6. 7. 8. 9.]
B =
[[0. 1. 2. 3.]
[1. 2. 3. 4.]
[2. 3. 4. 5.]
[3. 4. 5. 6.]
[4. 5. 6. 7.]
[5. 6. 7. 8.]
[6. 7. 8. 9.]]
B.shape:   m =7   n =4
```

(1) n0 =10，定义了 as_ strided 函数所要处理的一维数组的长度。

(2) n =4，定义了 as_ strided 函数所生成的循环矩阵的列向量的个数。

(3) m = n0 - n +1，定义了 as_ strided 函数所生成的循环矩阵的行向量的个数。

(4) print (" B.shape: "," m = ", s [0], " n = ", s [1])，打印卷积矩阵的行、列个数。

这里，B = as_ strided(A, shape = (m, n) , strides = (A. itemsize, A. itemsize))，所定义的卷积矩阵的行、列都已经明确给定，保证了样本所有元素都有用到。

3. 定义激活函数

按照需要，为简单起见，我们选择最常用的一类激活函数：

$$f(x) = \frac{1}{1 + e^{-x}} \tag{59}$$

$$f'(x) = \frac{e^{-x}}{(1 + e^{-x})^2} \tag{60}$$

激活函数的定义，一般放在一个类函数中，为了解释方便，这里单独定义。

```
def actfuction(u):
    return 1 / (1 + np.exp( - u))
def actfuction_deriv(u):
    return 1 * np.exp( - u)/(1 + np.exp( - u)) ** 2
```

（1）定义函数，def actfuction (self, u): return 1 /(1 + np.exp (- u))，定义激活函数的原函数。

（2）定义函数，def actfuction_deriv (self, u): return 1 * np.exp (- u) /(1 + np.exp (- u)) ** 2，定义激活函数的一阶导函数。

激活函数的自变量不论是一个矩阵还是一个数，计算原理都是一样的。

4. 定义机器学习过程函数

由于人工神经网络算法的反向递推过程类似于人们的学习推理过程，所以，也常常被称为 BP 神经网络、机器学习、深度学习、人工智能等。当然，这些概念已经有了很大的发展，彼此区别还是有的，但就算法逻辑来说，基本都是一回事。

```
def train(inputs, outputs, iterations):
    A = inputs
    Y = outputs
    s = A.shape
    m = s[0]
    n = s[1]
    X = np.random.randint(1,100,(n,1))/10000
    h = np.random.randint(1,100,(1,1))/10000
    I = np.ones((m, 1))
    for iteration in range(iterations):
        U = np.dot(A,X) + np.dot(I, h)
        Y_PRE = actfuction(U)
        E = Y - Y_PRE
        #print(iteration, np.sum(E))
        AT = A.T
        ATA = np.dot(AT,A)
        ATAI = np.linalg.inv(ATA)
        ATAIAT = np.dot(ATAI, AT)
        EFDU = E/actfuction_deriv(U)
        DELTA = np.dot(ATAIAT,EFDU)
        X = X + DELTA
        IT = I.T
        ITI = np.dot(IT,I)
```

```
        ITII = np.linalg.inv(ITI)
        ITIIIT = np.dot(ITII,IT)
        ADELTA = np.dot(A,DELTA)
        Tau = np.dot(ITIIIT,EFDU - ADELTA)
        h = h + Tau
    return (X,h)
```

(1) def train (inputs, outputs, iterations)，定义学习函数，三个变量分别为输入变量、输出变量、迭代次数。

(2) A = inputs, Y = outputs，定义输入矩阵、输出矩阵。

(3) s = A.shape, m = s [0], n = s [1]，读取输入矩阵的行、列大小。

(4) X = np.random.randint (1, 100, (n, 1))/10000，给最优解赋初值。

(5) h = np.random.randint (1, 100, (1, 1))/10000，给最优解常数项赋初值。

(6) I = np.ones ((m, 1))，为常数项参与矩阵计算定义单位矩阵。

(7) for iteration in range (iterations)，按照迭代次数，循环计算最优解的两个调节变量，计算最优解。

(8) U = np.dot (A, X) + np.dot (I, h), Y_PRE = actfuction (U), E = Y - Y_PRE，计算输出误差。

(9) X = X + DELTA，调节并计算最优解。

(10) h = h + Tau，调节并计算最优解常数项。

(11) return (X, h)，返回值为最优解，包括最优解和最优常数解两项。

这部分程序的编制，实际上完全依照着前面数学模型的推导过程。对于激活函数、导函数、输入矩阵、输出矩阵、矩阵转置、求逆、乘法、除法等运算都与逻辑推导完全一致，没有太大变化。与常见机器学习教材相比，本例没有使用梯度变量或者学习强度系数，而是使用算法变量，主要是从原理上予以解释。

5. 定义回归误差测试函数

```
def test(inputs, outputs, XX, HH, deg):
    print("Test of fitness")
    A = inputs
    X = XX
    h = HH
    s = A.shape
    m = s[0]
    n = s[1]
    I = np.ones((m, 1))
    U = np.dot(A,X) + np.dot(I, h)
    x_value = actfuction(U)
    x = outputs
    deg1 = deg
```

```
    SST_X = np.sum((x - np.mean(x)) ** 2)
    SSR_X = np.sum((x_value - np.mean(x)) ** 2)
    SSE_X = np.sum((x - x_value) ** 2)
    R2_X = SSR_X/SST_X
    R_X = np.sqrt(SSR_X/SST_X)
    AdjR2_X = 1 - ((m - 1)/(m - deg1 - 1)) * (1 - R2_X)
    SER_X = np.sqrt(SSE_X/(m - deg1 - 1))
    RMSE_X = np.sqrt(SSE_X/m)
    print("R_Square = ",R2_X)
    print("R = ",R_X)
    print("Adjusted R_Square = ",AdjR2_X)
    print("Spread of the error = ",SER_X)
    print("Root mean squared error = ",RMSE_X ,"\n")
```

(1) def test (inputs, outputs, XX, HH, deg)，定义测试函数，参数分别为输入矩阵、输出矩阵、最优解、最优常数项解、方程自由度。自由度与 VAR 向量自回归模型的滞后阶数一致。

(2) U = np.dot (A, X) + np.dot (I, h), x_value = self.__actfuction (U)，计算输出变量预测值。

(3) x = outputs，计算输出变量原值。

(4) R2_X = SSR_X/SST_X, R_X = np.sqrt (SSR_X/SST_X)，计算可决系数值。

(5) AdjR2_X = 1 - ((m - 1) /(m - deg1 - 1)) * (1 - R2_X)，根据自由度调整可决系数。

(6) SER_X = np.sqrt (SSE_X/(m - deg1 - 1)), RMSE_X = np.sqrt (SSE_X/m)，计算误差值。

程序的反向递推过程虽然与最小二乘法有根本区别，但关于误差项统计测试的原理以及对于相关性测试，要求都是一致的。

6. 为预测测试区间定义预测函数

```
def predict(inputs, outputs, XX,HH):
    A = inputs
    Y = outputs
    X = XX
    h = HH
    s = A.shape
    m = s[0]
    n = s[1]
    I = np.ones((m, 1))
    U = np.dot(A,X) + np.dot(I, h)
    Y_PRE = actfuction(U)
    t = np.arange(m, dtype = np.float64)
    Y1 = np.arange(m, dtype = np.float64)
```

```
        Y1_PRE = np.arange(m, dtype = np.float64)
        for i in range(m):
            t[i] = i
        Y1[i] = Y[i] * K
        Y1_PRE[i] = Y_PRE[i] * K
    print("Prediction procedure is successful!")
    return (t,Y1,Y1_PRE)
```

(1) def predict (inputs, outputs, XX, HH)，预测函数，自变量为输入、输出矩阵、最优解、常数项。

(2) U = np.dot(A,X) + np.dot(I, h),Y_PRE = actfuction(U)，计算最优解和预测值。

(3) Y1[i] = Y[i] * K,Y1_PRE[i] = Y_PRE[i] * K，将输出变量原值和预测值恢复为与样本值大小一致。K为全局变量，在程序开始已经赋值。

(4) return (t, Y1, Y1_PRE)，函数返回值为顺序值、原输出变量值、输出变量预测值。

(5) 这里必须注意的是，这里的输入输出矩阵的行数为mm，而不是求解时的m，重点是模型测试窗口。

在得到VAR向量自回归函数系数最优解之后，其预测效果如何，需要通过预测程序来验证。预测部分包括参与过回归的样本数 $N0$ 和没有参与过回归的样本数 $N1$。

7. 读取样本数据并定义回归和预测窗口大小

```
#0 No 1 DJUSGI 2 DJUSGI_GROWTH_INDEX
data = np.loadtxt("Astock\DJUSGI1.txt")
No = data[:,0]
Closeprice = data[:,1]
N1 = np.int(np.size(No))
INS = np.arange(N1, dtype = np.float64)
INS = Closeprice
K = np.max(INS)
K = np.int((2 * K))
print("K = ",K)
NN = 10
n0 = np.int(N1 - NN)
T0 = np.arange(n0, dtype = np.float64)
Y0 = np.arange(n0, dtype = np.float64)
for i in range(n0):
    T0[i] = i
    Y0[i] = INS[i]/K
n = 60
m = np.int32(n0 - n + 1)
datta = as_strided(Y0, shape = (m, n),strides = (Y0.itemsize,Y0.itemsize))
```

```
print("Inputs.shape = ",datta.shape)
print("N1 = ",N1)
print("NN = ",NN)
print("n0 = ",n0)
print("m = ",m)
print("n = ",n)
K =1022   Inputs.shape = (357, 60)   N1 =426
NN =10     n0 =416         m =357       n =60
```

(1) #0 No 1 DJUSGI 2 DJUSGI_ GROWTH_ INDEX，要读取的文本文件包含了 3 列数据项，第一列为序号 No，第二列为道琼斯美国工业指数 DJUSGI，第三列虽然列出但本程序没有用到。

(2) data = np.loadtxt("Astock \ DJUSGI1.txt")，将文本文件数据读取到矩阵 data 中。

(3) Closeprice = data[:,1],INS = Closeprice，将道琼斯工业指数赋值给变量 Closeprice 和 INS。

(4) N1 = np.int (np.size (No))，全样本个数，即所有样本的个数。

(5) K = np.max(INS),K = np.int((2 * K))，为使输出值满足激活函数定义域要求做准备。

(6) NN =10，定义预测窗口大小，样本数据不参与最优解求解计算。大小可以自定义。

(7) n0 = np.int (N1 - NN)，回归样本个数，所有数据参与最优解求解。

(8) for i in range (n0)，对样本值进行操作。这里主要是数据准备。

(9) Y0 [i] = INS [i] /K，要处理的样本数据，通过除以 K，将原数据转化为适合激活函数值域的数据。

(10) n =60，定义 VAR 向量自回归模型滞后阶数。大小可以自定义。

(11) m = np.int32 (n0 - n +1)，参与最优解求解的输入、输出矩阵的行数。

(12) datta = as_strided(Y0, shape = (m, n),strides = (Y0.itemsize,Y0.itemsize))，输入输出联合矩阵。该矩阵的前 n - 1 列将被用于输入矩阵；最后 1 列即第 n 列将被用于输出矩阵。当矩阵行数为 m 时，所取数据将用于最优解求解过程。要注意的是 Python 矩阵的行、列下标都是从 0 开始的。

在读取样本数据的同时，我们也定义了模型拟合窗口、模型测试窗口的大小。经过实际测试，发现滞后阶数选择一般需要符合如下要求：

$$n \leqslant \frac{N_1 - NN}{2} \tag{61}$$

这主要是为了保证输入矩阵具有行大于列的特性，即 $m > n$。

8. 神经网络最优解求解及误差测试

```
inputs = datta[0:m,0:n -1].reshape(m,n -1)
outputs = datta[0:m,n -1:n].reshape(m,1)
XX = train(inputs, outputs, 500)
print("Solutions:")
print("X = ", XX[0])
print("h = ", XX[1])
```

```
test(inputs, outputs, XX[0], XX[1], n)
Solutions:
X = [[-0.07304309] [0.19483651] … [1.28840929]] h = [[-1.73733212]]
Test of fitness
R_Square = 0.7620546444250298
R = 0.8729574127212792
Adjusted R_Square = 0.7138224777544278
Spread of the error = 0.007892192216775024
Root mean squared error = 0.007186367151792864
```

(1) inputs = datta[0:m,0:n-1].reshape(m,n-1)，定义用于最优解求解过程的输入矩阵。

(2) outputs = datta[0:m,n-1:n].reshape(m,1)，定义用于最优解求解过程的输出矩阵。

(3) XX = train (inputs, outputs, 500)，求解最优解、最优常数解，迭代次数为 500。

(4) print("Solutions:"),print("X = ", XX[0]),print("h = ", XX[1])，打印最优解。

(5) test(inputs, outputs, XX[0], XX[1], n)，结果误差测试，n 为自由度。

由于之前已经定义了子函数，所以这里直接引用了学习函数 train ( ) 和测试函数 test ( )。值得注意的是，输入、输出矩阵都是来自同一个卷积矩阵 datta，它们的行数都是 m，但列数分别为 $n-1$ 和 1。

9. 利用最优解对预测测试区间预测结果进行测试

```
Y00 = np.arange(N1, dtype = np.float64)
for i in range(N1):
    Y00[i] = INS[i]/K
mm = np.int32(N1 - n + 1)
dattaa = as_strided (Y00, shape = (mm, n), strides = (Y00.itemsize, Y00.itemsize))
print("Inputs.shape = ",dattaa.shape)
print("mm = ",mm)
inputss = dattaa[0:mm,0:n-1].reshape(mm,n-1)
outputss = dattaa[0:mm,n-1:n].reshape(mm,1)
YY = predict(inputss, outputss, XX[0], XX[1])
Inputs.shape = (367, 60)mm = 367
Prediction procedure is successful!
```

(1) Y00 = np.arange(N1, dtype = np.float64)，测试数据使用了全样本数据。

(2) for i in range(N1): Y00[i] = INS[i]/K，时间数据序列准备，以满足激活函数。

(3) mm = np.int32(N1 - n + 1)，由于使用全样本个数，所以卷积矩阵的行数发生改变。

(4) dattaa = as_strided (Y00, shape = (mm, n), strides = (Y00.itemsize, Y00.itemsize))，产生新的卷积矩阵。

(5) inputss = dattaa[0:mm,0:n-1].reshape(mm,n-1)，定义新的输入矩阵。

(6) outputss = dattaa[0:mm,n-1:n].reshape(mm,1)，定义新的输出矩阵。

（7）YY=predict(inputss, outputss, XX[0], XX[1])，计算预测值，因为最优解已经确定，所以直接调用预测函数。

预测程序的执行，会返回相应的结果：YY［0］表示序号值，YY［1］表示样本序列原值；YY［2］表示预测值。

10. 预测测试区间预测效果分析

```
ZZ1 = np.arange(mm, dtype = np.float64)
ZZ2 = np.arange(mm, dtype = np.float64)
trend = np.ones(mm, dtype = np.float64)
ZZ1 = YY[1]
ZZ2 = YY[2]
positive = 0
negative = 0
for i in range(1,mm):
    trend[i] = (ZZ1[i]/ZZ1[i -1] -1) * (ZZ2[i]/ZZ1[i -1] -1)
for i in range(1,m):
    if trend[i] > 0:
        positive = positive +1
    else:
        negative = negative +1
print("Sample(m -1): Same trend = ", positive, "Percentage = ",positive/(m -1))
print("Sample(m -1): Diff trend = ", negative, "Percentage = ",negative/(m -1))
positive = 0
negative = 0
for i in range(m, mm):
    if trend[i] > 0:
        positive = positive +1
    else:
        negative = negative +1
print("Forecasting(m - mm): Same trend = ", positive, "Percentage = ",positive/
(mm - m))
print("Forecasting(m - mm): Diff trend = ", negative, "Percentage = ",negative/
(mm - m))
print("NN = ",NN)
print("N1 = ",N1)
print("n = ",n)
print("m = ",m)
print("mm = ",mm)
Sample(m -1): Same trend =200  Percentage =0.5617977528089888
```

```
Sample(m-1): Diff trend=156 Percentage=0.43820224719101125
Forecasting(m-mm): Same trend=9 Percentage=0.9
Forecasting(m-mm): Diff trend=1 Percentage=0.1
NN=10    N1=426    n=60    m=357    mm=367
```

(1) ZZ1 = YY [1], ZZ2 = YY [2]，对原样本值和预测值进行分析前的准备。

(2) for i in range(1,mm): trend[i] = (ZZ1[i]/ZZ1[i-1]-1)*(ZZ2[i]/ZZ1[i-1]-1)，计算所有的趋势值。

(3) for i in range(1,m): if trend[i] > 0: positive=positive+1 else: negative=negative+1，计算（n，n0）区间趋势值。

(4) for i in range(m, mm): if trend[i] > 0: positive=positive+1 else: negative=negative+1，计算（n0，N1 区间趋势值）。

对于样本区间（n，$n0$），预测值与原值增长趋势一致的概率为56.17%，较高。

对于样本区间（$n0$，$N1$），预测值与原值增长趋势一致的概率达到90%，很高。

在实证过程中，我们也发现，参数的设置对结果影响很大，但到底如何设置参数才会得到最佳的结果，还需要多测试；相应地，增加迭代次数对于模拟结果虽有影响，但是并不能从根本上得到改观。

11. 输出报表1—包括样本区间与预测测试区间

报表输出，主要是为了将预测结果通过 Excel 表予以展示，方便今后使用。

```
r1 = [YY[0]+n-1, YY[1], YY[2]]
r1 =pd.DataFrame(r1, index = ["Number","StockIndex","StockIndex Pre"]).T
result =np.round(r1, 8)
result.to_excel('Astock\Report1_out.xls')
result
```

(1) r1 = [YY [0] +n-1, YY [1], YY [2]]，输出表体，YY [0] +n-1 是将输出结果的序数恢复到与原样本的序数一致。

(2) r1=pd.DataFrame(r1, index = ["Number","StockIndex","StockIndex Pre"]).T，输出表头。

到此为止，关于样本数据的预测模型和检验就已经基本结束了。

12. 未来发展趋势预测

未来发展，就是在样本之外的发展。人们预测的目的，总是希望知道明天会发生什么。由于 VAR 向量自回归模型会用到滞后阶数值，所以，一次只能预测一个值：先以昨天以前的值为滞后项，预测明天的值；然后以明天的值为滞后项，再预测后天的值。这样，依此类推，就可以预测未来一段时间的值。

```
NN1 =25
```

```
N2 = np.int(N1 + NN1)
T0 = np.arange(N1, dtype = np.float64)
T1 = np.arange(N2, dtype = np.float64)
F0 = np.arange(N1, dtype = np.float64)
F1 = np.arange(N2, dtype = np.float64)
F2 = np.arange(N2, dtype = np.float64)
x = np.arange(n, dtype = np.float64)
h = np.arange(n, dtype = np.float64)
x = XX[0]
h = XX[1]
F1 = np.arange(N2, dtype = np.float64)
for i in range(N1):
    T0[i] = i
    T1[i] = i
    F0[i] = INS[i]
    F1[i] = INS[i]/K
    F2[i] = INS[i]
u = np.arange(1, dtype = np.float64)
for i in range(N1,N2):
    u = 0
    for j in range(n - 1):
        u = u + F1[i - (n - 1) + j] * x[j]
    u = u + h
    F1[i] = actfuction(u) * K
    print(i,F1[i])
    F2[i] = F1[i]
    F1[i] = F1[i]/K
    T1[i] = i
```

（1）NN1 =25，实际预测窗口的大小。

（2）N2 =np.int （N1 +NN1)，对整体窗口予以扩展，在原样本窗口基础上增加了预测窗口。

（3）x = XX[0],h = XX[1]，将之前获得的最优解赋值给 x 和 h。

（4）for i in range(N1): F0[i] = INS[i],F1[i] = INS[i]/K,F2[i] = INS[i]，分别为原值、预测辅助值、预测值变量赋值。

（5）for i in range （N1，N2)，对区间 （N1，N2）内的值进行预测。

（6）for j in range(n -1): u = u + F1[i - (n -1) + j] * x[j]，使用通项公式为激活函数准备自变量。

（7）F1[i] = actfuction(u) * K，计算预测值，并且将其大小恢复到使用激活函数之前的水平。

（8）F2 [i] =F1 [i]，预测结果存放在 F2 中。

（9）F1 [i] =F1 [i] /K，将新的预测值作为滞后阶数值，预测下一个。

使用通项公式进行预测，其实与使用输入输出矩阵进行预测，虽然道理一致，但是差异还是比较大的，因为激活函数的自变量只有一个数。

13. 输出图形

```
plt.close("all")
fig=plt.figure(figsize=(8,3))
fig.subplots_adjust(left=0.00, right=1.00, bottom=0.00, top=1.00, hspace
=0.5, wspace=0.3)
ax2=plt.subplot(111)
ax2.plot(T0, F0,'b.', lw=1, label="Sample Curvc")
ax2.plot(T1, F2, 'r-', lw=1, label="Fitted Curve")
ax2.legend( loc='best');
```

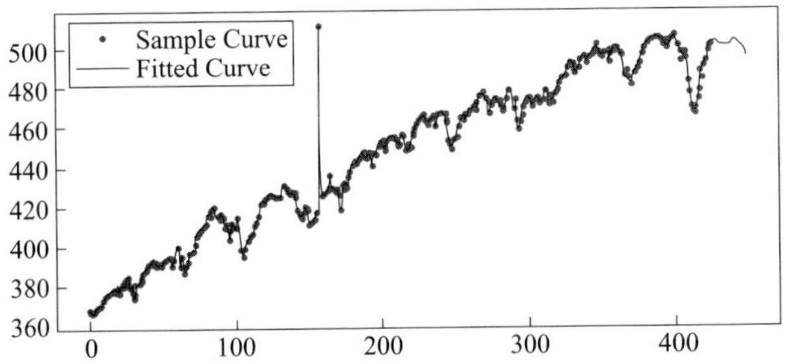

尽管趋势一致，但是，在预测区间内的图形结果，是否与未来趋势完全一致，还有待时间检验。

14. 输出报表 2—包括全部样本区间与预测测值

```
r2=[T1, F1*K, F2]
r2=pd.DataFrame(r2, index=["Number","StockIndex","StockIndex Pre"]).T
result2=np.round(r2, 8)
result2.to_excel('Astock\Report2.xls')
result2
```

输出报表就是输出一个 Excel 表。与之前的输出报表不同的是，这次输出的完全是预测值。报表具体结果将不再列出。

第六节　上证指数预测

与前面的预测程序基本一致，我们再选取中国上证指数自 2016 年 1 月 4 日至 2020 年 4 月 24 日期间的数据，进行指数预测。与前面的例子不同，这次，选取另外一类激活函数。当定义域为 x ∈ （ - ∞ ， ∞ ），值域为 y ∈ （ - 1，1），激活函数及其一阶导函数为：

$$f(x)=\frac{e^{x}-e^{-x}}{e^{x}+e^{-x}} \tag{62}$$

$$f'(x)=\frac{4}{(e^{x}+e^{-x})^{2}} \tag{63}$$

虽然以下程序与前面分段介绍的程序基本一致，但为了看清整个程序的原貌，我们将程序清单完整列出，便于阅读。

```
#1 定义激活函数
def actfuction(u):
    return (np.exp(u) - np.exp(-u)) / (np.exp(u) + np.exp(-u))
def actfuction_deriv(u):
    return 4 / (np.exp(u) + np.exp(-u)) ** 2
#2 定义机器学习激活过程函数
def train(inputs, outputs, iterations):
    A = inputs
    Y = outputs
    s = A.shape
    m = s[0]
    n = s[1]
    X = np.random.randint(1,100,(n,1))/10000
    h = np.random.randint(1,100,(1,1))/10000
    I = np.ones((m, 1))
    for iteration in range(iterations):
        U = np.dot(A,X) + np.dot(I, h)
        Y_PRE = actfuction(U)
        E = Y - Y_PRE
        #print(iteration, np.sum(E))
        AT = A.T
        ATA = np.dot(AT,A)
        ATAI = np.linalg.inv(ATA)
        ATAIAT = np.dot(ATAI, AT)
        EFDU = E/actfuction_deriv(U)
        DELTA = np.dot(ATAIAT,EFDU)
        X = X + DELTA
        IT = I.T
        ITI = np.dot(IT,I)
        ITII = np.linalg.inv(ITI)
        ITIIIT = np.dot(ITII,IT)
        ADELTA = np.dot(A,DELTA)
```

```
        Tau = np.dot(ITIIIT,EFDU - ADELTA)
        h = h + Tau
    return (X,h)
#3 定义回归结果误差效果测试函数
def test(inputs, outputs, XX, HH, deg):
    print("Test of fitness")
    A = inputs
    X = XX
    h = HH
    s = A.shape
    m = s[0]
    n = s[1]
    I = np.ones((m, 1))
    U = np.dot(A,X) + np.dot(I, h)
    x_value = actfuction(U)
    x = outputs
    deg1 = deg
    SST_X = np.sum((x - np.mean(x)) ** 2)
    SSR_X = np.sum((x_value - np.mean(x_value)) ** 2)
    SSE_X = np.sum((x - x_value) ** 2)
    R2_X = SSR_X/SST_X
    R_X = np.sqrt(SSR_X/SST_X)
    AdjR2_X = 1 - ((m - 1)/(m - deg1 - 1)) * (1 - R2_X)
    SER_X = np.sqrt(SSE_X/(m - deg1 - 1))
    RMSE_X = np.sqrt(SSE_X/m)
    print("R_Square = ",R2_X)
    print("R = ",R_X)
    print("Adjusted R_Square = ",AdjR2_X)
    print("Spread of the error = ",SER_X)
    print("Root mean squared error = ",RMSE_X ,"\n")
#4 定义预测测试区间预测函数
def predict(inputs, outputs, XX,HH):
    A = inputs
    Y = outputs
    X = XX
    h = HH
    s = A.shape
    m = s[0]
    n = s[1]
    I = np.ones((m, 1))
    U = np.dot(A,X) + np.dot(I, h)
    Y_PRE = actfuction(U)
```

```
        t = np.arange(m, dtype = np.float64)
        Y1 = np.arange(m, dtype = np.float64)
        Y1_PRE = np.arange(m, dtype = np.float64)
        for i in range(m):
            t[i] = i
            Y1[i] = Y[i] * K
            Y1_PRE[i] = Y_PRE[i] * K
print("Prediction procedure is successful!")
        return (t,Y1,Y1_PRE)
#5 读取样本数据
data = np.loadtxt("Astock \ ShangZhengIndex.txt")
No = data[:,0]
Closeprice = data[:,3]
N1 = np.int(np.size(No))
INS = np.arange(N1, dtype = np.float64)
INS = Closeprice
K = np.max(INS)
K = np.int((2 * K))
print("K = ",K)
NN = 20
n0 = np.int(N1 - NN)
T0 = np.arange(n0, dtype = np.float64)
Y0 = np.arange(n0, dtype = np.float64)
for i in range(n0):
    T0[i] = i
    Y0[i] = INS[i]/K
n = 80
m = np.int32(n0 - n + 1)
datta = as_strided(Y0, shape = (m, n),strides = (Y0.itemsize,Y0.itemsize))
print("Inputs.shape = ",datta.shape)
print("N1 = ",N1)
print("NN = ",NN)
print("n0 = ",n0)
print("m = ",m)
print("n = ",n)
#6 求解神经网络最优解
inputs = datta[0:m,0:n - 1].reshape(m,n - 1)
outputs = datta[0:m,n - 1:n].reshape(m,1)
XX = train(inputs, outputs, 500)
#print("Solutions:")
#print("X = ", XX[0])
#print("h = ", XX[1])
```

```
    test(inputs, outputs, XX[0], XX[1], n)
    #7 利用最优解对预测测试区间预测结果进行测试
    Y00 = np.arange(N1, dtype = np.float64)
    for i in range(N1):
        Y00[i] = INS[i]/K
    mm = np.int32(N1 - n + 1)
    dattaa = as _ strided (Y00, shape = (mm, n), strides = (Y00.itemsize,
Y00.itemsize))
    print("Inputs.shape = ",dattaa.shape)
    print("mm = ",mm)
    inputss = dattaa[0:mm,0:n - 1].reshape(mm,n - 1)
    outputss = dattaa[0:mm,n - 1:n].reshape(mm,1)
    YY = predict(inputss, outputss, XX[0], XX[1])
    #8 预测测试区间预测效果分析
    ZZ0 = np.arange(mm, dtype = np.float64)
    ZZ1 = np.arange(mm, dtype = np.float64)
    ZZ2 = np.arange(mm, dtype = np.float64)
    trend = np.ones(mm, dtype = np.float64)
    ZZ0 = YY[0]
    ZZ1 = YY[1]
    ZZ2 = YY[2]
    positive = 0
    negative = 0
    for i in range(1,mm):
        trend[i] = (ZZ1[i]/ZZ1[i - 1] - 1) * (ZZ2[i]/ZZ1[i - 1] - 1)
    for i in range(1,m):
        if trend[i] > 0:
            positive = positive + 1
        else:
            negative = negative + 1
    print("Sample(m - 1): Same trend = ", positive, "Percentage = ",positive/(m - 1))
    print("Sample(m - 1): Diff trend = ", negative, "Percentage = ",negative/(m - 1))
    positive = 0
    negative = 0
    for i in range(m, mm):
        if trend[i] > 0:
            positive = positive + 1
        else:
            negative = negative + 1
    print("Forecasting(m - mm): Same trend = ", positive, "Percentage = ",positive/
(mm - m))
    print("Forecasting(m - mm): Diff trend = ", negative, "Percentage = ",negative/
```

```
(mm - m))
    print("NN = ",NN)
    print("N1 = ",N1)
    print("n = ",n)
    print("m = ",m)
    print("mm = ",mm)
    #9 输出报表 1 - 包括样本区间与预测测试区间
    r1 = [YY[0] + n - 1, YY[1], YY[2]]
    r1 = pd.DataFrame(r1, index = ["Number","StockIndex","StockIndex Pre"]).T
    result = np.round(r1, 8)
    result.to_excel('Astock\Report1.xls')
    result
    #10 未来发展趋势预测
    NN1 = 25
    N2 = np.int(N1 + NN1)
    T0 = np.arange(N1, dtype = np.float64)
    T1 = np.arange(N2, dtype = np.float64)
    F0 = np.arange(N1, dtype = np.float64)
    F1 = np.arange(N2, dtype = np.float64)
    F2 = np.arange(N2, dtype = np.float64)
    x = np.arange(n, dtype = np.float64)
    h = np.arange(n, dtype = np.float64)
    x = XX[0]
    h = XX[1]
    F1 = np.arange(N2, dtype = np.float64)
    for i in range(N1):
        T0[i] = i
        T1[i] = i
        F0[i] = INS[i]
        F1[i] = INS[i]/K
        F2[i] = INS[i]
    u = np.arange(1, dtype = np.float64)
    for i in range(N1,N2):
        u = 0
        for j in range(n - 1):
            u = u + F1[i - (n - 1) + j] * x[j]
        u = u + h
        F1[i] = actfuction(u) * K
        print(i,F1[i])
        F2[i] = F1[i]
        F1[i] = F1[i]/K
        T1[i] = i
```

```
#11 绘制预测图形
plt.close("all")
fig = plt.figure(figsize = (7,3))
fig.subplots_adjust(left = 0.00, right = 1.00, bottom = 0.00, top = 1.00, hspace
= 0.5, wspace = 0.3)
ax2 = plt.subplot(111)
ax2.plot(T0, F0,'b.', lw = 1, label = "Sample Curve")
ax2.plot(T1, F2, 'r -', lw = 1, label = "Fitted Curve")
ax2.legend( loc = 'best');
#12 输出报表 2 - 包括全部样本区间与预测测值
r2 = [T1, F1 * K, F2]
r2 = pd.DataFrame(r2, index = ["Number","StockIndex","StockIndex Pre"]).T
result2 = np.round(r2, 8)
result2.to_excel('Astock \ Report2.xls')
result2
```

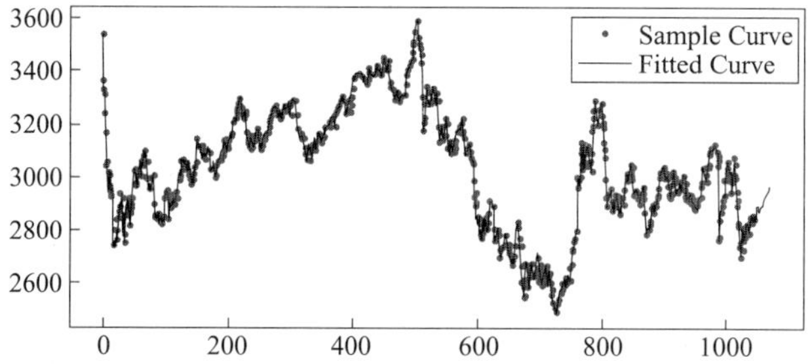


```
K = 7174   N1 = 1050   NN = 20   n0 = 1030   m = 951   n = 80
R_ Square = 0.9632973514204259
R = 0.9814771273037523
Adjusted R_ Square = 0.9599223952292008
Spread of the error = 0.003917692400899258
Root mean squared error = 0.0037471381243336073
mm = 971
Prediction procedure is successful!
Sample(m - 1): Same trend = 528 Percentage = 0.5557894736842105
Sample(m - 1): Diff trend = 422 Percentage = 0.4442105263157895
Forecasting(m - mm): Same trend = 13 Percentage = 0.65
Forecasting(m - mm): Diff trend = 7 Percentage = 0.35
```

我们也尝试预测股票指数的累积增长指数，发现不论是直接预测股票市场价格指数，还是预测价格累积增长指数，其效果基本类似。

附录一

学生课程学习心得（1）

尽管在选课前也曾听学兄学姐们提到过，这门课程的作业很多，经常需要熬夜才能够完成，但是兴趣使然，我还是选择了 Python 财务数据分析课程。

由于受疫情影响，寒假过后的 2020 年春季学期返校的时间一再推迟，最后到了 2 月下旬，学校决定采用线上授课的方式进行教学。Python 是最早开设的一门课程，这也是我通过网上授课方式接触到的第一门课程，所以我对这门课程的兴趣和热情比选课时更加高涨。在正式上课前，老师就布置了这门课程的第一次作业，独立安装 Anaconda 并创建 Python37 环境，同时下载许多的函数库。在老师讲义指引下，我一个人摸索着成功地安装了软件。这期间遇到过各种各样的问题，也尝试过很多解决问题的方法，甚至是将软件装了又卸、卸了又装，发现不奏效，甚至一度开始怀疑自己当初选择这门课程是否正确，因为我连最基本的软件安装都无法完成，更妄论是否能够深入学习这门语言。最后通过百度搜索，我发现在 CSDN 技术社区里面有很多博客分享心得，还有很多与 Python 相关的内容，这也为我完成后面的作业提供了很大的帮助。

由于是第一次接触 Python，我对代码块里的语言命令很陌生，老师的授课内容又基本没有讲义或与讲义不同，而且授课速度较快，所以前面一两节课程听下来，真是有些云里雾里不知就里。所以，在完成每一次课程作业之前，我都会自己打开程序慢慢学习，试图理解每一条代码的意思，如果碰到不懂的地方，我会再翻阅一下讲义，若讲义也没有解释，就会到网上搜索直至弄懂为止，同时适当地做一些笔记。通过前面两三次课程的学习和作业的练习，我开始渐渐明白了许多基本的命令和函数库，也能够在课堂上跟上老师的思维，明白这门课程到底是要学什么。

老师主要是将 Python 这门课，作为应用工具来讲授而不是作为一门语言来讲授，这非常有利于我们在短时间内掌握并将 Python 应用到实处，为日后的研究、毕业论文的撰写打下坚实的基础。课程内容是从基本的图画、矩阵等函数库开始，然后会介绍几个重要的函数库，同时提供对应于实证研究中会使用到的模型，并要求针对每个模型都写一篇小论文作为课后作业。老师会及时批改作业，并提供修改意见。每次我都能及时收到老师关于作业的反馈意见，对自己都有很大的鼓励作用，同时也为进一步修改论文提供了很大的帮助。

每次收到作业任务时，我都会在课后及时地将代码和老师提供的模型沿着讲义再仔细地学习消化一遍，对于课堂上没有听明白、讲义上没有提到的函数，也会在网上搜索相关内容并记录下来，直至对模型有了较好的认识。然后，开始在中国知网等网站上搜索浏览与模型相关的文献，在这个基础上开始构思小论文的主题和框架，然后有的放矢地搜集相关数据。最后，根据搜集到的数据，将老师提供的程序进行相应地修改，通过测试，成功运行并输出结果，最后开始论文的撰写。

直到自己有了亲身体会之后我才明白，要想完成这门课程的作业，熬夜可能真的是不可避免的。这并不是因为时间紧迫，而是因为一旦全身心地投入之后，是真的会忘记了时间并且不愿意被打断。

学习，虽然兴趣很重要，但是也不应该忘了坚持。毅力其实是完成甚至是做好一件事情的必要条件。非常感谢阎老师，是他和这门课程教会了我很多东西，令我受益匪浅。

（作者：李艺君，厦门国家会计学院2019级会计专业硕士研究生）

附录二
学生课程学习心得（2）

记得上学期刚开始选课的时候，一看到 Python 这门课，我就非常地惊喜，因为在之前的工作中，我就常听到同事们经常提起 Python 语言。普遍认为，在金融、会计从业相关领域里，学会一些 Python 编程技能，会大大增加个人在工作中的竞争力。我曾经想过要自学 Python，但最终却望而却步。正巧研究生阶段学校开设了这门课，我便毅然决然地选择了它。

上课之后，我才发现，我还是低估了这门课的难度。作为一个没有学习过编程技术的学生来说，刚开始看到那些代码，我真的就有些晕了。还记得阎老师在课堂上说，课上学习一个小时，课下应该要花费 4 个小时去练习才能够完全掌握。于是在每节课后，我都会上网搜索不太清楚的代码含义，当程序运行出错时，我也会去论坛搜索出现错误的原因。除此之外，我还会去请教身边学过编程的同学。虽然很累很辛苦，但是主动搜索的过程也是在巩固学习成果、加深印象的过程。

在 Python 这门课上，阎老师教授我们的不仅是如何运用这门语言，更重要的是教我们如何利用数学模型来分析解决实际问题。每节课后，阎老师都会给我们布置一篇论文作业。老师除了对作业内容要求严格，书写排版格式和文字也要求很严，让我们要养成良好的写作习惯。刚开始，由于我完全没有撰写实证论文的经验，所以，每篇作业都要花费很长一段时间，一篇作业做下来，几乎都非常耗费精力。不过，到了后期，当我对 Python 程序代码语句逻辑和论文写作步骤熟悉了之后，作业其实也不会占用很多时间，反而锻炼了我的能力，在这里真的很感谢阎老师。

Python 这门课真的非常实用，尤其是后面几节课老师教的切比雪夫多项式模型、科布—道格拉斯生产函数模型、人工神经网络模型、灰色预测模型，都是实证分析中非常实用的模型。通过上这门课，我的编程能力和论文写作能力都得到了很大的提升。总之，非常感谢阎老师的辛苦付出和耐心教导，谢谢您，阎老师！

（**作者：**刘瑛，厦门国家会计学院 2019 级会计专业硕士研究生）

附录三

学生课程学习心得（3）

随着二元人工神经网络预测模型这篇论文的完成，本学期 Python 财务数据分析课程也就告一段落。看着文件夹里满满当当 9 次作业的上百个文件，回想一次次做作业找数据跑程序的酸甜苦辣，成就感和满足感油然而生。作为一门和实际结合紧密的交叉学科——Python 财务数据分析给我们这所文科院校学生拓展了一个崭新的领域。

当今财会就业市场招聘对复合型人才的渴求，尤其是对掌握计算机语言的财会人才的需求，是我选择这门课程的根本原因。掌握了一门计算机语言，在未来的学习和就业过程中无疑会具有更强的竞争力。当然，作为个人也是有一点点私心，一是作为工科背景的学生，学习这门课程一定比学习其他会计课程更为适应；二是我在去年的华为杯研究生数学建模竞赛中获得了全国三等奖，也希望通过 Python 课程的学习，使今后有机会提高成绩，冲击更高的目标。

在上了第一节课之后，才知道这门课的主讲老师阎虎勤老师本科来自兰州大学，老师讲话一口纯正的西北口音，让我一瞬间从南国鹭岛回到了金城兰州，仿佛是坐在祁连堂上课，坐在积石堂读书，这种亲切感，让我对这门课充满兴趣。

在接触阎老师之后，我感受到老师是一名治学严谨、态度认真、平易近人的学者，既会在第一堂课手把手教我们如何安装 Python，也会在课后座谈会上一丝不苟地记下我们同学的观点，更会不断地与时俱进修改课件，把最新的知识传授给我们。老师在课后对我们每个人的作业都会认真批改，体现了良好的敬业精神。

对于这门课，我有三点体会。

一是课程的实用性强。在本学期管理会计、国际税收等一些专业课程案例展示中，学过 Python 的同学，大都会使用数据爬虫和词云分析技术对案例进行文本分析，也会使用柯布—道格拉斯函数分析一家公司或一个行业要素投入产出的边际弹性和边际技术贡献率。如果说工作后用到 Python 还是遥远的事情，那么，当下就在距离我们最近的本学期其他课堂的案例展示上用到，可以说这就是阎老师教授这门课后最生动的体现，这也体现了同学们的掌握情况和阎老师的教学成果。

二是对 Python 作为工具语言的认识加强了。本门课程并不是直接从最简单的计算机语言开始学起，而是直接学习如何使用。刚开始时，我确实觉得这是不现实的，代码都不会写，怎么可能一下子就学会如何使用呢？但在后来我才逐渐发现，不知道怎么写代码也是可以学会如何使用的，这就是这门课的魅力所在。同学们即使没有任何基础也可以每次较好地完成作业，更是印证了这一点。Python 作为一门工具性语言，在当今社会分工高度精细化的大背景下，作为财会人员，很难有机会去使用计算机语言亲自编写大型管理软件，但是，只需要学会基本语言，能够看懂程序的运行逻辑，学会调整必要的参数，也是可以编制一些小的应用程序以满足工作和研究的需要。作为财会专业的学生，我们的职能是财务分析，Python 对于我们来说，就是进行财务分析的一种工具。

三是学会了撰写实证论文的基本规范。阎老师鼓励我们把所学的 Python 知识用于撰写实证论文，写成文章发表出来。为了鼓励同学们发表论文的积极性，他还从自己的科研项目中拿出一部分研究经费，支持同学们去投稿。事实上，即使经过了本科毕业论文写作的训练，这学期在实证论文写作练习中，我必须得承认自己撰写论文的格式水平还是很低级的，对很多基本的框架结构都不是很清楚，例如，一篇文章应该包括 Abstract、Introduction、Literature、Methodology、Data、Analysis、Results、Summary 等几个部分，要有严格的逻辑。通过 9 次作业的持续训练，同学们都掌握了这些基本规范，并且通过文章投稿，也让我们掌握了投稿的基本流程。无论以后是继续读博深造撰写科学论文，还是进入职场在实际工作中撰写工作报告，掌握这些知识都是有益的。

Python 财务数据分析课结束了，也许以后再也没机会听到阎老师授课了，但是老师教给我们的知识和方法，我们会一直记在心中。老师在上课时不仅教给了我们知识，也教给了我们做事的方法，使我们很受益。感谢阎老师在这短短 10 次课中带给我们精彩的内容。

时间有限，无法跟随老师继续深入地学习，但是我们掌握了 Python 这把钥匙，接下来，我们会拿着老师为我们铸造的这把钥匙，在今后的工作中去披荆斩棘！

（**作者：**荣超，厦门国家会计学院 2020 级税务专业硕士研究生）

附录四

学生课程学习心得（4）

在成为一名硕士研究生之前，我就已经通过各种途径感受到 Python 这门计算机语言深受职场人士青睐。在开始选择研究生相关课程的时候，一看到列表中有 Python 这门课程，我心中就很是欢喜。在怀着忐忑的心情向学兄学姐们咨询了老师的上课方式之后，我就更坚定了选择 Python 这门课程的决心。到了真正上课之后，果不其然，我很庆幸自己能够遇到阎虎勤老师。

阎老师的上课方式完全不同于在本科阶段给我上 C 语言的老师的授课方式。考虑到我们作为财会专业学生对 Python 这门课程的实际应用需要，阎老师并没有重点讲授如何编写程序，而是重点介绍各种数学模型在实际数据分析中如何通过 Python 程序来实现数据的输入、运算和结果输出。在上课的过程中，老师先把模型的基本原理向同学介绍清楚，之后再一句句解读他已经提前编好的程序，使得同学们既能够在理解模型数学原理的同时，又能够理解程序中各个参数设置的数学逻辑和意义。这样一来，就能够让同学们具备自行调节参数的能力，学会融会贯通，学以致用。阎老师不仅在上课时注重对学生的课堂教学，而且还十分看重学生学习的效果。他会在每次课后都要求同学们利用新学的知识写一篇具有实际应用意义的论文，并且会对同学们的论文一一进行阅评。这样，既强化了同学们的课堂学习效果，加深了对知识点的理解和记忆，又能够真正检验同学们的课堂知识是否已经完全被吸收且可以被应用来分析问题。

总之，阎老师上的 Python 课程特色鲜明，对于财会专业同学的未来就业意义很大。非常感谢阎老师能够为同学们开设这门重要课程，同时也非常庆幸学兄学姐们的推荐让我有幸成为阎老师的学生。以后，我也会将这门课程推荐给未来的学弟学妹，让更多厦门国家会计学院的学子拥有跟我一样的幸运。

（**作者：**徐俏，厦门国家会计学院 2020 级审计专业硕士研究生）

附录五

学生课程论文列表

函数模型类型	厦门国家会计学院 2019、2020 级会计、审计、税务专业硕士研究生 Python 财务数据分析课程论文
SHA256 加密函数	程相素、费琪、龚方圆、阎虎勤："区块链技术在作业成本法中的应用分析"，《国际会计前沿》，2021 年第 10 辑第 2 期，第 23－31 页。 黄雪娇、来建涛、刘剑、阎虎勤："区块链对会计信息保真的应用分析"，《国际会计前沿》，2020 年第 9 辑第 2 期，第 32－36 页。 李艺君、阎虎勤："基于比特币的发币机制和典型特征浅谈比特币对会计信息系统的启示"，《国际会计前沿》，2020 年第 9 辑第 2 期，第 23－31 页。 赵汝飞、张玉婷、张文琦、严自强、阎虎勤："区块链产生及比特币发行机制对传统记账方法冲击的思考 — 基于 Python 对比特币'挖矿'的还原"，《国际会计前沿》，2020 年第 9 辑第 2 期，第 15－22 页。 郑梦雅、汪可可、汪珍妮、阎虎勤：" 数字经济背景下加密货币的税收问题研究"，《世界经济探索》，2021 年第 10 辑第 1 期，第 1－8 页。
Chebyshev 函数模型	顾洁、焦阳、林琳、阎虎勤："新型冠状病毒肺炎后我国农产品的价格走势——基于 Chebyshev 多项式的预测"，《可持续发展》，2020 年第 10 辑第 3 期，第 338－346 页。 江嘉宁、季小雅、阎虎勤："基于切比雪夫多项式拟合函数的英国疫情预测分析 "，《应用数学进展》，2021 年第 10 辑第 5 期，第 1639－1646 页。 魏景琪、石悦琳、周雨薇、阎虎勤："基于切比雪夫多项式拟合函数的新冠疫情新增数据分析"，《现代管理》，2021 年第 11 辑第 5 期，第 496－504 页。 张文琦、严自强、赵汝飞、张玉婷、阎虎勤："厦门 GDP 和人口、房价关系探究——基于切比雪夫多项式和库兹涅茨曲线"，《世界经济探索》，2020 年第 9 辑第 2 期，第 15－23 页。 张玉婷、张文琦、严自强、赵汝飞、阎虎勤："基于切比雪夫多项式预测我国居民杠杆率变化及对我国房地产业发展建议"，《金融》，2020 年第 10 辑第 3 期，第 233－243 页。
常见非线性函数	刘恩赤、刘文丹、林鑫洪、阎虎勤："新冠病毒欧洲蔓延趋势分析 — 以西班牙、意大利和英国为例"，《商业全球化》，2020 年第 8 辑第 3 期，第 37－51 页。 石悦琳、魏景琪、周雨薇、阎虎勤："基于非线性函数的中国和印度 GDP 预测分析"，《世界经济探索》，2021 年第 10 辑第 2 期，第 39－49 页。 王安娜、唐子惠、黄家兴、阎虎勤："基于非线性多项式拟合函数的意大利新冠疫情新增病例的分析"，《数据挖掘》，2020 年第 10 辑第 3 期，第 183－191 页。

续表

函数模型类型	厦门国家会计学院 2019、2020 级会计、审计、税务专业硕士研究生《Python 财务数据分析》课程论文
环境 EKC 曲线	陈钏、刘瑛、卢玉、路媛、阎虎勤：“东莞市绿色增长对财政收入的影响研究——以环境库兹涅茨曲线转折点为视角”，《低碳经济》，2020 年第 9 辑第 2 期，第 111 – 120 页。 陈书洋、刘雪竹、沙蕴玥、张和新、阎虎勤：“济南市环境库兹涅次曲线实证研究”，《低碳经济》，2020 年第 9 辑第 2 期，第 137 – 146 页。 顾洁、焦阳、林琳、阎虎勤：“福建省环境库兹涅茨曲线现状分析”，《可持续发展》，2020 年第 10 辑第 3 期，338 – 346 页。 黄家兴、唐子惠、王安娜、阎虎勤：“基于库兹涅茨曲线理论的福建省经济发展与环境污染实证研究”，《低碳经济》，2020 年第 9 辑第 2 期，第 82 – 90 页。 黄雪娇、来建涛、刘剑、孔令森、阎虎勤：“基于库兹涅茨曲线的上海市经济发展与环境污染关系研究”，《低碳经济》，2020 年第 9 辑第 2 期，第 147 – 157 页。 李艺君、阎虎勤：“基于库兹涅茨曲线的广西经济发展和环境污染关系研究”，《可持续发展》，2020 年第 10 辑第 3 期，第 357 – 367 页。 廖恒坚、李昱明、冯亮梅、商荣廷、阎虎勤：“基于库兹涅茨曲线的江西省经济发展与环境污染关系研究”，《低碳经济》，2020 年第 9 辑第 2 期，第 47 – 58 页。 柳尧云、林润玮、阎虎勤：“福建省 2030 年碳达峰前二氧化碳排放趋势研究”，《应用数学进展》，2021 年第 10 辑第 6 期，第 2013 – 2020 页。 刘文丹、林鑫洪、刘恩赤、阎虎勤：“成都市工业废弃物排放与人均 GDP 之间的关系分析 —基于环境库兹涅茨曲线”，《可持续发展》，2020 年第 10 辑第 3 期，第 347 – 356 页。 王平、林晓云、周巧云、阎虎勤：“基于库兹涅茨曲线的经济发展与环境污染研究”，《环境保护前沿》，2021 年第 11 辑第 3 期，第 580 – 588 页。 王丹萍、吴舒红、陈瑞琛、阎虎勤：“基于库兹涅茨曲线的浙江省经济发展与环境污染关系研究”，《现代管理》，2021 年第 11 辑第 6 期，第 674 – 680 页。 杨青如、谢雪颖、阎虎勤：“重庆市经济发展与工业污染关系研究”，《世界经济探索》，2021 年第 10 辑第 2 期，第 31 – 38 页。 曾雅欣、吴腾、李爽、胡安、阎虎勤：“江西省经济增长和环境污染关系的实证研究”，《世界经济探索》，2020 年第 9 辑第 2 期，第 43 – 56 页。
Cobb—Douglas 函数	高文敏、王菡、邓媛媛、阎虎勤：“河南省农林牧渔业经济增长因素分析”，《现代管理》，2021 年第 11 辑第 6 期，第 539 – 546 页。 龚方圆、程相素、费琪、阎虎勤：“山东省经济增长影响因素探析”，《现代管理》，2021 年第 11 辑第 6 期，第 593 – 603 页。 黄晓旋、何月华、阎虎勤：“广东省经济增长影响因素探讨”，《统计学与应用》，2021 年第 10 辑第 3 期，第 394 – 404 页。 潘张璇、田雪、阎虎勤：“中成药企业业绩影响因素研究”，《现代管理》，2021 年第 11 辑第 5 期，第 512 – 521 页。 余偲、肖顺、辛慧敏、杨乐祺、阎虎勤：“基于柯布—道格拉斯函数的江西省经济增长影响因素探讨”，《世界经济探索》，2020 年第 9 辑第 2 期，第 33 – 42 页。 周雨薇、石悦琳、魏景琪、阎虎勤：“基于柯布—道格拉斯函数的河南省第一产业经济增长影响因素分析”，《农业科学》，2021 年第 11 辑第 5 期，第 479 – 490 页。

续表

函数模型类型	厦门国家会计学院 2019、2020 级会计、审计、税务专业硕士研究生《Python 财务数据分析》课程论文
可扩展 Richards 模型	Kejia Yan, Huqin Yan, Rakesh Gupta: "The predicted trend of COVID - 19 in the United States of America under the policy of ' Opening Up America Again' ", Infectious Disease Modelling, 2021 年第 6 期，第 766 - 781 页。
Grey 灰色系统模型	刘雪竹、阎虎勤："基于灰色预测法的环渤海经济区海洋生产总值预测研究"，《世界经济探索》，2020 年第 9 辑第 2 期，第 57 - 69 页。 荣超、付淑敏、杨光、阎虎勤："基于灰色预测模型的武汉市商品房价格预测研究 "，《应用数学进展》，2021 年第 10 辑第 6 期，第 1988 - 1999 页。 吴鑫淼、张仕奇、阎虎勤："基于 GM 灰色系统模型的浙江省人均 GDP 预测"，《应用数学进展》，2021 年第 10 辑第 6 期，第 2000 - 2012 页。 张和新、阎虎勤："基于灰色 GM（1，1）模型的商品房销售价格预测"，《应用数学进展》，2020 年第 9 辑第 6 期，第 825 - 830 页。 郑琪珺、李艾琳、阎虎勤："基于 GM 灰色系统模型对中国老龄化程度的预测"，《现代管理》，2021 年第 11 辑第 6 期，第 665 - 673 页。
ANN 人工神经网络	孔令森、阎虎勤："对我国中小板股指预测的可行性研究"，《统计学与应用》，2020 年第 9 辑第 3 期，第 403 - 411 页。 吴腾、曾雅欣、李爽、胡安、阎虎勤："上证电信指数预测研究——基于人工神经网络模型"，《应用数学进展》，2020 年第 9 辑第 6 期，第 892 - 901 页。 肖顺、杨乐祺、余偲、辛慧敏、阎虎勤："基于人工神经网络模型的沪深 300 指数预测"，《世界经济探索》，2020 年第 9 辑第 2 期，第 24 - 32 页。
BeautifulSoup 网络数据搜索	陈钏、刘瑛、卢玉、路媛、阎虎勤："Python 文本挖掘方法辅助宋词自然景观意象分析"，《现代语言学》，2020 年第 8 辑第 2 期，第 279 - 288 页。 费琪、龚方圆、程相素、阎虎勤："基于文本挖掘技术的煤炭行业环境责任披露研究"，社会科学前沿，2021 年第 10 辑第 6 期，第 1505 - 1513 页。 胡安、李爽、吴腾、曾雅欣、阎虎勤："基于 Python 分析投资者的投资行为"，《金融》，2020 年第 10 辑第 3 期，第 158 - 170 页。 黄雪娇、来建涛、刘剑、阎虎勤："基于文本挖掘的新旧收入准则差异及诉求分析"，《国际会计前沿》，2020 年第 9 辑第 2 期，第 37 - 45 页。 林鑫洪、刘恩赤、刘文丹、阎虎勤："消费者对不同品牌护肤品态度的 Python 词云分析"，《商业全球化》，2020 年第 8 辑第 2 期，第 14 - 21 页。 刘天佐、孔令森、赵轶琳、阎虎勤："携程商业模式与公司估值"，《金融》，2020 年第 10 辑第 3 期，第 143 - 157 页。 林琳、顾洁、焦阳、阎虎勤："基于 Python 文本挖掘的消费者对国产彩妆品牌评价的分析"，《现代市场营销》，2020 年第 10 辑第 2 期，第 44 - 51 页。 孙雅靖、沈宇腾、姜利莎、阎虎勤："基于 Python 文本挖掘的会计师事务所新质量管理准则与旧质量控制准则变化的分析"，《国际会计前沿》，2021 年第 10 辑第 2 期，第 7 - 17 页。 严自强、赵汝飞、张玉婷、张文琦、阎虎勤："中国科幻电影的发展分析——基于网络在线评论的 Python 文本挖掘"，《数据挖掘》，2020 年第 10 辑第 2 期，第 152 - 162 页。

注：（1）网站 https://www.hanspub.org/提供了所有类型学生论文，可查询下载；（2）网站 https://www.sciencedirect.com/science/article/pii/S2468042721000397 提供了老师阎虎勤的一篇可扩展 Richards 模型论文，可查询下载。

后　记

从2016年秋季学期开始给厦门国家会计学院会计、审计、税务专业研究生开设Python财务数据分析课程，到2021年，这门课已经连续开设了六年，经过六次修改讲义，今天，终于有了这本书。六年来，在给学生上课的过程中，我们了解到，来自全国各类院校的同学们虽然绝大多数都在本科阶段学习过各种计算机语言课程，但真正能够在日常学习、案例分析以及论文写作过程中加以应用的人数非常少。基于这种现状，在这门课上，我们把Python语言当成了一种数据处理工具来加以应用，通过帮助同学们分析实际问题、撰写课程论文，实现应用目的。

Python作为一种计算机语言，学习的最佳途径就是与分析问题相结合，与数学函数模型相结合。货币时间价值分析和本量利盈亏平衡分析是财经类课程中最常见的分析方法，使用Python程序处理相当便利。其他散见于各类财经教科书和研究论文中的数学模型，如线性多项式、非线性函数、切比雪夫多项式、库兹涅茨曲线、柯布—道格拉斯函数、逻辑增长函数、CES不变替代弹性函数、灰色系统方程、人工神经网络等，都可以通过Python程序加以应用。

Python财务数据分析课程之所以能够在厦门国家会计学院开设，要感谢"一带一路"财经发展研究中心主任邓建平教授。2016年，他在担任研究生处处长期间，提出要为研究生开设这门课，并推荐阎虎勤博士担任授课讲师。

《Python财务数据分析》这本书能够顺利出版，要感谢厦门国家会计学院院长黄世忠教授。在他的支持下，该书成功列入厦门国家会计学院2019年"云顶课题"经费资助项目，相对充裕的资金支持，保证了该项目的顺利完成。

还要感谢同学们，在尝试创新教学模式的过程中，同学们响应老师号召积极撰写课程论文，表现出极大的学习热情，为本书提供了丰富的辅助教学资料。

最后，我们要衷心感谢中国财政经济出版社的周桂元编审。作为责任编辑，他与我们已经有过多次合作，他认真负责、一丝不苟、质量第一、精益求精的精神，时刻鞭策着我们要对书的内容负责，对读者负责。

我们也衷心欢迎老师和同学们多提宝贵意见，不吝赐教。如有任何意见建议，请通过电子邮箱 yanhuqin@ xnai. edu. cn 直接与我们联系。

作　者

2021 年 8 月 5 日